U0729059

浙江省哲学社会科学重点研究基地
—— 浙江省海洋文化与经济研究中心2012年度省社科规划
    重点课题（编号：12JDHY01Z）

国家自然科学基金项目（编号：41171033、41471004）资助成果

浙江省哲学社会科学重点研究基地

ZHEJIANGSHENG HAIANDAI TUDI ZIYUAN KAIFA
YU ZONGHE GUANLI YANJIU

浙江省海岸带土地资源开发与综合管理研究

◎ 李加林　李伟芳　马仁锋　童亿勤　等著

ZHEJIANG UNIVERSITY PRESS
浙江大学出版社

前　言

　　海岸带地处陆海两大生态系统的交界带,受海洋与陆地两种不同属性的自然营力共同作用,其物质组成、能量特征、生态系统结构和功能体系独特。海岸带得天独厚的资源和区位优势,使得其成为人类的起源地之一。随着社会经济的发展,海岸带作为适合人类居住发展的理想区域越来越明显。当今社会,海岸带地区人口密集、经济发达。全世界一半以上的人口生活在沿海大约60km的范围内,海岸带已成为人类活动最为集中的地区。全世界人口在250万以上的城市有2/3位于潮汐河口附近。但是,人类对海岸带地区资源的开发活动的不断加强,不可避免地对海岸带资源环境产生巨大压力,生态环境不断恶化。沿海水质污染、近海生态系统退化、红树林消失、珊瑚礁破坏、沙质海岸侵蚀后退、滩涂湿地减少等资源环境问题频繁发生并不断加剧,海岸带生态与环境面临着人类经济社会活动带来的空前压力。

　　浙江是海洋大省,海域广阔,岛屿星罗棋布。海岸线总长6715km,居全国第一。海域面积4.24万 km²,其中内海面积为3.09万 km²,领海面积1.15万km²。浙江省是中国海岛最多的省份,面积在500 km²以上的海岛有3061个,占全国海岛总数的2/5以上。浙江拥有丰富的海洋资源,海岸带开发有着悠久的历史,发展海洋经济具有得天独厚的条件。20世纪以来,浙江省海岸带开发和海洋经济发展,经历了"开发蓝色国土"和"建设海洋经济大省"两个阶段,海洋经济综合实力明显增强。进入21世纪,浙江海岸带开发与海洋经济发展面临新的机遇,同时具备建设海洋经济强省的良好基础。随着浙江省陆域经济整体规模的扩大和海洋经济向深度、广度进军,陆海之间资源的互补性、产业的互动性、布局的关联性进一步增强。特别是杭州湾大通道、舟山大陆连岛工程、温州洞头半岛工程的建设,为浙江海岸带地区社会经济的发展注入了新的动力。2011年,浙江海洋经济发展建设示范区规划获得国务院批复,批复中提到"建设好浙江海洋经济发展示范区关系到我国实施海洋发展战略和完善区域发展总体战略的全局",浙江海洋经济上升为国家战略。同年,国务院正式批复《浙江舟山群岛新区发展规划》,这也是我国首个以海洋经济为主题的国家战略性区域规划。

海洋经济的快速发展及沿海地区人口的急速膨胀,资源短缺、环境恶化等问题给浙江省海岸带生态环境带来了越来越大的压力和冲击,严重地影响着浙江省海洋经济的持续发展。大规模、超强度的不合理开发导致的浙江省海岸带生境退化和丧失,已成为制约浙江海洋经济可持续发展的关键因素。海岸带生态环境的脆弱性和人类高强度开发利用之间产生的矛盾非常突出。

在这样的背景下,我们申请了浙江省哲学社会科学重点研究基地—宁波大学浙江省海洋文化与经济研究中心2012年度重点规划课题《浙江省海岸带开发与综合管理研究》(编号:12JDHY01Z),拟在分析浙江省海岸带资源特征及其开发利用现状基础上,研究浙江省海岸带土地开发利用的适宜度及开发利用强度,提出浙江省海岸带土地资源开发利用模式,探讨海岸带土地利用变化对土壤质量及生态服务价值的影响,提出浙江省海岸带主体功能区划及综合管理模式,以期能为浙江省海洋经济强省建设和海岸带地区社会经济持续发展研究提供绵薄之力。

本书是李加林主持的浙江省哲学社会科学重点研究基地——浙江省海洋文化与经济研究中心2012年度省社科规划重点课题《浙江省海岸带开发与综合管理》(编号:12JDHY01Z)的研究成果。本书还得到李加林主持的国家自然科学基金项目(编号:41171033、41471004)的资助。本书是由宁波大学城市科学系科研骨干组成的研究团队通过2年多的合作攻关完成的。本书由李加林负责拟定提纲、组织研讨、统稿全书,并负责第一、二、五章的写作,李伟芳统筹第三、四章的写作,马仁锋统筹第六章的写作,童亿勤统筹第七章的写作,相关章节的具体执笔者如下:第一章:李加林;第二章:李加林、徐谅慧、杨磊;第三章:俞腾、李伟芳;第四章:陈阳、李伟芳;第五章:李加林;第六章:马仁锋;第七章:董朝阳、童亿勤。在此,感谢各位学者为本书完成付出的辛勤劳动,感谢浙东文化与海外华人研究院张伟院长(原浙江省海洋文化与经济研究中心执行主任)对课题研究给予的建议、帮助与支持。感谢浙江省海洋文化与经济研究中心为本书出版提供经费支持。书稿在写作过程中参考、引用了大量文献,但限于篇幅未能在本书中一一注出,在此表示深深的歉意,并谨向这些文献的作者表示敬意和感谢。

　　由于受作者学术水平所限,加之著写时间较短,书中难免存在疏漏之处,敬请读者谅解和指正。

著 者
2014年11月

目　录

1 绪　论 ……………………………………………………………………1

　1.1　研究背景 …………………………………………………………1

　1.2　研究意义 …………………………………………………………2

　1.3　研究内容 …………………………………………………………4

2 浙江省海岸带资源特征及开发过程中存在的问题 …………………6

　2.1　浙江省海岸带的自然地理概况 …………………………………7

　　2.1.1　浙江省海岸带地质地貌特征 ………………………………7

　　2.1.2　浙江省海岸带气象气候特征 ………………………………7

　　2.1.3　浙江省海岸带水文特征 ……………………………………8

　　2.1.4　浙江省海岸带土壤特征 ……………………………………9

　2.2　浙江省海岸带资源特征及开发过程中存在的问题 ……………9

　　2.2.1　浙江省海岸带资源特征 ……………………………………9

　　2.2.2　浙江省海岸带资源开发过程中存在的问题 ………………14

3 海岸带土地利用适宜度及开发利用强度评价 ……………………20

　3.1　国内外研究述评 …………………………………………………20

　　3.1.1　海岸带的定义 ………………………………………………20

　　3.1.2　海岸带可持续发展评价研究 ………………………………23

　　3.1.3　海岸带土地利用变化及驱动力研究 ………………………24

　　3.1.4　海岸带土地利用适宜性评价 ………………………………25

　　3.1.5　海岸带土地利用开发强度评价 ……………………………26

　3.2　杭州湾南岸宁波段海岸带土地利用特征 ………………………27

　　3.2.1　研究区概况 …………………………………………………27

　　3.2.2　研究区土地利用变化特征分析 ……………………………28

3.3　海岸带土地利用适宜性及开发强度评价方法 ·················29
　　3.3.1　海岸带土地利用评价流程 ·····················29
　　3.3.2　海岸带土地利用适宜性评价方法 ·················30
　　3.3.3　海岸带土地利用开发强度评价方法 ···············36
3.4　海岸带土地利用适宜度评价 ······················38
　　3.4.1　数据处理 ·····························38
　　3.4.2　2000年适宜度评价结果 ·····················44
　　3.4.3　2005年适宜度评价结果 ·····················56
　　3.4.4　2010年适宜度评价结果 ·····················67
　　3.4.5　三期土地利用综合适宜度评价分析 ···············79
3.5　海岸带土地开发利用强度评价 ·····················82
　　3.5.1　2000—2005年土地利用开发强度分析 ··············84
　　3.5.2　2005—2010年土地利用开发强度分析 ··············89
　　3.5.3　土地利用开发强度的空间分布特点 ···············93
3.6　结论与讨论 ·····························94
　　3.6.1　结论 ······························94
　　3.6.2　讨论 ······························94

4　海岸带土地开发模式研究 ·························99
4.1　海岸带土地利用模式理论探析与实践借鉴 ···············99
　　4.1.1　海岸带资源利用和土地利用模式 ················99
　　4.1.2　海岸带土地利用经验借鉴 ···················102
4.2　浙江省海岸带土地开发利用典型区——杭州湾南岸概况 ········107
　　4.2.1　地理区位 ···························108
　　4.2.2　自然地理条件 ························108
　　4.2.3　经济背景 ···························111
　　4.2.4　土地利用现状 ························111
4.3　发展潜力评价方法构建和数据支持 ··················114
　　4.3.1　土地潜力评价概念与应用 ···················114
　　4.3.2　海岸带土地发展潜力评价指标体系 ··············116
　　4.3.3　海岸带土地发展潜力评价技术支持 ·············120
　　4.3.4　海岸带土地发展潜力评价数据择取 ·············122
　　4.3.5　其他研究方法 ························123
　　4.3.6　技术路线 ···························123

4.4 海岸带土地资源发展潜力评价 ················124
　　4.4.1 土地空间分布潜力数据处理与评价 ········124
　　4.4.2 自然条件潜力数据处理与评价 ···········129
　　4.4.3 经济水平潜力数据处理与评价 ···········131
　　4.4.4 生态敏感性数据处理与评价 ············135
　　4.4.5 综合发展潜力评价与分区 ·············139
4.5 基于发展潜力分区的海岸带土地利用模式 ········141
　　4.5.1 海岸带土地利用模式构建原则与依据 ······141
　　4.5.2 余姚——"乡村、田园式"土地利用模式 ·····144
　　4.5.3 慈溪——多方位、多功能组合式土地利用模式 ···148
　　4.5.4 镇海——临港工业、综合性物流平台 ······156
4.6 小结 ·································158
　　4.6.1 结论 ···························158
　　4.6.2 讨论 ···························160

5 海岸带土地利用变化对土壤质量及生态服务价值的影响 ···165
5.1 杭州湾南岸滨海平原成陆过程及滩涂匡围简史 ·····166
　　5.1.1 杭州湾概况 ·······················166
　　5.1.2 杭州湾南岸滨海平原成陆过程 ··········167
　　5.1.3 杭州湾南岸滨海平原匡围简史及其土地利用变化 ···168
　　5.1.4 杭州湾南岸滨海平原土壤类型与分布 ······169
5.2 杭州湾南岸滨海平原土地利用变化对土壤质量的影响 ··171
　　5.2.1 样本点的选择与样品分析方法 ··········171
　　5.2.2 土壤质量评价方法及模型 ·············173
　　5.2.3 结果分析 ·······················174
　　5.2.4 讨论与结论 ······················187
5.3 杭州湾南岸滨海平原土地利用变化对生态系统服务价值的影响 189
　　5.3.1 杭州湾南岸滨海平原生态系统服务功能分析 ···191
　　5.3.2 生态系统服务价值及其变化 ············195

6 主导因素视角浙江省海岸带功能区划 ···········215
6.1 海岸带功能区划的国内外理论动态与实践经验 ·····215
　　6.1.1 西方海岸带空间规划的实践动态 ·········216
　　6.1.2 国内海岸与海洋区划/规划研究动态 ·······223
　　6.1.3 国内外研究对浙江省海岸带功能区划的借鉴 ···236

  6.2　浙江海岸带功能区划的相关规划 ……………………238
   6.2.1　相关规划的基本情况 ………………………239
   6.2.2　相关规划对海岸带功能区划的基本要求 …………241
   6.2.3　海岸带功能区划必须解决的问题 …………………247
  6.3　主导因素视角浙江省海岸带功能区划 …………………248
   6.3.1　浙江省海岸带功能区划分的主导因素判识 ………248
   6.3.2　主导因素视角浙江海岸带功能区划分方案 ………249
   6.3.3　浙江海岸带功能区方案实施的体制机制创新 ……253
  6.4　结语 …………………………………………………255
7　基于生态系统方式的浙江省海岸带综合管理模式 ……………262
  7.1　国际海岸带综合管理及启示 …………………………262
   7.1.1　国际海岸带综合管理演化过程 …………………263
   7.1.2　国际海岸带综合管理范围与特点 ………………266
   7.1.3　国际海岸带综合管理经验 ………………………268
   7.1.4　海岸带综合管理启示 ……………………………275
  7.2　浙江省海岸带现有管理模式及其问题 …………………278
   7.2.1　浙江省海岸带区位与社会经济现状 ………………279
   7.2.2　浙江省海岸带管理发展历程 ……………………281
   7.2.3　浙江省海岸带管理模式 …………………………282
   7.2.4　浙江省海岸带管理存在问题 ……………………284
  7.3　基于生态系统方式的浙江省海岸带综合管理模式及运行机制 …286
   7.3.1　基于生态系统方式的海岸带综合管理 …………286
   7.3.2　基于生态系统方式的浙江省海岸带综合管理模式 ……288
   7.3.3　浙江省海岸带综合管理运行机制 ………………293
索　引 ……………………………………………………………299

1 绪　　论

1.1　研究背景

　　海岸带地处陆地和海洋两大生态系统的交界带,受海洋与陆地两种不同属性的自然营力共同作用,其物质组成、能量特征、生态系统结构和功能体系独特。海岸带地区分布有肥沃的土地资源,拥有生产力极高的近海海域,蕴藏多种多样的石油、天然气、煤炭和金属矿藏。此外,海岸带为人类的经济贸易发展提供了优越的交通区位优势。海岸带得天独厚的资源和区位优势,使得其成为人类的起源地之一。7000多年前河姆渡先民就生活在海岸带地区,并造船制桨下海。随着社会经济的发展,海岸带作为适合人类居住发展的理想区域越来越明显。当今社会,海岸带地区人口密集、经济发达。全世界一半以上的人口生活在沿海大约60km的范围内,海岸带已成为人类活动最为集中的地区。全世界人口在250万以上的城市有2/3位于潮汐河口附近。

　　中国大陆海岸线长达1.8万km,加上岛屿岸线总长超过3.2万km,是世界上海岸线最长的国家之一。大陆沿海11个省(市、区)的土地面积占全国总面积的13.6%,但却拥有41%的全国总人口。沿海不仅是城市化程度最高的区域,同时也是人口密度最大的地方。此外,沿海地区经济在我国国民经济发展当中占有举足轻重的地位,45%左右的国有资产和60%以上全国社会总财富集中在沿海地区。近几十年来,我国海洋经济迅猛发展。《2012年中国海洋经济统计公报》显示,2012年全国海洋生产总值为50087亿元,比上年增长7.9%,海洋生产总值占国内生产总值的9.6%。其中,海洋产业增加值为29397亿元,海洋相关产业增加值为20690亿元。长江三角洲地区海洋生产总值为15440亿元,占全国海洋生产总值的比重为30.8%。对比往年的中国海洋经济统计报告,不难发现,中国的海洋经济在全国经济发展过程中占据的地位正在逐渐提高,海洋经济成为国民经济发展中不可忽略的重要组成部分。

随着社会经济和科学技术的不断进步和发展,海洋资源的开发利用逐渐受到各沿海城市的重视。其中,位于海洋系统与陆地系统连接、交叉的海岸带区域,既是地球表面运动最为活跃、现象与过程最为丰富且繁杂的自然区域,又是资源种类、环境条件最为优越的社会区域,吸引了其他资源要素的集聚,从而逐渐发展成为人口稠密、经济发达、人类活动影响不断增强的区域,成为社会经济持续增长繁荣的地带。沿海国家与城市因势利导,凭借独特的环境资源优势,将开发海岸带提升为极为重要的发展战略,并因地制宜,通过利用海岸带的不同优势、特点形成相适宜的土地利用开发模式。但是,人类对海岸带地区资源的开发活动的不断加强,不可避免地对海岸带资源环境产生巨大压力,生态环境不断恶化。沿海水质污染、近海生态系统退化、红树林消失、珊瑚礁破坏、沙质海岸侵蚀后退、滩涂湿地减少等资源环境问题频繁发生并不断加剧,海岸带生态与环境面临着人类经济社会活动带来的空前压力。

因此,如何合理评价海岸带土地资源开发现状及开发强度?如何有效地利用海岸带资源,同时又将开发利用过程中对海岸带生态环境的破坏降到最小?如何从海岸带地区本身的资源环境承载力出发进行海岸带的合理开发,解决海岸带开发过程中的冲突和问题,提出海岸带综合管理模式,是一个值得研究的课题。

1.2　研究意义

浙江是海洋大省,海域广阔,岛屿星罗棋布。海岸线总长6715km,居全国第一。海域面积4.24万km^2,其中内海面积为3.09万km^2,领海面积1.15万km^2。浙江省是中国海岛最多的省份,面积在500 km^2以上的海岛有3061个,占全国海岛总数的2/5以上。浙江拥有丰富的海洋资源,海岸带开发有着悠久的历史,发展海洋经济具有得天独厚的条件。20世纪以来,浙江省海岸带开发和海洋经济发展,经历了"开发蓝色国土"和"建设海洋经济大省"两个阶段,海洋经济综合实力明显增强。进入21世纪,浙江海岸带开发与海洋经济发展面临新的机遇,同时具备建设海洋经济强省的良好基础。随着浙江省陆域经济整体规模的扩大和海洋经济向深度、广度进军,陆海之间资源的互补性、产业的互动性、布局的关联性进一步增强。特别是杭州湾大通道、舟山大陆连岛工程、温州洞头半岛工程的建设,为浙江海岸带地区社会经济的发展注入了新的动力。

2011年《浙江海洋经济发展建设示范区规划》获得国务院批复,批复中提到"建设好浙江海洋经济发展示范区关系到我国实施海洋发展战略和完善区域发展总体战略的全局",浙江海洋经济上升为国家战略。同年,国务院正式批复《浙江舟山群岛新区发展规划》,这也是我国首个以海洋经济为主题的国家战略性区域规划。

海洋经济的快速发展及沿海地区人口的急速膨胀,资源短缺、环境恶化等问题给浙江省海岸带生态环境带来了越来越大的压力和冲击,严重地影响着浙江省海洋经济的持续发展。大规模、超强度的不合理开发导致的浙江省海岸带生态环境退化和丧失,已成为制约浙江海洋经济可持续发展的关键因素。海岸带生态环境的脆弱性和人类高强度开发利用之间产生的矛盾非常突出。

在海岸带开发中存在各种产业间的竞争、相互妨害和利益冲突,沿海土地开发后造成了海洋水体污染、生态环境恶化、港口淤塞和其他更具灾难性的环境问题。沿海滩涂作为储备的建设用地,如果不进行规划建设的评估,就很容易在后续的建设中造成环境问题。以围垦造地为例,部分围垦区域有入海渠道通过,未进行合理的渠道改道以及该区域的排水情况评估,而是直接围垦造地,可能会因排水不畅造成城市内区域性内涝问题。

大规模、超强度的不合理开发正在不断加速海岸带生态环境退化和丧失,从而成为制约海岸带可持续发展的关键因素。海岸带的海陆交互作用频繁而强烈,生态环境脆弱而缺乏稳定性,同时人类活动是改造海岸带的重要营力。无论是何种经济活动,都是基于资源的改造活动,更何况是处于生态环境脆弱带的海岸带,海岸带环境受到的压力可想而知。沿海的经济发展和海岸带土地之间的矛盾日显尖锐,如何处理好社会、经济、环境三者之间的关系,就显得尤为重要。

高强度的人类活动,使得海岸带开发与综合管理成为当今学术界与政府部门的关注焦点。如何运用多学科交叉的研究方法,研究海岸带开发利用现状,解决海岸带开发利用中存在的问题,进行海岸带综合管理,对实现沿海地区的可持续发展具有十分重要的现实意义。浙江省作为改革开放的前哨,海洋经济发展水平较高,海岸带开发利用历史悠久。选择浙江省为研究区,进行海岸带开发利用与综合管理研究在中国具有典型意义。本研究得到浙江省哲学社会科学重点研究基地——宁波大学浙江省海洋文化与经济研究中心2012年度重点规划课题《浙江省海岸带开发与综合管理研究》(编号:12JDHY01Z)立项资助。拟在分析浙江省海岸带资源特征及其开发利用现状基础上,研究浙江省海岸带土地开发利用的适宜度及开发利用强度,提出浙江省海岸带土地资源开发利用模式,探讨海岸带土地利用变化对土壤质量及生态服务价值的影响,提出基于资源环境承载力的浙江省海岸带主体功能区划及综合管理模式。研究成果不仅可为浙江省海洋经济强省建设和海岸带地区社会经济持续发展的对策选择提供科学依据,同时,也可促进我国海岸带土地利用开发及其综合管理决策研究的深入,为我国沿海其他地区海岸带开发与管理对策选择提供参考。

1.3 研究内容

本书共分7章进行浙江省海岸带土地开发与综合管理研究。

第1章为绪论。主要介绍本书的研究背景、研究意义和国内外研究现状,并在此基础上提出本书的研究内容。

第2章为浙江省海岸带资源特征及开发过程中存在的问题。在对浙江省海岸带资源禀赋进行详细分析的基础上,指出浙江省海岸带开发中存在的问题。

第3章为海岸带土地利用适宜度及开发利用强度评价。主要是在对海岸带土地利用适宜度、开发利用强度等相关概念进行阐析的基础上,以杭州湾南岸为例,进行2000年、2005年和2010年3个时期的海岸带土地利用适宜性评价,进而研究该3个时期的海岸带土地开发利用强度的时空变迁特征。

第4章为海岸带土地开发模式研究。在海岸带土地利用模式理论探析的基础上,借鉴国外海岸带土地开发利用模式,以杭州湾南岸为研究区,建立海岸带土地资源发展潜力评价模型,从土地空间分布潜力、自然条件潜力、经济水平潜力和生态敏感性等4个方面进行海岸带综合发展潜力评价,提出基于发展潜力分区的海岸带土地利用模式。

第5章为海岸带土地利用变化对土壤质量及生态服务价值的影响。在分析杭州湾南岸成陆过程及匡围历史的基础上,探讨其土地利用变化特征。在收集第二次土壤普查资料的基础上,对杭州湾南岸滨海平原进行了土壤剖面的重复采集工作,建立土壤质量综合评价模型,研究土地利用变化质量对土壤发生层质量演替的影响。此外,利用生态系统服务功能评价方法,探讨了土地利用变化对杭州湾南岸对生态系统服务价值的影响。

第6章为主导因素视角浙江省海岸带功能区划。在系统梳理国内外海岸带区划理论动态与实践经验基础上,探析浙江涉海规划对海岸带利用的相关要求与规划协同问题,并基于《浙江海洋功能区划2011—2020》,运用主导因素划分浙江省海岸带功能区体系,以期指导浙江省沿海地区可持续发展与海洋综合管制。

　　第7章为基于生态系统方式的浙江省海岸带综合管理模式。在系统分析国际海岸综合管理经验的基础上,阐析浙江省海岸带的现有管理模式及存在的问题,提出基于生态系统方式的浙江省海岸带综合管理模式及其运行机制,以期服务于浙江省海岸带的综合管理实践。

2 浙江省海岸带资源特征及开发过程中存在的问题

　　浙江省位于中国东南沿海中部,长江三角洲的南翼,东临东海,南接福建,西衔江西、安徽,北邻上海、江苏。地理位置介于北纬27°12′～31°31′和东经118°00′～123°00′之间。东西和南北的直线距离均为450km左右,陆域面积10.36×10⁴km²,仅占全国面积的1.06%,是面积最小的省份之一。但是浙江省海域面积广阔,达4.44×10⁴km²。岸线总长达6715km,包括大陆岸线2218 km,海岛岸线4497km,而且大陆海岸线占全国大陆海岸线的11%(李家芳,1994)。海岛总数3820个。浙江包括杭州、宁波2个副省级城市及温州、嘉兴、湖州、绍兴、金华、衢州、舟山、台州、丽水等9个地级市,其中嘉兴、杭州、绍兴、宁波、台州、温州及舟山等7个为沿海市。

　　浙江是海洋大省,同时也是一个开放型口岸。由于浙江位于我国东部沿海中部和长江流域的"T"型结合部,北承长三角以及世界大都市——上海,南接海峡西岸经济区,西连长江流域和广袤内陆,东边直面太平洋,不仅区域内外交通便利,且紧邻国际航运战略通道,具有深化国内外区域合作和交流的有利条件,通过对外开放,能更好地实现技术与资源的往来与合作。

　　自20世纪80年代以来,世界经济增长重心开始转向亚太地区,而东亚经济圈作为亚洲最重要的增长极之一,其对亚太地区的经济贡献不言而喻。在东亚地区各国中,日本、韩国虽然资源缺乏,但经济已达到很高水平,由于国内生产成本的高昂,已严重影响到了两国产品的国际竞争力,对外进行产业转移已成为不可逆转的趋势。长三角地区由于其独特的地理位置以及强劲的经济支持,已成为了外商投资的首选之地。而浙江省位于长三角经济圈南翼,其中,杭州、宁波、嘉兴、湖州、绍兴、舟山和台州作为长三角经济圈的重要组成部分,其在2012年的GDP占长三角地区的29.21%,有力地推动了长三角经济的增长,在这一区域经济中发挥着不可替代的作用。再加上浙江拥有众多的深水港口,这无

疑为本省吸引国际投资和发展成为国际性港口城市,实现区域经济腾飞提供了
得天独厚的条件,使得浙江成为东亚经济发展的纽带。

2.1 浙江省海岸带的自然地理概况

2.1.1 浙江省海岸带地质地貌特征

浙江省地质构造比较复杂。以绍兴—江山深断裂带为界线,可以分为浙东
与浙西两大构造单元。而浙江省海岸带主要位于浙东地区,属于华南地槽褶皱
系的一部分,被称为浙东华夏褶皱带(陈桥驿,1985)。

浙江位于中国的第三级阶梯上,地势西南高,东北低,西南山地主要山峰海
拔多在1500m以上,中部地区多为海拔100～500m的丘陵盆地,而东北部地区
则为沉积平原,海拔在10m以下,水网密布,是典型的鱼米之乡;浙江省地形以
丘陵和山地为主,占全省面积的3/4,而平原和盆地仅占1/4,素来有着"七山一
水二分田"之称。且山地地形复杂多样,小气候明显,生物资源丰富,为农林牧
副渔业的发展提供了有利的条件;此外,浙江省海域面积广阔,海岸线曲折,沿
海岛屿众多,岛屿岸线长达4000多km,这为浙江省对外航海、渔业、沿海养殖等
提供了优越的条件。

2.1.2 浙江省海岸带气象气候特征

浙江省地处中国东南沿海地带,纬度较低,背陆面海,属于亚热带季风气候
区。海岸带地区季风气候尤为显著,冬夏季风交替显著;年平均温度适中,四季
分明;光照较多,热量资源丰富;降雨充沛,空气湿度较大;且一年四季都有明显
的特殊天气气候现象。

(1)气温与热量 根据浙江气象局多年的观测数据,浙江海岸带地区四季分
明,年平均气温在15～18℃,冬季1月为最冷月,月平均气温在2.5～7.5℃,夏季
7月为最热月,月平均气温在26.5～29.5℃。全省多年的极端最高气温
33～43℃,极端最低气温-17.4℃。浙江各地日均温在10℃以上的日数为
230～260天,活动积温在4800～5000℃,总体趋势从南向北递减。

(2)光照 根据浙江省相关日照资料计算分析,浙江省各地年总辐射量在

101~114kcal/cm², 年日照时数在1800~2100h, 地区分布来看, 浙北多于浙南; 而时间分配上则夏季多余冬季, 这种光照资源的时空分配, 有利于多熟作物的发展。年平均日照百分率在40%~48%, 春季较小, 各地在30%~40%, 夏季较大, 在55%~70%。

(3)降水　浙江省东临东海, 海岸带地区水汽来源丰富, 降水量较多, 是全国雨量较多的地区之一。根据多年的水文观测资料, 浙江省年平均降水量在980~2000mm之间。由于受季风气候的影响, 降水量季节分配不均匀, 存在两个相对雨季(3—6月、8月底—9月底)和两个相对干季(7—8月、10月—次年); 此外, 浙江省降水量年际变化较大。

(4)湿度与蒸发　浙江位于东南沿海地带, 受季风及东海水汽的影响, 空气中所含水蒸气较多, 相对湿度较大, 全年平均在77%~80%之间, 地区和时间分配上差异不大, 属于亚热带湿润区。而浙江的蒸发量较小, 年平均在600~900mm之间, 地区分布北部平原大于南部山地。

(5)气压与风　由于常年受到东亚高低气压活动中心季节变化的控制, 使得浙江省成为全国南北气流交绥最频繁的地区之一。一年四季风向变化较大, 冬季, 全省各地普遍盛行偏北风; 春季南北各地风向有明显的不同, 北部和沿海地区多东南风, 而南部地区多偏北风; 夏季由于受到副热带高压控制, 全省盛行东南季风; 秋季大部分呈现出秋高气爽天气, 风速较小。除此以外, 由于受地形等因素的影响, 浙江地区还盛行海陆风、山谷风等地方性风。

(6)特殊天气气候　由于浙江省处于极地大陆气团与热带海洋气团随季节变化相互交绥的强烈地带, 各类锋面活动频繁, 因此形成了很多特殊的天气气候现象, 其中对生产生活影响最大的有以下几类: 冬半年的寒潮、初夏季节的梅雨, 7—9月的台风, 全年7—8月、9—10月和11—12月的伏旱、秋旱和冬旱, 冰雹以及春秋季低温等。

2.1.3　浙江省海岸带水文特征

(1)陆地水文　浙江省江河众多, 境内有西湖、东钱湖等容积100万 m³以上湖泊30余个, 海岸线(包括海岛)长6700余 km。自北向南有苕溪、京杭运河(浙江段)、钱塘江、甬江、椒江、瓯江、飞云江和鳌江等8条主要河流, 钱塘江为第一大河, 上述8条主要河流除苕溪、京杭运河外, 其余均独流入海。陆域境内河川径流较丰富, 含沙量少, 多受降雨补给, 多年平均年径流总量为914亿 m³, 径流模数在20~50dm³/s·km², 单位面积产水量较高, 年径流系数差别较大, 变化范围在0.35~0.75。

(2)海洋水文　浙江沿海的潮汐主要有正规半日潮和不正规半日潮(陈倩,

2003),浅海分潮很小的外海,涨落历时几乎相等,平均值为 6 h 12.5 min。沿海各站平均高潮位在 2.95～4.86m,其中杭州湾北岸最高,而杭州湾南岸最低,而平均低潮位则杭州湾南岸高于北岸。浙江沿海各站多年平均海平面大约为 2.0～2.2m,呈现出南高北低的趋势。

2.1.4　浙江省海岸带土壤特征

浙江陆域面积虽然不大,但是由于成土因素的复杂性,导致了成土过程的多样性。土壤类型多样,且有着各自不同的土体结构、内在性质和肥力水平。浙江省土壤可以分为 6 个土类,21 个亚类,86 个土属。浙江省六大土类包括:(1)红壤类,主要分布于省内的低山丘陵地带,是在温热多雨的气候条件下深度风化而形成的;(2)黄壤类,主要分布在较高山地的上部,其母质主要以火成岩和石英砂岩的残积风化物为主;(3)岩成土类,分布比较零散,面积不大;(4)潮土类,主要分布在江河湖海谷地两侧的山前平地以及宽广的平原地区;(5)盐土类:主要分布于东部沿海地带的平原及岛屿海岸带地区,由于长期受到海潮浸渍及受含盐地下水影响而致;(6)水稻土类,大多分布在河谷平原和水网平原地区。

2.2　浙江省海岸带资源特征及开发过程中存在的问题

2.2.1　浙江省海岸带资源特征

2.2.1.1　浙江省的海岛资源

浙江是一个海洋大省,不仅海洋面积广阔,而且拥有数量众多的海岛。根据"908"专项海岛调查统计,浙江省岛屿数量居全国省市中第一位,共有海岛 3820 个,总面积 1818.025 km^2,其中,单个岛屿面积在 500m^2 以上的海岛 3061 个,约占全国岛屿数量的 40%(张元和 等,1999)。

海岛分别隶属于沿海的五个市,其中舟山市的海岛数量和面积均居第一位,具有代表性的海岛是舟山群岛,它是我国第一大群岛,分布海域面积 22000km^2,陆域面积 1371km^2。其中 1km^2 以上的岛屿 58 个,占该群岛总面积的

96.9%。主要岛屿有舟山岛、岱山岛、衢山岛、朱家尖岛等,其中舟山本岛面积最大,面积为502.65km²,为我国第四大岛。浙江海岛的特点主要体现在成因单一和有居民岛数量少但占总海岛面积比例大,以及具有近岸浅水分布趋势。海岛的成因比较单一,3819个海岛属于基岩岛,只有1个属于堆积岛(张海生,2013)。

浙江省目前有居民岛254个,仅占海岛总数的7%,但占总海岛面积的91.4%。从行政区划上看,地级市岛1个,县(市、区)级岛3个,乡(镇、街道)级岛59个,村(社区)级和自然村岛192个。沿海城市中以舟山市有居民岛数量最多,共有141个,占浙江省总数的一半以上(张海生,2013)。

2.2.1.2 浙江省海岸带的土地资源

根据2010年年度土地变更调查情况统计(张海牛,2013),浙江省31个沿海县(市、区)土地总面积2.84×10⁶hm²,其中,海岛土地总面积1.82×10⁵hm²。潮间带的滩涂资源为2.29×10³hm²,其中,分布于大陆沿岸的约为1.85×10³hm²,分布于海岛四周的约为440 km²。从具体分布区域看,宁波市的滩涂资源面积最大,达到744.68 km²,占总面积的32.59%;杭州市滩涂面积最小,只有11.2 km²,占总面积的0.49%。浙江省的滩涂资源大都属于淤涨阶段,但是围填海工程、陆连岛工程等大规模的围垦导致岸滩的自然淤涨速度跟不上围垦的速度,因此,滩涂资源正在逐年减少,而且滩涂的高程都比较低。从数据分析看,慈溪市潮间带滩涂面积减少了196.3 km²,居第一位。

2.2.1.3 岸线资源与港口航道资源

浙江省海岸线总长6714.7km,位居全国沿海省市第一位。其中,大陆海岸线总长2218km,海岛岸线总长4496.7km。大陆岸线中人工岸线总长1427.33km,占全省大陆海岸线的64.35%;有居民岛岸线2885.918km,占海岛岸线的64.18%。海岛岸线中人工岸线长915.022km,占海岛岸线的20.35%。从全省沿海各市看,又以舟山市海岸线为最,达到2388.248km,而且全是海岛岸线;其次,宁波市海岸线达到1533.64km,包括大陆岸线和海岛岸线。浙江省大陆海岸线北起平湖市金山石化总厂厂区,南至苍南县虎头鼻,大体分四种类型。人工岸线总长1427.33km,占全省大陆海岸线的64.35%;基岩岸线总长746.62km,占全省大陆海岸线的33.66%;砂砾质岸线总长25.61km,占全省大陆海岸线的1.15%;河口岸线总长18.4,占全省大陆海岸线的0.83%(张海生,2013)。

浙江省拥有我国沿海省市第一位的海岸线长度,这是其岸线资源优势。但具体到浙江近海的不同水域,岸线资源的开发又具有不同特点。根据深水岸线资源的前沿水深情况看,以10m水深作为基准,浙江省10m以上深水位总长

481.8km,占全省海岸线的7.18%(张海生,2013)。从沿海5市拥有的深水岸线资源情况看,排名前三位的是舟山市(59.4%)、宁波市(21.3%)、台州市(6.8%)。漫长的海岸线,加之拥有较深的水位条件,为浙江省的港口建设创造了条件。浙江省沿海航路交错纵横,分南北方向航路、东西方向航路。具有代表性的是建成全国首条30万t级航道——宁波—舟山港虾峙门口外航道。目前,浙江舟山港、宁波港、温州港、嘉兴港、台州港5个沿海港口生产性泊位超过1000个,港口综合通过能力超过6.6亿t,截至2010年底,全省沿海港口拥有万吨级以上的深水泊位159个。初步形成了以宁波—舟山港为核心,浙北、温台港口为两翼,大中小泊位配套、功能基本齐全的沿海港口群(张海生,2013)。

2.2.1.4 近海矿产资源

浙江省滨海砂矿床通常具有规模大、品位高、埋藏浅、沉积疏松、易采易选的特点,具有良好的勘查和开发前景。滨海砂矿主要有锆石矿点和独居石矿点分别位于浙江的巨山冷峙、舟山桃花岛,但因品位低,均未形成工业矿床。海砂资源主要赋存在沙脊、冲刷槽、三角洲、河谷等各类地貌单元。全省表层与埋藏海砂资源分布面积为3469.73km^2。除此之外,浅海表层可估算资源量的海砂资源潜力区面积为1470.98 km^2。浅海有用重矿物高值区集中在杭州湾——舟山海域、瓯江口外海区。浙江近海地区也是东海油气资源的主要分布区,资源规模巨大,有很大的开发潜力。

2.2.1.5 近海植被资源

结合气候、地形、土壤等自然要素,在全国植被区划中将浙江省的植被带划为中亚热带常绿阔叶林带(中国植被编委会,1980)。而浙江省近海植被类型的划分遵循"植物群落学——生态学"原则,即主要以植物群落优势种、生态外貌、生态地理和动态演替等特征作为分类依据。根据人为影响程度,浙江近海植被类型分为自然和人工两大类。其中自然植被共有针叶林、阔叶林、竹林、灌丛、草丛、滨海盐生、沼生和水生8个植被型组;人工植被分木本栽培和草本栽培2个植被型组。全省近海植被覆盖面积达到5110.32km^2,其中,草本栽培植被面积最大(1882.3km^2),其次为针叶林(1226.2km^2)和阔叶林(1005.2km^2),分别占区域植被总面积的36.8%、24.0%和19.7%(张海生,2013)。近海植被具有种类复杂多样的特点,但是植被结构组成不太合理,因此与同纬度大陆地区相比,浙江海岛植被的生态效益偏低。

近海植被的开发是指人工植被的建设,主要分布于各大岛和有居民岛的平原和低丘陵缓坡以及大陆海岸带滨海平原和低丘缓坡。人工植被分为两大类,木本栽培植被和草本栽培植被。前者多分布于乡级以上政府驻地岛、有居民岛,所处立地条件多较优越,尤其是以经济林(园)、果园,多为红壤、潮土土类,土层深厚肥沃,结构良好、疏松。后者以农作物群落和防护型草本群落为主要代表。人工植被中针叶林、草本植被总量超过海岸带植被总面积的60%以上,而且有进一步增大的趋势。

2.2.1.6 海洋渔业资源

浙江渔业资源的组成包括鱼类、甲壳类、头足类、贝类、藻类等,前三类主要是海洋捕捞对象,后两类为沿海人工养殖对象。鱼类资源按照分布情况可以分为沿岸种、近海种和外海种。浙江渔场的虾类早期以沿岸近海种类为主,20世纪80年代初发展桁杆拖虾作业,使得外海的虾类资源也得到了利用。根据海域环境条件,虾类资源分为广温低盐种、广温广盐种、高温高盐种3种类型。蟹类资源丰富,主要蟹产品有梭子蟹、圆趾蟹等,主要的经济蟹类分布海域与虾类分布区大致相同。头足类是浙江渔场重要的捕捞对象,主要的产品有柔鱼、枪乌贼、章鱼等。除却海洋捕捞,近海养殖步伐加快,形成优势的养殖产业带。根据近海养殖分布区分为:滩涂养殖、浅海养殖、池塘养殖,养殖面积分别为48119hm^2、18442hm^2、39159hm^2。与此同时,采取增殖放流和水产资源种质保护区来提高渔业产量和保护海洋渔业资源。浙江渔场有鱼类700多种,但是主要的捕捞对象仅30~40种,近几年鱼类产量约200×10^4t,占海洋总捕捞量的65%左右;虾类产量超过60×10^4t,约占海洋总捕捞量的20%;蟹类年产量超过10×10^4t;浙江省头足类产量超过30×10^4t,占海洋捕捞量的10%左右。目前,浙江渔获量占整个东海渔获量的60%,占全国海洋渔业捕捞总量的30%以上(张海生,2013)。

浙江省渔业分为近海养殖和海洋捕捞。近年来浙江省近海养殖面积受到工业用地、围填海等工程建设的占用,近海养殖面积大幅下降(张玫等,2014)。数据显示,浙江省近海养殖面积,2008年为96140hm^2,2011年为90840 hm^2。与此同时,2008—2011年,浙江省海水养殖业产值呈现增长趋势,由2008年的870200万元,增长到2011年的1247100万元。这主要是由于水产品单价上升引起的。2008年每吨水产品价格为10500元,高于全国的9426元,而2011年每吨水产品的价格为14800元,同期全国为12450元。但浙江省海水养殖业产值占全国比重在不断下降,从2008年的6.89%下降到2011年的6.46%(张海生,2013)。

2.2.1.7 海水资源利用调查与研究

海水资源的利用包括对海水的直接利用和海水淡化。浙江省地处亚热带,属于夏雨型气候,总体来说水资源比较丰富,但是浙江省水资源人均占有量仅

$2000m^3$，比全国平均水平低7.5%。此外，浙江省的水资源的地区分布不均，经济发达地区和海岛地区缺水现象明显。因此，浙江省面临水资源总量不足和时空分布不均、水资源需求量大和水资源污染的双重问题。开发利用海水资源是缓解水资源短缺的有效途径，更是解决海岸带地区工农业用水问题的必然选择（杨波等，2003）。针对现实情况，浙江省提出建设海水淡化工程以应对水资源短缺问题。目前，浙江省日淡化海水能力是全国总量的1/3，占据全国海水淡化市场60%以上份额，年产值20多亿元。

2.2.1.8 海洋可再生能源

浙江海洋可再生资源主要包括潮汐能、潮流能、波浪能、盐差能和海洋风能（张海生，2013）。浙江省近海10m等深线以内的潮汐能蕴藏量为$964.36×10^4kW$。根据"908专项"调查统计，浙江省技术可开发量在500kW以上的潮汐能坝址19个，技术可开发装机容量$856.85×10^4kW$，技术可开发年发电量为$235.60×10^4kW·h$。主要分布于杭州湾、象山港、三门湾和乐清湾等港湾。浙江省近海潮流能资源丰富，是我国近海潮流能资源最富集的海域，其潮流能蕴藏量可达$517×10^4kW$，技术可开发量为$103×10^4kW$。主要分布于舟山海域和杭州湾口。其中，舟山潮流能密度最大，是潮流能开发最为理想的海区。浙江省波浪能蕴藏量为$196.79×10^4kW$，居全国第四位，理论年发电量$172.39×10^4kW·h$，技术可开发装机容量为$191.60×10^4kW$，年发电量为$167.84×10^4kW·h$。主要分布于舟山群岛、大陈岛附近海域和浙江省北部、中部海域。浙江主要河流入海口地区盐差能资源蕴藏量为$346×10^4kW$，技术可开发量为$34.6×10^4kW$，技术可开发年发电量为$30.3×10^4kW·h$。主要分布于各主要河流入海口，如钱塘江、瓯江、飞云江、甬江等。浙江省近海海洋风能丰富区占海域总面积的47.5%，近海50m等深线以浅海域10m高度风能资源总蕴藏量为$7550.0×10^4kW$，居全国第六位。技术可开发量为$5001.5×10^4kW$，年发电量为$2915.9×10^4kW·h$，居全国第五位。主要分布于舟山群岛附近海域，嘉兴东部钱塘江口、宁波北部海域与东部海域、台州东部海域和温州东南部海域。

2.2.1.9 旅游资源

浙江省沿海地带旅游资源类型丰富，共涵盖8个主类，30个亚类，141个基本类型，旅游资源单体总数达到13545个，占全省旅游资源单体总量的3/4（张海生，2013）。同时，沿海地带旅游资源的空间分布上呈现大分散、小集中的格局。在此基础上，沿海地带划分为10大滨海旅游资源富集区，36个潜在滨海旅游区。近年来，浙江省旅游景区标准化建设步伐加快，截至2007年末，全省沿海城市旅游资源景区约有264处，去除部分重复约16处A级景区，则共有相对独立的旅游景区约250处,占全省总量的66%。

目前,浙江海岸带地区已经形成了三大主要旅游区:(1)以普陀山和嵊泗列岛为中心的2个国家级风景区;(2)以雁荡山和洞头列岛为中心的国家级、省级风景区;(3)海宁钱塘江大潮。从时空角度来看,精品旅游资源呈现大分散、小集聚特点,旅游旺季集中在夏秋季节(吴妍等,2000)。

2.2.1.10　资源的综合评价

浙江省海岸带资源种类众多,是发展浙江海洋经济的根本所在,在开发利用过程中需要注意统筹兼顾、综合规划,挖掘海岸带资源的组合优势(李家芳等,1996)。根据"908专项"调查结果分析,浙江省海洋资源丰富,是海洋大省,有着发展海洋经济的先天优势。同时,限于目前的开发条件和水平,有些海洋资源还不能为本省的经济发展发挥应有的作用,从另外一个层面来说,未来的开发潜力巨大。

浙江省的岛屿数量众多,海岛资源丰富,有中国第一大群岛——舟山群岛。近海的土地资源和滩涂资源为浙江的发展提供了后备土地资源,是未来城市、经济发展的物质基础。沿海大陆岸线长达2218km,海岛岸线总长4496.7km,漫长的海岸线资源,加之比较深的近海水位,铸造了优越的筑港条件,为宁波港、舟山港的建设提供了优越的自然基础。丰富的滨海砂矿、油气资源等可缓解本省矿产资源短缺压力。浙江沿海5市地处亚热带,山地、丘陵广布,物种类型多样,森林资源丰富。浙江拥有世界四大渔场之一的舟山渔场,渔业产量位居全国首位,渔业地位重要。众多的海洋鱼类、虾类、头足类等资源满足了市场需求。除了海洋捕捞,近海的养殖也占有重要地位。浙江是一个海洋大省,尤其是5个沿海城市,海水资源丰富。借助海水淡化处理技术可在一定程度上解决水资源短缺和水质型缺水的问题。海洋资源类型多样,但是存在可开发利用的问题,因各种海洋可再生资源的自身特点,资源利用率低,开发利用的技术水平不够,难度较大。沿海5市旅游资源数量众多,大分散、小集中,类型多样,独具特色的海洋旅游具有很大的发展前景。综上,浙江省海岸带资源类型多样,总量丰富,特点鲜明,但个别资源存在短缺现象,部分资源开发利用存在技术问题。

2.2.2　浙江省海岸带资源开发过程中存在的问题

浙江省海岸带作为浙江省最重要增长极,对本省乃至长三角的经济贡献不言而喻。近年来,随着《浙江海洋经济发展示范区规划》的正式批复,浙江海岸带的开发利用更是成为发展本省经济的重点。同时,浙江各项海洋产业,如海洋渔业、海洋船舶工业、港口运输业、海洋化工业以及滨海旅游业等发展迅速，且海洋产业产值呈现出连年上升的趋势。

然而随着浙江海岸带经济快速发展的同时，海岸带人口压力也逐渐增大，人类向海洋过分地掠夺生物资源和开发利用空间资源的活动也不断加剧，资源短缺、生态环境恶化等矛盾日益突出。主要表现在海岸带水体污染，海洋渔业捕捞过度，滩涂、湿地开垦过度，旅游沙滩侵蚀等。

2.2.2.1 海岸带水体污染

海岸带地区作为发达的经济腹地，聚集了大量的工农业企业，但是在此过程中，由于城市基础设施建设未能跟上社会经济发展的水平，导致了大量的生态环境问题。局部海域由于大量陆源工农业废水、城市生活垃圾以及旅游污水的直接或间接无节制排放，引起了海岸带地区环境质量下降，景观破坏、生物多样性锐减、赤潮等现象频发。此外，石油污染和有机物污染也是威胁海岸带环境的重要问题，其中，杭州湾地区是全省受此污染最严重的地区之一。这些污染已严重威胁到了海洋渔业的发展，使得养殖水产或天然海域鱼群受到毒害，甚至死亡，生物多样性下降，甚至使得许多河口海湾地区的养殖场荒废。

2.2.2.2 海洋渔业捕捞过度

由于人类对海洋鱼类的过度捕捞，将会导致沿海地区海域原有的鱼类资源结构遭到破坏，种群数目及数量减少，原有的生态系统遭到破坏，使其功能发生变化。如2002年，东海地区由于过度的捕捞，造成了"四大渔产"中的大黄鱼和曼氏无针乌贼资源严重衰竭（凌建忠等，2006），而其他鱼类也同样出现了衰退的痕迹。海洋渔业的长期稳定发展需要政府部门出台政策，强化管理，休渔期禁止捕捞。与此同此，开源节流，通过人工增殖的办法，提高海洋水产品的产量，以满足市场需求。过度捕捞对于渔业资源的开发是毁灭性的，因此，必须提高渔业从业人员的认识，谋求经济利益与生态利益的共同发展。

2.2.2.3 滩涂、湿地开垦过度

随着海洋产业的迅猛发展，浅海滩涂已经成为海洋开发行业聚集的重要场所，并且随着它的开发利用，也产生了巨大的社会效益。2009年，浙江省海水可养殖面积为 10.146 万 hm²，其中滩涂可养殖面积为 5.739 万 hm²；海盐产量为 17.05 万 t，均在浅海滩涂晒制。

海岸滩涂开发利用中，最突出的是围海造陆和围海造地，改变了海岸线的自然形态，使得原本曲折多变的海岸线变得平直而单调，人工海岸线的比重不断上升，而自然岸线比重不断下降，导致一些小海湾消失。此外，筑堤围垦也导致了

自然环境的恶化,如产生了港口航道淤积、生态环境破坏、区域盐碱化等问题。

2.2.2.4　旅游沙滩侵蚀

由于部分单位或个人为了谋取个人利益,私自开发沙滩,大兴土木,挖取砂石,人为地破坏了海滩的景观。此外,由于旅游高峰期,海滩游客过于密集,大范围、高强度的践踏沙滩,使得沙粒下滑,而波浪又不足以携沙上覆,使沙滩短期内无法恢复到原先的状态。因此,造成海滩变窄,物质粗化。浙江舟山的南沙就面临着夏季人口密度过大,海滩侵蚀过度的问题。

2.2.2.5　宁波—舟山港一体化进程缓慢

宁波港和舟山港的联动机制尚未形成,各自为政现象依然存在。如何破除地域限制,弱化地方保护主义观念,是未来一段时间内必须考虑的问题。宁波—舟山港的大发展,离不开相互的支持,破除利益局限,减少制约发展的因素,推进宁波—舟山港一体化进程,实现两大港口的重组与合作是大势所趋,更是进一步提升港口联动下的综合效益的必然选择(胡强生,2006)。宁波港与舟山港的地理位置与腹地范围存在地域上的联系,可以借鉴国外港口建设的经验,打造内外联动的港口模式,将舟山港建设成为宁波港的外港,大吨位的船舶在舟山港停靠,宁波港为舟山港的发展提供后勤服务,同时也可以享受舟山港的港口条件、客货服务。加速港口建设,提升港口吞吐能力,提高港口的效益,是未来一段时间内宁波—舟山港需要考虑并进行探索的发展方向。

2.2.2.6　海洋可再生能源利用种类单一

浙江省的海洋可再生能源包括潮汐能、潮流能、波浪能、盐差能和海洋风能。但可供使用的能源仅以海洋风能和潮汐能为主,其他能源的利用比例和产值不高。同时,海洋电力产业的成本过高,不少电站长期处于负债运行状态,严重制约海洋电力产业的进一步发展。虽浙江省海洋可再生能源种类比较丰富,但现行的技术、资金条件制约了海洋能源的利用能力。前期的资本投入与海洋能源的利用率不高和电价较低之间存在矛盾,短时间内无法回收成本,加之高昂的维护费用,严重影响到海洋能源的开发利用规模与效益。海洋能源未来的开发潜力巨大,但如何将资源优势转化为经济优势,同时又能维护生态环境的平衡,是一个需要长期攻关的难题。

2.2.2.7　岛屿淡水缺乏

浙江省岛屿众多,同时岛屿面积都比较小,陆域储水能力严重不足,地表径流大部分直接汇入大海,大部分岛屿面临淡水资源短缺的压力。一方面是淡水资源储量小,另一方面淡水资源需求量大,农业、工业、生活用水缺口大。以舟山群岛为例,全区人均占有水资源仅 570 m^3,只占全省人均数的 25.6%,每公顷耕地平均占有水量为 16.5×103 m^3,为全省平均数的 33%,旱涝保收耕地为 6.41×10³hm^2,占耕地总数的 33%。岛屿的淡水资源无法得到解决,将会影响岛屿资源的开发利用进程,制约经济、社会的发展。

2.2.2.8 海洋矿产资源不合理利用

目前,海洋矿产资源的开发与人类活动和经济发展关系密切,但不合理的开发利用海洋矿产资源导致环境恶化、生态失衡的趋势日益明显(杨昌明等,1998)。浙江省海岸带矿产资源主要以油气资源、滨海砂矿为主,开发规模不断扩大,加剧了对于周边海域的影响。海洋矿业同其他海洋产业存在排他性,尤其是对于同一海域而言,海洋矿业的发展必然占据一定海洋空间,压缩了其他海洋产业的发展空间,从而可能产生一定的冲突。同时,采矿过程中,开挖矿体形成暗流和沙丘堆积以及排出的大量废水、污水,影响航道附近船只安全和破坏了海洋生态环境。合理使用、统一规划、协调与其他海洋产业的关系,是未来海洋矿产资源的发展中必须考虑的问题。

2.2.2.9 海岸带土地资源利用问题

海岸带土地资源存在自身的局限性,同时,其利用变化影响到生态环境的稳定性,引起海岸带地区各种资源与生态过程的改变(WENG.Q.H,2002)。根据 2010 年年度土地变更调查情况统计显示,浙江省 31 个沿海县(市、区)土地总面积 2.84×10⁶hm^2,农用地、建设用地、未利用地比例分别占 69.24%、16.18%、14.58%。海岛土地总面积 1.82×10⁵hm^2,农用地、建设用地、未利用地比例分别占 67.59%、17%、15.41%,其中未利用地中海涂面积仅为 2.29×10³hm^2,占未利用地的 8.54%。这表明,农用地仍然是目前海岸带内最为主要的土地利用类型,但是建设用地的用地规模也占比较重要地位,随着经济、社会的发展,建设用地的占比必然会进一步扩大,更多的是占用农用地;从未利用地所占比例看,未来的后备土地资源相对匮乏,将制约经济、社会的发展,尤其是滩涂资源极其短缺,导致城市发展的后备土地资源不足,滩涂湿地的生态效益和经济价值得不到有效发挥。同时,从沿海各市的土地资源情况看,海岸带土地资源面积的差异比较大,农用地、建设用地、未利用地面积较大的前三个城市都是宁波市、台州市、温州市,而其他城市的土地资源相对较少。由此可见,海岸带土地资源的地域差异明显,那么不同地区的人地矛盾也存在对应的关系。海岸带地区是人类活动最为活跃的地带,受到人类的影响也是最严重的。此外,海岸带地区的土地利用结构和土地利用的深度与广度以及空间上的协同利用等问题值得进一步思考与研究。

2.2.2.10　海岸带生态环境问题

海岸带地区有着优越的生态环境,是理想的生态屏障,保障了近海地区生态安全,是人类活动的密集区,作为城市社会经济发展的基础,也是城市发展的前沿阵地,受到全球变暖和海平面上升的直接冲击,深刻影响着海岸带生态环境的演化和人类的生存与发展(杨桂山,2002)。同时,海岸带地区也有其脆弱性和不稳定性,受到外界因素的干扰,海岸带的脆弱性和不稳定性趋向于主导地位显现出来,自我调节能力下降,生态安全问题日益凸显。虽然浙江省海岸线长达2000多km,但是活跃的经济活动已经严重影响了海岸生态环境,过度开发利用海岸带资源导致其经济价值和生态功能退化严重。加之不合理的工农业生产破坏了海岸生态环境的平衡,引发一系列生态问题,诸如赤潮、海洋疾病、海水入侵、渔业减产、动植物种群退化等,制约了海岸带地区社会、经济的可持续发展与社会的长治久安。树立并践行可持续发展观是实现海岸带生态环境保护与发展的必由之路,是维持海岸带生态稳定的不二之选。

参考文献

[1]李家芳.浙江省海岸带自然环境基本特征及综合分区[J].地理学报,1994,49(6):551-560.

[2]陈桥驿.浙江地理简志[M].杭州:浙江人民出版社,1985.

[3]陈倩,黄大吉,章本照等.浙江近海潮流和余流的特征[J].东海海洋,2003,21(4):1-14.

[4]张元和,苗永生,孔梅等.浙江省的无人岛屿资源[J].海洋信息[J].1999,6(8):5-7.

[5]张海生.浙江省海洋环境资源基本现状[M].北京:海洋出版社,2013.

[6]中国植被编委会.中国植被[M].北京:科学出版社,1980.

[7]张玫,霍增辉.浙江省海水养殖业发展特征及路径[J].江苏农业科学,2014,42(5):453-454.

[8]杨波,余建星,阮国岭.我国沿海地区海水资源开发利用的现状和发展趋势[J].海洋技术,2003,22(3):66-71.

[9]吴妍,赵哲远,华炯.浙江省海岸带旅游资源的开发利用[J].国土与自然资源研究,2000,36(4):58-60.

[10]李家芳,戴泽蘅.浙江省海岸带优势资源及其组合特点[J].自然资源学报,1996,11(1):49-55.

[11]凌建忠,李圣法,严利平.东海区主要渔业资源利用状况的分析[J].海洋渔业,2006,28(02):111-116.

[12]胡强生.宁波—舟山港一体化发展战略研究[D].上海:上海海事大学硕士学位论文,2006.

[13]杨昌明,田家华.区域矿产资源经济研究的发展趋势及值得注意的若干问题[J].地球科学,1998,23(2):109-112.

[14]WENG Q H. Land rise change analysis in the zhujiang Delta of China using satellite remote sensing,GIS and Stochastic modeling[J].Journal of Environmental Mangement,2002,64(3):273-284.

[15]杨桂山.中国海岸环境及其区域响应[M].北京:高等教育版社,2002.

3 海岸带土地利用适宜度及开发利用强度评价

3.1 国内外研究述评

3.1.1 海岸带的定义

从自然属性上看,海岸带是地球表层岩石圈、水圈、大气圈与生物圈相互交叉、各种因素影响频繁、物质与能量交换流通活跃、变化极为敏感的地带,又是受到人类活动影响极为频繁的地带。它拥有丰富的生物资源、矿产资源和无限的动力资源、卓越的自然环境、便捷的交通和独特的地理位置。因此,海岸带也便成为人口与社会活动高度集聚、区域经济高速发展的区域。当然海岸带的开发利用也给原本就复杂、脆弱的海岸带生态环境带来越来越大的压力。正是由于自然因素和人类活动的双重干扰,海岸带在不同研究领域有着不同角度的理解。在对海岸带进行研究的过程中,也不可能有独立于自然状态的海岸带或者仅人类活动区域的海岸带。

从社会属性上看,海岸带范围的划定一般是各个沿海国家依据开发和管理的需要进行的,并没有统一的标准。例如,美国的《联邦海岸带管理条例》中规定:海岸带的外界即为美国领海的外界,内界则由沿岸各州自行划定,即沿海水域(包括该水域上方及底部的土地)与相邻的海岸土地(包括该土地上方或底部的水域)。靠近沿海城市海岸线的水域与陆地之间交互作用影响剧烈的岛屿、过渡和潮间带、盐沼、湿地和海滩也包括在海岸带区域范围内。从海岸线向内陆延伸的区域只限于有必要去控制岸边的土地,沿海水域的使用会造成直接的重大影响,所以需要去控制这些极有可能受到或易受到海平面上升影响的地区。

韩国的《韩国公有水面及海岸管理法纲要》规定："海岸带指的是以海岸线为基准的海上一部分和背后陆地的一部分为对象而划分的区域。但是,针对河口部分、三角洲区域、水产资源及生态系保护区等区域,可依据需要考虑的地形条件和环境影响,来规定范围内的不同等级差别。"

1993年开始,IGBP(国际地圈生物圈计划)将海岸带海陆交互作用(LOICZ)单独列为其核心计划之一。IGBP计划中将海岸带定义为:海岸带从近岸平原一直延伸到大陆架边缘,突显出陆地与海洋的相互作用。LOICZ计划提出的海岸带概念使得海岸带的范围比过去更加明确而且范围也有所拓宽,具体范围包括向陆到200m等高线,向海达大陆架的边坡,大致与200m等深线相一致。

20世纪80年代初,我国进行的首次全国海岸带和海涂资源综合调查(简称全国海岸带综合调查)中调查的海岸带区域包括从海岸线向陆侧延伸10km,向海延伸至10～15m等深线,在基岩海岸、河口区、岛屿、辐射状沙洲区,向海向陆都可以适当伸缩,面积约35万km^2。

1996年陈述彭先生对海岸带提出了两点看法:第一,海岸带是以海岸为基线向海陆两个方向辐射扩散的区域,其辐射程度和广度是不一样的,是逐渐减弱、逐渐模糊的;第二,从地球系统科学来说,海岸带是陆地系统与海洋系统的结合部。

从目前的研究现状来看,海岸带的定义主要有以下4种类型。

3.1.1.1 以行政界线边界来确定海岸带

张安定等(2007)在进行山东半岛北部海岸带土地利用变化与驱动力研究中直接选取龙口市的行政界线作为研究区的海岸带范围。刘宏娟等(2006)利用TM影像研究1988—2000年渤海海岸带生态环境的变化中亦以行政界线来划分渤海海岸带范围。刘艳芬等(2007)利用海岸带遥感图像进行土地利用/覆被分类研究中选择连云港市的连云区海岸带作为研究区域,陆域范围包括连云区全域,海域范围自海岸线至0m等深线。韩磊等(2010)以美国本土48州为参照背景,研究分析20世纪后半叶美国海岸带区域土地利用变化时空特征,根据杨金森、刘容子提出的临海经济空间的概念,划分出西海岸、墨西哥湾沿岸、五大湖沿岸和东海岸四个代表性区域作为主要研究对象。以行政界线边界来确定的海岸带具有边界清晰及管理方面的优越性,但其潜在的不足之处就是不能把所有需要加以研究、保护、管理的具有海岸带经济价值的地区都包括进去,并有可能割裂了海岸带的自然地貌单元。

3.1.1.2　以自然属性边界来确定海岸带

吴泉源等(2007)将岸滩与农田或防护林的交界线定义为海岸线,分析了龙口市近20年间的海岸带土地利用变化特征。邸向红等(2011)结合经纬度,将地处黄海、芝罘湾、套子湾包围之中的芝罘连岛沙坝作为海岸带研究区来探讨土地利用变化对芝罘连岛沙坝附近海岸带的影响。曲丽梅等(2008)在进行海岸带生态环境效应评价时,以河北省海岸带较为齐全的自然海岸类型为研究区,包括了山海关至戴河口的基岩岸段,戴河口至乐亭县大清河口的沙质海岸,大清河口至海兴县大口河口的淤泥粉沙质岸段等。王忠杰等(2007)在山东省海岸带土地利用规划研究中,把海岸带具有相似自然特征和资源基本构成的岸段归类,整体上划分为日照胶南岸段,青岛岸段,海阳、乳山及文登岸段,荣成岸段,威海、烟台岸段,蓬莱、龙口及莱州岸段,潍坊、滨州及东营岸段和近岸海岛等八个岸段,针对各岸段的不同旅游及景观资源、生态及环境资源特征进行土地利用规划。以自然属性边界标准来确定海岸带范围的优点是易于描述和理解,可以不考虑行政区划,但在海岸带管理中可能存在不同行政单位之间难以协调的问题。

3.1.1.3　以海岸线延伸段人为定义距离来确定海岸带

江苏近海海洋综合调查与评价项目中确定的海岸带调查范围是以潮间带为中心,自海岸线向陆延伸1 km,向海延伸至海图0m等深线处。许小燕等(2008)在基于遥感影像的赣榆县海头镇海岸带信息提取时就以此为标准。侯西勇等(2011)基于遥感信息和GIS空间分析技术,对21世纪初中国海岸带土地利用空间格局特征研究中将全国海岸线(包括台湾、海南两省区的海岸线)向陆一侧30km的缓冲区范围作为海岸带的范围。马金卫等(2011)在对烟台市海岸地区土地利用变化时空分异研究中以2009年海岸线为界,向陆将研究区分为濒岸带(0～2km)、近岸带(2～5km)、远岸带(5～15km)3条岸带。其中,濒岸带占研究区面积的18.3%,近岸带占22.3%,远岸带占59.4%。以海岸线延伸段进行人为的海岸带范围确定,做法简单明了,但也存在容易出现与海岸地貌、海岸带自然地理单元及经济活动的性质毫不相干的情况。

3.1.1.4　综合多种因素来确定海岸线

朱坚真等(2012)在综合考虑界限明确性原则、环境生态相关性原则和管理的便利性原则的基础上,将中国海岸带的划分范围定为向陆一侧以中国沿海省份为上界,向海一侧以中国管理海域为限,并认为随着人类科学技术水平的提高其范围将不断扩大。并提出中国的海岸带可以具体划分为陆域腹地带、陆域支撑带、核心带、海域支撑带和战略带。

综上所言,以行政界线边界、自然属性边界、海岸线延伸段人为地定义距离、综合多种因素等4种方式来确定海岸线都有其优势所在。在实际使用过程中,要根据研究区特点来选择较为适合的界定方式。

3.1.2 海岸带可持续发展评价研究

刘洋等(2010)以烟台市为例,从土地可持续利用的相关原理出发,建立土地可持续利用评价指标体系,用层次分析法来修正熵权法进行权重的确认,利用模糊综合评判法来研究2002—2006年烟台市土地可持续利用情况。金建君等(2001)以辽宁省海岸带部分城市为案例,基于可持续发展理论的基本原理,建立了海岸带可持续发展评价指标体系。苗丽娟等(2006)在借鉴国内外区域承载力研究思路与方法的基础上,结合我国海岸带生态环境的现状,综合分析各地的社会、经济、资源与生态环境因素,构建了适合我国海洋生态环境承载力评价的指标体系。熊永柱(2010)在总结国内外海岸带可持续发展相关的资源、环境、经济、技术、政策和规划等方面的研究现状和进展,分析了海岸带可持续发展研究存在的问题和发展趋势。

"压力—状态—响应"(Pressure-State-Response,简称P-S-R)模型主要描述的是人类使用的各种资源来源于自然环境,同时又向环境排放废弃物,即人类活动对自然环境施加了一定的压力(Pressure),导致环境状态(State)发生一定的改变。之后人类为了防止生态退化或者促进生态恢复采取一定的努力措施,又做出必要的响应(Response)。如此循环往复,就形成了人类活动与自然环境之间的"压力—状态—响应"的关系,它形象地反映了社会、经济和环境三者之间相互依存的关系。王玉广等(2006)利用P-S-R指标体系模型,建立海岸带开发活动的环境效应评价指标体系,并使用综合指数法进行综合评价。曲丽梅等(2008)以河北省海岸带为研究区,采用P-S-R概念模型,构建了海岸带生态安全指标体系,用主成分方法构建指标体系进行海岸带生态环境效应评价。薛熊志等(2004)基于整体性和海陆结合、敏感性和脆弱生态系统、科学性和可操作性的指标选取原则,采用P-S-R概念模型,提出符合中国国情的海岸带生态安全指标体系的基本框架。咎涛等(2006、2009)通过P-S-R分析模型,探讨了厦门海岸带湿地变化的主要原因(压力)、成分退化和结构改变(状态)以及对其生态系统的主要影响(响应力)之间的作用机制,建立定量评估体系分析海岸带生态安全响应力反馈效果、反馈效率和反馈充分性。

3.1.3　海岸带土地利用变化及驱动力研究

海岸带土地利用变化及驱动力研究是土地利用/土地覆被变化研究的重点内容。前人在海岸带土地利用变化方面取得了较多成果。侯西勇等(2011)利用 GIS 空间分析技术、条带分割法以及优势度和土地利用程度综合指数,研究了中国海岸带区域土地利用的数量、结构、空间格局和集约化特征。韩磊等(2010)基于美国 1949—2002 年间以州为统计单元的土地利用数据,运用土地利用动态度、土地利用变化区域差异指数、土地利用程度综合指数来分析和揭示美国海岸带地区土地利用变化的时空特征。邸向红等(2011)在 RS、GIS 技术支持下,经过遥感影像解译获取研究区不同时相的土地利用信息,对芝罘连岛沙坝附近海岸带土地利用变化进行了分析。路晓等(2011)解译遥感数据得到山东半岛两期土地利用数据,利用转移矩阵、动态度、土地利用程度综合指数等方法,对距离海岸线 0~100km 范围的土地利用分布与变化特征进行了分析。吴源泉等(2006)利用遥感数据提取 1984—2004 年间龙口市海岸带土地利用信息,从土地利用总量变化、土地利用变化速度、土地利用类型之间的相互转化、土地利用类型变化的海岸区位效应等方面分析龙口市海岸带动态变化特点。

此外,也有学者从海岸带土地利用/覆被信息角度进行海岸带土地利用的变化特征研究。李加林(2004)研究了近年来杭州湾南岸滨海平原土地利用/覆被变化过程、格局、驱动机制,探讨土地利用/覆被变化对土壤质量变化的影响,并对其引起的区域生态系统服务功能变化进行了初步研究。刘艳芬等(2010)运用海岸带地理环境的特殊属性和城区海岸带地物的复杂性,逐级分层次地解译和提取了海岸带土地利用/覆被信息。张安定等(2007)完成了土地利用/覆盖类型的遥感解译,采用叠加分析方法,研究了龙口市 10 年间海岸带土地利用的变化特征。万峻(2009)使用土地利用动态度分析方法,分析渤海湾典型海岸带(天津段)土地利用/覆盖变化特征。

随着 RS 和 GIS 软件技术的成熟,更多的学者通过利用最新遥感数据进行海岸带土地利用变化研究。刘宏娟等(2006)在解译 1988 年、2000 年 Landsat-TM 数据基础上,得到渤海海岸带土地利用/土地覆盖变化,并结合社会经济统计资料分析了该区域生态环境的动态变化情况及其驱动因素。张海林等(2005)以龙口市为实验区,采用分层分类法提取 1995 年、2004 年 ETM+ 和 Quick Bird 卫星遥感图像的土地利用信息,从空间和时间角度分析土地利用变化的基本特征,并从自然和人文社会角度探讨了导致研究区土地利用变化的驱动力。欧维新等(2004)利用 RS 和 GIS 技术研究了盐城海岸带景观格局的时空变化并探讨了驱动力因子。高义等(2011)采用 RS 和 GIS 技术对 1985 年、2005

年广东省海岛海岸带土地利用数据进行处理,对海岛海岸带土地利用变化及其驱动因子进行了分析。吴泉源等(2007)利用龙口市20年(1984—2004年)的12个时相的遥感图像,解译提取不同年代的海岸线、高潮线和低潮线,通过与基准线和人为因素的对比分析,研究了海岸带的时空变化规律及影响海岸带时空变化的主导因素。

3.1.4　海岸带土地利用适宜性评价

海岸带土地利用适宜性评价是对海岸带土地在其所处的底质和社会条件下,对于某种特定的利用方式是否适宜以及适宜程度进行的评估。土地利用适宜性评价是土地资源管理和决策的基础,是制定土地利用规划的依据(刘国霞,2012)。根据评价对象的不同可分为建设用地、居住用地、商业用地、农业用地、工业用地等评价;根据评价目的不同可分为单目标和多目标的综合评价;根据评价时点不同可分为现阶段和后阶段的适宜性评价。

Henrik等(2009)选取资源的可开发范围、土地利用现状、环境数据、生物多样性等数据,采用模糊综合评判法对Karas和Hardap区域的海岸带土地资源进行适宜性评价。Woolse(2011)在美国南卡罗莱纳州James岛土地利用规划研究中,以人口密度、交通便捷、商业发展需求为评价因素,进行土地利用现状的适宜性评价。孙晓宇等(2011)建立了基于底质条件的土地开发利用适宜度评价模型(Land USEM),对广东东部海岸带土地利用适宜度进行评价。于永海等(2011)从海岸的自然条件、海洋生态、开发利用现状、灾害地质、社会经济等方面,筛选了海岸围填海适宜性的评价因子,建立评价指标体系,以辽宁省为例进行了实证研究。刘国霞(2012)基于2006年SPOT-5和2010年ALOS影像,以土地利用类型与评价因素等级组合的频繁度为依据,对东海岛土地资源的适宜性和开发强度进行评价,并对评价结果进行分析。刘国霞等(2012)以海陵岛为例,利用遥感影像、数字高程数据(DEM)、土壤数据、离岸距离数据和交通条件数据等,以2008年的土地利用类型为样本,选取对海陵岛土地利用布局影响最大的土壤类型、高程、坡度、坡向、离岸距离和交通条件等6个因子为评价因素,采用栅格数据空间叠加分析的方法,确定不同土地利用类型在各评价因素下的适宜度,求出各评价因素的适宜度权重,运用加权求和法获得海陵岛2008年土地利用在全部评价因素下的综合适宜度,并对综合适宜度进行分等定级。刘惠德等(2010)以GIS技术及适宜性理论为基础,使用层次分析法确定评价因子的权重,对潜江市土地适宜性进行了评价分级。陈端吕等(2009)以常德市为例,运用德尔菲法筛选评价因子,建立评价指标体系,确立土地生态适宜性分级标准,使用GIS软件将土地利用适宜图和土地利用现状图进行叠置分析,得出当前土地利用的适宜程度。何俊(2008)以大连市渤海沿岸的金州湾和普兰店湾的海岸带为研究区,建立以模糊评价和层次分析法的海岸带功能适宜性评价理论模型,并结合GIS软件建立起一套较完整的海湾海岸带功能适宜性评价技术方案,通过评价将研究区域划分为五个不同适宜等级区域,再利用功能次序评价模型对海岸带进行了功能分区。

3.1.5 海岸带土地利用开发强度评价

海岸带土地资源开发强度是指由人为因素造成的海岸带土地利用类型改变的程度。虽然海岸带土地资源有着多种多样的利用方式,但土地资源的数量是非常有限的,人们为了提高有限土地资源的利用效益,不停地进行着土地利用方式的改变。海岸带土地资源开发强度评价是对海岸带土地利用开发程度的量化评价。

Kalis等(2009)认为人类活动在植被覆盖变化方面起着重要的作用,植被的变化是评价海岸带人类活动影响的主要因素,并以莱茵河口为研究区,研究人类活动对不同土地利用类型的影响强度,结果表明用人类活动的影响来评价土地利用强度可以取得不错的效果。Bettina(2006)以Haida Gwaii岛为研究区,在研究该岛土地利用强度及土地资源管理特征基础上,提出了该岛土地利用的科学规划思想。周炳中等(2000)以长江三角洲为研究区,建立了适合该区域的土地开发强度评价体系,并对长江三角洲地区不同行政单位的土地开发利用强度进行了对比研究,得到其相对开发强度。孙晓宇(2008)以粤东海岸带为研究区,利用多期土地利用数据结合土壤、地形数据进行了海岸带土地利用适宜度和开发强度的评价与分析,提出了"土地利用属性空间"的概念,并建立了土地开发利用强度评价模型—多维向量模型,把不同土地利用情况在属性空间中进行定位。尧德明等(2008)以人口密度、地均资产投入、土地垦殖率、粮食产量等为评价因素,采用问卷调查和专家打分法确定评价因素权重,应用比较法对海南省土地开发强度进行了评价。

目前,关于土地利用适宜性与开发强度评价方面的研究,针对内陆的评价研究很多,评价方法也比较成熟。但是专门针对海岸带开展土地利用适宜性和开发强度评价的研究较少,目前检索到的国内外有关海岸带土地利用适宜性和开发强度评价方面的文献,多数未给出具体评价体系,评价方式以借鉴内陆评价模式为主。评价区域也大多限于海岸带陆地土地资源的评价,未对海岸带滩涂资源、浅海水域进行评价,评价因素也较少考虑到海岸带环境的特殊性。

3.2 杭州湾南岸宁波段海岸带土地利用特征

3.2.1 研究区概况

杭州湾海域位于钱塘江的入海口,西起嘉兴市澉浦-宁波市西三闸断面,东至扬子角-宁波镇海角连线。海域外宽内窄,呈喇叭形,湾口宽约96km,自口外向口内渐狭,到澉浦为20km,海宁一带仅宽3km,海底地形自湾口至乍浦地势平坦,以0.01%~0.2%的坡度向西抬升,在钱塘江河口段形成长130km、宽约27km、厚约20m的沙坎。

杭州湾海域是多种海洋经济生物的重要繁殖洄游区,有着较为丰富的滩涂湿地和生态景观资源,也是宁波市、嘉兴市等经济发达地区重要的出海通道和临港产业建设区域。该海域在浙江省海洋功能区划中的功能定位主要为港口海运和临港产业功能,同时具有海洋旅游、滩涂养殖、围海造地功能。其中杭州湾南岸宁波段重点功能区为慈溪围海造地区、慈溪养殖区、杭州湾重要渔业品种保护区等。

杭州湾南岸宁波段西起宁波市余姚市黄家埠镇,东至宁波市镇海区招宝山街道,介于北纬29°55′5″~30°25′7″、东经120°52′25″~121°45′12″,总面积约1338km^2。地处亚热带季风气候区,气温适宜,四季分明,雨量丰富。冬季低温少雨,夏季雨量较多,多年平均降水量1100~2200mm。

杭州湾南岸地区以海相堆积地貌为主要特征,沿海地区分布着宁绍平原。该区域的土地利用特征与自然环境条件相适应,海域利用方式主要为渔业用海和造地工程用海。广阔的滩涂资源为杭州湾南岸围海造地创造了良好的基础条件,该区域的造地工程用海表现出规模大、集中连片的特点,用途多为农业造地工程用海。由于造地工程用海开发规模过大、速度过快,滩涂资源开发利用与自然淤涨之间已出现不平衡趋势。对照近几十年来的土地利用专题图不难发现,杭州湾南岸宁波段建设用地面积急剧增加,城乡建设大量占用其他用地类型的土地。虽然通过滩涂围垦造地工程,增加了建设用地或耕地的储备用地,但仍难以弥补社会经济发展对土地的需求缺口。

杭州湾南岸宁波段土地开发利用过程中存在着很多问题。以城市防洪为例,由于沿海可用土地稀缺,填海造地成为耕地占补平衡的重要手段。但是地方政府在进行滩涂围垦开发建设规划中,对地形特征考虑不够充分,导致在特殊强降雨天气下,内陆无法顺利向海域排水,城区容易发生严重内涝。2013年10月7日受台风"菲特"影响,位于杭州湾南岸的余姚市遭遇新中国成立以来最严重水灾。全市21个乡镇、街道均受灾,受灾人口83万余人,70%以上城区受淹,主城区城市交通瘫痪,直至2013年10月12日左右,城区积水才全部退去。"菲特"引发的慈溪余姚大水,很大一个原因就是新围区地形相对较高,导致河水向北排入海不畅。尽管这是城市规划设计上的缺陷,也更是由于土地开发利用不合理造成的结果。

3.2.2　研究区土地利用变化特征分析

杭州湾南岸宁波段近20多年来的土地利用变化特征主要表现为建设用地的大量增加和其他用地的减少以及滩涂围垦对耕地减少的缓冲作用使得耕地总量保持动态平衡。1987—2000年,杭州湾南岸滨海平原的土地利用数量变化主要表现为建设用地的快速增长和旱地、滩地、林地、水田、盐田面积的减少,水体和养殖用地则略有增加。从土地利用类型之间的转移看,旱地是转移面积最大的土地利用类型,其次为水田、养殖用地和水体;林地的主要转移方向为旱地、建设用地;滩地主要转化方向为养殖用地、旱地与水体;盐田主要转移方向是旱地;水体面积也有明显增加,其来源主要是滩地和旱地。在2000—2010年间,杭州湾南岸宁波段范围内的土地利用变化情况与1987—2000年的土地利用变化特征基本一致,主要表现在城乡建设用地增长速度快,且2010年数量增长为2000年的2倍。在这10年间,滩涂用地面积增加较多,减缓了城乡建设用地占用农用地的速度,保障了农用地面积在这10年里未有大的起伏。研究区水域面积大幅度减少,主要是期间进行了较多数量的滩涂围垦项目。研究区内土地利用类型较多地表现为"水域—滩涂用地—农用地—城乡建设用地"的变化过程或部分区域大跳跃式变化。与1949年相比,杭州湾南岸宁波段耕地总面积减少量很少,耕地总量基本保持动态平衡,耕地构成变化主要表现为水田的减少和旱地的增加。但60多年来社会经济发展实际占用耕地却远远大于这个数值,大量的海涂围垦是杭州湾南岸宁波段耕地占用后的主要补充途径。

3.3　海岸带土地利用适宜性及开发强度评价方法

3.3.1　海岸带土地利用评价流程

海岸带土地利用评价流程主要包括海岸带土地利用适宜性和开发强度评价两个部分(图3-1)。

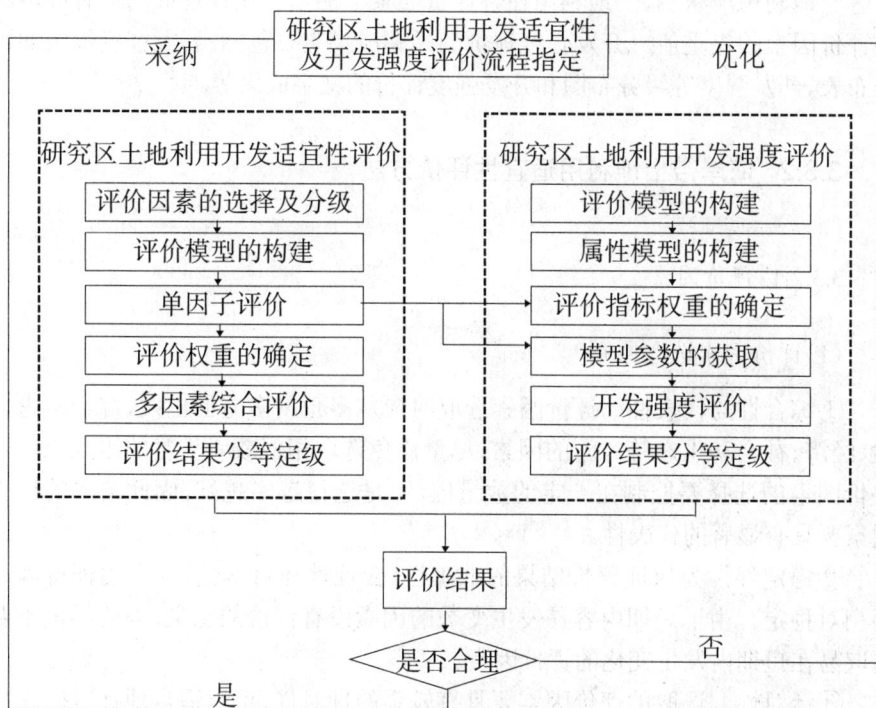

图3-1　杭州湾南岸宁波段土地利用适宜性及开发强度评价技术路线图

海岸带土地利用适宜性评价步骤包括:评价因素的选择和分级、单因素评价、评价因素权重的确定、多因素综合评价以及评价结果分等定级;各评价步骤之间为递进关系,前一步工作的成果是开展后一步工作的基础。

杭州湾南岸宁波段土地利用适宜性评价所需准备的数据主要有:土地利用基础数据和评价指标基础等级数据。土地利用基础数据包括2000年TM遥感图像解译成果及2005年研究区国土部门内部规划数据库资料中的基数图斑和2010年研究区第二次土地利用调查数据再分类。评价指标基础等级数据包括地质灾害、水资源、交通、城镇依托、人口资源、人均资源、社会经济、政策衔接等8个矢量图层。适宜性评价的预期成果主要包括：土地利用适宜性等级面积分布表、适宜性等级分布图和适宜性评价的文字成果等。

　　海岸带土地资源开发强度评价步骤包括：评价模型的构建、属性空间的构建、评价指标权重的确定、模型参数的获取、开发强度评价以及评价结果分等定级；开发强度评价是以适宜性评价的结果为基础，在适宜性评价的基础上开展的，各评价步骤之间为递进关系，前一步工作的成果是开展后一步工作的基础。

　　杭州湾南岸宁波段土地利用开发强度评价所需准备的数据主要有：3期研究区土地利用现状图、土地利用在各评价因素下的归一化处理后的适宜度值和各评价因素的权重值。开发强度评价的预期成果主要包括：开发强度等级面积分布表、开发强度等级分布图和开发强度评价的文字成果等。

3.3.2　海岸带土地利用适宜性评价方法

3.3.2.1　评价因素

（1）评价因素选取原则

①综合性与代表性。评价因素选取时应从多角度多方面出发，综合考虑自然、经济、社会和生态等方面的因素，尽量避免选取相似或者重复的因素。由于评价因素的选择要控制在一定的数量内，不是选得越多越好，因此选取的评价因素要具有显著的代表性。

②稳定性。为保证评价结果的准确性、合理性与科学性，选取的评价因素要相对稳定。由于短期内容易发生变数的因素没有评价的意义，因此尽量不要选取易在短期内发生变化的评价因素。

③针对性。选取的评价因素要具有较强的针对性，可以适当地针对研究目的和研究对象进行评价因素的选取。开展海岸带土地资源的适宜性和开发强度评价，选取的评价因素要对海岸带的特征具有一定的针对性。例如，海岸带的特殊性在于离海较近且一面临海，并且海岸带土地利用类型的分布随离岸距离的增加表现出一定的地带性特征，所以在选择评价因素时可以考虑到离岸距离因素。

④易获取与易定量化。选取评价因素时应考虑到以下问题：选取的评价因素数据是否可以获得，来源是否可靠、可信，获得以后能不能定量化表示等等。

为了后续研究的正常进行,在进行评价因素选择是就要考虑到数据是否是在能力范围内可以得到的,得到的数据是否可以用在评价中。

(2)海岸带土地利用适宜性评价的一般因素

①自然因素。自然因素包括:地形地质因素、气候因素、水文因素、土壤因素等。地形地质因素包括:高程、坡度、坡向、坡型、承载力、地形部位、地下水埋深、地质等;气候因素包括:月平均气温、≥0℃积温、≥10℃积温、降雨量、蒸发量、灾害气候、无霜期等;水文因素包括:水系、水质、灌溉保证率等;土壤因素包括:土壤类型、土壤质地、土体构型、土层厚度、土壤侵蚀程度、土壤养分状况、土壤污染状况、土壤砾石含量、土壤有机质含量、土壤氮含量、土壤磷含量、土壤钾含量、土壤酸碱度等。

②社会经济因素。社会因素是指构成社会经济系统的各项要素,指与社会生产力和生产关系有紧密联系的一些因素。社会因素主要包括人口密度、交通条件、离海岸的距离、服务设施、工业发展情况、土地开发状况、居住条件等。这些因素与土地利用方式具有十分重要的相关关系。如区域交通发达,可为该区域的土地利用开发提供非常好的区位条件,有助于区域内外物质和信息的流通,为社会经济活动提供了基础保障。此外,研究区的城镇依托条件,即研究区距离中心城镇的距离,也影响着城镇土地的利用方式,从而对土地适宜性评价产生影响。从经济角度看,区域的社会经济发展水平,也直接影响着土地利用方式,经济因素有区域GDP总量、工业总产值、农业总产值、人均纯收入等。

③政策因素。虽然政策因素不易量化,但是它在影响海岸带土地利用类型及社会经济发展中有着举足轻重的地位。一个地区经济社会的发展受很多因素的影响,其中产业发展政策对其具有很强的指导性。杭州湾南岸宁波段作为环杭州湾重要的组成部分,《浙江省环杭州湾产业带发展规划》、《环杭州湾产业带宁波产业区发展规划》、《宁波杭州湾新区总体规划(2010—2030)》等对杭州湾南岸宁波段进行了详细规划。这些规划是在对研究区自然和社会经济条件充分评估后形成,所以在进行适宜性评价的过程中,应充分考虑政策的影响。此外,城市总体规划对城市功能、城区发展目标、城镇体系布局等内容都有详细阐述。比如,《余姚市城市总体规划(2001—2020)》中,提出以余姚市区为核心,强化辐射功能,构筑市域产业发展中心,并依托交通干线网络,发展北部平原综合产业发展区和南部生态型产业发展区,形成全市一个中心、两大特色产业区的产业布局形态,这对区域土地利用方式作出了宏观布局。海洋功能区划主要是根据地区海洋开发保护的实际,按照海域的自然属性和经济社会发展需要来制定的,以明确海洋开发利用的方向。杭州湾南岸在浙江省海洋功能区划中的功能定位主要为港口海运和临港产业功能,同时具有海洋旅游、滩涂养殖、围海

造地功能。其中宁波段重点功能区为慈溪围海造地区、慈溪养殖区、杭州湾重要渔业品种保护区等。若慈溪市某段岸线同时具备进行围海造地和养殖的自然和社会经济条件,但相关的港口规划并没有涉及该岸段,那么在进行适宜性评价的过程中,就会重点考虑政策的影响,在该段岸线围海造地的可能性要高于海水养殖的可能性。很多高品位的旅游资源同时也是进行其他开发建设的有利资源,一段地势平坦、陆域开阔的海岸带,既是发展滨海旅游的绝佳资源,同时也可能是发展临海工业的良好区位,如何协调两者之间的矛盾,亦需要综合考虑政策的影响。

(3)杭州湾南岸宁波段土地利用适宜性评价体系

在充分考虑研究区实际情况的基础上,以评价因素选取原则为依据,选出适合研究区海岸带的8个综合适宜性指标(表3-1)。研究区土地利用适宜性评价由自然环境适宜性与社会经济适宜性构成。而自然环境适宜性又包括地质灾害综合适宜性与水资源综合适宜性。社会经济适宜性包括交通综合适宜性、城镇依托综合适宜性、人口资源综合适宜性、人均资源综合适宜性、社会经济综合适宜性、政策衔接综合适宜性等6个评价指标。

表3-1 杭州湾南岸土地利用开发适宜性评价体系

评价目标	评价指标	评价子指标	来源及涵义
自然环境适宜性	地质灾害综合适宜性	地质灾害易发情况	《宁波市地质灾害分布与易发区图》
		地质沉降易发情况	《宁波市地面沉降易发分区图》
		地质灾害防治情况	《宁波市地质灾害防治规划图》
	水资源综合适宜性	降水情况	2006—2010年宁波市降水等值线图
社会经济适宜性	交通综合适宜性	交通可达性	基于ArcGis交通网络时间成本的可达性分析
	城镇依托综合适宜性	距离城镇区距离	以研究区内城镇点进行缓冲区分析
	人口资源综合适宜性	人口密度	各乡镇人口与行政区划面积比值
	人均资源综合适宜性	人均耕地占有量	耕地面积与乡镇人口比值
		人均城乡建设用地	城乡建设用地面积与乡镇人口的比值
	社会经济综合适宜性	产业结构	非农业劳动力占总劳动力比值
		经济发展水平	人均工业生产总值与农民人均收入
	政策衔接综合适宜性	非农人口比重	非农业户籍人口占乡镇人口的比重
		城乡建设用地比重	各乡镇的城乡建设用地占行政区划的比重

地质灾害综合适宜性评价中所用的地质灾害影响因素数据来源于宁波市国土资源局发布的《宁波市地质灾害分布与易发区图》、《宁波市地面沉降易发分区图》和《宁波市地质灾害防治规划图》等栅格图像,这些数据信息可综合反映研究区地面沉降影响条件、地质沉降现状、灾害点数量、灾害点密度等情况。从自然角度较全面地体现研究区不同适宜性等级的开发区域。

水资源对于区域土地资源利用方式有决定性的影响,考虑到研究区水资源比较丰富的实际情况,水资源综合适宜性评价的影响因素主要通过降水等值线分布情况来体现。

交通对土地利用适宜性的影响要交通可达性来体现,以乡镇点及交通网络线为基础,利用GIS的空间分析功能,进行交通网络时间成本的可达性分析,可得到区域内不同时间成本等级分布的矢量图。

城镇依托主要体现在所在地与乡镇中心的距离。各乡镇中心对周边的经济、社会发展具有重要的辐射作用,这种影响力对其腹地的影响以一定规律递减,靠近乡镇中心,辐射作用越强,反之则越弱。因此,以乡镇区为中心做缓冲区分析,获得各乡镇中心对于整个研究区的作用分值。

人是土地利用的主体,人口密度体现人类生产、生活活动在区域内的分布情况。人口与经济之间的关系是区域可持续发展的核心问题。人口密度越大,说明该区域内社会经济活动越频繁,从而反映了土地资源利用程度就越大。因此,人口因素对土地利用适宜性具有重要影响。

人均土地资源包括人均耕地占有量及人均城乡建设用地占有量。从区域可持续发展角度来看,既要强调土地资源的总量,更要强调人均土地资源占有情况。由于人口基数的差异,人均耕地占有量及人均城乡建设用地占有量更能够反映区域内土地资源利用的适宜性情况,人均资源占有量越大,则适宜性就越高,反之则越低。

社会经济发展水平对区域土地资源利用方式产生重要影响,一般而言,社会经济发展水平越高,土地资源的开发利用程度也越高。社会经济发展水平主要从产业结构及经济发展水平来体现。产业结构指非农产业劳动力人口占总劳动力的比值,比值结果越大,说明二三产业比重大,产业结构更显合理。经济发展水平包括人均工业生产总值和农民人均收入,可以综合反映城市和农村经济发展状况。综合产业结构和经济发展水平得到社会经济综合性评价结果,等级越高,则土地资源利用在该区域的适宜性越高。

政策衔接主要由区域内城镇化发展水平来体现。为综合反映城镇化发展水平,建立城乡建设用地比重指标。比重值越大,说明建设用地越多,城镇化发展水平越高,则区域土地利用率高,土地利用适宜程度也越高。

3.3.2.2 LandUSEM(Land Use Suitability Evaluation Model)评价模型

LandUSEM 模型通过面积矩阵的处理来进行知识提取及适宜度评价。根据 LandUSEM 模型的原理,利用 ArcGis 空间分析功能,通过各矢量图层的多次叠加,对每一块图斑赋予各评价指标属性值。选用 LandUSEM 模型进行海岸带土地利用开发适宜性评价,主要包括各评价因子提取、标准化处理、权重获取和具体评价等四个过程。

首先,利用 GIS 软件,将评价指标相应的数据进行数字化处理并合理分级。为方便后期数据处理,将各指标矢量数据分为5个等级。各评价指标数据分级处理后与土地利用类型进行叠加,得到叠加矩阵如下。

$$X = \begin{bmatrix} X_{11} & X_{12} & \cdots & X_{1n} \\ X_{21} & X_{22} & \cdots & X_{2n} \\ \cdots & \cdots & \cdots & \cdots \\ X_{m1} & X_{m2} & \cdots & X_{mn} \end{bmatrix} \cdots\cdots\cdots\cdots\cdots(3.1)$$

式 3.1 中,X 是分级后的评价指标与土地利用类型叠加矩阵,m 是土地利用的分类数,n 是某一评价因素的分类数,X_{ij} 是第 i 类土地利用与第 j 级评价因素叠加后的面积。

在 SPSS 中将叠加矩阵数据进行标准化(式 3.2、3.3)和面积百分化(式 3.4、3.5)处理。

$$\overline{X}_{ij} = \frac{X_{ij}}{X_j} \cdots\cdots\cdots\cdots\cdots\cdots\cdots\cdots\cdots\cdots(3.2)$$

$$P_j = \frac{\sum_{i=1}^{m} X_{ij}}{\sum_{i=1}^{m}\sum_{j=1}^{n} X_{ij}} \cdots\cdots\cdots\cdots\cdots\cdots\cdots(3.3)$$

式 3.2 中,$\overline{X}_{ij}$ 是标准化后第 i 行 j 列的标准化值。式 3.3 中 P_j 是第 j 级评价因素占总面积的百分比。

$$x_{ij} = \frac{X_{ij}}{T_i} = \begin{bmatrix} x_{11} & x_{12} & \cdots & x_{1n} \\ x_{21} & x_{22} & \cdots & x_{2n} \\ \cdots & \cdots & \cdots & \cdots \\ x_{m1} & x_{m2} & \cdots & x_{mn} \end{bmatrix} \cdots\cdots\cdots\cdots\cdots(3.4)$$

$$y_{ij} = \frac{Y_{ij}}{T_j} = \begin{bmatrix} y_{11} & y_{12} & \cdots & y_{1n} \\ y_{21} & y_{22} & \cdots & y_{2n} \\ \cdots & \cdots & \cdots & \cdots \\ y_{m1} & y_{m2} & \cdots & y_{mn} \end{bmatrix} \cdots\cdots\cdots\cdots\cdots(3.5)$$

式3.4中，x_{ij}是土地利用面积百分化处理后的面积矩阵中第i行j列的值，式3.5中y_{ij}是评价因素分级面积百分化处理后的面积矩阵中第i行j列的值。$T_i = \sum_{j=1}^{m} \overline{X}_{ij}$，$T_j = \sum_{i=1}^{m} \overline{X}_{ij}$分别是标准化后矩阵的行总值和列总值。加权计算后得到每一土地利用类型相对于某种评价因素的单一适宜度（式3.6）。

$$z_{ij} = \frac{x_{ij} \times Roundup\ (x_{ij}/10,0)\ + y_{ij} \times Roundup\ (y_{ij}/10,0)}{Roundup\ (x_{ij}/10,0)\ + Roundup\ (y_{ij}/10,0)} \quad\cdots\cdots\cdots\cdots (3.6)$$

式3.6中，Z_{ij}是最终结果矩阵中第i种土地利用类型相对于第j项评价因素不同分级的适宜度，$Roundup\ (x_{ij}/10,0)$是对$x_{ij}/10$向上取整的函数，保留0位小数，在式3.6中作为权值。

相较于常用的层次分析法、德尔菲法等偏人为的权重获取方法，敏感度权重是一种较客观的数据处理的结果。敏感度表示土地利用对评价因素各分级的选择性强弱程度，由单适宜度的整体均方差来体现。敏感度越弱，其均方差就越小，反之，则越大。对单适宜度评价结果分别计算矩阵方向的整体均方差（式3.7）以及所有均方差的均值（式3.8），整体综合适宜度通过归一化后的整体均方差均值（式3.9）作为相应单适宜度的权重指数来计算。

$$\sigma_i = \sqrt{\frac{\sum_{j=1}^{n}(z_{ij} - \overline{z_{ij}})^2}{n}} \quad\cdots\cdots\cdots\cdots\cdots\cdots\cdots\cdots (3.7)$$

$$k_r = \frac{\sum_{i=1}^{m} \sigma_i}{m} \quad\cdots\cdots\cdots\cdots\cdots\cdots\cdots\cdots\cdots\cdots\cdots\cdots (3.8)$$

$$K_r = \frac{k_r}{\sum_{y=1}^{l} k_r} \quad\cdots\cdots\cdots\cdots\cdots\cdots\cdots\cdots\cdots\cdots\cdots\cdots\cdots (3.9)$$

式3.7中，σ_i是第i类土地利用在各评价因素分级中的整体均方差。式3.8中，k_r是土地利用在第r种评价因素的各分级中的整体均方差均值。式3.9中，K_r是对k_r进行归一化处理后的权重。

最后，按照上述过程得到各单评价因素下土地利用适宜度，利用归一化处理后的权重K_r与单评价因素下的土地利用适宜度Z_{ij}进行加权运算来获取综合适宜度（式3.10）。

$$F = \sum_{r=1}^{l} K_r \times (Z_{ij})_r \quad\cdots\cdots\cdots\cdots\cdots\cdots\cdots\cdots\cdots\cdots (3.10)$$

式3.10中，$(Z_{ij})_r$是第r类评价因素下的单适宜度矩阵。利用适宜度矩阵，根据底质条件与土地利用空间组合的关系，对叠加数据进行赋值，获取土地利用综合适宜度的空间分布信息。

3.3.3　海岸带土地利用开发强度评价方法

3.3.3.1　海岸带土地利用开发强度的理解

国土资源管理部门每年都通过实地踏勘、遥感监测等手段,进行土地利用变更调查,主要是为了掌握土地最新利用情况,严格控制土地利用类型的变更。位于海岸带的杭州湾南岸宁波段区域,人类的开发活动不断造成土地利用方式的改变,每年都有大量的未利用土地和水域被开发利用。同时,随着城市化进程的加快,一些耕地、林地等用地类型逐渐被住宅小区、经济开发区、工业用地等能带来更大经济效益的用地类型所取代。这些变化必然带来土地利用某些属性的改变,本书把这种因为人为因素造成土地利用某些属性的改变程度理解为"土地开发利用强度",而对于改变程度的量化描述方法称为"土地开发利用强度评价"。

3.3.3.2　多维向量模型的构建

孙晓宇(2008)提出的用根据欧氏空间距离的思想,构建了适合土地开发利用强度评价的多维向量模型。通过不同土地利用类型在不同属性维中的强弱对其在属性空间中进行定位,当土地利用类型发生变化时,通过多维向量模型计算得到这种变化相对应的土地开发利用强度。

从不同的视角来看,土地利用类型的属性是不同的,因此依据欧式空间距离的原理,可以用选取的评价指标作为属性空间的维来构建一个用来衡量土地资源开发强度的属性空间,用每种土地利用类型在对应评价指标分级下归一化处理后的适宜度值作为土地利用在该坐标轴上的坐标,这样土地利用在所有评价因素下的适宜度值会确定土地利用在属性空间的位置,变换前后两点间的距离来衡量土地利用类型发生转变所要施加的强度,并根据这个原理构建多维向量模型(式3.11)。

$$DI = \sqrt{\frac{\sum_{i=1}^{n}(k_i x_{t_2 i} - k_i x_{t_1 i})^2}{t_2 - t_1}} \quad \cdots\cdots\cdots\cdots\cdots\cdots\cdots\cdots \quad (3.11)$$

DI 表示土地资源开发利用的强度,$x_{t_1 i}$ 和 $x_{t_2 i}$ 分别代表研究初期与末期土地利用类型在第 i 维属性空间上的定位坐标,i 表示属性空间的维数,k_i 表示第 i 维属性的权重,t_1 和 t_2 分别代表研究初期与末期的时间,通常以年为单位。

简单地说,对8个单因子适宜度评价结果矢量图层数据矩阵 A 中的8个单因子适宜度值进行一个标准化处理(式3.12、3.13),得到每一块图斑基于单因子适宜度值的一个空间坐标值。由于土地利用类型共有5种,而每种评价因素都分为5级,所以土地利用对应各评价因素的适宜度可以表示为5行5列的矩阵,其中 A_{ij} 表示第 i 种土地利用类型在某因素第 j 级下的适宜度值。

$$A = \begin{bmatrix} A_{11} & A_{12} & \cdots & A_{1j} \\ A_{21} & A_{22} & \cdots & A_{2n} \\ \cdots & \cdots & \cdots & \cdots \\ A_{i1} & A_{i2} & \cdots & A_{ij} \end{bmatrix} \cdots\cdots\cdots\cdots\cdots\cdots\cdots (3.12)$$

$$a_{ij} = \frac{A_{ij}}{\max A_{ij}} \cdots\cdots\cdots\cdots\cdots\cdots\cdots\cdots\cdots\cdots (3.13)$$

标准化处理后得到式3.14, a 为该单一属性维中的坐标值。

$$a = \begin{bmatrix} a_{11} & a_{12} & \cdots & a_{1j} \\ a_{21} & a_{22} & \cdots & a_{2n} \\ \cdots & \cdots & \cdots & \cdots \\ a_{i1} & a_{i2} & \cdots & a_{ij} \end{bmatrix} \cdots\cdots\cdots\cdots\cdots\cdots\cdots (3.14)$$

另外,由于适宜度的整体标准差STDEV是土地利用类型对评价因素敏感程度的体现,用标准化处理后的STDEV作为相应属性空间的权重,权重的大小直接决定了该属性维对强度评价的贡献大小。权重计算方法与适宜度标准化如式3.15所示。

$$s = \frac{Si}{\max Si} \cdots\cdots\cdots\cdots\cdots\cdots\cdots\cdots\cdots\cdots (3.15)$$

式3.15中, s 为权重, Si 为各评价因素中适宜度标准差,表3-2为标准化处理后的各评价因素对土地开发利用强度评价的权重值。

表3-2 各属性维权重表

评价因素	2000年		2005年		2010年	
	均方差均值	权重	均方差均值	权重	均方差均值	权重
地质综合适宜性	19.68	0.83	21.74	0.85	20.77	0.83
水资源综合适宜性	13.63	0.58	15.77	0.61	16.68	0.67
交通综合适宜性	21.18	0.89	20.27	0.79	20.55	0.82
城镇依托综合适宜性	21.34	0.9	17.88	0.70	17.16	0.69
人口资源综合适宜性	23.67	1.00	23.10	0.90	23.76	0.95
人均资源综合适宜性	19.10	0.81	21.61	0.84	24.95	1.00
社会经济综合适宜性	21.48	0.91	22.43	0.87	22.71	0.91
政策衔接综合适宜性	23.46	0.99	25.67	1.00	22.71	0.91

3.4 海岸带土地利用适宜度评价

3.4.1 数据处理

杭州湾南岸宁波段土地利用适宜性评价以2000年、2005年和2010年三期土地利用现状数据为基础数据。其中2010年数据来自余姚市、慈溪市和镇海区第二次土地利用调查数据,2005年来自余姚市、慈溪市和镇海区的土地利用规划数据库中的基数图斑,2000年来自遥感数据解译。土地利用类型划分为城乡建设用地、农用地、水域、滩涂用地和其他用地5类,统一校正为西安80坐标。相关评价指标数据主要来源于2000年、2005年和2010年余姚市、慈溪市、镇海区统计年鉴、宁波市地质灾害防治图等数据资料。

3.4.1.1 三期土地利用现状数据

利用ENVI软件对研究区2000年TM遥感影像进行监督分类和目视解译,得到2000年研究区土地利用现状图。以余姚市、慈溪市和镇海区的土地利用规划数据库中的基数图斑及第二次土地利用调查数据为基础数据源,利用表3-3进行土地利用类型转换,最终形成2005年与2010年土地利用现状图(图3-2)。

表3-3 土地利用类型转换对应表

类别名称	类别名称	规划数据库基数图斑	第二次土地利用调查数据
农用地	耕地	耕地	水田、水浇地、旱地
	林地	林地	有林地、灌木林、其他林地
	园地	园地	果园、茶园、其他园地
	其他农用地	牧草地、坑塘水面、设施农用地	坑塘水面、其他草地、天然牧草地、人工牧草地、设施农用地、农村道路、沟渠
城乡建设用地	城镇用地	城市、建制镇、集镇、风景名胜设施用地、特殊用地	城市、建制镇、风景名胜设施用地
	农村居民点	村庄	村庄
	工矿仓储用地	采矿用地、独立建设用地、盐田	采矿用地
	交通水利建设用地	铁路用地、公路用地、机场用地、港口码头用地、管道运输用地、水库水面、水工建筑用地	公路用地、水工建筑用地、港口码头用地
水域	水域	河流水面、湖泊水面、水库水面	水库水面、河流水面
滩涂用地	滩涂用地	滩涂沼泽	沿海滩涂、内陆滩涂
其他用地	未利用地	自然保留地	盐碱地、裸地、刚拆未复垦地块

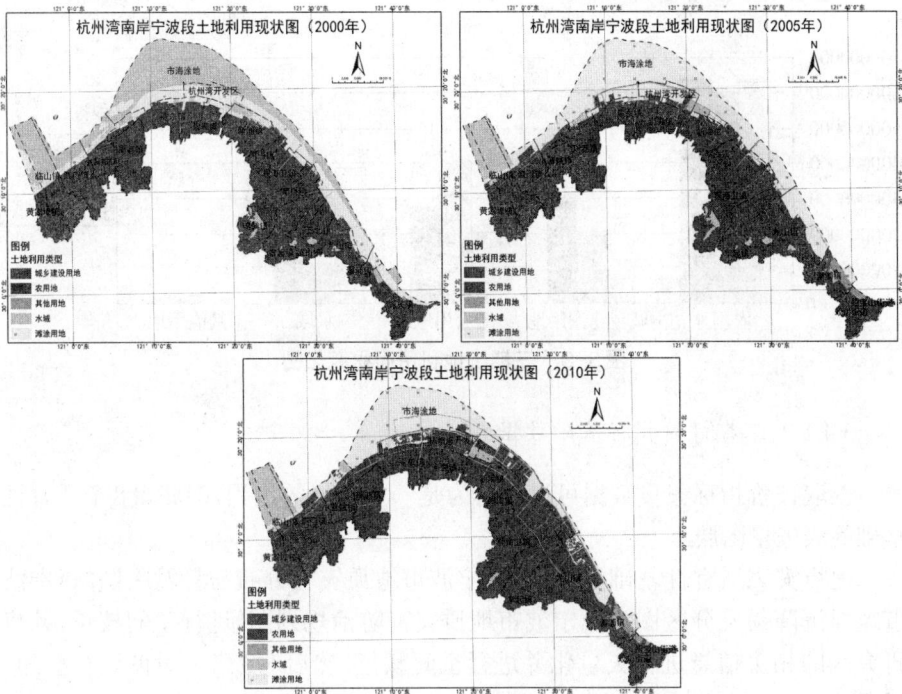

图3-2　三期杭州湾南岸宁波段土地利用现状图

从2000—2010年的10年时间里,研究区土地利用变化明显(表3-4、图3-3),其中城乡建设用地在10年里的增加量超过一倍,2000—2005年增长了72.15%,2005—2010年增长37.29%,前五年的增长速度相对较快,后五年的增长速度有减缓趋势。农用地、滩涂用地、水域面积呈现先增加后减少的趋势。研究区内土地利用类型变化较为频繁,多表现为"水域—滩涂用地—农用地—城乡建设用地"的转化特征。

表3-4　三期土地利用类型面积表(单位:m²)

土地利用类型	2000年	2005年	2010年
农用地	625851651	595611713	638162569
城乡建设用地	122001093	210028453	288348956
滩涂用地	203681151	396126873	274578532
水域	383894620	120882916	124368630
其他用地	2403420	15181982	12373247

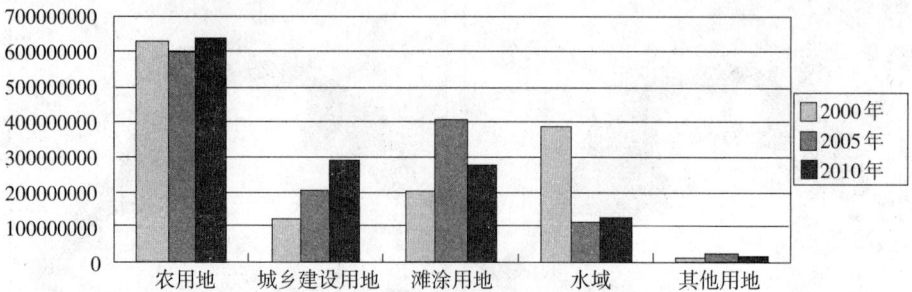

图3-3　三期土地利用面积变化图

3.4.1.2　三期评价指标基础数据

获取评价指标矢量数据可以理解为是一个分级的过程,即获得8个适宜性基础等级矢量图层。

地质灾害适宜性基础等级是将《宁波市地质灾害分布与易发区图》、《宁波市地面沉降易发分区图》和《宁波市地质灾害防治规划图》进行空间校正,并将研究区的相关信息进行矢量化并进行空间赋值,然后对3张矢量图进行叠加,根据叠加赋值确定质灾害综合适宜性。

水资源适宜性基础等级是2008—2012年宁波市降水等值线图矢量化的结果。在进行降水等值线数据收集过程中,由于缺失2000—2007年研究区降水等值线数据,故直接选取2008—2012年降水等值线数据代替10年间研究区降水情况,根据降雨等值线数值大小给研究区水资源情况赋值,得到水资源适宜性基础等级矢量图层。

交通适宜性基础等级是利用ArcGis对研究区范围内交通网络进行时间成本的可达性分析,为后续研究的方便,假定研究区交通可达性因素对研究区乡镇影响稳定。

城镇依托适宜性基础等级以研究区内城镇点进行缓冲区分析,以乡镇为中心,3km为缓冲区间距,利用ArcGis进行点的缓冲区分析,得到分为5级的城镇依托综合适宜性矢量图层。

以上4个适宜性基础等级主要是利用GIS进行矢量化及软件自带的分析功能实现的。

涉及乡镇的后4个评价指标基础等级数据的处理主要通过SPSS软件来实现的。先计算涉及年鉴相关数据的评价子指标,包括人口密度、人均耕地占有量、人均城乡建设用地、非农业劳动力比值、人均工业生产总值、农民人均收入、非农人口比重及城乡建设用地比重的K-均值聚类分析,再根据数据大小进行二次调整,分别得到5个等级。通过GIS中的属性表连接功能,将EXCEL中处理后的数据与研究区乡镇行政界限矢量图层连接,获得每个乡镇单元的各指标数据。利用 GIS 数据叠加功能,根据杭州湾南岸宁波段土地利用适宜性评价指标体系(表3-1)的要求进行叠加处理,并赋予综合等级,最终得到人口综合适宜性、人均资源综合适宜性、社会经济综合适宜性和政策衔接综合适宜性。

通过上述分析处理,得到2000年、2005年、2010年3个时期8个适宜性评价指标基础等级评价结果(图3-4、3-5、3-6)。

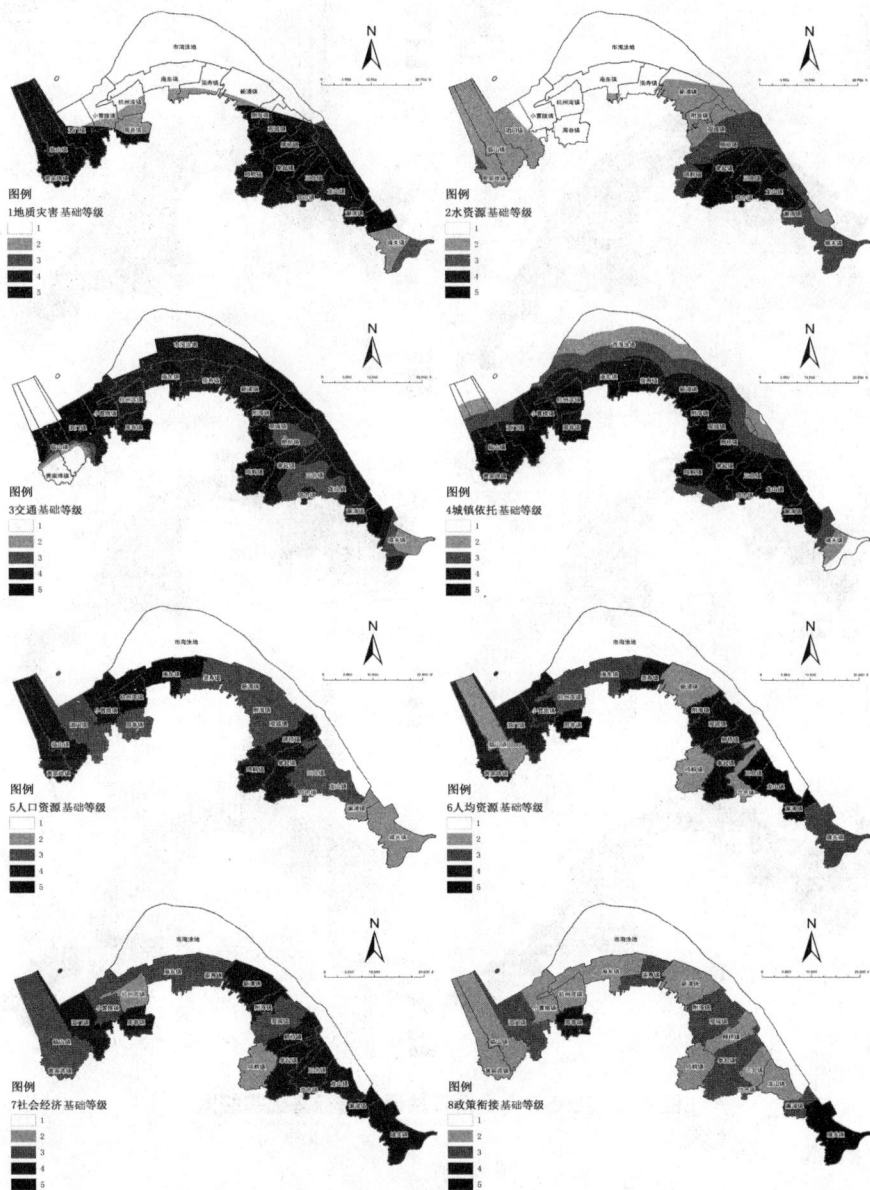

图3-4　2000年8个适宜性评价指标基础等级图

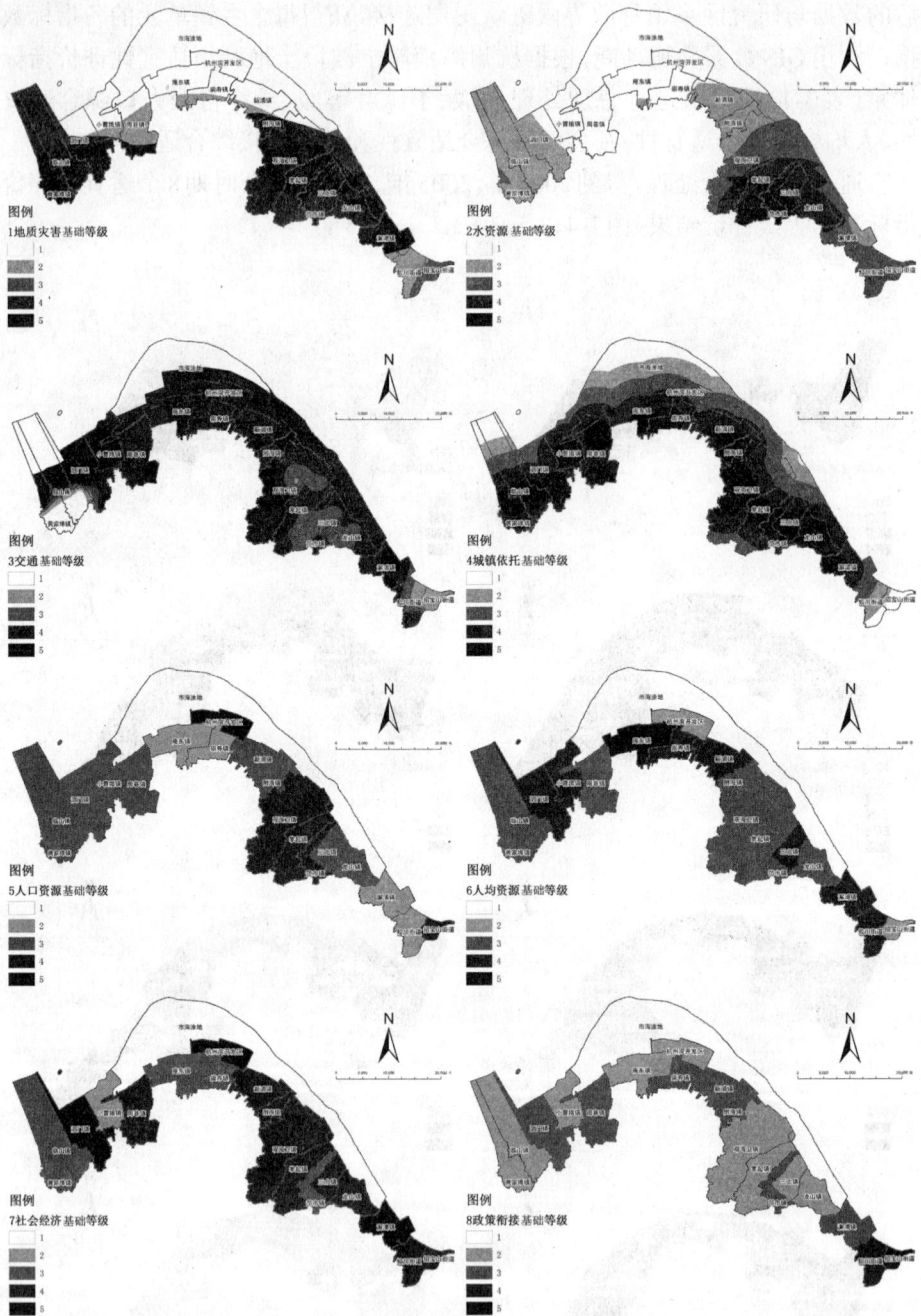

图3-5　2005年8个适宜性评价指标基础等级图

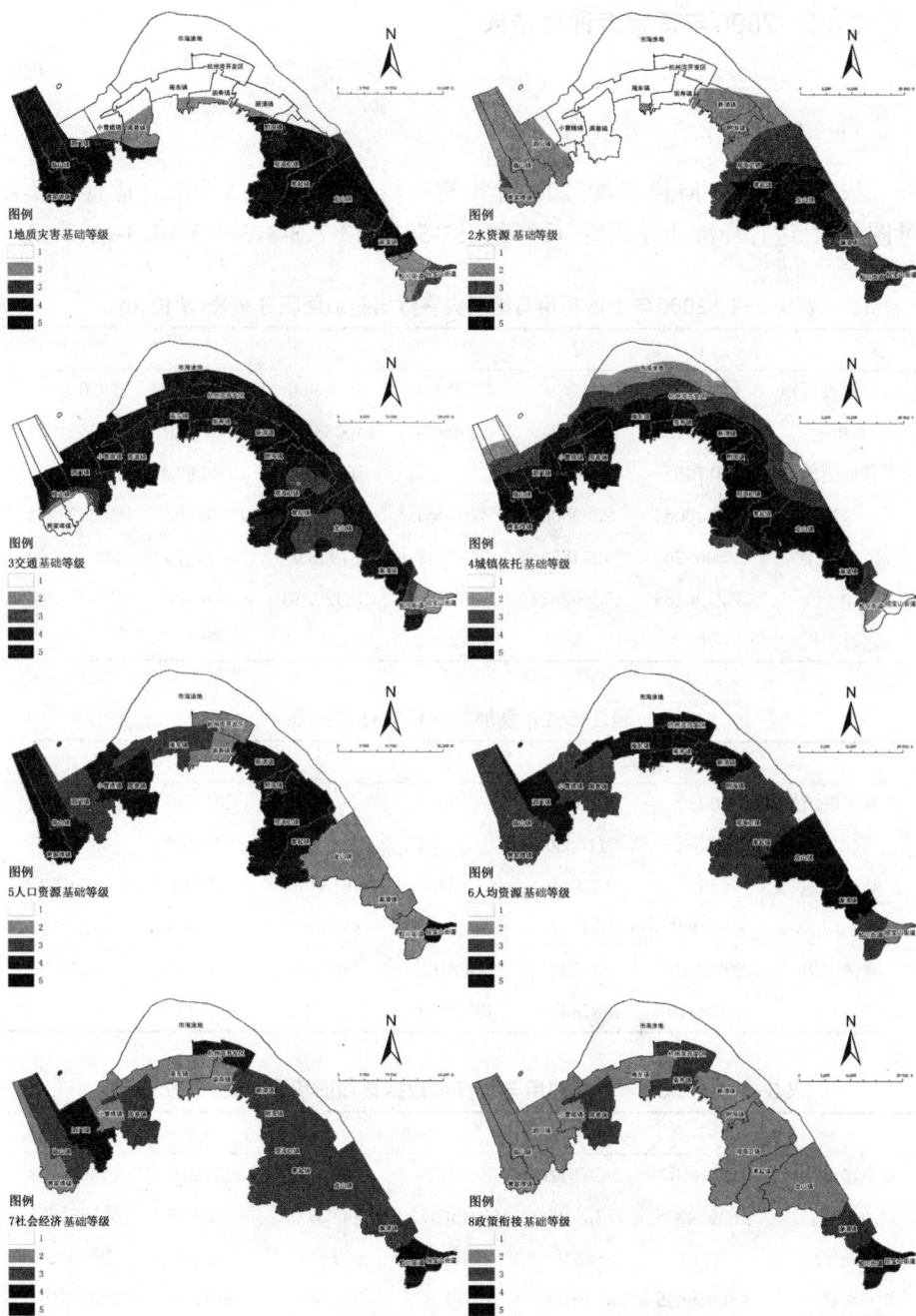

图3-6 2010年8个适宜性评价指标基础等级图

3.4.2　2000年适宜度评价结果

3.4.2.1　单因子适宜度评价

依据LandUSEM模型,将2000年土地利用现状数据与8个综合适宜等级矢量图叠加,进行标准化处理后,可得到表3-5、3-6、3-7、3-8、3-9、3-10、3-11、3-12。

表3-5-1　2000年土地利用与地质灾害数据叠加面积分布表(单位:m²)

	1	2	3	4	5	合计(i)
城乡建设用地	14336908	26070293	12753558	12445966	56394369	122001093
农用地	152012195	71825050	2899927	140088278	259026201	625851651
其他用地	61705	889666	0	1078760	373290	2403421
水域	271110064	2399806	4467065	86012863	19904823	383894621
滩涂用地	125069262	4224822	2288343	38794352	33304373	203681152
合计(j)	562590134	105409637	22408893	278420218	369003056	1337831938
百分比(Pj)	42	8	2	21	28	100

表3-5-2　叠加数据标准化结果表

	1	2	3	4	5	合计(i)
城乡建设用地	340930	3308774	7613994	598039	2044595	13906332
农用地	3614830	9115850	1731284	6731356	9391075	30584395
其他用地	1467	112914	0	51835	13534	179750
水域	6446962	304577	2666880	4132988	721655	14273062
滩涂用地	2974131	536204	1366162	1864100	1207460	7948057
合计(j)	13378319	13378319	13378319	13378319	13378319	

表3-6-1　2000年土地利用与水资源数据叠加面积分布表(单位:m²)

	1	2	3	4	5	合计(i)
城乡建设用地	28804560	34973126	39547379	10641421	8034607	122001093
农用地	163574368	177293890	119430977	106608739	58943676	625851651
其他用地	4379	82638	1546206	669486	100711	2403421
水域	250959699	92495596	31079237	5545909	3814179	383894621
滩涂用地	97468902	46701790	38360439	21150021	0	203681152
合计(j)	540811908	351547040	229964239	144615577	70893174	1337831938
百分比(Pj)	40	26	17	11	5	100

表3-6-2 叠加数据标准化结果表

	1	2	3	4	5	合计(i)
城乡建设用地	712552	1330922	2300695	984433	1516219	6844820
农用地	4046416	6747018	6947975	9862325	11123318	38727052
其他用地	108	3145	89952	61934	19005	174144
水域	6208109	3519972	1808055	513049	719777	12768962
滩涂用地	2411134	1777263	2231644	1956579	0	8376619
合计(j)	13378319	13378319	13378319	13378319	13378319	

表3-7-1 2000年土地利用与交通可达性数据叠加面积分布表(单位:m²)

	1	2	3	4	5	合计(i)
城乡建设用地	4774827	15624676	18971748	50295043	32334799	122001093
农用地	32914900	12857172	103268013	314936469	161875097	625851651
其他用地	38118	518412	393660	1091161	362070	2403421
水域	198588876	2121059	7560494	116587851	59036341	383894621
滩涂用地	14656978	4351316	2210186	130888697	51573975	203681152
合计(j)	250973698	35472635	132404102	613799221	305182282	1337831939
百分比(Pj)	19	3	10	46	23	100

表3-7-2 叠加数据标准化结果表

	1	2	3	4	5	合计(i)
城乡建设用地	254525	5892765	1916935	1096227	1417465	10577918
农用地	1754551	4849015	10434363	6864330	7096142	30998401
其他用地	2032	195516	39776	23783	15872	276979
水域	10585912	799947	763924	2541140	2587985	17278907
滩涂用地	781300	1641076	223321	2852840	2260856	7759392
合计(j)	13378319	13378319	13378319	13378319	13378319	

表3-8-1 2000年土地利用与城镇依托数据叠加面积分布表(单位:m²)

	1	2	3	4	5	合计(i)
城乡建设用地	12006405	7662766	6347722	24360622	71623578	122001093
农用地	3621187	11742717	50466249	261122911	298898586	625851651
其他用地	22169	586200	382973	235915	1176163	2403421
水域	100994627	115300717	99521757	49773452	18304067	383894621
滩涂用地	1972536	15891984	95543712	87161379	3111541	203681152
合计(j)	118616925	151184385	252262415	422654278	393113935	1337831938
百分比(Pj)	9	11	19	32	29	100

表3-8-2　叠加数据标准化结果表

	1	2	3	4	5	合计(i)
城乡建设用地	1354154	678079	336641	771089	2437469	5577432
农用地	408419	1039114	2676394	8265350	10172015	22561292
其他用地	2500	51873	20310	7467	40027	122178
水域	11390772	10202971	5277972	1575484	622918	29070116
滩涂用地	222474	1406283	5067003	2758928	105891	9560579
合计(j)	13378319	13378319	13378319	13378319	13378319	

表3-9-1　2000年土地利用与人口资源数据叠加面积分布表(单位:m²)

	1	2	3	4	5	合计(i)
城乡建设用地	179371	30225795	58055585	25743292	7797052	122001093
农用地	3149353	37925724	282201823	217342931	85231820	625851651
其他用地	14919	1538667	459853	389981	0	2403421
水域	239051206	11818836	42575046	82778586	7670946	383894621
滩涂用地	120936834	19040002	28699071	22845315	12159930	203681152
合计(j)	363331683	100549025	411991378	349100105	112859747	1337831938
百分比(Pj)	27	8	31	26	8	100

表3-9-2　叠加数据标准化结果表

	1	2	3	4	5	合计(i)
城乡建设用地	6605	4021624	1885200	986542	924257	7824228
农用地	115963	5046120	9163750	8329081	10103323	32758238
其他用地	549	204724	14933	14945	0	235151
水域	8802159	1572528	1382511	3172266	909309	15838773
滩涂用地	4453043	2533324	931926	875485	1441430	10235207
合计(j)	13378319	13378319	13378319	13378319	13378319	

表3-10-1　2000年土地利用与人均资源数据叠加面积分布表(单位:m²)

	1	2	3	4	5	合计(i)
城乡建设用地	179371	19344409	35214743	46612256	20650315	122001093
农用地	3149353	144873025	111148397	272222664	94458212	625851651
其他用地	14919	275743	1054447	161357	896954	2403421
水域	239051206	61095433	18327801	60297672	5122508	383894621
滩涂用地	120936834	13188737	26357667	35117187	8080728	203681152
合计(j)	363331683	238777347	192103055	414411136	129208717	1337831938
百分比(Pj)	27	18	14	31	10	100

表3-10-2 叠加数据标准化结果表

	1	2	3	4	5	合计(i)
城乡建设用地	6605	1083837	2452403	1504771	2138141	7185756
农用地	115963	8117008	7740526	8788089	9780239	34541825
其他用地	549	15449	73433	5209	92871	187512
水域	8802159	3423081	1276373	1946573	530386	15978573
滩涂用地	4453043	738944	1835584	1133678	836682	8997931
合计(j)	13378319	13378319	13378319	13378319	13378319	

表3-11-1 2000年土地利用与社会经济数据叠加面积分布表(单位:m²)

	1	2	3	4	5	合计(i)
城乡建设用地	179371	7072976	31575578	80365066	2808103	122001094
农用地	3149353	74174952	208408959	328109240	12009147	625851651
其他用地	14919	218515	66145	1619621	484220	2403421
水域	239051206	6233943	85305380	52142110	1161982	383894621
滩涂用地	120936834	0	43330520	34571533	4842265	203681152
合计(j)	363331683	87700387	368686582	496807570	21305716	1337831938
百分比(Pj)	27	7	28	37	2	100

表3-11-2 叠加数据标准化结果表

	1	2	3	4	5	合计(i)
城乡建设用地	6605	1078952	1145765	2164117	1763269	6158707
农用地	115963	11315072	7562417	8835514	7540803	35369769
其他用地	549	33334	2400	43614	304052	383949
水域	8802159	950961	3095428	1404113	729633	14982294
滩涂用地	4453043	0	1572310	930962	3040563	9996878
合计(j)	13378319	13378319	13378319	13378319	13378319	

表3-12-1 2000年土地利用与政策衔接数据叠加面积分布表(单位:m²)

	1	2	3	4	5	合计(i)
城乡建设用地	179371	43374431	40589056	10440544	27417691	122001093
农用地	3149353	347547291	224606416	24632014	25916578	625851651
其他用地	14919	723355	610700	0	1054447	2403421
水域	239051206	101498437	32167907	520216	10656855	383894621
滩涂用地	120936834	44912795	23633786	0	14197737	203681152
合计(j)	363331683	538056309	321607865	35592773	79243308	1337831938
百分比(Pj)	27	40	24	3	6	100

表3-12-2　叠加数据标准化结果表

	1	2	3	4	5	合计(i)
城乡建设用地	6605	1078469	1688433	3924306	4628815	11326628
农用地	115963	8641472	9343230	9258479	4375388	31734533
其他用地	549	17986	25404	0	178018	221957
水域	8802159	2523674	1338128	195534	1799153	14658648
滩涂用地	4453043	1116719	983124	0	2396945	8949831
合计(j)	13378319	13378319	13378319	13378319	13378319	

根据土地利用类型与评价因素等级组合的频繁度,计算不同土地利用类型在单一评价因素下的适宜度,得到表3-13、3-14、3-15、3-16、3-17、3-18、3-19、3-20和图3-7。

表3-13-1　相对于单一土地利用类型在不同等级地质灾害因素下的百分表(单位:%)

	1	2	3	4	5
城乡建设用地	2.45	23.79	54.75	4.30	14.70
农用地	11.82	29.81	5.66	22.01	30.71
其他用地	0.82	62.82	0.00	28.84	7.53
水域	45.17	2.13	18.68	28.96	5.06
滩涂用地	37.42	6.75	17.19	23.45	15.19

表3-13-2　各土地利用类型在单一地质灾害因素分级下的百分表(单位:%)

	1	2	3	4	5
城乡建设用地	2.55	24.73	56.91	4.47	15.28
农用地	27.02	68.14	12.94	50.32	70.20
其他用地	0.01	0.84	0.00	0.39	0.10
水域	48.19	2.28	19.93	30.89	5.39
滩涂用地	22.23	4.01	10.21	13.93	9.03

表3-13-3　2000年土地利用类型对于地质灾害因素下的适宜度表

	1	2	3	4	5	STDEV
城乡建设用地	2	24	56	4	15	22
农用地	22	57	11	42	58	21
其他用地	0	62		28	7	28
水域	47	2	19	30	5	18
滩涂用地	32	6	15	20	13	10

表3-14-1　相对于单一土地利用类型在不同等级水资源因素下的百分比表(单位:%)

	1	2	3	4	5
城乡建设用地	10.41	19.44	33.61	14.38	22.15
农用地	10.45	17.42	17.94	25.47	28.72
其他用地	0.06	1.81	51.65	35.56	10.91
水域	48.62	27.57	14.16	4.02	5.64
滩涂用地	28.78	21.22	26.64	23.36	0.00

表3-14-2　各土地利用类型在单一水资源因素分级下的百分比表(单位:%)

	1	2	3	4	5
城乡建设用地	5.33	9.95	17.20	7.36	11.33
农用地	30.25	50.43	51.93	73.72	83.14
其他用地	0.00	0.02	0.67	0.46	0.14
水域	46.40	26.31	13.51	3.83	5.38
滩涂用地	18.02	13.28	16.68	14.62	0.00

表3-14-3　2000年土地利用类型对于水资源因素下的适宜度表

	1	2	3	4	5	STDEV
城乡建设用地	9	16	28	12	18	7
农用地	25	42	43	61	69	17
其他用地	0	1	51	35	10	22
水域	48	27	14	4	6	18
滩涂用地	25	18	23	20		3

表3-15-1　相对于单一土地利用类型在不同等级交通可达性因素下的百分比表(单位:%)

	1	2	3	4	5
城乡建设用地	2.41	55.71	18.12	10.36	13.40
农用地	5.66	15.64	33.66	22.14	22.89
其他用地	0.73	70.59	14.36	8.59	5.73
水域	61.26	4.63	4.42	14.71	14.98
滩涂用地	10.07	21.15	2.88	36.77	29.14

表3-15-2　各土地利用类型在交通可达性因素分级下的百分比表(单位:%)

	1	2	3	4	5
城乡建设用地	1.90	44.05	14.33	8.19	10.60
农用地	13.11	36.25	77.99	51.31	53.04
其他用地	0.02	1.46	0.30	0.18	0.12
水域	79.13	5.98	5.71	18.99	19.34
滩涂用地	5.84	12.27	1.67	21.32	16.90

表3-15-3　2000年土地利用类型对于交通可达性因素下的适宜度表

	1	2	3	4	5	STDEV
城乡建设用地	2	51	16	9	12	19
农用地	11	30	65	42	44	20
其他用地	0	69	13	8	5	28
水域	71	5	5	17	17	28
滩涂用地	9	18	2	31	25	12

表3-16-1　相对于单一土地利用类型在不同等级城镇依托因素下的百分比表(单位:%)

	1	2	3	4	5
城乡建设用地	24.28	12.16	6.04	13.83	43.70
农用地	1.81	4.61	11.86	36.64	45.09
其他用地	2.05	42.46	16.62	6.11	32.76
水域	39.18	35.10	18.16	5.42	2.14
滩涂用地	2.33	14.71	53.00	28.86	1.11

表3-16-2　各土地利用类型在单一城镇依托因素分级下的百分比表(单位:%)

	1	2	3	4	5
城乡建设用地	10.12	5.07	2.52	5.76	18.22
农用地	3.05	7.77	20.01	61.78	76.03
其他用地	0.02	0.39	0.15	0.06	0.30
水域	85.14	76.26	39.45	11.78	4.66
滩涂用地	1.66	10.51	37.87	20.62	0.79

表3-16-3　2000年土地利用类型对于城镇依托因素下的适宜度表

	1	2	3	4	5	STDEV
城乡建设用地	20	10	5	11	36	12
农用地	3	7	17	52	64	28
其他用地	2	42	16	5	32	17
水域	71	63	33	10	4	30
滩涂用地	2	13	47	25	1	19

表3-17-1　相对于单一土地利用类型在不同等级人口资源因素下的百分比表(单位:%)

	1	2	3	4	5
城乡建设用地	0.08	51.40	24.09	12.61	11.81
农用地	0.35	15.40	27.97	25.43	30.84
其他用地	0.23	87.06	6.35	6.36	0.00
水域	55.57	9.93	8.73	20.03	5.74
滩涂用地	43.51	24.75	9.11	8.55	14.08

表3-17-2　各土地利用类型在单一人口资源因素分级下的百分比表(单位:%)

	1	2	3	4	5
城乡建设用地	0.05	30.06	14.09	7.37	6.91
农用地	0.87	37.72	68.50	62.26	75.52
其他用地	0.00	1.53	0.11	0.11	0.00
水域	65.79	11.75	10.33	23.71	6.80
滩涂用地	33.29	18.94	6.97	6.54	10.77

表3-17-3　2000年土地利用类型对于人口资源因素下的适宜度表

	1	2	3	4	5	STDEV
城乡建设用地	0	43	20	11	10	16
农用地	1	31	57	51	63	25
其他用地	0	85	6	6		41
水域	61	11	10	22	6	23
滩涂用地	39	22	8	8	13	13

表3-18-1　相对于单一土地利用类型在不同等级人均资源因素下的百分比表(单位:%)

	1	2	3	4	5
城乡建设用地	0.09	15.08	34.13	20.94	29.76
农用地	0.34	23.50	22.41	25.44	28.31
其他用地	0.29	8.24	39.16	2.78	49.53
水域	55.09	21.42	7.99	12.18	3.32
滩涂用地	49.49	8.21	20.40	12.60	9.30

表3-18-2　各土地利用类型在单一人均资源因素分级下的百分比表(单位:%)

	1	2	3	4	5
城乡建设用地	0.05	8.10	18.33	11.25	15.98
农用地	0.87	60.67	57.86	65.69	73.11
其他用地	0.00	0.12	0.55	0.04	0.69
水域	65.79	25.59	9.54	14.55	3.96
滩涂用地	33.29	5.52	13.72	8.47	6.25

表3-18-3　2000年土地利用类型对于人均资源因素下的适宜度表

	1	2	3	4	5	STDEV
城乡建设用地	0	13	29	17	25	11
农用地	1	50	48	54	60	24
其他用地	0	7	38	2	49	22
水域	61	24	9	13	4	23
滩涂用地	43	7	18	11	8	15

表3-19-1　相对于单一土地利用类型在不同等级社会经济因素下的百分比表(单位:%)

	1	2	3	4	5
城乡建设用地	0.11	17.52	18.60	35.14	28.63
农用地	0.33	31.99	21.38	24.98	21.32
其他用地	0.14	8.68	0.63	11.36	79.19
水域	58.75	6.35	20.66	9.37	4.87
滩涂用地	44.54	0.00	15.73	9.31	30.42

表3-19-2　各土地利用类型在单一社会经济因素分级下的百分比表(单位:%)

	1	2	3	4	5
城乡建设用地	0.05	8.06	8.56	16.18	13.18
农用地	0.87	84.58	56.53	66.04	56.37
其他用地	0.00	0.25	0.02	0.33	2.27
水域	65.79	7.11	23.14	10.50	5.45
滩涂用地	33.29	0.00	11.75	6.96	22.73

表3-19-3   2000年土地利用类型对于社会经济因素下的适宜度表

	1	2	3	4	5	STDEV
城乡建设用地	0	14	15	29	24	11
农用地	1	70	47	55	47	26
其他用地	0	8	0	11	76	32
水域	62	7	22	10	5	24
滩涂用地	40		14	8	27	14

表3-20-1   相对于单一土地利用类型在不同等级政策衔接因素下的百分比表(单位:%)

	1	2	3	4	5
城乡建设用地	0.06	9.52	14.91	34.65	40.87
农用地	0.37	27.23	29.44	29.17	13.79
其他用地	0.25	8.10	11.45	0.00	80.20
水域	60.05	17.22	9.13	1.33	12.27
滩涂用地	49.76	12.48	10.98	0.00	26.78

表3-20-2   各土地利用类型在单一政策衔接因素分级下的百分比表(单位:%)

	1	2	3	4	5
城乡建设用地	0.05	8.06	12.62	29.33	34.60
农用地	0.87	64.59	69.84	69.21	32.71
其他用地	0.00	0.13	0.19	0.00	1.33
水域	65.79	18.86	10.00	1.46	13.45
滩涂用地	33.29	8.35	7.35	0.00	17.92

表3-20-3   2000年土地利用类型对于政策衔接因素下的适宜度表

	1	2	3	4	5	STDEV
城乡建设用地	0	9	14	32	38	16
农用地	1	53	58	57	27	25
其他用地	0	7	11	–	78	36
水域	63	18	10	1	13	24
滩涂用地	43	11	9	–	23	16

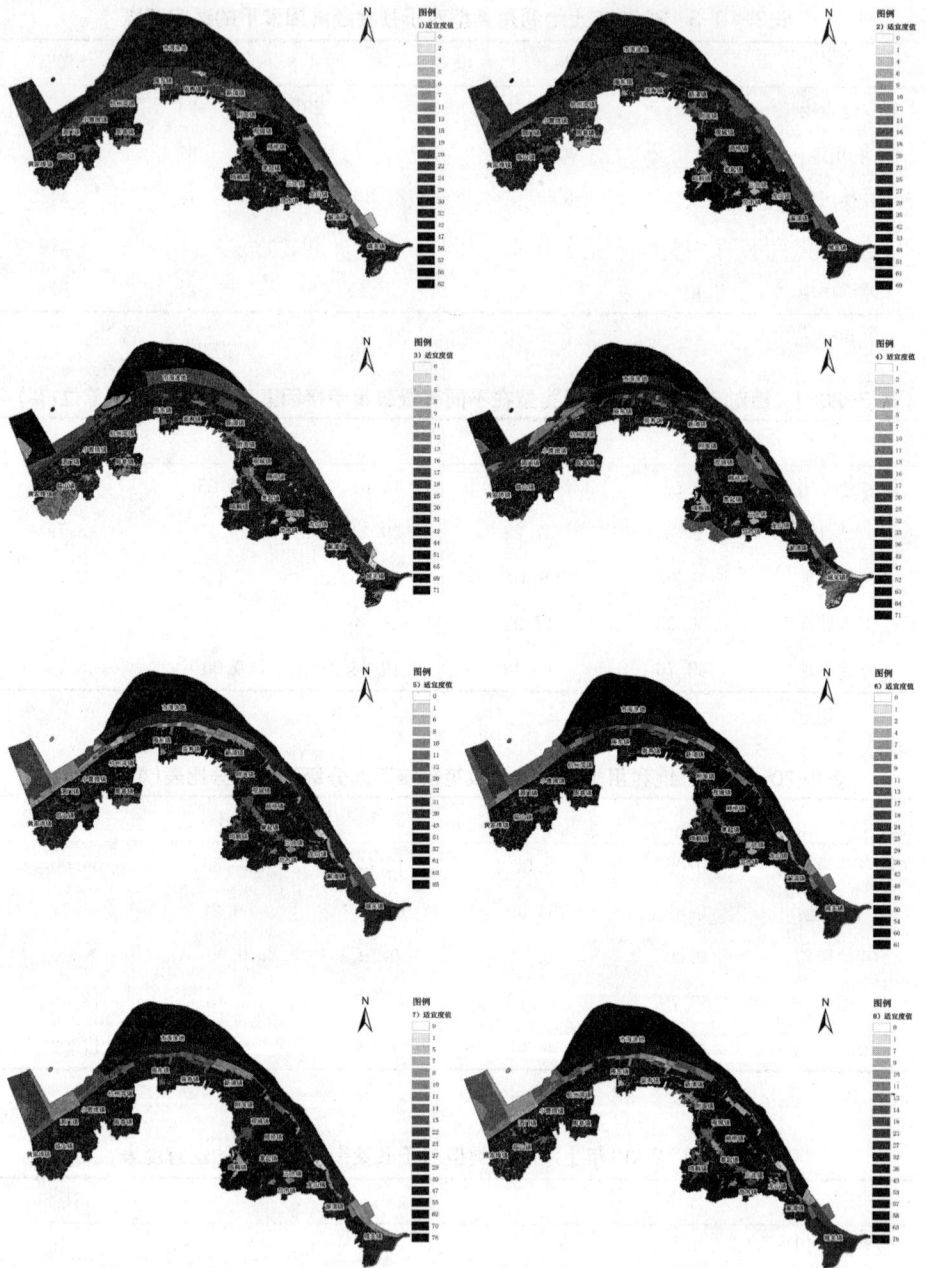

图3-7 2000年8个单因子适宜性评价结果等级图

3.4.2.2 综合适宜度评价

通过前文处理,得到了各种土地利用类型与单一评价因素进行叠加的单因子适宜度。STDEV 为每一种土地利用类型在各级评价因素中适宜度的整体均方差。如果某土地利用类型对该类评价因素敏感度高,那么它的 STDEV 就会比较大,反之则小。所有用地类型在某种评价因素中的适宜度均方差的平均值就代表了土地利用类型对该种评价因素的敏感程度,那么进行归一化处理后的值便可作为综合适宜度计算中各评价因素的适宜度权重(表 3-21)。

表 3-21　2000 年单因子适宜度均方差均值及归一化结果

	均方差均值	归一化结果
地质综合适宜性	19.68	0.12
水资源综合适宜性	13.63	0.08
交通综合适宜性	21.18	0.13
城镇依托综合适宜性	21.34	0.13
人口资源综合适宜性	23.67	0.14
人均资源综合适宜性	19.1	0.12
社会经济综合适宜性	21.48	0.13
政策衔接综合适宜性	23.46	0.14

经过上述步骤的单一因子适宜度计算,将适宜度赋值到 8 个单因子矢量图层中,得到 8 个基于土地利用类型的单因子适宜度矢量图层。最后,将 8 个单因子适宜度矢量图层进行叠加处理,从地块属性上看,多次叠加的结果得到了每一斑块都被赋予 8 个单一适宜度值。那么,综合适宜度值的计算即单一适宜度值与其对应权重值乘积的和。依据综合适宜度分级及值域范围表(表 3-22),对得到的综合适宜度值进行再分类,得到 2000 年研究区综合适宜度图(图 3-8)。这里的临界适宜定义为土地利用适宜性情况濒临不适宜,但仍暂属于适宜以上。

表 3-22　综合适宜度分级及值域范围表

适宜度级别	1	2	3	4	5
适宜度含义	不适宜	临界适宜	中等适宜	比较适宜	非常适宜
值域范围	<15	15~25	25~35	35~45	>45

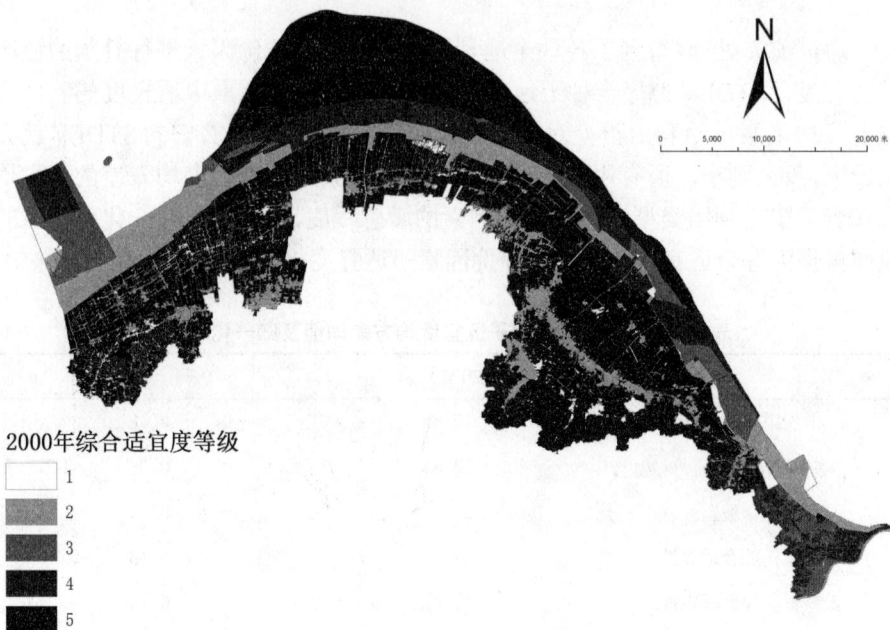

2000年综合适宜度等级

□	1
▨	2
▨	3
■	4
■	5

图3-8　2000年研究区综合适宜度图

3.4.3　2005年适宜度评价结果

3.4.3.1　单因子适宜度评价

依据LandUSEM模型,将2005年土地利用现状数据与8个综合适宜等级图叠加,利用公式进行标准化处理,得到表3-23、3-24、3-25、3-26、3-27、3-28、3-29、3-30。

表3-23-1　2005年土地利用与地质灾害数据叠加面积分布表(单位:m²)

	1	2	3	4	5	合计(i)
城乡建设用地	42796960	41633421	16128469	21065559	88404044	210028453
农用地	164007573	57187456	1235832	140450930	232729922	595611713
其他用地	1071507	4109226	0	1157699	8843550	15181983
水域	25538252	2397648	2169603	76164689	14612725	120882916
滩涂用地	329175843	81886	2874989	39581342	24412813	396126874
合计(j)	562590134	105409637	22408893	278420219	369003055	1337831938
百分比(Pj)	42	8	2	21	28	100

表3-23-2 叠加数据标准化结果表

	1	2	3	4	5	合计(i)
城乡建设用地	1017706	5284006	9628847	1012217	3205116	20147893
农用地	3900079	7258084	737803	6748782	8437695	27082443
其他用地	25480	521532	0	55628	320626	923267
水域	607296	304303	1295273	3659776	529789	6396437
滩涂用地	7827758	10393	1716396	1901916	885094	12341557
合计(j)	13378319	13378319	13378319	13378319	13378319	

表3-24-1 2005年土地利用与水资源数据叠加面积分布表(单位:m²)

	1	2	3	4	5	合计(i)
城乡建设用地	61642394	60475303	60695884	16179922	11034949	210028453
农用地	163317909	169298705	104457089	102594674	55943335	595611712
其他用地	1014182	7487181	5675822	904087	100711	15181983
水域	23919856	76211215	12001088	5093770	3656987	120882916
滩涂用地	290917567	38074636	47134355	19843124	157192	396126874
合计(j)	540811908	351547039	229964239	144615577	70893174	1337831938
百分比(Pj)	40.42	26.28	17.19	10.81	5.30	100.00

表3-24-2 叠加数据标准化结果表

	1	2	3	4	5	合计(i)
城乡建设用地	1524877	2301422	3531023	1496797	2082416	10936534
农用地	4040072	6442757	6076859	9490985	10557121	36607794
其他用地	25088	284929	330195	83637	19005	742854
水域	591717	2900260	698171	471222	690114	5351484
滩涂用地	7196565	1448952	2742072	1835678	29664	13252931
合计(j)	13378319	13378319	13378319	13378319	13378319	

表3-25-1 2005年土地利用与交通可达性数据叠加面积分布表(单位:m²)

	1	2	3	4	5	合计(i)
城乡建设用地	9187220	22411780	27920376	96453012	54056065	210028453
农用地	28586484	8543971	94753134	297206240	166521883	595611713
其他用地	38118	2244688	2208103	5030435	5660639	15181983
水域	65720607	2121059	5939694	32240438	14861118	120882916
滩涂用地	147441269	151137	1582795	182869097	64082577	396126874
合计(j)	250973698	35472635	132404101	613799222	305182281	1337831938
百分比(Pj)	19	3	10	46	23	100

表3-25-2 叠加数据标准化结果表

	1	2	3	4	5	合计(i)
城乡建设用地	489731	8452486	2821119	2102282	2369663	16235281
农用地	1523821	3222314	9574006	6477884	7299844	28097869
其他用地	2032	846572	223110	109643	248146	1429504
水域	3503281	799947	600156	702710	651469	6257562
滩涂用地	7859455	57000	159928	3985800	2809197	14871381
合计(j)	13378319	13378319	13378319	13378319	13378319	

表3-26-1 2005年土地利用与城镇依托数据叠加面积分布表(单位:m²)

	1	2	3	4	5	合计(i)
城乡建设用地	15531306	13421904	12891406	57118402	111065435	210028453
农用地	1612494	7173891	62951746	263906236	259967346	595611713
其他用地	22169	2272998	5023057	6687596	1176163	15181983
水域	27694457	19520222	30479101	25349455	17839682	120882916
滩涂用地	73756498	108795370	140917107	69592590	3065309	396126874
合计(j)	118616925	151184384	252262416	422654278	393113936	1337831938
百分比(Pj)	9	11	19	32	29	100

表3-26-2 叠加数据标准化结果表

	1	2	3	4	5	合计(i)
城乡建设用地	1751713	1187705	683674	1807975	3779741	9210808
农用地	181867	634818	3338542	8353451	8847120	21355798
其他用地	2500	201138	266390	211683	40027	721738
水域	3123545	1727346	1616409	802389	607114	7876803
滩涂用地	8318695	9627312	7473305	2202821	104318	27726451
合计(j)	13378319	13378319	13378319	13378319	13378319	

表3-27-1 2005年土地利用与人口资源数据叠加面积分布表(单位:m²)

	1	2	3	4	5	合计(i)
城乡建设用地	3209761	61141922	96051607	46780313	2844853	210028456
农用地	16450887	88501853	290160292	196346350	4152331	595611712
其他用地	155893	13199023	477508	611367	738192	15181983
水域	11635187	10351490	82560811	11659182	4676247	120882917
滩涂用地	322012164	10702424	33668491	4571572	25172220	396126871
合计(j)	353463892	183896712	502918708	259968783	37583843	1337831938
百分比(Pj)	26	14	38	19	3	100

表3-27-2　叠加数据标准化结果表

	1	2	3	4	5	合计（i）
城乡建设用地	121487	4448020	2555103	2407374	1012652	10544635
农用地	622653	6438430	7718657	10104229	1478061	26362030
其他用地	5900	960217	12702	31462	262766	1273048
水域	440382	753062	2196229	599996	1664554	5654223
滩涂用地	12187897	778592	895628	235259	8960287	23057662
合计（j）	13378319	13378319	13378319	13378319	13378319	

表3-28-1　2005年土地利用与人均资源数据叠加面积分布表（单位：m²）

	1	2	3	4	5	合计（i）
城乡建设用地	3209761	15555867	86627322	91715702	12919802	210028455
农用地	16450887	4374779	353672867	178655316	42457863	595611713
其他用地	155893	955944	832827	13237318	0	15181983
水域	11635187	6009372	75492649	24208169	3537540	120882916
滩涂用地	322012164	25244525	11554469	32797658	4518055	396126871
合计（j）	353463892	52140488	528180134	340614163	63433261	1337831938
百分比（Pj）	26	4	39	25	5	100

表3-28-2　叠加数据标准化结果表

	1	2	3	4	5	合计（i）
城乡建设用地	121487	3991358	2194191	3602322	2724836	12634194
农用地	622653	1122490	8958210	7017054	8954527	26674934
其他用地	5900	245278	21095	519923	0	792196
水域	440382	1541898	1912160	950825	746081	5591346
滩涂用地	12187897	6477295	292664	1288195	952875	21198927
合计（j）	13378319	13378319	13378319	13378319	13378319	

表3-29-1　2005年土地利用与社会经济数据叠加面积分布表（单位：m²）

	1	2	3	4	5	合计（i）
城乡建设用地	3209761	8148957	48250335	115770773	34648630	210028456
农用地	16450887	23456935	146380177	341950669	67373044	595611712
其他用地	155893	25667	162625	4601589	10236209	15181983
水域	11635187	2014193	68789340	18503314	19940883	120882916
滩涂用地	322012164	15190479	9031211	10431091	39461926	396126871
合计（j）	353463892	48836231	272613688	491257435	171660692	1337831938
百分比（Pj）	26	4	20	37	13	100

表3-29-2　叠加数据标准化结果表

	1	2	3	4	5	合计（i）
城乡建设用地	121487	2232346	2367850	3152763	2700330	10574776
农用地	622653	6425852	7183501	9312277	5250696	28794978
其他用地	5900	7031	7981	125314	797756	943982
水域	440382	551773	3375787	503897	1554086	6425926
滩涂用地	12187897	4161318	443200	284068	3075452	20151935
合计（j）	13378319	13378319	13378319	13378319	13378319	—

表3-30-1　2005年土地利用与政策衔接数据叠加面积分布表（单位：m²）

	1	2	3	4	5	合计（i）
城乡建设用地	3209761	83813880	87214746	23079055	12711014	210028456
农用地	16450887	359744257	211013342	8180778	222449	595611712
其他用地	155893	1593168	9622524	3592646	217752	15181983
水域	11635187	84806067	21539072	1569465	1333126	120882916
滩涂用地	322012164	55360063	18344230	338109	72305	396126871
合计（j）	353463892	585317435	347733913	36760053	14556645	1337831938
百分比（Pj）	26	44	26	3	1	100

表3-30-2　叠加数据标准化结果表

	1	2	3	4	5	合计（i）
城乡建设用地	121487	1915694	3355401	8399307	11682088	25473976
农用地	622653	8222502	8118287	2977282	204442	20145166
其他用地	5900	36414	370206	1307494	200125	1920141
水域	440382	1938372	828670	571185	1225212	5003821
滩涂用地	12187897	1265338	705755	123050	66452	14348493
合计（j）	13378319	13378319	13378319	13378319	13378319	—

根据土地利用类型与评价因素等级组合的频繁度，计算不同土地利用类型在单一评价因素下的适宜度，得到表3-31、3-32、3-33、3-34、3-35、3-36、3-37、3-38和图3-9。

表3-31-1　相对于单一土地利用类型在不同等级地质灾害因素下的百分表（单位：%）

	1	2	3	4	5
城乡建设用地	5.05	26.23	47.79	5.02	15.91
农用地	14.40	26.80	2.72	24.92	31.16
其他用地	2.76	56.49	0.00	6.03	34.73
水域	9.49	4.76	20.25	57.22	8.28
滩涂用地	63.43	0.08	13.91	15.41	7.17

表3-31-2　各土地利用类型在单一地质灾害因素分级下的百分表(单位:%)

	1	2	3	4	5
城乡建设用地	7.61	39.50	71.97	7.57	23.96
农用地	29.15	54.25	5.51	50.45	63.07
其他用地	0.19	3.90	0.00	0.42	2.40
水域	4.54	2.27	9.68	27.36	3.96
滩涂用地	58.51	0.08	12.83	14.22	6.62

表3-31-3　2005年土地利用类型对于地质灾害因素下的适宜度表

	1	2	3	4	5	STDEV
城乡建设用地	7	34	62	6	21	23
农用地	24	45	5	42	52	19
其他用地	2	53		5	32	24
水域	8	4	17	47	7	18
滩涂用地	61	0	13	15	7	24

表3-32-1　相对于单一土地利用类型在不同等级水资源因素下的百分比表(单位:%)

	1	2	3	4	5
城乡建设用地	13.94	21.04	32.29	13.69	19.04
农用地	11.04	17.60	16.60	25.93	28.84
其他用地	3.38	38.36	44.45	11.26	2.56
水域	11.06	54.20	13.05	8.81	12.90
滩涂用地	54.30	10.93	20.69	13.85	0.22

表3-32-2　各土地利用类型在单一水资源因素分级下的百分比表(单位:%)

	1	2	3	4	5
城乡建设用地	11.40	17.20	26.39	11.19	15.57
农用地	30.20	48.16	45.42	70.94	78.91
其他用地	0.19	2.13	2.47	0.63	0.14
水域	4.42	21.68	5.22	3.52	5.16
滩涂用地	53.79	10.83	20.50	13.72	0.22

表3-32-3　2005年土地利用类型对于水资源因素下的适宜度表

	1	2	3	4	5	STDEV
城乡建设用地	13	19	30	13	17	7
农用地	25	40	38	59	65	17
其他用地	3	36	42	10	2	19
水域	9	45	11	7	10	16
滩涂用地	54	11	21	14	0	20

表3-33-1　相对于单一土地利用类型在不同等级交通可达性因素下的百分比表(单位:%)

	1	2	3	4	5
城乡建设用地	3.02	52.06	17.38	12.95	14.60
农用地	5.42	11.47	34.07	23.05	25.98
其他用地	0.14	59.22	15.61	7.67	17.36
水域	55.98	12.78	9.59	11.23	10.41
滩涂用地	52.85	0.38	1.08	26.80	18.89

表3-33-2　各土地利用类型在交通可达性因素分级下的百分比表(单位:%)

	1	2	3	4	5
城乡建设用地	3.66	63.18	21.09	15.71	17.71
农用地	11.39	24.09	71.56	48.42	54.56
其他用地	0.02	6.33	1.67	0.82	1.85
水域	26.19	5.98	4.49	5.25	4.87
滩涂用地	58.75	0.43	1.20	29.79	21.00

表3-33-3　2005年土地利用类型对于交通可达性因素下的适宜度表

	1	2	3	4	5	STDEV
城乡建设用地	3	58	19	14	16	21
农用地	9	20	59	40	45	20
其他用地	0	54	14	7	16	21
水域	46	11	8	9	9	17
滩涂用地	56	0	1	28	20	23

表3-34-1　相对于单一土地利用类型在不同等级城镇依托因素下的百分比表(单位:%)

	1	2	3	4	5
城乡建设用地	19.02	12.89	7.42	19.63	41.04
农用地	0.85	2.97	15.63	39.12	41.43
其他用地	0.35	27.87	36.91	29.33	5.55
水域	39.65	21.93	20.52	10.19	7.71
滩涂用地	30.00	34.72	26.95	7.94	0.38

表3-34-2　各土地利用类型在单一城镇依托因素分级下的百分比表(单位:%)

	1	2	3	4	5
城乡建设用地	13.09	8.88	5.11	13.51	28.25
农用地	1.36	4.75	24.95	62.44	66.13
其他用地	0.02	1.50	1.99	1.58	0.30
水域	23.35	12.91	12.08	6.00	4.54
滩涂用地	62.18	71.96	55.86	16.47	0.78

表3-34-3　2005年土地利用类型对于城镇依托因素下的适宜度表

	1	2	3	4	5	STDEV
城乡建设用地	17	11	6	17	36	11
农用地	1	4	21	53	57	26
其他用地	0	26	35	28	5	15
水域	34	19	17	9	6	11
滩涂用地	52	60	46	14	1	26

表3-35-1　相对于单一土地利用类型在不同等级人口资源因素下的百分比表(单位:%)

	1	2	3	4	5
城乡建设用地	1.15	42.18	24.23	22.83	9.60
农用地	2.36	24.42	29.28	38.33	5.61
其他用地	0.46	75.43	1.00	2.47	20.64
水域	7.79	13.32	38.84	10.61	29.44
滩涂用地	52.86	3.38	3.88	1.02	38.86

表3-35-2　各土地利用类型在单一人口资源因素分级下的百分比表(单位:%)

	1	2	3	4	5
城乡建设用地	0.91	33.25	19.10	17.99	7.57
农用地	4.65	48.13	57.70	75.53	11.05
其他用地	0.04	7.18	0.09	0.24	1.96
水域	3.29	5.63	16.42	4.48	12.44
滩涂用地	91.10	5.82	6.69	1.76	66.98

表3-35-3　2005年土地利用类型对于人口资源因素下的适宜度表

	1	2	3	4	5	STDEV
城乡建设用地	1	38	22	21	9	14
农用地	4	40	48	63	9	25
其他用地	0	69	1	2	19	29
水域	6	11	32	9	24	11
滩涂用地	77	5	6	1	57	35

表3-36-1　相对于单一土地利用类型在不同等级人均资源因素下的百分比表(单位:%)

	1	2	3	4	5
城乡建设用地	0.96	31.59	17.37	28.51	21.57
农用地	2.33	4.21	33.58	26.31	33.57
其他用地	0.74	30.96	2.66	65.63	0.00
水域	7.88	27.58	34.20	17.01	13.34
滩涂用地	57.49	30.55	1.38	6.08	4.49

表3-36-2　各土地利用类型在单一人均资源因素分级下的百分比表(单位:%)

	1	2	3	4	5
城乡建设用地	0.91	29.83	16.40	26.93	20.37
农用地	4.65	8.39	66.96	52.45	66.93
其他用地	0.04	1.83	0.16	3.89	0.00
水域	3.29	11.53	14.29	7.11	5.58
滩涂用地	91.10	48.42	2.19	9.63	7.12

表3-36-3　2005年土地利用类型对于人均资源因素下的适宜度表

	1	2	3	4	5	STDEV
城乡建设用地	1	31	17	28	21	12
农用地	4	7	56	44	56	26
其他用地	0	29	2	62		29
水域	6	23	28	14	11	9
滩涂用地	78	41	2	8	6	33

表3-37-1　相对于单一土地利用类型在不同等级社会经济因素下的百分比表(单位:%)

	1	2	3	4	5
城乡建设用地	1.15	21.11	22.39	29.81	25.54
农用地	2.16	22.32	24.95	32.34	18.23
其他用地	0.63	0.74	0.85	13.28	84.51
水域	6.85	8.59	52.53	7.84	24.18
滩涂用地	60.48	20.65	2.20	1.41	15.26

表3-37-2　各土地利用类型在单一社会经济因素分级下的百分比表(单位:%)

	1	2	3	4	5
城乡建设用地	0.91	16.69	17.70	23.57	20.18
农用地	4.65	48.03	53.70	69.61	39.25
其他用地	0.04	0.05	0.06	0.94	5.96
水域	3.29	4.12	25.23	3.77	11.62
滩涂用地	91.10	31.10	3.31	2.12	22.99

表3-37-3　2005年土地利用类型对于社会经济因素下的适宜度表

	1	2	3	4	5	STDEV
城乡建设用地	1	19	20	27	23	10
农用地	4	40	45	58	32	20
其他用地	0	0	0	12	79	34
水域	6	7	44	6	20	16
滩涂用地	79	27	3	2	20	31

表3-38-1　相对于单一土地利用类型在不同等级政策衔接因素下的百分比表(单位:%)

	1	2	3	4	5
城乡建设用地	0.48	7.52	13.17	32.97	45.86
农用地	3.09	40.82	40.30	14.78	1.01
其他用地	0.31	1.90	19.28	68.09	10.42
水域	8.80	38.74	16.56	11.41	24.49
滩涂用地	84.94	8.82	4.92	0.86	0.46

表3-38-2　各土地利用类型在单一政策衔接因素分级下的百分比表(单位:%)

	1	2	3	4	5
城乡建设用地	0.91	14.32	25.08	62.78	87.32
农用地	4.65	61.46	60.68	22.25	1.53
其他用地	0.04	0.27	2.77	9.77	1.50
水域	3.29	14.49	6.19	4.27	9.16
滩涂用地	91.10	9.46	5.28	0.92	0.50

表3-38-3　2005年土地利用类型对于政策衔接因素下的适宜度表

	1	2	3	4	5	STDEV
城乡建设用地	1	12	21	53	73	30
农用地	4	53	52	19	1	25
其他用地	0	1	17	61	9	25
水域	7	32	14	9	20	10
滩涂用地	88	9	5	1	0	38

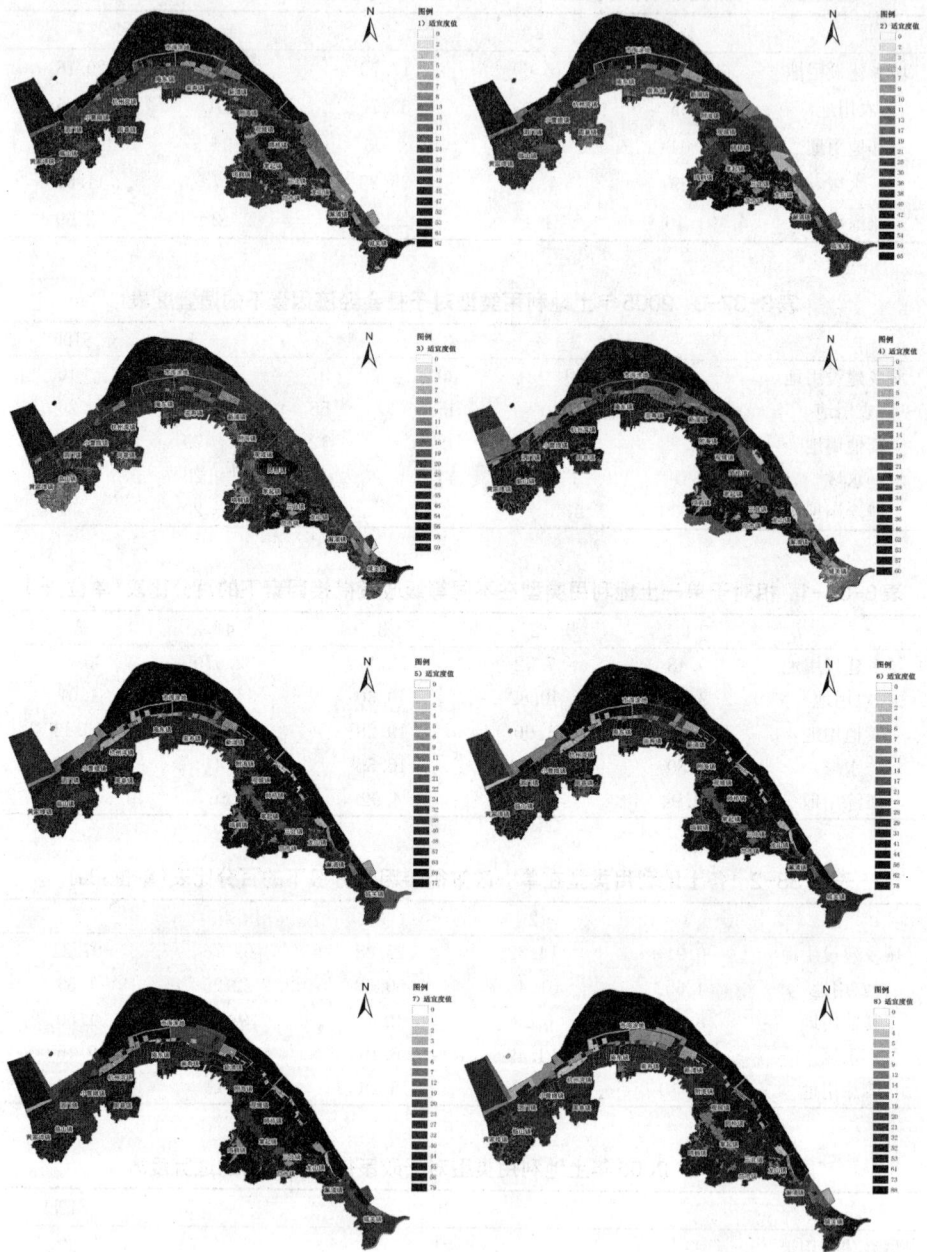

图3-9 2005年8个单因子适宜性评价结果等级图

3.4.3.2 综合适宜度评价

对2005年单因子适宜度均方差均值进行处理,得到表3-39和图3-10。

表3-39   2005年单因子适宜度均方差均值及归一化结果

	均方差均值	归一化结果
地质综合适宜性	19.68	0.12
水资源综合适宜性	13.63	0.08
交通综合适宜性	21.18	0.13
城镇依托综合适宜性	21.34	0.13
人口资源综合适宜性	23.67	0.14
人均资源综合适宜性	19.1	0.12
社会经济综合适宜性	21.48	0.13
政策衔接综合适宜性	23.46	0.14

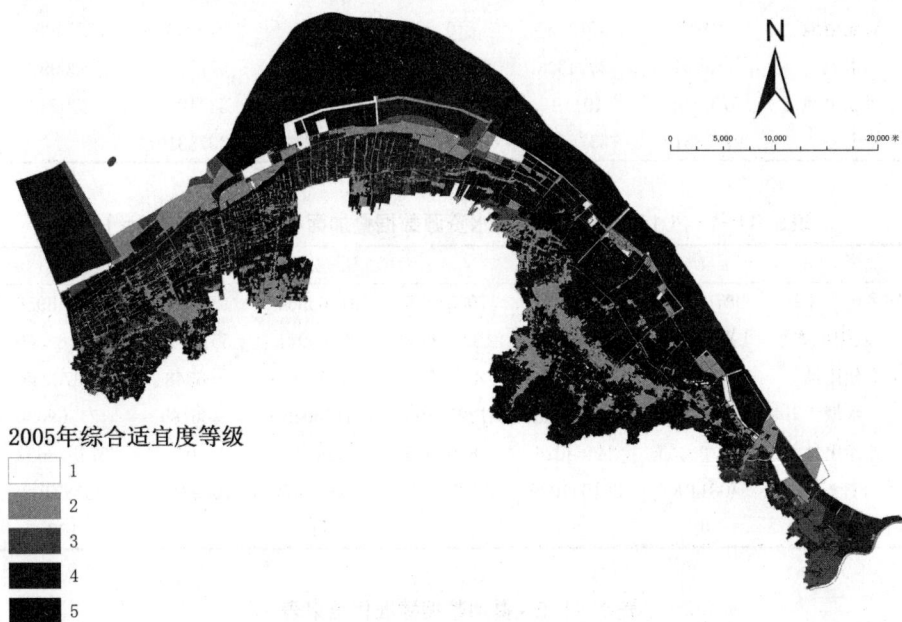

2005年综合适宜度等级
1
2
3
4
5

图3-10   2005年研究区综合适宜度图

3.4.4   2010年适宜度评价结果

3.4.4.1 单因子适宜度评价

依据LandUSEM模型,将2010年土地利用现状数据与8个综合适宜等级图叠加,利用公式进行标准化处理,得到表3-40、3-41、3-42、3-43、3-44、3-45、3-46、3-47。

表3-40-1　2010年土地利用与地质灾害数据叠加面积分布表(单位:m²)

	1	2	3	4	5	合计(i)
城乡建设用地	76068140	49796520	16258809	34236302	111989186	288348956
农用地	211603322	50256379	1631543	156965462	217705864	638162570
其他用地	45843	2972898	0	666036	8688470	12373248
水域	32950289	2304112	2469818	70729084	15915328	124368630
滩涂用地	241922542	79728	2048723	15823334	14704207	274578533
合计(j)	562590135	105409637	22408893	278420218	369003055	1337831937
百分比(Pj)	42	8	2	21	28	100

表3-40-2　叠加数据标准化结果表

	1	2	3	4	5	合计(i)
城乡建设用地	1808890	6320046	9706661	1645082	4060202	23540883
农用地	5031899	6378410	974046	7542319	7892993	27819668
其他用地	1090	377313	0	32004	315003	725409
水域	783554	292432	1474505	3398590	577015	6526096
滩涂用地	5752886	10119	1223107	760324	533106	8279542
合计(j)	13378319	13378319	13378319	13378319	13378319	

表3-41-1　2010年土地利用与水资源数据叠加面积分布表(单位:m²)

	1	2	3	4	5	合计(i)
城乡建设用地	98795473	71489531	70851323	31863084	15349546	288348956
农用地	190613011	170130696	123198359	99110011	55110492	638162569
其他用地	15030	7527833	4287747	475689	66948	12373248
水域	28664939	77934953	13257503	4145046	366189	124368630
滩涂用地	222723454	24464026	18369305	9021748	0	274578533
合计(j)	540811908	351547039	229964238	144615577	70893174	1337831936
百分比(Pj)	40	26	17	11	5	100

表3-41-2　叠加数据标准化结果表

	1	2	3	4	5	合计(i)
城乡建设用地	2443950	2720574	4121822	2947639	2896628	15130613
农用地	4715284	6474419	7167145	9168621	10399954	37925423
其他用地	372	286476	249442	44006	12634	592930
水域	709098	2965858	771264	383456	69104	4898780
滩涂用地	5509615	930992	1068646	834598	0	8343851
合计(j)	13378319	13378319	13378319	13378319	13378319	

表3-42-1　2010年土地利用与交通可达性数据叠加面积分布表（单位：m²）

	1	2	3	4	5	合计（i）
城乡建设用地	10144397	24428326	35976775	154049663	63749795	288348956
农用地	27737434	7500568	90149389	328289679	184485499	638162570
其他用地	33382	1309695	1943292	3539578	5547300	12373248
水域	65700428	2082909	2876340	36891893	16817060	124368630
滩涂用地	147358057	151137	1458306	91028408	34582626	274578533
合计（j）	250973698	35472635	132404102	613799221	305182281	1337831937
百分比（Pj）	19	3	10	46	23	100

表3-42-2　叠加数据标准化结果表

	1	2	3	4	5	合计（i）
城乡建设用地	540754	9213016	3635150	3357654	2794609	19541183
农用地	1478562	2828800	9108836	7155376	8087317	28658892
其他用地	1779	493945	196353	77148	243178	1012404
水域	3502205	785558	290630	804093	737212	6119698
滩涂用地	7855019	57000	147350	1984048	1516004	11559420
合计（j）	13378319	13378319	13378319	13378319	13378319	

表3-43-1　2010年土地利用与城镇依托数据叠加面积分布表（单位：m²）

	1	2	3	4	5	合计（i）
城乡建设用地	15674955	17801382	39790946	76458597	138623077	288348956
农用地	1626658	19604614	94757603	279028742	243144953	638162570
其他用地	0	1252873	4134129	6417672	568574	12373248
水域	27905334	23190631	38275530	24985663	10011471	124368630
滩涂用地	73409977	89334885	75304207	35763604	765860	274578533
合计（j）	118616924	151184384	252262415	422654278	393113935	1337831937
百分比（Pj）	9	11	19	32	29	100

表3-43-2　叠加数据标准化结果表

	1	2	3	4	5	合计（i）
城乡建设用地	1767914	1575246	2110247	2420152	4717573	12591132
农用地	183464	1734814	5025313	8832125	8274626	24050342
其他用地	0	110867	219247	203139	19350	552602
水域	3147329	2052141	2029879	790874	340707	8360930
滩涂用地	8279612	7905252	3993634	1132029	26063	21336590
合计（j）	13378319	13378319	13378319	13378319	13378319	

表3-44-1 2010年土地利用与人口资源数据叠加面积分布表(单位:m²)

	1	2	3	4	5	合计(i)
城乡建设用地	10285359	108126340	38951221	81013007	49973029	288348957
农用地	50699764	134941582	98703754	207483997	146333473	638162569
其他用地	0	11875680	0	98186	399381	12373248
水域	15742802	16681571	14099053	53401130	24444074	124368630
滩涂用地	221630260	29280684	9564934	12734325	1368330	274578533
合计(j)	298358184	300905858	161318962	354730645	222518288	1337831937
百分比(Pj)	22	22	12	27	17	100

表3-44-2 叠加数据标准化结果表

	1	2	3	4	5	合计(i)
城乡建设用地	461193	4807313	3230258	3055326	3004495	14558586
农用地	2273367	5999523	8185587	7825056	8797910	33081443
其他用地	0	527995	0	3703	24012	555709
水域	705904	741665	1169246	2013971	1469635	6100422
滩涂用地	9937855	1301824	793228	480263	82267	12595437
合计(j)	13378319	13378319	13378319	13378319	13378319	

表3-45-1 2010年土地利用与人均资源数据叠加面积分布表(单位:m²)

	1	2	3	4	5	合计(i)
城乡建设用地	10285359	12711014	128620258	122052400	14679925	288348957
农用地	50699764	261387	321788151	249048040	16365228	638162569
其他用地	0	178814	2843929	54289	9296216	12373248
水域	15742801	1333125	75701832	27555564	4035308	124368630
滩涂用地	221630260	72305	14324309	33696011	4855649	274578533
合计(j)	298358184	14556645	543278478	432406304	49232326	1337831937
百分比(Pj)	22	1	41	32	4	100

表3-45-2 叠加数据标准化结果表

	1	2	3	4	5	合计(i)
城乡建设用地	461193	11682088	3167294	3776208	3989101	23075885
农用地	2273367	240228	7924085	7705355	4447063	22590098
其他用地	0	164339	70032	1680	2526140	2762191
水域	705904	1225212	1864170	852548	1096549	5744382
滩涂用地	9937855	66452	352738	1042529	1319467	12719041
合计(j)	13378319	13378319	13378319	13378319	13378319	

表3-46-1　2010年土地利用与社会经济数据叠加面积分布表(单位:m²)

	1	2	3	4	5	合计(i)
城乡建设用地	10285359	52482039	147220250	53189006	25172303	288348957
农用地	50699764	125677687	403270988	51322733	7191397	638162569
其他用地	0	15030	9654228	178814	2525176	12373248
水域	15742802	27941900	60478557	18666492	1538880	124368630
滩涂用地	221630260	11971611	27016400	13627965	332297	274578533
合计(j)	298358184	218088267	647640422	136985010	36760053	1337831937
百分比(Pj)	22	16	48	10	3	100

表3-46-2　叠加数据标准化结果表

	1	2	3	4	5	合计(i)
城乡建设用地	461193	3219437	3041131	5194579	9161116	21077457
农用地	2273367	7709522	8330376	5012314	2617211	25942789
其他用地	0	922	199428	17463	919003	1136816
水域	705904	1714057	1249307	1823019	560054	6052341
滩涂用地	9937855	734382	558078	1330943	120935	12682193
合计(j)	13378319	13378319	13378319	13378319	13378319	

表3-47-1　2010年土地利用与政策衔接数据叠加面积分布表(单位:m²)

	1	2	3	4	5	合计(i)
城乡建设用地	10285359	165389171	74791109	25172303	12711014	288348957
农用地	50699764	491848551	88161471	7191397	261387	638162569
其他用地	0	373042	9296216	2525176	178814	12373248
水域	15742802	93876192	11877632	1538880	1333125	124368630
滩涂用地	221630260	43404775	9138896	332297	72305	274578533
合计(j)	298358184	794891732	193265323	36760053	14556645	1337831937
百分比(Pj)	22	59	14	3	1	100

表3-47-2　叠加数据标准化结果表

	1	2	3	4	5	合计(i)
城乡建设用地	461193	2783560	5177232	9161116	11682088	29265190
农用地	2273367	8277991	6102762	2617211	240228	19511559
其他用地	0	6278	643508	919003	164339	1733129
水域	705904	1579971	822200	560054	1225212	4893341
滩涂用地	9937855	730518	632618	120935	66452	11488378
合计(j)	13378319	13378319	13378319	13378319	13378319	

　　根据土地利用类型与评价因素等级组合的频繁度,计算不同土地利用类型在单一评价因素下的适宜度,得到表3-48、3-49、3-50、3-51、3-52、3-53、3-54、3-55和图3-11。

表3-48-1　相对于单一土地利用类型在不同等级地质灾害因素下的百分比表(单位:%)

	1	2	3	4	5
城乡建设用地	7.68	26.85	41.23	6.99	17.25
农用地	18.09	22.93	3.50	27.11	28.37
其他用地	0.15	52.01	0.00	4.41	43.42
水域	12.01	4.48	22.59	52.08	8.84
滩涂用地	69.48	0.12	14.77	9.18	6.44

表3-48-2　各土地利用类型在单一地质灾害因素分级下的百分比表(单位:%)

	1	2	3	4	5
城乡建设用地	13.52	47.24	72.56	12.30	30.35
农用地	37.61	47.68	7.28	56.38	59.00
其他用地	0.01	2.82	0.00	0.24	2.35
水域	5.86	2.19	11.02	25.40	4.31
滩涂用地	43.00	0.08	9.14	5.68	3.98

表3-48-3　2010年土地利用类型对于地质灾害因素下的适宜度表

	1	2	3	4	5	STDEV
城乡建设用地	11	40	61	10	26	21
农用地	31	40	6	47	49	17
其他用地	0	49		4	41	25
水域	10	4	19	43	7	16
滩涂用地	59	0	13	8	6	24

表3-49-1　相对于单一土地利用类型在不同等级水资源因素下的百分比表(单位:%)

	1	2	3	4	5
城乡建设用地	16.15	17.98	27.24	19.48	19.14
农用地	12.43	17.07	18.90	24.18	27.42
其他用地	0.06	48.32	42.07	7.42	2.13
水域	14.47	60.54	15.74	7.83	1.41
滩涂用地	66.03	11.16	12.81	10.00	0.00

表3-49-2　各土地利用类型在单一水资源因素分级下的百分比表(单位:%)

	1	2	3	4	5
城乡建设用地	18.27	20.34	30.81	22.03	21.65
农用地	35.25	48.39	53.57	68.53	77.74
其他用地	0.00	2.14	1.86	0.33	0.09
水域	5.30	22.17	5.77	2.87	0.52
滩涂用地	41.18	6.96	7.99	6.24	0.00

表3-49-3　2010年土地利用类型对于水资源因素下的适宜度表

	1	2	3	4	5	STDEV
城乡建设用地	17	19	29	21	20	5
农用地	29	40	45	57	64	14
其他用地	0	46	40	7	2	22
水域	12	50	13	6	1	19
滩涂用地	56	10	11	9		23

表3-50-1　相对于单一土地利用类型在不同等级交通可达性因素下的百分比表(单位:%)

	1	2	3	4	5
城乡建设用地	2.77	47.15	18.60	17.18	14.30
农用地	5.16	9.87	31.78	24.97	28.22
其他用地	0.18	48.79	19.39	7.62	24.02
水域	57.23	12.84	4.75	13.14	12.05
滩涂用地	67.95	0.49	1.27	17.16	13.11

表3-50-2　各土地利用类型在交通可达性因素分级下的百分比表(单位:%)

	1	2	3	4	5
城乡建设用地	4.04	68.87	27.17	25.10	20.89
农用地	11.05	21.14	68.09	53.48	60.45
其他用地	0.01	3.69	1.47	0.58	1.82
水域	26.18	5.87	2.17	6.01	5.51
滩涂用地	58.71	0.43	1.10	14.83	11.33

表3-50-3　2010年土地利用类型对于交通可达性因素下的适宜度表

	1	2	3	4	5	STDEV
城乡建设用地	4	60	24	22	18	21
农用地	9	18	57	44	50	21
其他用地	0	45	18	7	22	17
水域	47	11	4	11	10	17
滩涂用地	64	0	1	16	12	26

表3-51-1　相对于单一土地利用类型在不同等级城镇依托因素下的百分比表(单位:%)

	1	2	3	4	5
城乡建设用地	14.04	12.51	16.76	19.22	37.47
农用地	0.76	7.21	20.89	36.72	34.41
其他用地	0.00	20.06	39.68	36.76	3.50
水域	37.64	24.54	24.28	9.46	4.07
滩涂用地	38.80	37.05	18.72	5.31	0.12

表3-51-2　各土地利用类型在单一城镇依托因素分级下的百分比表(单位:%)

	1	2	3	4	5
城乡建设用地	13.21	11.77	15.77	18.09	35.26
农用地	1.37	12.97	37.56	66.02	61.85
其他用地	0.00	0.83	1.64	1.52	0.14
水域	23.53	15.34	15.17	5.91	2.55
滩涂用地	61.89	59.09	29.85	8.46	0.19

表3-51-3　2010年土地利用类型对于城镇依托因素下的适宜度表

	1	2	3	4	5	STDEV
城乡建设用地	14	12	16	19	36	10
农用地	1	11	32	56	52	24
其他用地		19	38	35	3	16
水域	32	21	21	8	4	11
滩涂用地	53	51	26	7	0	24

表3-52-1　相对于单一土地利用类型在不同等级人口资源因素下的百分比表(单位:%)

	1	2	3	4	5
城乡建设用地	3.17	33.02	22.19	20.99	20.64
农用地	6.87	18.14	24.74	23.65	26.59
其他用地	0.00	95.01	0.00	0.67	4.32
水域	11.57	12.16	19.17	33.01	24.09
滩涂用地	78.90	10.34	6.30	3.81	0.65

表3-52-2　各土地利用类型在单一人口资源因素分级下的百分比表(单位:%)

	1	2	3	4	5
城乡建设用地	3.45	35.93	24.15	22.84	22.46
农用地	16.99	44.85	61.19	58.49	65.76
其他用地	0.00	3.95	0.00	0.03	0.18
水域	5.28	5.54	8.74	15.05	10.99
滩涂用地	74.28	9.73	5.93	3.59	0.61

表3-52-3　2010年土地利用类型对于人口资源因素下的适宜度表

	1	2	3	4	5	STDEV
城乡建设用地	3	35	23	22	22	11
农用地	14	37	51	48	54	16
其他用地		91		0	4	52
水域	9	10	16	27	20	7
滩涂用地	77	10	6	4	1	32

表3-53-1　相对于单一土地利用类型在不同等级人均资源因素下的百分比表(单位:%)

	1	2	3	4	5
城乡建设用地	2.00	50.62	13.73	16.36	17.29
农用地	10.06	1.06	35.08	34.11	19.69
其他用地	0.00	5.95	2.54	0.06	91.45
水域	12.29	21.33	32.45	14.84	19.09
滩涂用地	78.13	0.52	2.77	8.20	10.37

表3-53-2　各土地利用类型在单一人均资源因素分级下的百分比表(单位:%)

	1	2	3	4	5
城乡建设用地	3.45	87.32	23.67	28.23	29.82
农用地	16.99	1.80	59.23	57.60	33.24
其他用地	0.00	1.23	0.52	0.01	18.88
水域	5.28	9.16	13.93	6.37	8.20
滩涂用地	74.28	0.50	2.64	7.79	9.86

表3-53-3　2010年土地利用类型对于人均资源因素下的适宜度表

	1	2	3	4	5	STDEV
城乡建设用地	3	74	20	24	25	27
农用地	14	1	50	49	28	21
其他用地		5	2	0	79	38
水域	10	18	27	12	16	7
滩涂用地	76	1	3	8	10	32

表3-54-1　相对于单一土地利用类型在不同等级社会经济因素下的百分比表(单位:%)

	1	2	3	4	5
城乡建设用地	2.19	15.27	14.43	24.65	43.46
农用地	8.76	29.72	32.11	19.32	10.09
其他用地	0.00	0.08	17.54	1.54	80.84
水域	11.66	28.32	20.64	30.12	9.25
滩涂用地	78.36	5.79	4.40	10.49	0.95

表3-54-2　各土地利用类型在单一社会经济因素分级下的百分比表(单位:%)

	1	2	3	4	5
城乡建设用地	3.45	24.06	22.73	38.83	68.48
农用地	16.99	57.63	62.27	37.47	19.56
其他用地	0.00	0.01	1.49	0.13	6.87
水域	5.28	12.81	9.34	13.63	4.19
滩涂用地	74.28	5.49	4.17	9.95	0.90

表3-54-3　2010年土地利用类型对于社会经济因素下的适宜度表

	1	2	3	4	5	STDEV
城乡建设用地	3	21	19	33	59	21
农用地	14	48	52	31	16	17
其他用地	0	16	1	75	35
水域	10	24	17	25	8	8
滩涂用地	76	6	4	10	1	32

表3-55-1　相对于单一土地利用类型在不同等级政策衔接因素下的百分比表(单位:%)

	1	2	3	4	5
城乡建设用地	1.58	9.51	17.69	31.30	39.92
农用地	11.65	42.43	31.28	13.41	1.23
其他用地	0.00	0.36	37.13	53.03	9.48
水域	14.43	32.29	16.80	11.45	25.04
滩涂用地	86.50	6.36	5.51	1.05	0.58

表3-55-2　各土地利用类型在单一政策衔接因素分级下的百分比表(单位:%)

	1	2	3	4	5
城乡建设用地	3.45	20.81	38.70	68.48	87.32
农用地	16.99	61.88	45.62	19.56	1.80
其他用地	0.00	0.05	4.81	6.87	1.23
水域	5.28	11.81	6.15	4.19	9.16
滩涂用地	74.28	5.46	4.73	0.90	0.50

表3-55-3　2010年土地利用类型对于政策衔接因素下的适宜度表

	1	2	3	4	5	STDEV
城乡建设用地	3	17	32	57	73	28
农用地	15	54	40	17	2	21
其他用地	0	33	48	8	22
水域	12	27	14	9	21	7
滩涂用地	81	6	5	1	1	35

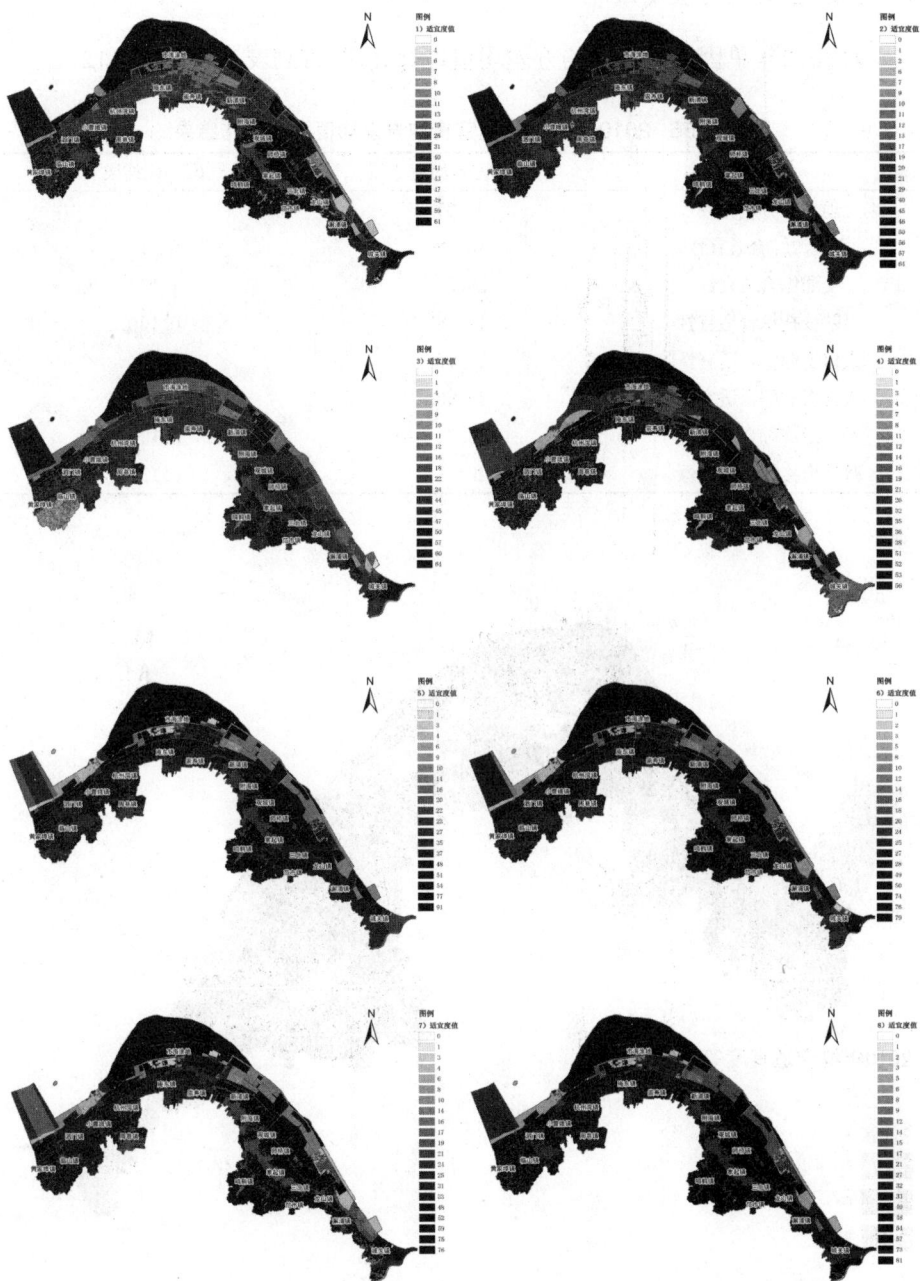

图3-11 2010年8个单因子适宜性评价结果等级图

3.4.4.2　综合适宜度评价

对2010年单因子适宜度均方差均值进行处理,得到表3-56和图3-12。

表3-56　2010年单因子适宜度均方差均值及归一化结果

	均方差均值	归一化结果
地质综合适宜性	20.77	0.12
水资源综合适宜性	16.68	0.11
交通综合适宜性	20.55	0.12
城镇依托综合适宜性	17.16	0.10
人口资源综合适宜性	23.76	0.14
人均资源综合适宜性	24.95	0.15
社会经济综合适宜性	22.71	0.13
政策衔接综合适宜性	22.71	0.13

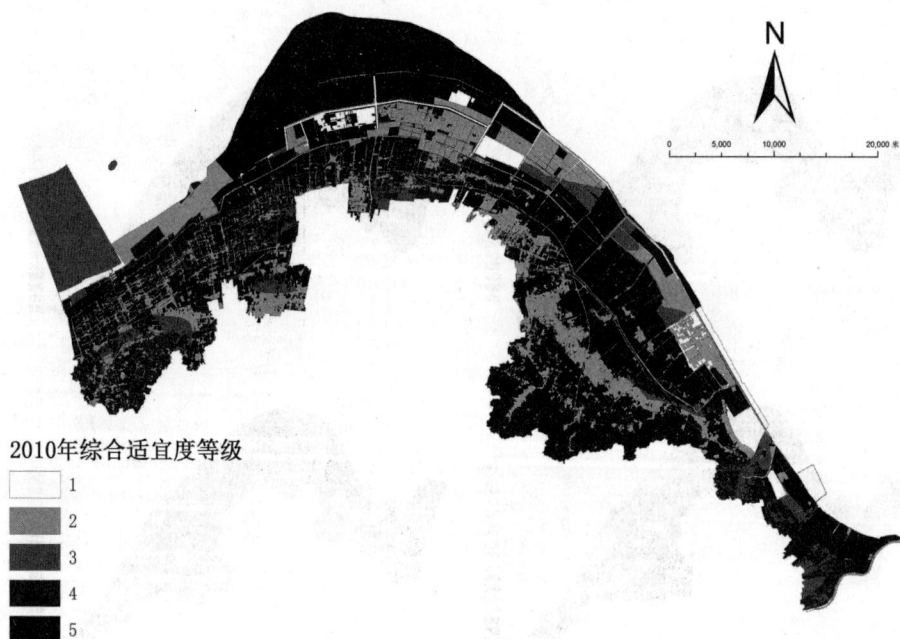

2010年综合适宜度等级
1
2
3
4
5

图3-12　2010年研究区综合适宜度图

3.4.5　三期土地利用综合适宜度评价分析

3.4.5.1　综合评价整体情况

从表3-57和图3-13中可以看出,杭州湾南岸宁波段的土地利用综合适宜性总体较好,2000、2005、2010年3个时期土地利用非常适宜的比重较高,分别为60.87%、57.37%和54%。比较适宜的比重在2000、2005、2010年3个时期分别为11.69%、17.55%和9.64%。中等适宜的比重在2000、2005、2010年3个时期分别为7.48%、4.56%和9.51%。临界适宜的比重在2000、2005、2010年3个时期分别为16.69%、17.48%和21.88%。不适宜的比重最少,2000、2005、2010年3个时期分别为3.27%、3.04%和4.97%。

综观2000—2010年土地利用的各种适宜度可以看出,尽管研究区土地利用的综合适宜度较高,但近10年来表现出明显的变化。首先,非常适宜的土地呈明显的下降趋势,近10年该类土地占研究区面积的比重下降了6.87%。而比较适宜的土地利用则呈现出较大的波动,先升后降,末期比重比先期有所下降。中等适宜的土地利用则表现出先降后升,末期比重比先期有所上升。临界适宜的土地利用比重则一直维持在较高水平,且呈现出上升趋势,值得警示。说明还是存在一定数量的土地利用状态濒临不适宜,这些地块与其所处的自然、社会、经济、政策等因素存在不协调的现象,如果不及时改善条件,在未来的发展过程中极有可能变为不适宜。相对的,如果处理得当,可以将临界适宜转化为中等适宜以上。而不适宜的土地利用在研究区相对较少,但末期的比例仍比先期有所增高。

表3-57　三期土地利用综合适宜度情况表

适宜度分级	适宜度含义	2000年 面积(m²)	比例(%)	2005年 面积(m²)	比例(%)	2010年 面积(m²)	比例(%)
1级	不适宜	43799869	3.27	40730570	3.04	66460517	4.97
2级	临界适宜	223245905	16.69	233858716	17.48	292705103	21.88
3级	中等适宜	100035752	7.48	60940870	4.56	127215241	9.51
4级	比较适宜	156386607	11.69	234753177	17.55	129006937	9.64
5级	非常适宜	814363803	60.87	767548604	57.37	722444137	54.00

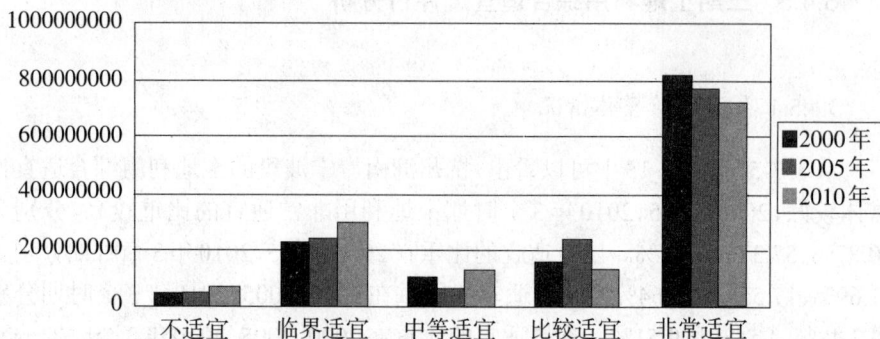

图3-13　三期土地利用综合适宜度图

3.4.5.2 从土地利用角度分析

由表3-58、3-59、3-60，从土地利用角度来看，农用地适宜度普遍较高，基本上都处于中等适宜以上，其中极少部分处于临界适宜区域。对比三个年份可以看出，2005年农用地适宜性程度略显降低，存在0.78%的不适宜性区域，其他年份则可以忽略不适宜区域。但在这3个年份里，临界适宜比重从0.50%提高到2.01%，最后增加到5.46%。这可能是由于其他用地向农用地转变过程中，无法与其所处的自然、社会、经济等影响因素协调发展，或者是部分农用地的受某些影响因素影响未能很好地发挥其效益。

处于高强度建设开发状态的城乡建设用地适宜性情况较好，但是属临界适宜的面积所占比重较大，这是一个非常"危险"的地带。2000年乡建设用地不适宜比重高达15.96%，说明该区域的城乡建设用地是不合理的。但随着时间的推移，其他用地向城乡建设用地转变或因城乡建设用地因其所处自然、社会、经济等环境的改变而逐渐改善，使得城乡建设用地类型的土地利用适宜性得到了很大程度的提高。

作为"潜力股"的滩涂用地总体适宜性好，临界适宜以上比重较高，可以更好地为后来的土地利用类型的转变提供重要的资源基础。从土地利用现状图上可以明显看出，滩涂用地在这10年里变化迅速，主要是从水域转变而来，更是受到"填海造地"的影响，使得滩涂面积急速增加。而受到海岸带这一独特地区的影响，滩涂的可开发潜力巨大。这一点从滩涂用地的综合适宜度上也可以看出来，滩涂用地临界适宜以上比重从2000年的96.50%增加到2005年的97.42%，而到2010年数值减至89.31%，可见在前期滩涂用地开发力度较大，但后期开发力度稍减，在2010年出现了10.69%的不适宜度。

表3-58 2000年基于土地利用类型的适宜度等级情况表

	不适宜 (m²)	临界适宜 (m²)	中等适宜 (m²)	比较适宜 (m²)	非常适宜 (m²)	临界适宜 以上比重 (%)	临界适宜 比重 (%)	不适宜 比重 (%)
城乡建设用地	19475717	75013062	17929961	9582354	–	84.04	61.49	15.96
农用地	20	3114112	2735580	38036403	581965536	100.00	0.50	0.00
其他用地	331029	533725	23815	984255	530597	86.23	22.21	13.77
水域	16869632	68964159	42108356	24084803	231867671	95.61	17.96	4.39
滩涂用地	7123471	75620847	37238042	83698792	–	96.50	37.13	3.50

表3-59 2005年基于土地利用类型的适宜度等级情况表

	不适宜 (m²)	临界适宜 (m²)	中等适宜 (m²)	比较适宜 (m²)	非常适宜 (m²)	临界适宜 以上比重 (%)	临界适宜 比重 (%)	不适宜 比重 (%)
城乡建设用地	4686123	156998798	29015417	19328115	–	97.77	74.75	2.23
农用地	4648484	11986194	6266727	129499634	443210674	99.22	2.01	0.78
其他用地	1026027	847541	430586	10552064	2325764	93.24	5.58	6.76
水域	20150632	30876925	15698641	54156703	–	83.33	25.54	16.67
滩涂用地	10219304	33149258	9529499	21216646	322012166	97.42	8.37	2.58

表3-60 2010年基于土地利用类型的适宜度等级情况表

	不适宜 (m²)	临界适宜 (m²)	中等适宜 (m²)	比较适宜 (m²)	非常适宜 (m²)	临界适宜 以上比重 (%)	临界适宜 比重 (%)	不适宜 比重 (%)
城乡建设用地	10240248	204467831	37797999	23951550	11891327	96.45	70.91	3.55
农用地	–	34817318	21033616	104030509	478281127	100.00	5.46	0.00
其他用地	304552	247304	155090	1024878	10641424	97.54	2.00	2.46
水域	26551311	30110032	67707287	–	–	78.65	24.21	21.35
滩涂用地	29364406	23062617	521249	–	221630260	89.31	8.40	10.69

3.4.5.3 从岸段角度分析

由表3-61、3-62、3-63可知,余姚、慈溪、镇海岸段土地利用临界适宜以上比重都在90%以上,土地利用适宜性情况良好。余姚岸段土地利用临界适宜以上比重不断上升,但慈溪、镇海岸段在这三期呈均现为下降趋势。余姚岸段土地利用临界适宜比重表现为先减后增,而慈溪岸段呈现递增趋势,镇海岸段呈现速减趋势。从不适宜比重上来看,余姚岸段不适宜比重递减,而慈溪、镇海岸段呈现递增趋势,且镇海岸段递增速度略快。

表3-61　2000年基于土地利用类型的适宜度等级情况表

	不适宜 (m²)	临界适宜 (m²)	中等适宜 (m²)	比较适宜 (m²)	非常适宜 (m²)	临界适宜 以上比重 (%)	临界适宜 比重 (%)	不适宜 比重 (%)
余姚	15636801	75729207	42347664	24414963	12177766	94.41	27.06	5.59
慈溪	22318049	119483332	37340020	99795482	678439732	97.67	12.48	2.33
镇海	5845018	28033366	20348069	32176162	14146409	94.19	27.88	5.81

表3-62　2005年基于土地利用类型的适宜度等级情况表

	不适宜 (m²)	临界适宜 (m²)	中等适宜 (m²)	比较适宜 (m²)	非常适宜 (m²)	临界适宜 以上比重 (%)	临界适宜 比重 (%)	不适宜 比重 (%)
余姚	4790934	65999123	24880993	103402861	80832387	98.29	23.58	1.71
慈溪	28999097	152461347	13560567	83108430	679247176	96.97	15.92	3.03
镇海	6940539	15398246	22499310	48241887	7469041	93.10	15.31	6.90

表3-63　2010年基于土地利用类型的适宜度等级情况表

	不适宜 (m²)	临界适宜 (m²)	中等适宜 (m²)	比较适宜 (m²)	非常适宜 (m²)	临界适宜 以上比重 (%)	临界适宜 比重 (%)	不适宜 比重 (%)
余姚	4471489	72939321	76616565	30471339	95407586	98.40	26.06	1.60
慈溪	52726755	214847321	30406410	5489232	604503801	94.49	22.44	5.51
镇海	9262274	4918461	20192267	43643270	22532751	90.79	4.89	9.21

3.5　海岸带土地开发利用强度评价

利用评价模型(公式3.11)对2000年、2005年、2010年土地利用适宜度数据分别进行运算,得到各评价因素权重值和土地利用类型在评价因素下归一化处理后的适宜度值以后,就可以计算得到2000—2005年和2005—2010年的研究区土地开发利用对各单一影响因素下适宜度的改变强度,即开发强度评价。

根据杭州湾南岸宁波段土地利用开发强度评价的值域范围0.016683~0.406995与0.012090~0.425867,将最终的强度分为5个等级:弱(≤0.1)、较弱(0.1~0.2)、中(0.2~0.3)、较强(0.3~0.4)、强(≥0.4)。由此可得到2000—2005年土地开发强度面积分布表(表3-64、表3-65)及土地利用开发强度等级图(图3-14、图3-15)。

表3-64 2000—2005年土地利用开发强度面积分布表

开发强度等级	等级含义	值域范围	面积(m²)	百分比(%)
1	弱	≤0.1	779765957	58.29
2	较弱	0.1~0.2	241209124	18.03
3	中	0.2~0.3	296011935	22.13
4	较强	0.3~0.4	13066646	0.98
5	强	≥0.4	7778277	0.58
合计		0.016683~0.406995	1337831938	100.00

表3-65 2005—2010年土地利用开发强度面积分布表

开发强度等级	等级含义	值域范围	面积(m²)	百分比(%)
1	弱	≤0.1	1059209380	79.17
2	较弱	0.1~0.2	112882097	8.44
3	中	0.2~0.3	82081663	6.14
4	较强	0.3~0.4	83511432	6.24
5	强	≥0.4	147364	0.01
合计		0.012090~0.425867	1337831936	100.00

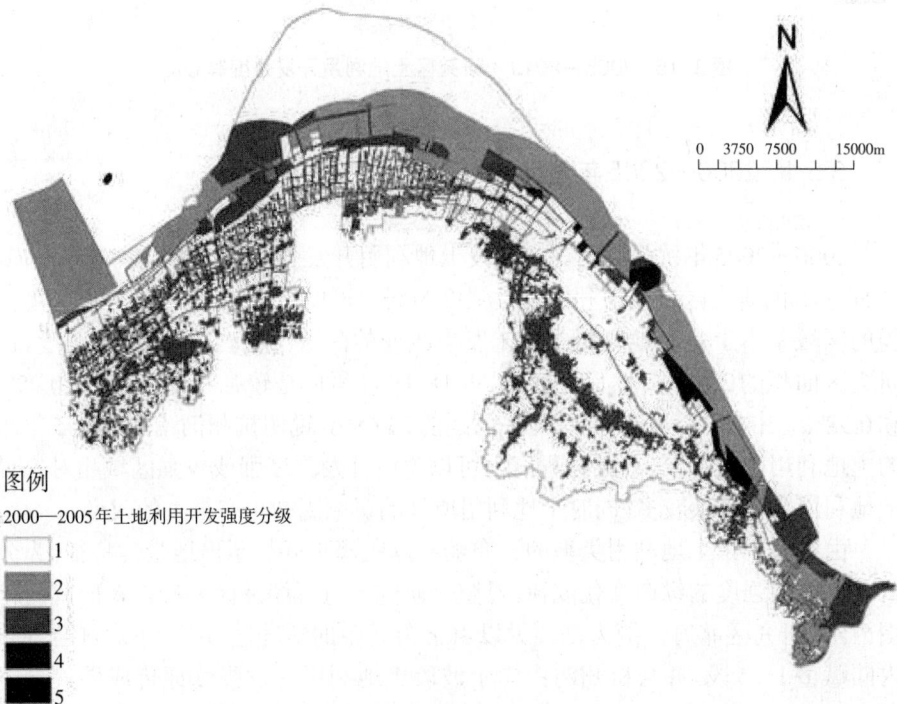

图例

2000—2005年土地利用开发强度分级

- 1
- 2
- 3
- 4
- 5

图3-14 2000—2005年研究区土地利用开发强度等级图

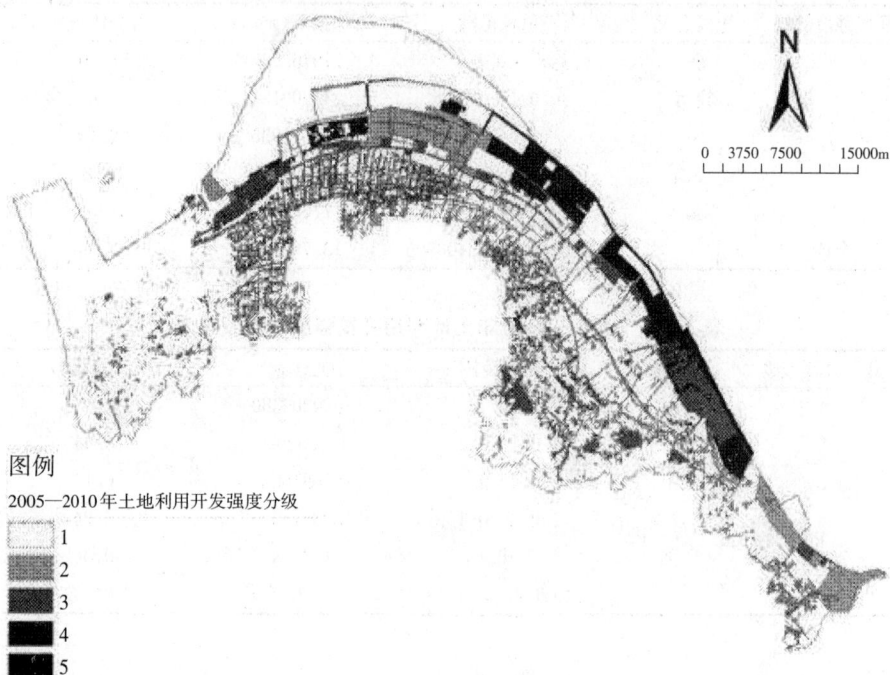

图3-15　2005—2010年研究区土地利用开发强度等级图

3.5.1　2000—2005年土地利用开发强度分析

2000—2005年杭州湾南岸宁波段土地利用开发强度等级类型较为齐全,其中58.29%的研究区域土地利用开发强度为弱。可以看出,土地利用开发强度为弱的区域基本上是土地利用类型未发生改变的区域;其次是中等开发强度,占研究区面积的22.13%;然后是较弱,占18.03%;最后是较强和强,分别是0.98%和0.58%。中等以上强度占研究区范围的23.68%,说明杭州湾南岸在这5年里的土地利用开发频繁,从某种程度上可以说明开发强度强或较强区域相对来说土地利用类型转换较多,同时土地利用所处的影响因素也有很大的改变。

由于海岸带土地利用类型的分布随离岸距离不同显示出地带性特征,为分析土地利用强度的纵向变化规律,对整个研究区进行缓冲区分析。在研究区范围内,以研究区靠海一侧为基线做以4km为间距的缓冲区(图3-16),自沿海到内陆赋值1~5段,并与杭州湾南岸宁波段土地利用开发强度评价成果矢量图层叠加,得到土地利用开发强度在缓冲区的分布情况(表3-66)。

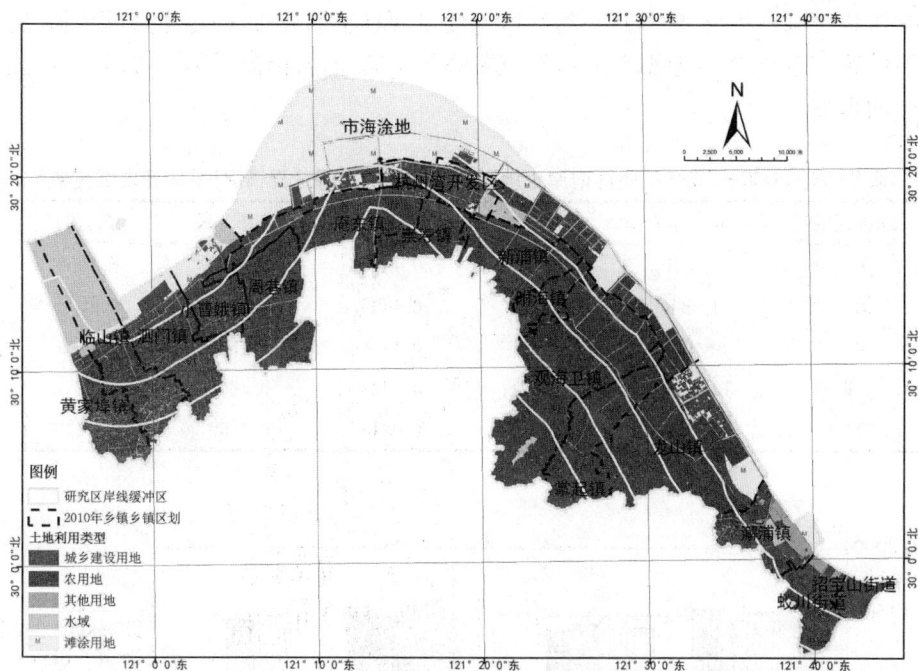

图3-16 研究区缓冲区分析示意图(间隔4km)

从表3-66与图3-17可以看出,整个研究区距离自海侧向内的4km缓冲区(第一带)内的平均开发强度最大,为0.1725;其次是4~8km缓冲带(第二带),开发强度为01537;8~12km缓冲带(第三带)开发强度为0.1517;12~16km缓冲带(第四带)的土地利用开发强度在纵向上最小,为0.1436;而16~20km缓冲带(第五带)的土地利用开发强度大于第三带,稍小于第二带,排在第三位,为0.1536。

从行政单位划分的岸段来看,慈溪岸段的土地利用开发利用平均强度整体水平明显大于余姚、慈溪岸段,5个缓冲区的平均强度都大于0.15,其中在第一带平均开发强度最大,达到了0.1890,各缓冲区的土地利用平均强度大小顺序基本与全区一致,除第五带平均开发强度上升,其他四带的土地利用开发平均强度随着远离缓冲带研究区靠海一侧的基线而递减。余姚、镇海岸段土地利用平均开发强度基本上都远远小于慈溪岸段,除镇海第一岸段平均开发强度略高,为0.1603,其他区域均小于0.15。余姚岸段与全区的空间分异情况不同,平均开发强度随着远离缓冲区基线先增高后递减,即在第一带至第二带区域增加,在第二带至第四带区域缓慢递减,在第四带至第五带区域骤减。第一带至第四带区域差异虽然存在,但是从数值上看都在0.14左右,只有第五带区域仅为0.0846。镇海岸段缺少第四、五带,其平均开发强度呈现的空间分异情况与余姚相比刚好相反,随着远离缓冲区基线呈现U字形分布,即先递减后增加,沿海的第一带平均开发强度最大,第三带略低于第一带,但高于第二带,处三带的中间水平。

表3-66　2000—2005杭州湾南岸土地利用开发强度空间分异情况(平均开发强度值)

缓冲区编号	编号含义	全区	余姚岸段	慈溪岸段	镇海岸段
第一带	≤4km	0.1725	0.1405	0.1890	0.1603
第二带	4~8km	0.1537	0.1499	0.1610	0.1272
第三带	8~12km	0.1517	0.1431	0.1556	0.1469
第四带	12~16km	0.1469	0.1383	0.1501	–
第五带	16~20km	0.1536	0.0846	0.1559	–

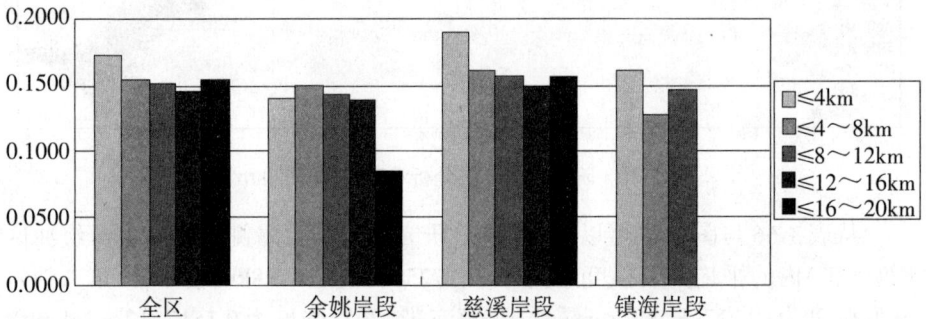

图3-17　2000—2005杭州湾南岸土地利用开发强度空间分异情况

　　通过开发利用强度评价结果的分析可知,利用多维向量模型得到的区域土地开发利用强度大小与土地利用类型的改变数量、改变前后的土地利用类型差异有着密切关系。为了得到开发强度与土地利用类型转化(图3-18)之间的关系,将开发强度等级图与土地利用类型转化图进行叠加分析,得到表3-67。

　　文中所评价的土地开发利用强度是以土地利用在自然环境、社会经济影响因素基础上的适宜度为属性空间的变化得出,因此,除受到土地类型变化及数量对强度评价结果产生影响外,发生变化的土地类型所处的自然环境、社会经济条件对结果也有较大的影响。因此,部分区域内的土地利用开发强度的空间分布情况应结合具体的自然环境、社会经济条件来具体分析,进行针对性的评价分析,不能只根据土地利用类型变化的数量来解释。

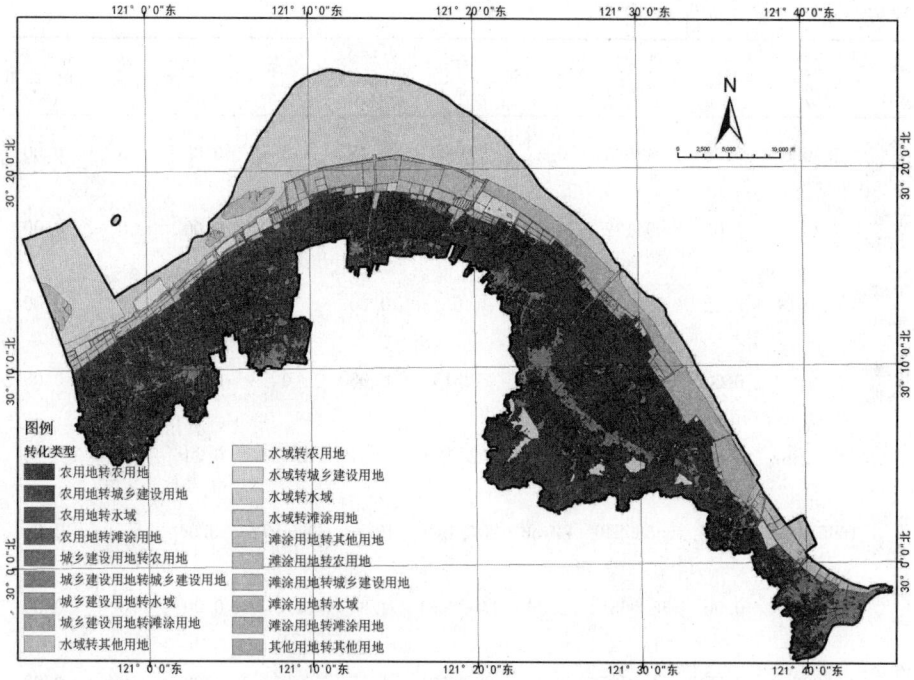

图3-18　研究区2000—2005年土地利用类型转换图

表3-67　2000—2005年各土地利用转化类型在不同开发强度等级下的面积分布及比重表

	弱 （m²）	占该类 强度比重 （%）	较弱 （m²）	占该类 强度比重 （%）	中 （m²）	占该类 强度比重 （%）	较强 （m²）	占该类 强度比重 （%）	强 （m²）	占该类 强度比重 （%）
城乡- 城乡	1328	0.00	25081110	8.47	96243296	39.90	0	0.00	0	0.00
城乡- 农用	0	0.00	0	0.00	0	0.00	0	0.00	0	0.00
城乡- 水域	0	0.00	57	0.00	99852	0.04	0	0.00	0	0.00
城乡- 滩涂	0	0.00	0	0.00	310833	0.13	120707	0.92	143909	1.85
农用- 城乡	0	0.00	16948970	5.73	51658153	21.42	0	0.00	0	0.00
农用- 农用	550991735	70.66	222531	0.08	5421430	2.25	0	0.00	0	0.00
农用- 水域	0	0.00	0	0.00	177478	0.07	0	0.00	0	0.00
农用- 滩涂	0	0.00	0	0.00	162390	0.07	221086	1.69	47880	0.62

续表

	弱(m²)	占该类强度比重(%)	较弱(m²)	占该类强度比重(%)	中(m²)	占该类强度比重(%)	较强(m²)	占该类强度比重(%)	强(m²)	占该类强度比重(%)
其他-其他	469095	0.06	943085	0.32	991241	0.41	0	0.00	0	0.00
水域-城乡	0	0.00	994132	0.34	778615	0.32	0	0.00	0	0.00
水域-农用	4795918	0.62	563643	0.19	0	0.00	0	0.00	0	0.00
水域-其他	0	0.00	595235	0.20	72515	0.03	0	0.00	0	0.00
水域-水域	26239882	3.37	68425432	23.12	15230440	6.31	44636	0.34	0	0.00
水域-滩涂	169614671	21.75	66589240	22.50	26124946	10.83	3665972	28.06	159344	2.05
滩涂-城乡	25114	0.00	6619655	2.24	11678081	4.84	0	0.00	0	0.00
滩涂-农用	26382750	3.38	4400707	1.49	2832998	1.17	0	0.00	0	0.00
滩涂-其他	0	0.00	353495	0.12	11757318	4.87	0	0.00	0	0.00
滩涂-水域	0	0.00	7672122	2.59	2993017	1.24	0	0.00	0	0.00
滩涂-滩涂	1245463	0.16	96602521	32.63	14676521	6.08	9014246	68.99	7427144	95.49
合计	779765957	100.00	296011936	100.00	241209123	100.00	13066646	100.00	7778277	100.00
无变化合计	578478408	74.19	19033159	64.30	131571688	54.55	9058882	69.33	7427144	95.49

　　通过对比图3-18,表3-67和表3-68可以发现,杭州湾南岸宁波段土地资源的开发利用强度与土地利用类型的变化量和变化前后土地利用类型之间的属性差异有很大的相关性。土地利用开发强度弱的区域中土地利用类型无改变的比例较大,占有74.19%。由表格中的"无变化合计"项的横向来看,"弱—较弱—中"的土地开发强度等级变化的同时,土地利用类型无改变的比例却在减少,从"74.19%—64.30%—54.55%"以10%的变化量递减。较弱等级土地利用类型改变情况主要是农用地转城乡建设用地、水域转滩涂等,其次是滩涂转城乡建

设用地、滩涂转农用地、滩涂转水域,其他转化类型占的比例小于1%,面积较小。中等等级土地利用类型改变除农用地转城乡建设用地和水域转滩涂,出现了较大面积的滩涂转城乡建设用地、滩涂转其他用地,以及相对面积更小的滩涂转农用、滩涂转水域,其他转换类型比重小于1%。而在较强及强等级中,主要是水域变滩涂。

表3-68　研究区2000—2005年土地利用类型转移面积矩阵(单位:m²)

	城乡建设用地	农用地	其他用地	水域	滩涂用地	总计
城乡建设用地	121325735	0	0	99910	575448	122001094
农用地	68607123	556635696	0	177478	431355	625851652
其他用地	0	0	2403421	0	0	2403421
水域	1772746	5359561	667749	109940390	266154174	383894621
滩涂用地	18322850	33616455	12110813	10665139	128965895	203681151
总计	210028455	595611712	15181983	120882917	396126872	1337831939

3.5.2　2005—2010年土地利用开发强度分析

相对于2000—2005年的土地利用开发强度,2005—2010年土地利用开发强度79.17%为弱,较弱占8.44%,而中等与较强基本持平,仅为6.14%和6.24%,强开发强度仅占0.01%。但是在表3-69中,开发强度较弱中土地利用类型的改变占了71.33%。可见在这5年间,研究区土地开发强度势头略减。

从表3-69与图3-19、3-20上看,整个研究区距离自外向内的4km缓冲区(第一带)内的平均开发强度最大,为0.1504;其次是第五带,为0.1435;第三为第四带开发强度为0.1306;最后是第二带和第三带,分别为0.1279和0.1233。从缓冲带的横向开看,随着远离缓冲区基线呈现U字形分布,即先递减后递增,其中第一带到第二带骤减,第二带—第三带下降速度与第三带—第四带—第五带上升速度相近。

以行政单位所在的区划分岸段来看,慈溪岸段的土地利用开发利用平均强度整体水平明显大于余姚、慈溪岸段,第一带平均开发强度最大,达到了0.1890,第二带至第五带的平均强度都在0.14左右,各缓冲区的土地利用平均强度大小顺序基本与全区趋势一致,呈现U字形。余姚、镇海岸段土地利用平均开发强度基本上都远远小于慈溪岸段,除镇海第一、第二带平均开发强度略高,为0.1037与0.1129,其他区域均小于0.1。余姚岸段平均开发强度随着远离缓冲区基线先减后增再减,有差异但差值较小。镇海岸段虽然缺少第四、五带,但是镇海岸段平均开发强度呈现的空间分异情况与慈溪相比刚好相反,随着远离缓冲区基线呈现倒U字形分布,即先增高后递减,沿海的第二带平均开发强度最大,第一带为0.1037,略低于第二带的0.1129,但大大高于第三带的0.0691。

表3-69　2005—2010杭州湾南岸土地利用开发强度空间分异情况(平均开发强度值)

缓冲区编号	编号含义	全区	余姚岸段	慈溪岸段	镇海岸段
第一带	≤4km	0.1504	0.0893	0.1738	0.1037
第二带	4～8km	0.1279	0.0802	0.1430	0.1129
第三带	8～12km	0.1233	0.0845	0.1370	0.0691
第四带	12～16km	0.1306	0.0750	0.1437	－
第五带	16～20km	0.1435	0.0719	0.1455	－

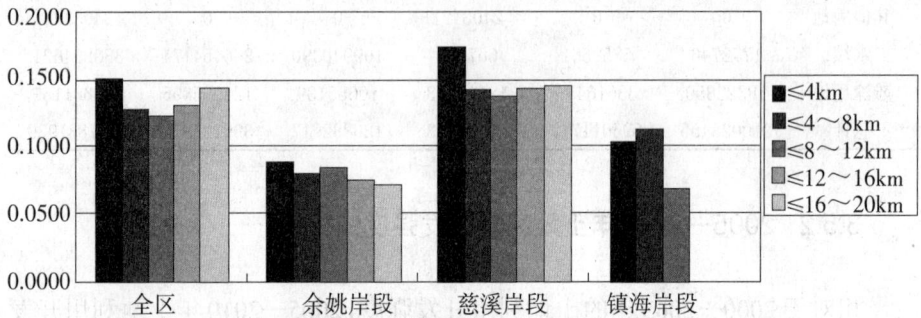

图3-19　2005—2010杭州湾南岸土地利用开发强度空间分异情况

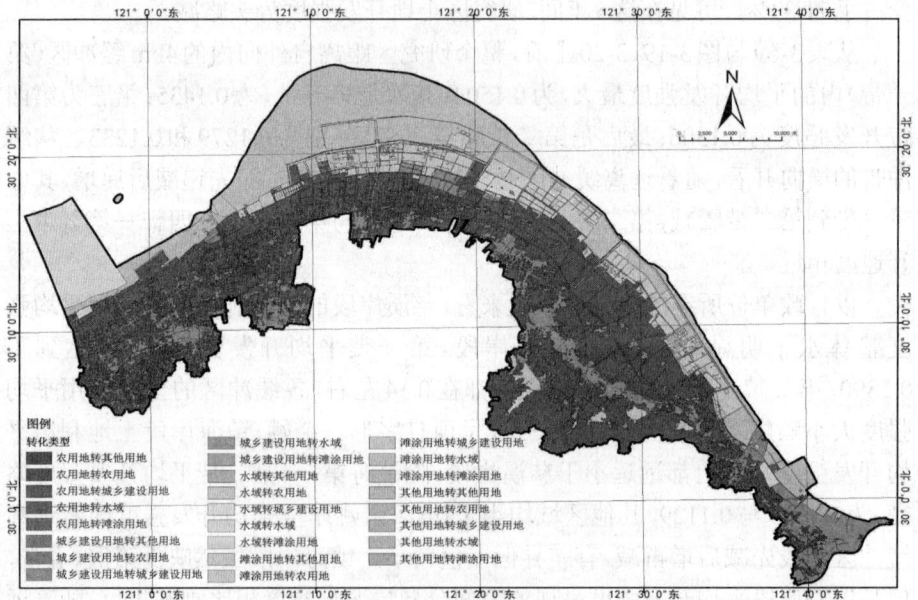

图3-20　研究区2005—2010年土地利用类型转换图

表 3-70、表 3-71 中，土地利用开发强度弱的区域中土地利用类型无改变的比例大，达到了 99.68%。由表格中的"无变化合计"项的横向来看，"弱—较弱—中—较强"的土地开发强度等级变化的同时，土地利用类型无改变的比例呈现先减少再增加，在"中"处最低。较弱等级土地利用类型改变情况主要是农用地转城乡建设用地、滩涂用地转城乡建设用地，其次是城乡建设用地转农用地、滩涂用地转农用地、滩涂转水域，最后是少量的其他转化类型。中等等级土地利用类型改变除农用地转城乡建设用地、滩涂用地转城乡建设用地，出现了较大面积的滩涂用地转农用地和水域转农用地，以及相对面积更小的城乡建设用地转农用地、农用地转水域及滩涂用地转水域，其他转换类型则比重小于 1%。而在较强等级中，主要是滩涂用地转城乡建设用地、滩涂用地转农用地。在强等级中，主要是滩涂转为城乡建设用地。

表 3-70 2005—2010 年各土地利用转化类型在不同开发强度等级下的
面积分布及比重表

	弱 (m²)	占该类强度比重 (%)	较弱 (m²)	占该类强度比重 (%)	中 (m²)	占该类强度比重 (%)	较强 (m²)	占该类强度比重 (%)	强 (m²)	占该类强度比重 (%)
城乡-城乡	182179649	17.20	1281662	11.35	0	0.00	0	0.00	0	0.00
城乡-农用	0	0.00	6910187	6.12	5628919	6.86	0	0.00	0	0.00
城乡-其他	10106	0.00	27196	0.02	0	0.00	0	0.00	0	0.00
城乡-水域	1633855	0.15	167245	0.15	0	0.00	0	0.00	0	0.00
城乡-滩涂	109759	0.01	254270	0.23	23071	0.03	216823	0.26	50751	34.44
农用-城乡	529427	0.05	37792985	33.48	12709209	15.48	0	0.00	0	0.00
农用-农用	521171631	49.20	6793993	6.02	9616979	11.72	0	0.00	0	0.00
农用-其他	0	0.00	9029	0.01	42870	0.05	90876	0.11	0	0.00
农用-水域	185664	0.02	219705	1.95	2812964	3.43	11019	0.01	0	0.00

续表

	弱 (m²)	占该类 强度比重 (%)	较弱 (m²)	占该类 强度比重 (%)	中 (m²)	占该类 强度比重 (%)	较强 (m²)	占该类 强度比重 (%)	强 (m²)	占该类 强度比重 (%)
农用-滩涂	0	0.00	700936	0.62	15503	0.02	931572	1.12	0	0.00
其他-城乡	27527	0.00	148016	1.31	0	0.00	0	0.00	0	0.00
其他-农用	0	0.00	432286	0.38	757308	0.92	145869	0.17	0	0.00
其他-其他	342210	0.03	9323013	8.26	252517	3.08	0	0.00	0	0.00
其他-水域	1097	0.00	147319	0.13	0	0.00	0	0.00	0	0.00
其他-滩涂	0	0.00	0	0.00	0	0.00	0	0.00	9	0.01
水域-城乡	863823	0.08	1153079	1.02	31065	0.04	0	0.00	0	0.00
水域-农用	0	0.00	769477	0.68	15277147	18.61	0	0.00	0	0.00
水域-其他	0	0.00	2160	0.00	0	0.00	0	0.00	0	0.00
水域-水域	102538141	9.68	0	0.00	0	0.00	0	0.00	0	0.00
水域-滩涂	6	0.00	76204	0.07	0	0.00	171816	0.21	0	0.00
滩涂-城乡	19	0.00	18067397	16.01	11596817	14.13	9004565	10.78	9660	65.55
滩涂-农用	0	0.00	6848597	6.07	18267040	22.25	45543135	54.54	0	0.00
滩涂-其他	0	0.00	0	0.00	612	0.00	0	0.00	0	0.00
滩涂-水域	61697	0.01	3485674	3.09	2776983	3.38	8349915	10.00	0	0.00

续表

	弱 (m²)	占该类强度比重 (%)	较弱 (m²)	占该类强度比重 (%)	中 (m²)	占该类强度比重 (%)	较强 (m²)	占该类强度比重 (%)	强 (m²)	占该类强度比重 (%)
滩涂-滩涂	249554768	23.56	3427203	3.04	0	0.00	19045843	22.81	0	0.00
合计	105920937	100.00	11288209	100.00	8208166	100.00	8351143	100.00	147364	100.00
无变化合计	1055786399	99.68	32360830	28.67	1214215	14.79	1904584	22.81	0	0.00

表3-71 研究区2005—2010年土地利用类型转移面积矩阵(单位:m²)

	城乡建设用地	农用地	其他用地	水域	滩涂用地	总计
城乡建设用地	194996271	12539107	37302	1801100	654675	210028455
农用地	51031620	537582603	142775	5206701	1648011	595611710
其他用地	1507696	1335463	12190399	148416	9	15181983
水域	2047966	16046624	2160	102538141	248026	120882917
滩涂用地	38765401	70658772	612	14674269	272027814	396126868
总计	288348954	638162569	12373247	124368628	274578535	1337831934

3.5.3 土地利用开发强度的空间分布特点

(1)从整体上来看,2000—2005年研究区土地利用开发强度大于2000—2010年。2005—2010年各缓冲区之间的强度差异明显,且差异值较大,而2000—2005年除第一带外其他四带差异较小。

(2)分岸段来看,慈溪岸段土地利用开发强度在两个时期均大于其他两个岸段,特别是同为第一带上的差距。在2005—2010年的各缓冲区中更是远远大于其他两个岸段,且慈溪岸段缓冲区的变化趋势与全区的变化趋势相同;镇海岸段纵向缓冲区在前期呈现U字形,而后期呈现倒U字形;而余姚岸段纵向缓冲区在前期呈现先增后减,但在后期却是先递减后递增在递减。三个岸段土地开发利用强度的空间分布特点较明显。

(3)2000—2005年与2005—2010年全区各缓冲带平均开发强度值均呈现U字形,前者低值位于第四带,后者位于第三带。

3.6　结论与讨论

3.6.1　结论

本章以海岸带土地利用适宜性及开发强度评价为最终目的,制定了适宜杭州湾南岸宁波段的土地利用适宜性及开发强度评价指标及评价模型,并进行了数据获取、数据处理、适宜度评价、开发强度评价等多方面的研究工作,得到如下结论:

(1)杭州湾南岸宁波段土地利用综合适宜性整体较好。在临界适宜以上区域中除非常适宜外,数临界适宜面积最多。对比三个年份,不适宜与中等适宜区域先减少后增多,比较适宜区域先增加后减少,临界适宜持续上升,非常适宜则持续递减状态。在土地利用角度来看,农用地适宜性普遍较高,基本上都处于临界适宜以上,其中极少部分处于临界适宜区域;处于高强度建设开发状态的城乡建设用地和作为"潜力股"的滩涂用地适宜性情况较好,但是临界适宜占该类型土地利用的比重较大;余姚、慈溪、镇海岸段临界适宜以上比重都在90%以上,土地利用适宜性情况良好。余姚岸段临界适宜以上比重不断上升,但慈溪、镇海岸段在这三期呈现为递减趋势。余姚岸段临界适宜比重表现为先减后增,而慈溪岸段呈现递增趋势,镇海岸段呈现速减趋势。从不适宜比重上来看,余姚岸段不适宜比重递减,而慈溪、镇海岸段呈现递增趋势,且镇海岸段递增速度略快。

(2)2000—2005年杭州湾南岸宁波段土地利用开发强度明显大于2005—2010年。评价结果与缓冲区叠加后发现研究区土地利用开发强度具有较明显的空间分布特点。其中两间期慈溪岸段土地利用开发强度均大于其他两个岸段,特别是同为第一带上的差距显著。慈溪岸段缓冲区的变化趋势与全区的变化趋势相同;镇海岸段在前期呈现U字形,而后期呈现倒U字形;而余姚岸段在前期呈现先增后减,但在后去确实先递减后递增在递减。

3.6.2　讨论

本书利用2000年、2005年和2010年土地利用数据对浙江海岸带中的杭州湾南岸宁波段进行土地利用适宜度及强度评价。评价过程中利用土地利用的特点更具针对性地构建了较成熟的适宜度及强度的评价指标和评价模型,所得到的数据结果和分析结果具有一定的理论和现实意义。但评价过程中仍存在许多不足,需在以后的研究工作进行扩展和深入。

3.6.2.1 评价模型

评价指标是从自然环境与社会经济为切入点,选取8个较综合的适宜性指标。从指标上看,并没有关于海岸带的评价指标。与海岸带相关的评价指标有离岸距离、坡度、坡向等,都会影响土地利用类型的分布以及社会经济的发展。本书受到研究区地势平坦的限制,高程相关指标没有评价的意义,但是针对海岸带的评价可以选用上述指标,可以更加丰富海岸带评价内涵和体系。关于评价模型,由于评价指标多,导致数据处理比较繁杂,主要是由于对 ArcGIS 软件的功能不能熟练运用。可以在 ArcGIS 软件中利用"模型构建器"功能,利用软件中自带的各分析工具,设计简单的工作流程,来完成8个评价指标基础矢量图层与三期土地利用矢量图层的叠加、标准化处理等,既方便快捷,又可以避免人工处理可能出现的误差。

3.6.2.2 评价基础数据及评价结果分级方法

评价指标基础数据的处理主要是以尽可能收集到的相关原始数据为基础,进行初步处理,再分类分级。虽然尽可能使用SPSS聚类分析等统计工具进行,但是仍然存在较大的人为因素。在以后的工作中要选择更加理性、科学的方法对数据进行分等定级,降低人为因素对数据精确性的干扰。另外,文中对评价结果的分级只能体现出各土地利用类型之间的适宜性情况与开发强度之间相对关系,在以后的工作中,可进一步研究更合适的分级方法。

3.6.2.3 针对特定土地利用类型的评价

书中是对5种土地利用类型的土地利用适宜性及开发强度评价,但是在实践意义上来讲,针对特定的土地利用类型评价更具有实际意义。在后续的工作中,可以更有针对性地进行海岸带滩涂用地的适宜性及开发强度的评价研究,为合理开展滩涂围垦工作提供借鉴。

参考文献

[1]Bettina Matzdorf. Socio-Economic Assessment of Haida Gwaii /Queen Charlotte Islands Land Use Viewpoints. [J]. Commissioned by the Integrated Land

Management Bureau,Coast RegionMinisiry of Agriculture and Lands 2006.

[2]Henrik Skov, Robin Bloch,Frank Stuer. Strategic Environmental Assessment for the coastal areas of the Karas and Hardap Regions[J]. Water Environmental Health, 2009, 18-19.

[3]Lechterbeck J,Kalis A J,Meurers-Balke J.of Evaluation of prehistoric land use intensity in the Rhenish Loessbo by canonical correspondence analysis-a contribution to LUCIFS.[J].Geomorphology,2009,108: 138-144.

[4]Woolsey Y B. Town of James Island[EB/OL]. [2011-08-OS]. http://www.jamesislandsc. org.

[5]陈端吕,董明辉,彭保发,陈晚清.GIS支持的土地利用适宜性评价[J].国土与自然资源研究,2009(4):42-44.

[6]邸向红,王周龙,王庆,张明明,梁彦.土地利用变化对芝罘连岛沙坝附近海岸带的影响[J].海洋科学,2011,35(8):76-82.

[7]高义,苏奋振,孙晓宇,杨晓梅,薛振山,张丹丹.近20a广东省海岛海岸带土地利用变化及驱动力分析[J].海洋学报,2011,33(4):95-103.

[8]韩磊,侯西勇,朱明明,于良巨,高猛.20世纪后半叶美国海岸带区域土地利用变化时空特征分析[J].世界地理研究,2010,19(2):42-52.

[9]何骏.海岸带功能适宜性评价研究[D].辽宁师范大学,2008.

[10]侯西勇,徐新良.21世纪初中国海岸带土地利用空间格局特征[J].地理研究,2011,30(8):1370-1379.

[11]金建君,恽才兴,巩彩兰.海岸带可持续发展及其指标体系研究——以辽宁省海岸带部分城市为例[J].海洋通报,2001,20(1):61-66.

[12]李加林.杭州湾南岸滨海平原土地利用/覆被变化研究[D].南京师范大学,2004.

[13]吝涛,薛雄志,Shawn Shen,卢昌义.厦门海岸带湿地变化的研究[J].中国人口•资源与环境,2006,16(4):73-77.

[14]吝涛,薛雄志,林剑艺.海岸带生态安全响应力评估与案例分析[J].海洋环境科学,2009,28(5):578-583.

[15]刘国霞,张杰,马毅,李晓敏,包玉海.2008年海陵岛土地利用类型适宜性评价[J].海洋学研究,2012,30(1):82-94.

[16]刘国霞.基于GIS的有居民海岛土地利用适宜性和开发强度评价研究一以东海岛为例[D].内蒙古师范大学,2012.

[17]刘宏娟,郑丙辉,胡远满,李子成,雷坤,万峻.基于TM的渤海海岸带1988—2000年生态环境变化[J].生态学杂志,2006,25(7):789-794.

[18]刘惠德,檀迎娟.GIS在土地利用适宜性评价中的应用[J].计算机光盘软件与应用,2010(12):46-47.

[19]刘艳芬,张杰,马毅,崔延伟.融合地学知识的海岸带遥感图像土地利用/覆被分类研究[J].海洋科学进展,2010,28(2):193-202.

[20]刘艳芬.基于遥感的连云港市城区海岸带土地利用变化研究[D].国家海洋局第一海洋研究所,2007.

[21]刘洋,吕建树,吴泉源.山东省烟台市土地可持续利用评价研究[J].国土资源科技管理,2010,27(1):39-43.

[22]路晓,吴莉,应兰兰,侯西勇.山东半岛海岸带区域土地利用变化空间格局特征[J].国土与自然资源研究,2011(5):23-26.

[23]马金卫,周迪,王静璞,等.烟台市海岸地区土地利用变化时空分异研究[J].地理空间信息,2011(4):125-130+135+193.

[24]苗丽娟,王玉广,张永华,王权明.海洋生态环境承载力评价指标体系研究[J].海洋环境科学,2006,35(3):75-77.

[25]欧维新,杨桂山,李恒鹏,于兴修.苏北盐城海岸带景观格局时空变化及驱动力分析[J].地理科学,2004,24(5):610-615.

[26]曲丽梅,王玉广,丛丕福,伊辉延,孙钦帮.河北省海岸带生态环境效应评价指标选择研究[J].海洋环境科学,2008,27(2):41-44.

[27]孙晓宇,苏奋振,周成虎,吕婷婷,仉天宇.基于底质条件的广东东部海岸带土地利用适宜度评价[J].海洋学报,2011,33(5):169-176.

[28]孙晓宇.海岸带土地开发利用强度分析——以粤东海岸带为例[D].北京:中国科学院地理科学与资源研究所,2008.

[29]许小燕,张鹰,黄青.遥感影像的海岸带信息提取——以赣榆县海头镇为例[J].海洋通报,2008,27(4):94-97.

[30]万峻,李子成,雷坤.1954—2000年渤海湾典型海岸带(天津段)景观空间格局动态变化分析[J].环境科学研究,2009(1):79-84.

[31]王玉广,吴桑云,苗丽娟,宋云香.海岸带开发活动的环境效应评价方法和指标体系初探[J].海岸工程,2006,25(4):63-70.

[32]王忠杰,王忠君,刘泉.山东省海岸带土地利用规划研究[J].海洋开发与管理,2007(6):48-50.

[33]吴泉源,侯志华,于竹洲,姜春玲,邹敏,杨圣军,李轶平,韩丛丛.龙口市海岸带土地利用动态变化分析[J].地理研究,2006,25(5):921-929.

[34]吴源泉,侯志华,逄杰武,姜春玲,邹敏,杨圣军.龙口市20年间海岸带变化的遥感监测[J].地理信息科学,2007,9(2):106-112.

[35]熊永柱.海岸带可持续发展研究评述[J].海洋地质动态,2010,26(2):13-18.

[36]薛雄志,吝涛,曹晓海.海岸带生态安全指标体系研究[J].厦门大学学报,2004,43(z1):179-183.

[37]尧德明,陈玉福,张富刚等.海南省土地开发利用强度评价研究[J].河北农业科学,2008,12(1):86-87.

[38]于永海,王延章,张永华,等.围填海适宜性评估方法研究[J].海洋通报,2011,30(1):81-87.

[39]张安定,李德义,王大鹏,王周龙.山东半岛北部海岸带土地利用变化与驱动力——以龙口市为例[J].经济地理,2007,27(6):1007-1010.

[40]张海林,赵燕,吴源泉,鲍文东.基于RS、GIS的龙口市土地利用动态变化分析[J].山东师范大学学报,2005,20(4):62-64.

[41]周炳中,包浩生,彭补拙.长江三角洲地区土地资源开发强度评价研究[J].地理科学,2000,20(3):218-223.

[42]朱坚真,刘汉斌.中国海岸带划分范围及其空间发展战略[J].经济研究参考,2012(45):48-54.

4 海岸带土地开发模式研究

4.1 海岸带土地利用模式理论探析与实践借鉴

4.1.1 海岸带资源利用和土地利用模式

4.1.1.1 海岸带资源利用的理论渊源

海岸带位于地表陆地向海洋的过渡地带,是陆海资源频繁交互作用的地区。在海岸带陆地—海洋大系统、陆地系统和海洋系统构成的联动机制中,土地资源位于海岸带陆缘部分,可被视为海岸带陆地系统的子系统,联动组织结构中其他大小系统产生的外部性皆会影响土地系统改进与重构。换言之,海岸带土地利用结构在一定程度上"脱胎"于海岸带整体功能构架,因此有必要深入认知海岸带资源利用结构。

海岸带资源利用结构受到重视可追溯至 20 世纪 80 年代,联合国经济及社会理事会对世界沿海国家海岸带开发与管理境况的整理与介绍(《海岸带管理与开发》),初步涉及海岸带资源利用与组织。因内容主要仍停留于现象的表述与罗列,对海岸带资源与空间集成利用未形成全面的概念。表 4-1 反映了随后学者们对海岸带利用和组织方式的系统性的探索与认知。Sorensen 和 McCreary(1990)的海岸带利用结构兼具自然环境保护与经济开发用途,整体上与《海岸带管理与开发》所涉及国家和地区海岸带管理方案相契合,工业选址与原油和有毒物质泄漏应急计划都为后者所重点强调。Vallega(1992)所构思的海岸带利用结构框架则由世界海洋相互作用模型析出产生(Couper,1983),不难发现结构功能存在一定的重叠且更偏向浓重的"海洋"色彩。与前两者主要由理论概念建立的结构体系相异,联合国环境规划署(United Nations Environment Programme,1995)所构建结构源自实践建设形成的总结与经验。显然,它较多地注重区域建设和经济的组织。

表4-1　海岸带利用结构与变化

Sorensen and McCreary 1990	Vallega 1992		联合国环境规划署 1995
1.渔业	1.海港	12.防御	1.城市和乡村系统
2.自然保护系统	2.航运、运输	13.娱乐	2.开放空间
3.水源供给	3.运输路线	14.娱乐人工建筑	3.农业用地
4.娱乐	4.航运、导航	15.废物处理	4.林地
5.旅游业	5.海洋管道	16.研究	5.矿业
6.港口	6.电缆光缆	17.考古	6.工业地区
7.能源开发	7.空运	18.环境保护	7.居住区
8.原油和有毒物质泄漏应急计划	8.生物资源		8.旅游和休闲地区
9.工业选址	9.碳氢化合物		9.海洋利用
10.农业	10.含金属可再生金属		10.交通走廊和地区
11.海水养殖	11.可再生能源资源		11.其他基础设施

4.1.1.2 海岸带土地利用模式特点探索

如复杂生物系统机理,土地是海岸带空间系统的一个子系统,它能够响应外部其他子系统的变化并对其自身构架作出改变与调整,进一步形成土地系统的目标重置——即土地利用模式改变。海岸带资源利用和组织是海岸带自然、人文等复杂机理的产物,是海岸带土地利用基础,其演变直接影响海岸带土地利用更替与演化,必然造成海岸带土地利用模式繁杂、多样的特点。

(1)利用模式多元、兼具海陆性质

根据以上理论基础与前人研究,提炼出地理视角的海岸带土地和海洋利用模式如表4-2所示(Vallega,2007)。与陆域土地利用不同的是,海岸带土地资源区位的独特性,故我们必须需要协调陆地与海洋影响因子,因此表4-2增加了海岸带海洋利用模式辅以土地利用讨论。

由表4-2可知,海岸带土地利用模式囊括了经济、生态环境和社会等方面的利用方式,呈现多样性。可以发现它明显承袭了表4-1海岸带资源组织的主要格架。这也是由海岸带区域的历史进程与地域特点决定的。观察海岸带土地和海洋利用模式内容,假以单独视角分别考量土地、海洋利用情况,因各自的局限性,分别存在部分利用模式空白,如海上航运功能利用是土地利用所不包含的,而城市基础设施、道路运输则是海岸带海洋所不具备功能。值得注意的是,大多数利用模式则为土地和海洋所共有,说明海岸带土地利用与海洋的高度关联性。伴随科技水平与经济水平的提高,两者利用模式界限将逐渐模糊、淡化,如日本神户建造的世界上最大的人工岛、跨海公路的铺设以及杭州湾跨海大桥等一系列工程都反映了海洋具备城市基础设施、道路运输的利用模式。

表4-2　海岸带土地与海洋利用模式

利用模式	土地	海洋
农业与畜牧业	●	●
城市基础设施	●	
娱乐、旅游和文化	●	●
工业	●	●
港口	●	●
海上航运		●
道路运输	●	
自然植被利用	●	●
生物资源开发	●	●
生态系统保护	●	●
能源生产	●	●
矿产采集	●	●
通信	●	●
科研	●	●
国防	●	●

(2)历史阶段性与承接性

海岸带土地利用方式是漫长历史选择的结果,紧随社会功能发展需要,海岸带土地利用模式随时间变化逐渐孕育而生。每个历史时期都会产生一些具有特色、并广泛扩散与分布的海岸带土地利用方式。前工业革命时期,农业是人类与自然斗争的主题,海岸带土地的核心产业为农业、渔业,如日本在16世纪将儿岛湾围垦了近9/10,创造农田面积达上万公顷。工业革命至20世纪中期,欧美、日本等发达国家海岸带港口和临港工业用地方式占据了主流。归结原因,主要是工厂和港口发展所提供的高就业吸纳率和丰厚经济收入是战后发达国家经济重建所必须;20世纪七八十年代,经济起飞加剧陆域土地资源饱和,人类遂而将视野转向海岸带、海洋以索求更富足的生存空间。海岸带近岸休闲旅游、滩涂围垦、人工岛等利用模式成为新的潮流。90年代起,因环境污染、生态破坏等问题引起了人类对环境观念的反思与转变,可持续发展思想主导很多区域海岸带土地的利用。海岸带生态保护区、生态海洋养殖出现在世界大部分国家和地区;传统的港口因产业升级、世界产业迁移等变化重构为多功能的物流平台,港口用地利用趋于复杂化;潮汐、水库等工程建设。可以看出在时间尺度上土地资源利用呈"承先启后"式演变,并不是一个固定式或最终化的形态格局,而是一个形态不断演进的过程。

(3)受多重机制影响

土地资源是区域自然与人文社会构成的双模块结构系统,海岸带地区自然现象、人文活动复杂多样,海陆运动交互作用频繁,土地利用深深印上了海洋烙印。海洋在自然机制、功能机制和人类活动机制三方面影响海岸带土地利用变化(廖继武 等,2012)。自然包括地质地貌作用、自然灾害、水力运动、生物圈等因子,功能机制和人类活动包含经济开发、文化传承等活动。滩涂养殖、海岸带防护林、围海垦殖等都是海岸带土地对海洋影响的反馈。另外,海岸带也是陆域土地资源扩展、延伸部分,陆域人地系统规模的膨胀,使其成为了人类生存新的沃土。历史时期,河流入海三角洲的肥沃土壤给予人类足量农耕空间;近代,优良的海岸港口区位又为陆域交通系统的拓展孕育了温床;至今,海岸带经济集中,成为拉动陆域经济的马车。因海岸带独特地理位置,故海洋—陆地系统与之相应的互馈作用、自组织行为均对海岸带土地有不同程度影响。

(4)利用方式交叉、渗透,趋于复杂

在20世纪后半段,新土地利用方式快速涌现,传统与新兴海岸带利用方式交织在一起,土地资源面临空间结构重组。海岸带土地组织是个复杂的机体,组织内的利用模块拥有功能、目标多样性,亦存在某些利用方式的功能相似性或目标一致性,进而引起多种土地利用方式趋向于集聚效应、自组织最优化,引致土地利用方式集成的优化与升级。临海工业带由港口、工业、城市腹地建设等用地方式集合组成;海岸带自然保护区或由农业和畜牧业、旅游休憩、科研等利用方式构成等均足以表明海岸带土地利用方式的良好结合。交叉、融合体现了海岸带土地综合性利用的趋向,为发展提供了更充裕的创新空间。

4.1.2　海岸带土地利用经验借鉴

4.1.2.1　荷兰海岸带土地利用模式

荷兰,又称"低地之国",拥有系统、全面的海岸带土地利用历史与经验。荷兰分布大规模海涂、湿地资源,仅北荷兰海海岸即有350km长,100m到10km宽度不等的面积分布(Doing,1995)。自1200年以来,荷兰从海"要地"达6925km²,约为荷兰国土面积1/5,而13到15世纪中,每百年造陆达350～425km²(Henk,1981)。

其中,须德海大坝是荷兰在海岸带开发的重要里程碑。因长久以来受困于水灾肆虐,荷兰遂在North Holland和Friesland省之间海域筑造距离约32km的锁海大堤。锁海工程自1920年开始,至1932年完工,分割了瓦登海和须德海。须德海逐渐转变为了"艾瑟尔"淡水湖,形成了湖区内5个垦区。Wieringermeer垦区、东北垦区、东部垦区和南部垦区分别在1930年、1942年、1957年、1968年开垦完成,并先后迁入300多万人口,四个垦区现业也转变为工农业、养殖业繁盛区。西部Markerwaard垦区保护堤坝已完成,排水垦殖工作不断推进。20世纪后半期以来,为弥补荷兰西部土地资源的不足,新垦区成为城市化、新产业和户外休闲发展供地的首要选择(Smint,1970)。此外,耗资数百亿荷兰盾的"三角洲"拦海大坝和可移动式防洪大坝都诠释了荷兰在海岸带土地利用与开发中的颇高造诣。

如今,荷兰海岸带土地利用着重点逐渐趋向于"生态",对北荷兰省沙丘自然保护区土地利用模式优化即是一个良好的例子。该区域位于北荷兰省Bakkum和Egmond之间海岸带上,面积达4800hm²,开发的历史最早可追溯至12世纪,而20世纪前半个世纪以来,人为耕地开垦达到了顶峰。为了使土地的开发更加生态化、合理化,根据土地利用历史与地类变迁,学者针对区域特质分别划分为不干涉区、停止畜牧区、加强腐殖质区等7种土地利用模式区域来达到土地利用的自然化,减少人为的耕地开发(Van der Vegte等,1985)。近年,政府协同环保组织开展退滩还水计划。该计划针对荷兰10⁴hm²的海岸带沙丘区和河流入海三角洲周边的开发活动进行评估,综合渔业、农业、工业等方面的管理,以确保海岸带生态与社会的协调运作。计划中扩展湿地和沼泽范围、拓宽河道、构建河流入海三角洲生态核心区等举措旨在以确保人与自然和谐发展,较好地诠释了荷兰在海岸带土地开发方面所形成的深层次经验。

同时,荷兰海岸带土地和岸线保护性的开发方式也值得借鉴。荷兰的拦海工程为世界著名,由于将近60%的荷兰人口生活在平均海平面6m以下,荷兰政府长期致力于筑堤固坝以防止海岸侵蚀与海水倒灌。于1990年制定了新的海岸带保护法律,即通过"人工育沙"(Sand Nourishment)项目向海岸填沙来保护岸线。自1991年起,年均约700m³沙土被增至海岸,该措施也被证实了能够有效、持续地保持荷兰海岸带滩涂的自然活力(Hillen和Roelse,1995)。

4.1.2.2　日本海岸带土地利用模式

日本国土面积仅为 37.78 km²,人口却达 1.26 亿,长期围海造陆,为其拓宽了发展空间并缓解了尖锐的人地矛盾。日本的海岸带土地利用与经济发展步伐息息相关,临港工业承载着日本经济的深刻内涵,充分挖掘了港湾和海岸线优势。以东京湾、伊势湾、大阪湾及濑户内海为核心形成的"环太平洋工业带",在这段约 1000km 长的岸线上先后汇聚了千叶、大阪、神户等世界大港。1995 年,千叶、横滨、川崎、东京港货物吞吐量均在全世界 25 名之内;1998 年,东京港集装箱吞吐量 245.2 TEU,横滨、神户则分别为 204.7 TEU、194.4 TEU,分列世界第 13、16、18 位(中国港口编辑部,1999)。占据日本约 1/3 国土面积的三湾一港地区集中了日本约 100% 的石油化工产业和造船业,占日本钢铁产量 96% 的 14 个钢铁厂区也均布局于区域内。在日本临港工业带辉煌的背后,正是广袤的海岸带土地资源作为载体支撑起日本海岸带经济的腾飞。据统计,二战后到 1975 年,日本共造陆 11.8 hm²,而 1975 年工业用地总量为 13 hm²(田汝耕,1989),临海工业带所占用土地可见一斑。

日本土地资源紧缺,特别在港湾、海岸带地区用地捉襟见肘,因此日本政府鼓励填海造陆以扩展土地面积。以神户为例,人工岛的建立即是港区趋于饱和的产物。20 世纪五六十年代,贸易量的膨胀,神户港区通纳能力与快速经济步伐愈发不匹配,但因神户背山朝海,后备土地资源有限。于是,"人工岛"计划孕育而生。自 1966 年伊始至 1981 年竣工,由神户西部高仑台山开拓土方砂石,对神户港 12m 深区域进行填铺,共用土石方 8200 m³,形成了 436hm² 人工岛。而原高仑台区挖取土方区形成新的可利用土地,这些土地则被开发成为须磨新城的住宅区。

人工岛作为神户港延伸部分,"港"为核心部分是人工岛的重要特点。人工岛土地利用状况,港口用地和码头泊位区分布岛的两侧外围圈,是岛上主要用地类型,约为 203hm²,占人工岛总面积 53.5%。其余部分主要为各类公共用地和基础设施、居住用地,为港口提供腹地支持。此外,人工岛约分布 24hm² 公园绿地,这也体现日本较早地关注环境效益。因此,林志群先生(1987)认为人工岛取得了经济、社会和环境效益的三丰收。其后,神户港着手筑填六甲岛、神户空港,一系列人工岛完工减轻了陆域港区压力,助力于港口建设持续发展(黄民生,2000)。

4.1.2.3　美国海岸带土地利用模式

美国毗邻太平洋与大西洋,海岸带广阔,岸线达 2.27 km,30 个邻海州域内,人口、经济均是美国重头。美国 31%GNP 由沿海市产生,75%产值则源自沿海州;2000 年,只占据美国 13%国土面积的沿海、大湖等县居住着美国 50%的人口。但海岸带土地问题也随之而来,海岸带土地的开发自第二次世界大战之后达到一个高峰。约占据美国湿地 50%面积的墨西哥湾湿地资源的快速消逝,莫比尔湾内 Mobile 和 Baldwin 两市的快速城市建设更是均以侵占林地、草地为代价(Jean 等,2011)。因此,美国加紧海岸带管理法案和措施拟定,1972 年美国诞生第一部海岸带管理法律——《海岸带管理法》(*Coastal Zone Management Act*),为其他国家海岸带管理提供了借鉴意义。各州针对地域详情制定不同海岸带水域和陆域管理重点,如北卡罗来纳州主要管理重点是控制灾害高发区开发,佛罗里达州是基于动植物栖息进行土地利用,美属萨摩亚州则对土地和水资源进行重点管理(张灵杰,2001)。

旧金山位于美国西海岸加利福尼亚州与旧金山湾之间旧金山半岛北部,是加州北部经济和文化中心,城区面积 121km²,2013 年人口 83.74 万人,是美国第 14 大城市。旧金山人口密度达 6898 人/km²,仅次于纽约的人口密度。旅游业是旧金山重要产业,金门大桥、渔人码头、唐人街等吸引着世界各地游客。据统计,2005 年约有 1574 万游客到访,为旧金山带来了 73.7 亿美元的消费额,是美国重要的旅游地。为保持旧金山的经济活力、适宜的居住环境和通畅的交通系统以及区域经济辐射带动力,旧金山总体规划依功能进行土地分区利用。

规划中,分别对各分区的住宅用地,商业、工业用地,休闲娱乐、公共空间,公共用地进行了细致探讨。遵循东部工商业用地,西部自然保护、娱乐的功能分区进行土地资源调配。东部旧金山湾沿岸是旧金山码头运输基地,在中部滨海区配套夹杂轻工业和重工业用地,以便利用交通优势。东北部是旧金山的商业区,以交通线路为主轴延伸线,链接海湾大桥与伯克利、奥克兰等城市相连。东部商业、工业用地布局更靠近大陆经济区,方便了旧金山大市经济联系,使交通线路、经济设施易于利用与组织。西部海岸拥有 9.66km 海岸线,域内主要为金门公园、动物园、默塞德湖和金门国家休闲区等自然景观,从古迄今都为旧金山居民娱乐、度假胜地。该区主要实行保护性土地利用方式,维持区内自然景观固有形态,避免因过多游客导致环境破坏。同时为提高景点、公园等娱乐设施的利用率,将西部海岸的交通系统建设纳入到规划中的重点模块,在西北部狭长地带建设高速通道,以提供不同交通方式的运行。

另外,规划在集约方面设定了控制性标准,对住宅、工商业用地和城市建设都规定了容积率、层高等,以便确保人口的容纳率和生活的舒适性。规划也一并考虑了土地利用中所潜在灾害情况,划分潜在洪水侵袭、浸没和滑坡等灾害发生区,为灾害防治提供理据。

4.1.2.4　其他国家海岸带土地利用模式

(1)新加坡未来土地概念规划

新加坡位于沟通印度洋与太平洋水道马六甲海峡,凭借良好的区位优势和合理的经济措施,国家成立仅几十年即成为亚洲四小龙之一,也是全球第四大国际金融中心。因新加坡因受益于土地远期规划,自1960年至今长久保持着住房充盈、基础设施运转良好的局面。土地利用远期规划为概念规划重要部分,概念规划决定着接下来10余年内土地资源分配走向。1971年至2013年新加坡共制定了5次概念规划,涉及人口、经济增长、土地规划等内容(Tan,2013)。

然而,近年庞大数量移民涌入,新加坡基础设施建设尽显疲态。土地规划系统则被比作"脱落的齿轮",被认为是基础建设滞后的罪魁祸首(Teo,2013)。2013年1月,新加坡人口白皮书指出,2030年人口将抵650万到690万人,届时土地承受巨大压力。随后,2030年土地概念规划问世,其目标归纳为:建造足量经济适用房,打造花园城市,保证交通系统通常,维持经济增长,创造更多生存空间等5个目标(Ministry of national development,2013)。

规划中,2030年新加坡土地由2010年710km²增至760km²,所添补面积经南部围海造陆途径补充;另外,开发后备土地资源,改善低效工业用地和娱乐休闲用地等以确保土地供给经济发展所需。居住、休憩功能等是功能用地主成分,包括居住用地、公共设施、公园绿地等用地比重超过了总面积58%,保证达到85%以上的家庭都能够在400m搜索距离内分布公园,为估测人口总量设定了相应容量土地,协调人口、土地与环境建设挺进步调。因新加坡是扼守马六甲海峡的交通咽喉,交通用地相应成为新加坡用地的"要点",2030年交通用地占据了141km²,约占据新加坡1/5国土面积。规划中制定的港口、交通用地充分考虑了国家交通系统承载力和国际交通进展,在2010年基础上扩增36km²。

(2)古巴塔科湾农地利用

自20世纪80年代末,经济形势恶化与土地垄断的放宽,古巴民众对农地的需求激增。位于古巴洪堡国家公园毗邻塔科湾的Nibujon和El Recreo两个局域海岸带土地即是农业利用的典例(Wezel和Bender,2002)。区域内包含6种地类:由农居点、基础设施、家庭园地等构成的农村集约用地带和包含种植业、畜牧业的粗放农用地,椰子林和松科种植林,次生植被带以及自然林带。为尽可能地减少对国家公园资源的依赖与扩增农业产出,学者对该地区的农地利用进行优化:①农村集约用地带和粗放用地带被广泛地提倡发展园地,确保农业经济与生态效益,减少在10°坡度以上和山区的放牧,适当发展旅游产业;②次生植被带则代替粗放农用地成为畜牧业发展的归属地;③在保持足量的椰子产量前提下,给予椰子林带内的自然林木足够的再生空间;④对于松科林地带,可采取一定量的适当采伐,但也保证自然植被的演替与育林工作;⑤自然林地带的利用重点则是保护海岸带红树林、次生植被和本地树种的生长。

(3)澳大利亚珀斯 Warnbro 区域整治

西澳大利亚城市珀斯因城市化扩张,北部 Warnbro 区域沿海沙丘逐渐成居民休闲娱乐场所,至20世纪90年代沿海沙丘人为因素影响剧烈。为保证该海岸带沙丘植被覆盖,当地政府主管部门实施了沙丘再生规划。规划内容中,规划建设措施与保护性措施并举,通过限制娱乐设施建设、设立沙源建设区和公共开放空间、规定范围内交通路线等诸方面措施对土地进行分区、规划;同时,考虑到珀斯的自然气候特征,采取了土方工程、覆盖固沙、建设防风带和种植永久植被等保护性技术保证了海岸带沙丘的修复。经过多年的修复工作与维护,Warnbro 的海岸带沙丘形成了完整的防护带、有序的海滩交通通道,以及具有自我发展能力的植物群落。

4.2　浙江省海岸带土地开发利用典型区——杭州湾南岸概况

全国海岸带和海涂资源综合调查以岸线陆向缓冲10km为海岸带大陆端标准。研究区面积偏大、跨度过广无法良好地呈现小尺度地域的空间异质性,为更能呈现海岸带土地利用的典型性、独特性,选取杭州湾南岸宁波段余姚市、慈溪市和镇海区沿海乡镇、街道形成的环杭州湾南岸为研究区,由钱塘江河口延伸至镇海角,以减少研究区冗余度(图4-1)。以下部分由地理位置、自然条件、经济背景和土地利用现状及问题四方面入手对研究区概况进行简介。

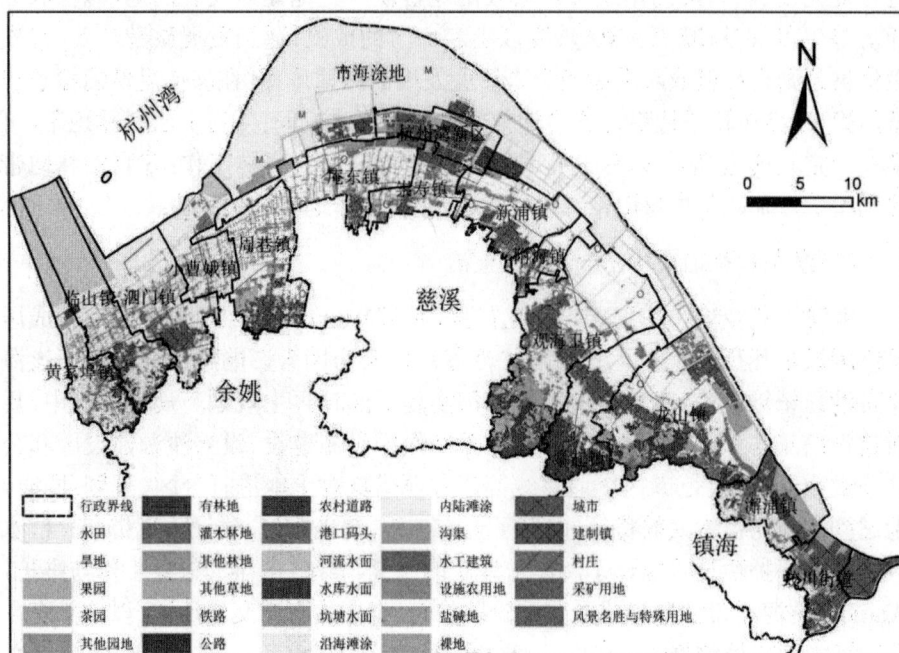

图4-1　研究区位置及土地利用现状

4.2.1　地理区位

　　研究区包含余姚市黄家埠、临山、泗门和小曹娥4镇,慈溪市周巷、庵东、崇寿、新浦、附海、观海卫、掌起、龙山8镇,镇海区澥浦镇、招宝山和蛟川街道以及杭州湾新区和市属海涂地(道林农垦场非正式乡镇建制,本文就近与新浦镇合并)。位于浙江省宁波市北部,东与北仑区相连隔海与舟山相望,西邻绍兴市,北部隔杭州湾与上海、嘉兴相对,介于东经120°~121°,北纬29°55′~30°27′。区域面积广阔,东西跨度约80km,2012年度土地变更详查资料统计,总面积约1337.83km²。

4.2.2　自然地理条件

4.2.2.1　地质、地貌条件

杭州湾南岸属新华夏系第二隆起带地段,地层出露不全,主要有上侏罗系

陆相火山岩系及燕山期侵入花岗岩。新生界第四纪地层发育,分布面积占全境的75%,全新统与中更新统发育较全,下更新统缺失。第四纪疏松沉积物以冲积、湖积、海积及其过渡类型为主,潭南至坎墩、胜北一线以东厚度小于100m,以西均在100m以上(慈溪市地方志编纂委员会,1992)。

境内地势由南向北呈丘陵—平原—滩涂—海洋台阶式格局。东南部为四明山余脉构成的翠屏山丘陵,一般以山脊线与镇海、宁波和余姚为界,山体高度多在300～400m,山脊平缓,沟谷发育。山体总体上呈东北—西南走向,绵延40km,400m以上的山体有达蓬山、五磊山、老鸦山、东栲栳山、大黄山等。老鸦山的塌脑岗海拔446 m,为全境之巅。

中部平原成陆较晚,系宁绍平原之一部,东西长55 km,南北最宽达28.5 km,总面积775.4 km²,平原上密布河浦湖泊,并有零星孤丘散布,海拔多在50～300 m之间。地势自西向东缓缓倾斜,西部北高南低,东部南高北低。以大沽塘为界,分为南北二部分,大沽塘以南地区为近山湖海积平原,成陆于公元10世纪以前,由全新世晚期海积物和湖积物交互沉积而成,地势西部低于东部,坡度在0.1%以下,面积占平原总面积的18.6%。西部地区又低于大沽塘北部平原,成为内陆洼地。平原伸入南缘山谷,与山地犬牙交叉,沿山留有泻湖遗址和湖泊水库。大沽塘以北滨海平原为公元11世纪以来杭州湾携沙淤涨而成,区内总的地势为西北高(海拔2.5～4.6m),东北低(海拔1.1～3.4m),面积占平原总面积的81.4%。

北部为宽阔的淤涨型淤泥质滩涂,又称三北浅滩,坡度为0.3‰～0.6‰,滩面宽阔,理论基准面零米线以上面积达408km²,按小潮平均低潮位线计算,则有337.44 km²,大体呈弧形带状,西宽东窄,庵东地段最宽达10km,伏龙山附近仅1～2 km。三北浅滩以北则为宽阔的杭州湾水域。

4.2.2.2 气候条件

杭州湾南岸地处北亚热带南缘,属亚热带季风型气候,受冬夏季风交替影响,雨量充沛,四季分明,温暖湿润,光照条件好,气温变幅小,年平均气温为16.0℃,7月平均气温28.2℃,1月平均气温3.8℃,历年极端最高气温和最低气温分别为38.5℃和－9.3℃。无霜期长,活动积温年平均为5045.5℃,小于一年三熟的积温指标。年平均降水量为1272.8mm,降水年内分配不均,春雨、梅雨、秋雨与伏旱、秋冬旱交替。降水最高峰在9月,历年平均为177.8mm,占全年的14%,次高峰在6月,以静止锋前后的梅雨过程为主,多连阴雨。降水量地区分布随海拔下降而减少,南部蹋脑岗年平均降水量在1500mm以上。年平均蒸发量为961.4mm,约比降水量低24%。但7、8月蒸发量大,分别比降水量大32%和43%。冬季盛行西北至北风,夏季盛行东到东南风,全年以东风为主,年平均风速3m/s,年平均大风日数9.6天。夏秋期间多热带风暴,境内灾害性气候以水、旱、风、潮为主,另有气温异常等。

4.2.2.3　水文条件

杭州湾南岸地势低平,河流呈网状分布,水文条件比较特殊。本区水资源主要包括海水、河浦湖泊水、海涂水库水、池塘水和地下水等。内陆较长河道73条,长770 km,河床坡降平缓,平均水深1.2~1.4m,东西向河渠主要有快船江、公路横江、东横江、大沽塘江、四塘江、六塘江、七塘江等,南北向河渠大多北流入海,主要有淞浦、古窑浦、淹浦、水云浦、四灶浦、周家路江等,与东西向河流呈井字交叉,然后分别北注入海,河流入海处均有水闸,用以蓄排节制。大小河渠正常水位蓄水量为3790万 m³,现库容100万 m³以上的湖库有凤浦湖、灵湖、窑湖、杜湖、上林湖、浒山海涂水库等13座,10万~100万 m³的湖泊水库5座,10万m³以下的山塘154处。南部丘陵区湖库水质较好,河网区有机质污染严重。地下水资源多为咸水,基岩裂隙水矿化度较低,小于0.05g/l,水化学类型为$HCO_3-Na\cdot Mg$,风化带网状裂隙水矿化度低于0.2 g/l,水化学类型为HCO_3-Ca。平原表层孔隙潜水,山前为淡水,近海地段为咸水,从山前到近海,水化学类型由$HCO_3-Na\cdot Mg$过渡到$Cl\cdot HCO_3-Na\cdot Ca$、$Cl-K\cdot Ca$。平原深层承压水除白沙、长河一带为淡水外,其余均为微咸水或咸水。

4.2.2.4　植被条件

杭州湾南岸地带性植被为浙皖山丘青冈苦槠林栽培植被区第一亚区,属亚热带常绿阔叶林,自然植被种类繁多,从丘陵到平原、沿海有较明显的分布规律。丘陵地带原始植被在人类活动长期影响下已基本消灭。无天然常绿阔叶林分布,次生林和人工林广布,主要有马尾松、杉木林、毛竹林、油茶、茶叶、果林等。中部平原地带则由于成陆时间短、土壤含盐量高等原因,自然植被以禾本科、菊科、苋科、蓼科等草本植被为主。北部沿海植被稀少,以碱蓬及菊科、禾本科、藜科等耐盐植被为主,近期种植有珊瑚、白腊、柏树、刺槐、紫穗槐等树种。本区人工栽培农作物主要有棉花、水稻、大豆、大麦、油菜、蔬菜等。沼泽植被、水生植被为本区的主要湿地植被,在河漫滩、滩涂等土壤水分过饱和、季节积水或长期积水的地段,沼泽植被广布,主要以互花米草群落为主,也有一定量的芦苇群落和灰绿碱蓬群落分布。米草群落和碱蓬群落主要分布在潮间带区域,而芦苇则主要分布在河流两侧、湖泊水库沿岸及已围脱盐滩涂上,水生植被在池塘、水库、河流中广泛分布。

4.2.2.5　母质与土壤

杭州湾南岸南部丘陵区多为红壤,另有少量水稻土和潮土分布。母质为凝灰岩、凝灰质砂岩、流纹岩和花岗岩的风化残积物。湖海相淤积平原区母质基础为老浅海相沉积体,上覆一层冲积—湖积体,其上部又较普遍地覆盖了浅海相为主的沉积体。这些母质大多质地粘重,成土年代在900～2500年以前,仅包括水稻土1个土类。经多年耕作,土层深厚,土质匀细,粘粒含量高,蓄水量足,质地以重壤为主。粘性母质阻碍地表水分下渗,特别是垦作水田以后,地表长期过湿或积水,土壤变得更加粘重,潜育化显著。海相沉积平原区母质为由长江、钱塘江等输入海洋的泥沙在潮汐、风浪等海洋动力作用下堆积而成,并经雨水冲刷及种植耐盐作物逐步脱盐而形成各种土壤类型。从海边向内地随着土壤含盐量的减少,依次为盐土、潮土和水稻土3个土类。本区土壤颗粒匀细,质地均一,粉砂含量高,特别是七塘以北,土壤为中壤至轻壤,团粒结构发育差,毛细管发达,蓄水能力差。根据1982年慈溪市第二次土壤普查成果,本区土壤类型共分为红壤、潮土、盐土和水稻土4个土类,红壤、黄红壤、侵蚀型红壤、潮土、钙质潮土、滨海盐土、潮土化盐土、淹育型水稻土、潴育型水稻土、脱潜潴育型水稻土10亚类,24个土属,54个土种。

4.2.3　经济背景

　　研究区位于长江三角洲经济圈南翼,余姚市、慈溪市和镇海区工业化、经济层次在宁波乃至浙江均占举足轻重地位。截至2012年底,余姚、慈溪人口共187.64万,分别实现GDP 709.07亿元、948.21亿元,二三产业产值比重分别达到93.87%、95.14%,是我国著名的家电生产基地。2012年,镇海区人口为22.76万,外来人口众多。镇海港区是宁波港的重要组成部分之一,是宁波外贸易门户。另外,镇海区是我国重要的石化产区,石油、化工产业占据区域经济主导。三地区均属经济较发达地区,在"第九届中国中小城市科学发展高峰论坛"中,慈溪、余姚分列"综合实力百强县"第8位、12位,镇海为"市辖区综合实力百强"17位。

4.2.4　土地利用现状

4.2.4.1　土地利用结构

　　由表4-3可知,研究区土地利用结构和空间性势,表现为:(1)耕地是域内地类结构主体,占总量37.68%,西迄余姚,东至镇海均有成片耕地分布。耕地呈明显的地域差异,余姚、镇海境内以水田为主,慈溪以旱地为主。(2)建设用地布局范围广博,镇海角和杭州湾新区是建设用地密集区,以链式城镇带链接;西部余姚4镇建设用地以松散、小集群式分布；慈东龙山镇滨海园区初具规模。(3)滩涂资源丰裕,广泛分布于区域北部,面积比例为20.52%,是杭州湾南岸重要地类。

表4-3　杭州湾南岸土地利用结构

地类		面积(km²)	比例(%)
农用地	耕地	504.09	37.68
	园地	17.73	1.33
	林地	79.70	5.96
	其他农用地	29.76	2.22
	城市	32.87	2.46
	建制镇	111.05	8.30
	村庄	106.56	7.96
	采矿用地	5.36	0.40
建设用地	铁路用地	0.60	0.04
	公路用地	25.02	1.87
	港口码头用地	0.23	0.02
	水工建筑用地	5.04	0.38
	水库水面	12.02	0.90
	风景名胜设施用地	1.62	0.12
	河流水面	112.34	8.40
未利用地	滩涂沼泽	274.58	20.52
	自然保留地	19.25	1.44

整体上,研究区地类占据面积比例多寡先后是农用地、未利用用地、建设用地,农用地占主要地位,占47.19%;因分布着大面积滩涂,未利用用地次之也是情理之中,而与实际经济发展情况相悖的是建设用地处于弱势地位,建设用地与农村分散,是该区建设用地"主力"。

研究区地类多样,除上述占据主导的耕地、滩涂沼泽、建制镇和农村等,其余地类如林地、河流、其他农用地等均占据一部分比例。利用吉布斯马丁系数对研究区内各乡镇(街道)的土地利用多样性进行分析:

$$GM = 1 - \sum_{i=1}^{n}X_i^2 \Big/ \left(\sum_{i=1}^{n}X_i\right)^2 \quad\cdots\cdots(4.1)$$

式中,GM为土地多样性系数,X_i为i地类面积,n为所有土地种类。

若地区内只有一种土地类型,则多样化指数为0;若地区中地类趋于多元,则趋近于1。此外,选取土地利用指数和垦殖系数分别表征各乡镇土地开发程度、耕地垦殖状态,形成表4-4。

表4-4 各乡镇多样性指数、土地利用指数和垦殖系数

乡镇	GM多样性指数	土地利用指数(%)	土地垦殖系数(%)
招宝山街道	0.39	88.85	0.25
蛟川街道	0.71	87.54	13.78
澥浦镇	0.87	67.60	26.68
黄家埠镇	0.72	66.49	40.55
临山镇	0.68	48.42	27.19
泗门镇	0.69	75.89	50.76
小曹娥镇	0.69	67.28	48.03
龙山镇	0.86	83.25	33.71
掌起镇	0.77	98.53	47.56
观海卫镇	0.77	97.77	55.04
附海镇	0.67	98.06	46.92
新浦镇	0.52	95.77	66.77
崇寿镇	0.66	96.90	51.05
庵东镇	0.57	95.11	63.51
周巷镇	0.61	98.84	57.24
杭州湾新区	0.77	68.09	8.61
市属海涂地	0.44	22.83	16.31

杭州湾南岸乡镇的多样性指数普遍较高,研究区各乡镇呈现多样性的地类开发。招宝山街道和市海涂地多样性指数均低于0.5,分别是建设用地和海涂地高比例利用区,地类开发较为单一。

观察土地利用指数,澥浦镇和余姚4个镇、龙山镇、杭州湾新区和市属海涂地等存在广大的沿海滩涂、河流地类存在,土地利用指数偏低。其余乡镇(街道)土地利用指数都达85%以上,整体的土地利用程度较强。

土地垦殖系数代表区域各乡镇的耕地利用比例,各乡镇的垦殖系数水平高低不一。研究区内自黄家埠镇西向至龙山镇的所有乡镇都保持着较高垦殖系数。而镇海段招宝山街道、蛟川街道、澥浦镇和杭州湾新区是镇海港区或工业的集中带,建设用地比例高,农耕依赖度低。市属海涂地逐渐得到开发,垦殖系数达16.31%。

4.2.4.2 土地利用问题

研究区土地资源也存在诸多问题、矛盾。因广阔的海涂资源分布,该区成为浙江省后备土地资源充裕地域之一,杭州湾新区、慈东工业区都是滩涂围垦基础上开发而成的。2008年杭州湾大桥启用之后,杭州湾南岸交通网络、配套设施逐步完善,加速区内产业群组外扩,催发建设用地量的膨胀,对湿地资源构

成了新一轮挑战。研究显示,城市规划和产业发展刺激建设用地逐步侵占养殖、坑塘等湿地资源,慈溪正是湿地资源退缩重灾区(Ren 等,2010)。另外,杭州湾湿地生物群落构成多元,是生态保护的典型区。如何协调湿地生态保护和经济发展的矛盾成为该区土地利用焦点。

现状用地结构中,耕地面积占大比重,也是浙江省优质耕地集中区,农业地位重要,但余姚、慈溪建设用地持续扩展,将导致1~5等质量耕地急剧紧缩(任丽燕 等,2010),农转用形势严峻。相反的,余姚、慈溪两地是宁波现代农业重要创汇区。2013年,余姚国家级现代农业示范区进入实质建设阶段,包括省级主导产业示范区2个,特色农业精品园6个;慈溪形成了出口蔬菜、名特水果、特色水产、名优花木等主导产业,树立了杨梅等知名品牌。耕地、农用地的缩减影响农业可持续发展形势,因此滩涂区亦成为农业"要"地的目标。余姚滨海农业先导区已进入建设阶段,慈溪则在 2006—2020 土地规划中拟定增加耕地 6908.30hm²,以开发滩涂为主。如何科学、有效地利用农业用地成为研究区当务之急。

建设用地方面,镇海区是宁波城区对外贸易门户,沿岸土地人为影响深重,由重工业、物流码头组合的临海工业区使镇海人口密集,经济效益优异,但造成环境污染、生态问题甚至社会问题持续告急。在保持高经济产出的同时,兼顾集聚效益和环境舒适性成为土地利用要题。

4.3　发展潜力评价方法构建和数据支持

4.3.1　土地潜力评价概念与应用

4.3.1.1　土地潜力评价概念与历史演进

土地潜力(land capability),指土地用于农业或者其他产业生产的潜在利用能力。土地是自然产物,独特的自然环境造就了土地资源的差异,加之人为活动的影响,形成了土地不同的区域性。因此,对于人类开发活动而言,由于区域差异性也导致了土地利用过程中的限制因素、类型和程度的不同,为土地资源的利用保留了不同程度的开发潜力空间。

近代以来,人口膨胀、城镇化和工业化推动引起的人地矛盾,促使人们对土地潜力的重视与深挖掘,催生了土地潜力评价的问世。土地潜力评价(land capability evaluation)是根据特定目的对土地自然(土壤、气候、地形等方面)、经济、生物与生产性能的潜能进行综合评估或分等定级的过程。土地潜力评价能够有效地体现土地空间、时间尺度上的生产潜力差异,并能够反映其差别等级,因此广泛地用于土地规划、土地开发整理等实践工作中,为土地资源可持续发展提供科学依据。

土地潜力评价系统最早可追溯至19世纪30年代,由美国农业部土壤保持局提出(刘黎明 等,2004)。随后,土地潜力评价受到诸多国家、组织重视,美国农业部于1961年颁布土地潜力分级系统,将美国的土地划分成8个潜力级,加拿大、英国、联合国粮食及农业组织(FAO)也相继出台了土地利用潜力评价、分级系统。我国关于土地潜力评价的研究起步稍晚,伴随经济发展的需要,土地潜力评价成为学界研究焦点。早期的土地潜力评价大多集中于农业生产范畴,旨在于探清农地潜力等级差异(范金梅 等,2004)。现今,土地潜力评价范围拓广、多样,向村庄(张济 等,2010)、城市(马刚 等,2005)、工业集约用地(甄江红等,2004)等方面土地资源利用的潜力评价普及,形成多元视角的研究体系。

显然,沿时间轴推进,土地潜力评价的涉及面、纵深度将进一步发展。研究地类的变化,随之丰富了土地潜力评价影响因子体系,形成了由早期偏重自然因子条件向经济、自然、社会等层面综合考量的转变。如杨东等(2010)综合光合、光温、气候、土地、社会等方面对河西地区土地生产潜力进行了分析;唐旭等(2010)构建协调程度、区位级别、利用强度、经济效益组成的4元组模型,结合空间分析对城镇土地潜力进行评价。多重影响因子的综合评价能够较为客观、全面探视土地潜力差异,不失为一种有效方法。

4.3.1.2 土地潜力评价体系理解与应用

土地潜力评价是目前估测土地资源存量和再开发空间的重要方式,有利于土地集约利用的实现,是达到土地资源可持续发展的重要手段。如上文所述,越来越多的研究选择多因子评价土地的发展潜力,类似土地适宜性、开发强度等评价方式,生态环境、自然条件、社会经济等皆被纳入评价指标的拣选范围。笔者认为在土地潜力因子选取中,理顺评价目标与评价因子、各因子的关系是土地潜力评价的关键环节。目前关于土地资源潜力评价研究大部分归根以"经济发展"为审视角度探究,在研究中往往也加入生态指标以达到评价的全面性与系统性。但,土地经济利用都蕴含着一定的排他性,无论是不同土地经济利用方式之间或是经济行为与生态、自然因子之间都具有排他性,最为明显是发展实践中表现出来的经济行为与生态环境的强互斥性。因此,在施行土地潜力评价过程中,如将社会经济指标和生态指标的最优值一并归为高土地潜力区所限定的条件,或在土地潜力评价中混淆多重因子指标的关系,盲目地增添某些方面指标均会造成评价结果的不精确。

其次,土地利用形态一般具备隐性形态和显性形态(龙花楼,2012)。显性形态包含土地利用数量和空间结构两重属性。隐性形态则是不易直接观察得到的内容,主要为土地社会属性,包括土地产权、投入产出能力、土地等级质量等。诚然,土地利用隐性形态是目前土地评价的重心,土地潜力评价大多也以此为切入点。然而土地利用显性形态是目前土地潜力评价体系建立的薄弱点,尽管土地利用数量、面积等受到了长期关注,但土地利用的空间形态为大部分土地潜力评价的盲区。空间性是地理学的基本问题,就土地利用来说,土地空间格局直接影响经济发展的区位、产业布局、环境影响等,形成正负外部性,进而也造成土地利用隐性形态的波动甚至蜕变。因此,笔者认为在土地评价包括土地潜力评价研究中有必要加入空间格局因子以全面反映土地利用显性和隐性形态。

基于以上两点对土地潜力评价的理解,研究以经济发展为主要目标进行土地评价的整体格架构建。研究整体以经济效益角度为探求要务,另一方面也兼顾生态因子的评价。考虑到经济利用与生态环境的相对性,文章以"反比例"嫁接两者的关联,使土地发展潜力评估更为合理。另一方面,笔者充分考虑到土地空间格局在经济发展中的基础性作用,将空间格局因子归作潜力评价的一部分,选取相关指标对土地发展潜力加以考究。

4.3.2　海岸带土地发展潜力评价指标体系

4.3.2.1　ANP 网络层次分析法

网络层次分析法(Analytic Network Process)是 Satty(2001)在比较层次分析法(Analytic Hierarchy Process)基础上提出,是致力解决内部组织依赖性和反馈效应的多准则模型。根据评价需要,构建指标之间的联系,以此形成交错的指标网络,因而得到权重量。

ANP 运行流程如下:

(1)根据实际评价指标体系构建评价关系网路,依次确立指标联系,如图4-2。

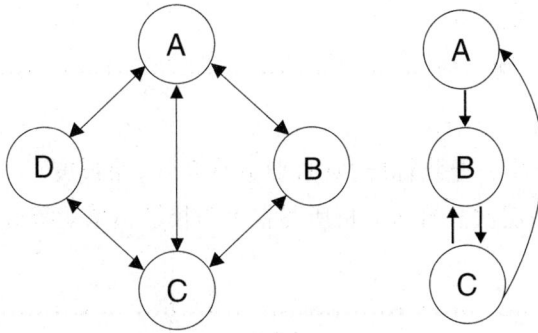

图4-2 ANP网络结构

（2）整合咨询专家的Saaty量级表进行指标对比分析资料，进而构建无权重超矩阵 W_s，进行一致性检验。

$$W_s = \begin{bmatrix} W_{11} & W_{12} & \cdots & W_{1n} \\ W_{21} & W_{22} & \cdots & W_{2n} \\ \cdots & & & \\ W_{n1} & W_{n2} & \cdots & W_{nn} \end{bmatrix} \cdots\cdots\cdots\cdots\cdots\cdots\cdots\cdots\cdots (4.2)$$

（3）计算超矩阵，得到指标相应权重值。

$$W^{\infty} = \lim_{x \to \infty}(1/n)^n \sum_{k=1}^{n} W^{\bar{k}} \cdots\cdots\cdots\cdots\cdots\cdots\cdots\cdots (4.3)$$

鉴于不同指标依赖关系复杂，指标运算量繁重，关于ANP权重计算难度较大，因此研究中使用Superdecisions软件对指标权重进以科学计算。

4.3.2.2 模糊综合评价

模糊综合评价（Fuzzy Comprehensive Evaluation）以Zadeh（1965）提出的模糊数学概念为核心形成的评价方式，它能够量化模棱两可、分类不明显的要素，为处理不确定的问题提供了较好的研究方法。在发展潜力评价研究中，如高程、坡度等指标数值皆有影响区间，而像土地覆被、地质灾害等定性指标的量化，客观地确定评价分值方式与模糊综合评价方法功能不谋而合。

模糊综合评价方法：

（1）分别建立评估因子集 $U = \{u_1, u_2, \cdots, u_n\}$，评价分值 $V = \{v_1, v_2, \cdots, v_n\}$。

（2）针对指标具体情况，分别参考隶属度模型构建隶属程度。其中，敏感性因子赋值均借鉴阀值型隶属函数，其余参考抛物线型和S型隶属函数，建立模糊矩阵：

$$R = \begin{bmatrix} R_1 \\ R_2 \\ \vdots \\ R_i \end{bmatrix} = \begin{bmatrix} r_{11} & r_{12} & \cdots & r_{1j} \\ r_{21} & r_{22} & \cdots & r_{2j} \\ \cdots \\ r_{i1} & r_{i2} & \cdots & r_{ij} \end{bmatrix} \cdots\cdots\cdots\cdots\cdots\cdots\cdots\cdots (4.4)$$

式中,矩阵 R 中 r_{ij} 是指标层 i 评价要素数值对 j 隶属度。

(3)根据网络层次分析法分析所得权重与模糊关系矩阵分值相乘,以此求得综合指标分值。

$$E_i = \sum_{i=1}^{n} W_i \times R_i \cdots\cdots\cdots\cdots\cdots\cdots\cdots\cdots\cdots\cdots\cdots\cdots\cdots (4.5)$$

式中,E_i 是综合评价分值,W_i 是 i 评价因子权重,R_i 代表 i 因子模糊矩阵所确定分值,n 是所有因子数量。

4.3.2.3 指标体系构建

遵循科学性、有效性、可获得性原则,综合理解土地发展潜力评价概念与构成,分别从土地利用空间格局、自然条件、经济发展和生态敏感性4方面建立发展潜力评价指标体系。现今土地利用空间格局是土地资源再开发的基础,以优势度、距离和集聚3个视角审视土地空间分布格局,因此选取土地利用优势度、最邻近距离、土地集聚和面积高低值集聚状况以表达土地空间分布潜力;高程、坡度对产业区位选择、农业发展及城市建设等存在着直接影响,因此本研究选取高程、坡度因子以直观表征自然条件优异度在土地发展潜力中的作用;以人口密度表征人口需求量和对土地开发支持力度,非农劳动力比重和农村发展程度分别表征产业结构、区域经济发展水平,综合反应地区经济发展潜力;另外,生态建设愈来愈收到关注,本书选取土地覆被情况、土地破碎度、地质灾害和地质沉降以衡量研究区生态敏感性水平。

首先,根据指标、准则层之间的联系,将其中复杂的关系以网络形式相连。限于笔者水平所限,研究主要将明显、直观的指标、准则层关系进行链接(图4-3)。其次,在咨询相关专家建议和意见的基础上,对指标之间的对比关系进行了1～9量级打分,以对比指标之间的关联性。最后,利用Superdecisions软件建立指标的层级和干链网络并一一对应赋值,经软件计算形成发展潜力指标最终权重(表4-5)。

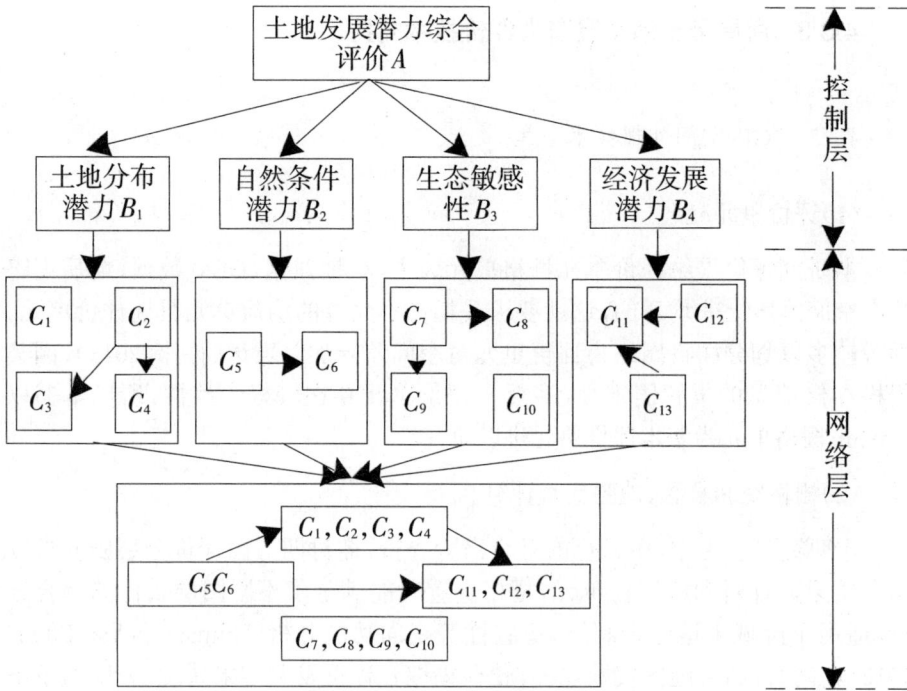

图4-3 土地发展潜力评价ANP结构模型

表4-5 发展潜力评价指标体系

目标	一级指标	权重	二级指标	权重	最终权重
发展潜力评价A	土地空间分布潜力B_1	0.3022	土地优势度C_1	0.2189	0.0662
			最邻近距离C_2	0.2000	0.0604
			面积高低值集聚C_3	0.2811	0.0849
			土地集聚C_4	0.3000	0.0907
	自然条件潜力B_2	0.1923	高程C_5	0.6000	0.1154
			坡度C_6	0.4000	0.0769
	生态敏感性B_3	0.1923	土地覆被C_7	0.2663	0.0512
			土地破碎度C_8	0.3724	0.0716
			地质灾害C_9	0.2417	0.0465
			地质沉降C_{10}	0.1196	0.0230
	经济发展潜力B_4	0.3132	人口密度C_{11}	0.4923	0.1542
			非农劳动力比重C_{12}	0.2655	0.0832
			农村发展程度C_{13}	0.2422	0.0758

4.3.3　海岸带土地发展潜力评价技术支持

4.3.3.1　GIS空间处理技术

（1）评价单元凝选

本研究评价采纳评价单元栅格单元为主，土地数据、DEM数据、地质灾害等在空间维度上非均质的，这就要求我们在小尺度的均质单元凝选评价单元。学者较多以划分栅格网络为评价单元对空间差异加以表达（孙伟，2013），因其栅格存储信息的位置固定性，多要素评价单元存在较好一致性，所以本书以5m×5m栅格单元为基本评价单元进以研究。

（2）栅格空间叠置、地图代数计算

本研究是多主题、多目标的综合潜力评价，需对四方面评价分层归并求取综合结果。针对网格评价单元，栅格叠置功能满足了不同图层属性的综合分析，适用于区域土地综合利用、适宜性等空间功能分析（Hijmans和Van Etten，2012）。同时，结合地图代数功能，使模糊综合评价发确定隶属度，分别赋予不同主题图层以标准化分值、权重关系式，经空间叠置后分析获取分项评价、综合土地发展潜力评价结果。

4.3.3.2　空间统计学

（1）空间自相关Moran's I指数

在空间上，土地利用类型斑块的集聚利于土地利用和规划的实行，可塑性更强，因此开发潜力更高。而地类斑块离散抑或是随机分布，难免使土地开发难度提高。本书引入空间自相关Moran's I指数测算土地聚集指标，以探寻土地斑块的空间分布的集聚程度（Cliff和Ord，1981），其运算方式：

$$I = \frac{n \sum_{i=1}^{n} \sum_{j=1}^{n} w_{i,j}(x_i - \bar{x})(x_j - \bar{x})}{\left(\sum_{i=1}^{n} \sum_{j=1}^{n} w_{i,j}\right) \sum_{i=1}^{n}(x_i - \bar{x})^2} \cdots\cdots\cdots\cdots\cdots\cdots\cdots\cdots\cdots\cdots(4.6)$$

式中，x_i，x_j是要素i，j属性值，$w_{i,j}$是空间权重，$\bar{x}$是所有要素平均值，n为要素总量。显著性水平下，I指数取值在−1到1之间，I指数>0表示要素为集聚状态，反之则为离散，0表示随机状态。

（2）高低聚类General G指数

如上文所述，地类斑块集聚利于土地利用。但大规模、大面积斑块地类汇聚组合的空间形态为土地利用提供了更充裕的发挥空间，斑块微小的组合局限性相对较强，开发潜力较弱。故文中引入General G指数计算土地面积高低值集聚指标，以有效地识别土地利用斑块面积高值与低值集聚程度（Ord和Getis，1995），即：

$$G(d) = \frac{\sum\limits_{i=1}^{n}\sum\limits_{j=1}^{n} w_{i,j}(d)x_i x_j}{\sum\limits_{i=1}^{n}\sum\limits_{j=1}^{n} x_i x_j}, \forall j \neq i \; ; \; Z(G) = \frac{G - E(G)}{\sqrt{\text{Var}(G)}} \cdots\cdots(4.7)$$

式中，$E(G)$、$\text{Var}(G)$分别为General G指数期望值和变异值，其他变量意义同上。显著性水平下，$Z(G)$得分为正意味大面积地类斑块集聚，值越大表示集聚程度越强，反之则是小斑块集聚。

（3）平均最邻近距离

土地资源在空间中大多呈散布形态分布，斑块之间距离不等，间距宽大不易保持斑块之间联系，距离紧密则利于土地开发，因此本文借助平均最邻近距离测度最邻近距离指标状况，探究斑块相邻距离以考量某地类在空间中的状态（梁会民和赵军，2001），即：

$$R = \bar{r_i} \Big/ \frac{0.5}{\sqrt{n/A}} \cdots\cdots(4.8)$$

式中，R为最邻近指数，$\bar{r_i}$为i地类斑块之间实测平均距离，n代表地类斑块总数，A是区域总面积。当$R<1$，地类存在凝聚状态；$R=1$时，表示地类斑块趋于随机分布；而$R>1$意味着地类斑块为均匀格局。均匀形势下最邻近距离最大，其次为随机分布，集聚状态最小。

4.3.3.3 土地利用指数

（1）土地利用优势度

土地资源具有利用方向变更的困难性，已存在的利用方式是土地资源继续开发的基础，因此海岸带区域内占据比例越大地类，相较比例较小地类对土地利用影响更显著。本书引入土地利用优势度指数（Dominance Index）以度量区域内土地优势度（刘彦随等，2005），其运算规律：

$$D_i = \left(A_{ico} \Big/ \sum_{i=1}^{n} A_{ico} \right)\left(A_{icc} \Big/ \sum_{i=1}^{n} A_{icc} \right) \cdots\cdots(4.9)$$

式中，D_i表示i地类优势度，A_{ico}为研究区内i地类面积，A_{icc}为三个市（区）

所有 i 地类面积。当 $D_i > 1$ 时，表明研究区内 i 地类占据优势地位，数值越大，表明该地类利用类型的发展潜力越大；$D_i \leqslant 1$ 表示该利用类型优势度越弱。

（2）土地破碎度

以生态角度考量，生态系统敏感性与土地破碎程度密切关联（韩贵锋等，2008），如支离破碎的湖泊相对大湖抵抗人类影响较弱，故生态敏感性较高。因此本文将土地破碎度作为生态敏感性重要指标，运算公式：

$$C_i = N_i / A_i \cdots\cdots\cdots\cdots\cdots\cdots\cdots\cdots\cdots\cdots\cdots\cdots\cdots\cdots\cdots\cdots(4.10)$$

式中，C_i 为 i 地类土地破碎度，N_i 代表 i 地类斑块总数，A_i 为 i 地类总面积。

4.3.4　海岸带土地发展潜力评价数据择取

4.3.4.1　土地利用数据及类型重构

余姚市、慈溪市、镇海区 2012 年度第二次全国土地详查更新数据为本研究支撑点，以该数据为本研究推进主轴，综合权衡杭州湾南岸土地发展潜力，进而理解并构建符合实际状况的土地利用模式。

囿于土地详查数据中分归纳门类的复杂性，根据研究需要，统一设定二级类为研究中分析主体，笔者重构了土地利用类别（见表4-6）。主要改变有3点：①因水库水面、水工建筑用地与环境联系紧密，相对交通地类之于自然生境的影响更为直接，遂将水利建设用地由交通水利用地中独立为二级类。②将采矿用地归为其他建设用地中。采矿用地一般规模较小，似"满天星"散于区域各地，无论在经济、生态或空间格局作用上影响有限，与旅游名胜及特殊用地特点相仿。③杭州南岸是浙江省海涂资源高度汇集区，是域内极具特色地类。为此将沿海滩涂独立为一类，将内陆滩涂归入自然保留地。

表4-6　土地利用级别分类

一级类	二级类	三级类
农用地	耕地	水田、旱地
	林地	灌木林地、有林地、其他林地
	园地	茶园、果园、其他园地
	其他农用地	农村道路、沟渠、坑塘水面、设施农用地
建设用地	城乡建设用地	城市、村庄、建制镇
	交通运输用地	公路用地、港口码头、铁路用地
	水利建设用地	水库水面、水工建筑用地
	其他建设用地	旅游名胜及特殊用地、采矿用地

一级类	二级类	三级类
未利用用地	水域	河流水面
	沿海滩涂	沿海滩涂
	自然保留地	裸地、盐碱地、其他草地、内陆滩涂

4.3.4.2 研究数据支持

针对土地利用空间格局、自然条件、经济发展和生态敏感性四方面指标,分别拣选对应数据进行相关分析。

土地利用空间格局评价4指标、土地覆被、土地破碎度皆以土地详查资料为来源,分别经复合运算析出;高程、坡度采用中国科学院国际科学数据服务平台30m空间分辨率DEM数据、SLOPE数据;人口密度、劳动力选自余姚、慈溪、镇海三区统计年鉴;地质灾害、地表沉降图由宁波市国土资源局官网宁波地质概况进行矢量化产生。

4.3.5 其他研究方法

4.3.5.1 实地调查

本研究依托"浙江省海岸带开发与综合管理研究"和"低丘缓坡荒滩研究"课题,为能够详实地掌握研究区的土地利用特点并有效地服务于土地利用模式的构建研究,研究小组于2014年6月对研究区进行了实地考察。实地调查以土地利用典型区为目的地,并以快捷行车线路为交通轴,通过文字记录与拍照方式,采集考察区关于土地利用信息。

4.3.5.2 文献收集、查阅

如前文阐述,土地利用受多重因素影响最终形成,因此土地利用模式的构建所考虑因素范围甚广,包括研究区内目前经济发展形势、产业结构甚至是土地开发历史变迁、土地承载的历史文化传承等内容。这就要求我们需要查阅大量研究,使土地利用模式的构建更具客观性和实际意义。

4.3.6 技术路线

研究技术流程如图4-4所示:

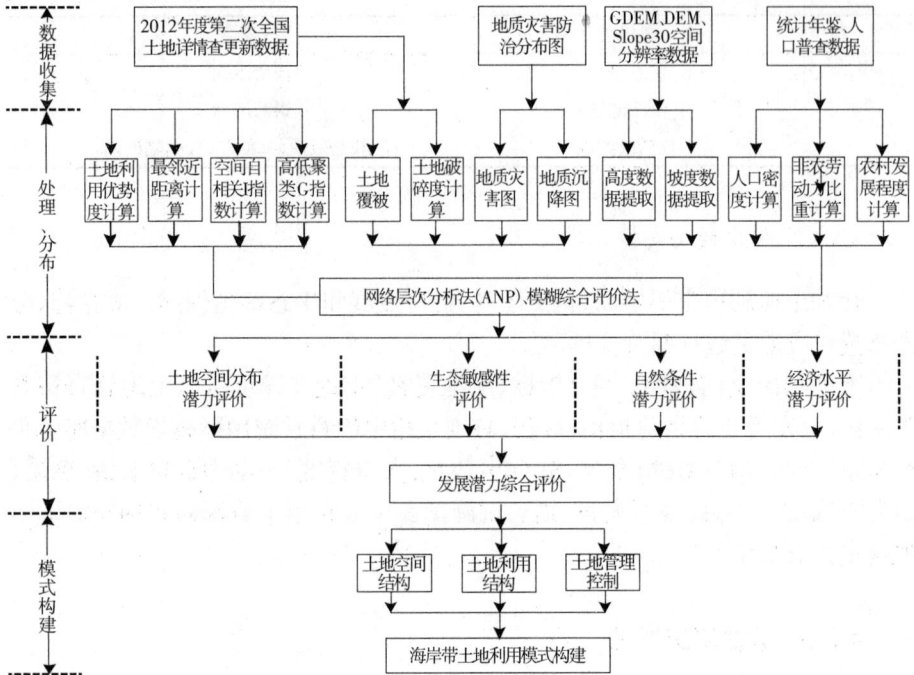

图4-4　技术路线

4.4　海岸带土地资源发展潜力评价

4.4.1　土地空间分布潜力数据处理与评价

4.4.1.1　土地空间分布潜力指标处理及结果

现有土地空间格局是土地资源综合发展的立足点和支撑点,优良的空间格局利于土地资源深层次发展。研究中以土地优势度、土地最邻近指数、土地集聚和土地面积高低值集聚状况4个维度探测研究区内土地空间分布潜力,使用土地优势度指数、Arcgis10.0空间统计模块分别测算,得到土地利用空间格局指标结果,见表4-7。

表4-7　土地利用格局指标计算结果

地类	土地优势度	最邻近指数		土地集聚		面积高低值集聚	
		R值	P值	I指数	P值	Z得分	P值
耕地	1.13	0.65	0.00	0.1999	0.00	407.74	0.00
林地	0.26	0.37	0.00	0.0523	0.00	4.59	0.00
园地	0.36	0.33	0.00	0.1338	0.00	10.53	0.00
其他农用地	1.66	0.48	0.00	0.0849	0.00	7.89	0.00
城乡建设用地	0.98	0.51	0.00	0.0998	0.00	65.83	0.00
交通运输	1.03	0.38	0.00	0.0678	0.00	4.89	0.00
水利建设用地	0.91	0.43	0.00	0.0982	0.01	2.40	0.02
其他建设用地	0.67	0.37	0.00	0.3880	0.00	14.84	0.00
水域	1.59	0.59	0.00	0.7058	0.00	127.70	0.00
沿海滩涂	2.24	0.49	0.00	−0.0026	0.50	−0.73	0.47
自然保留地	1.51	0.38	0.00	0.2440	0.00	10.46	0.00

注：$P < 0.05$ 时显著

　　研究区土地优势度表现出显著高低差异,因研究区入海河流众多、纵横交织,且又为海涂淤积区,沿海滩涂、水域、自然保留地相对优势度较高,沿海滩涂优势度最高为2.24。同时,研究区内耕地面积广袤,分布尺度广泛,土地优势度偏高,而为广大耕地服务的其他农用地也保持较高优势度。城乡建设用地、交通运输用地、水利建设用地更多地集中于市区、宁波等陆域向,方便于经济联系,因此土地优势度不明显。该区山地、丘陵面积狭小,林地、园地、其他建设利用处于劣势。

　　观察表中平均最邻近距离指数 R 值,所有地类指数均小于1,都呈显著性。耕地、城乡建设用地、水域 R 值都大于0.5,斑块邻近紧密相对偏弱。其余地类均为强水平斑块凝聚,地类图斑的紧密联结,为发展提供了更充裕的开发空间,便于大规模工业、城市建设甚至是农业播种,提供了更深高层次的发展潜力。

　　土地利用符合地理学第一定律,即地球上离得越近事物彼此之间的联系越强(谢花林 等,2006)。以空间自相关分析得Morans' I 指数,耕地、园地、其他建设用地和自然保留地呈 I 指数大于0并保持一定程度集聚,受人为开发、规划程度较深,地类斑块面积相仿,形成集聚态势。而源因甬江下游镇海、余姚四镇,河网密集、水流遍布,构成了发达水系,水域呈高度集聚格局,I 指数高达0.7058。而滩涂因自然作用强烈,由镇海角至余姚杭州湾沿岸滩涂淤积速率不等,分布随机性更强,未达到显著性水平。其余地类 I 指数多介于0与0.1之间,意味存在极弱集聚形势,实质上仍未跳出随机分布形式的框架。

　　高低聚类分析得到地类面积高低值集聚状况,结果以得分与显著性 P 值显示。沿海滩涂 P 值大于0.05,未达到显著性水平,随机性大于面 Z 积高值或低值集聚,呈斑块无规律夹杂式分布。其余地类 Z 得分都大于0,尽管水利建设用地 Z 最低为2.4,但所有地类皆表现出斑块高值集聚状构成的空间正相关局面,大面积斑块集中趋势相比小面积汇集程度更强烈、更显著。因为研究区内耕地、城乡建设用地、水域分布尺度、面积广大,加之人类开发活动影响更为直接,大斑块汇聚成团的程度随之猛烈, Z 得分分别高居前3,达到407.74、65.83、127.70。

4.4.1.2 土地空间分布潜力指标赋值

将得到的指标结果值划分较差、一般、良好和优异四个水平层次区间(表4-8),需要指出的是,最邻近指数、全局空间自相关Morans'I、General G指数皆有显著性验证,当空间统计结果值未达到显著性水平时,表明地类呈无序、随机分布。研究中亦将不呈显著性这一后果纳入分值分区的考虑范畴内,并衡量这一条件对土地空间格局效用程度。在实际土地利用过程中,某地类在空间中杂乱、无规律的分布势必阻碍土地开发,因此研究中将不具显著性结果归入较差格局中。此外,由于在土地开发中,斑块面积随机分布较小斑块集聚更具开发潜力,因而在面积高低值集聚状态指标中将其归入一般格局区间中。

表4-8 指标值分等区间

指标等级	较差	一般	良好	优异
土地优势度	<0.5	0.5~1	1.0~1.5	>1.5
最邻近指数	≥1或不具显著性	0.6~1	0.4~0.6	<0.4
土地集聚	≤0.1或不具显著性	0.1~0.3	0.3~0.5	>0.5
面积高低值集聚	<−1.96	−1.96~1.96 或不具显著性	1.96~2.58	>2.58

在指标分值分区基础上,研究以模糊综合评价方法为研究手段,S型隶属度函数与文中指标分值的分类区间相契合,遂按优劣度和赋值条件对指标结果进行[0.1,0.9]赋值(表4-9)。土地优势度、Morans'I和General G指数是正指标;最邻近距离为负向指标,值越大,地类斑块离散趋势越强,土地空间格局越差。本研究在构建隶属度时分别考虑正负指标,分别构建赋值方式,以冀期客观表达指标不同区间指标水平差异度。

表4-9 隶属度函数赋值

指标	正指标 x/逆指标 x'		
等级	极高潜力区	高潜力区、中潜力区	低潜力区
分值	0.9	$0.8(x-x_1)/(x_2-x_1)$ $0.8(x_1-x')/(x_1-x_2)$	0.1
赋值条件	$x>x_2$/$x'<x_2$	$x_1<x<x_2$/$x_1>x'>x_2$	$x<x_1$/$x'>x_1$

根据以上隶属度函数赋值条件、指标值区间，分别得到四方面标准分值，链接入 ArcGIS 图层属性中，并按照隶属度函数等级依次划定低潜力区、中潜力区、高潜力区和极高潜力区四个等级，形成图4-5。

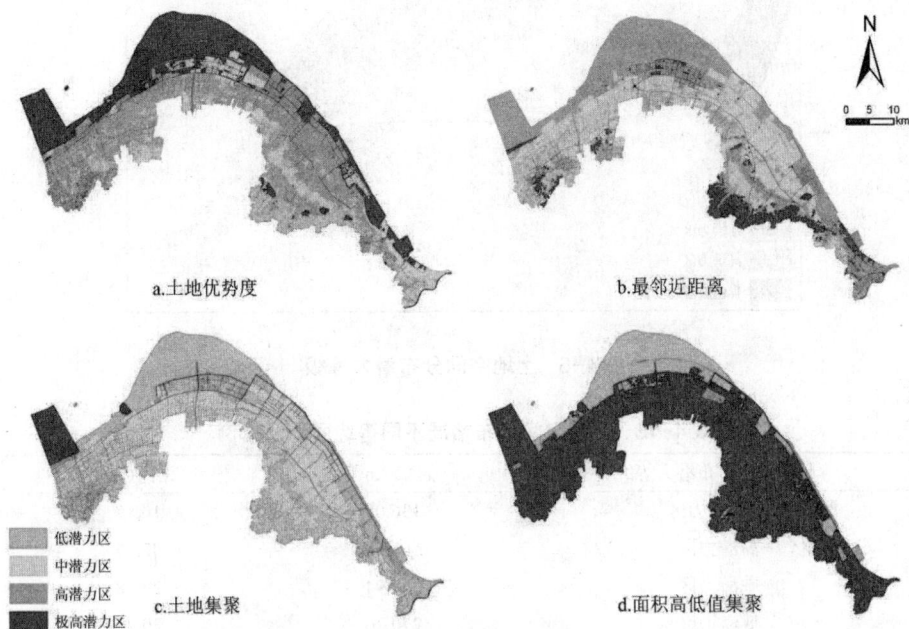

a.土地优势度

b.最邻近距离

低潜力区
中潜力区
高潜力区
极高潜力区

c.土地集聚

d.面积高低值集聚

图4-5 土地空间格局指标赋值分级

4.4.1.3 土地空间分布潜力评价

土地的空间分布格局是近年土地问题研究的焦点，也是影响经济发展、产业布局的重要因素。根据对研究选取的土地优势度、最邻近距离、土地集聚和土地面积高低值集聚状况分别测度和赋值，再通过 ArcGIS 中的地图代数功能对4个指标的栅格计算内容分别乘以权重值，得到杭州湾南岸宁波段土地空间分布分局状况，最终通过自然断裂法将土地分布空间格局分为4个潜力区级。在此基础上，将浮点型的栅格计算结果图层经栅格计算器功能计算为整型栅格图层形式，最终再转为shapefile格式的矢量文件，依次统计不同区级的面积，结果如图4-6和表4-10所示。

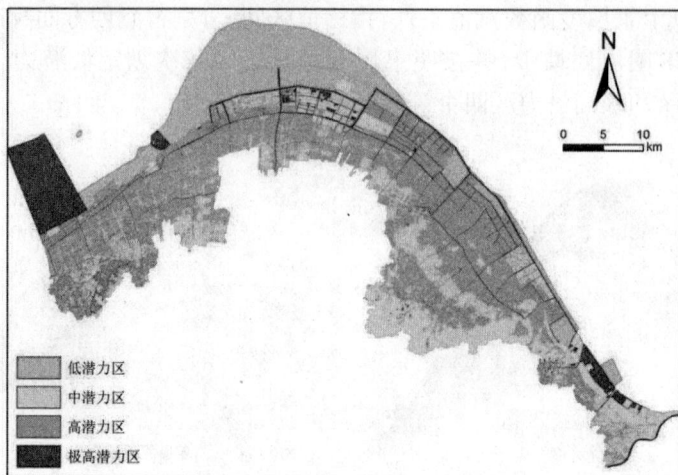

图4-6　土地空间分布潜力等级

表4-10　土地空间分布格局不同等级面积及比例

土地空间分布潜力等级	面积（km²）	比例（%）
极高潜力区	136.03	10.17
高潜力区	566.60	42.35
中潜力区	364.94	27.28
低潜力区	270.26	20.20

观察杭州湾南岸土地空间分布格局的等级情况，总体上土地空间分布极高潜力区和高潜力区分布面积较大，占全区面积50%以上，在土地空间分布方面表现出较充裕潜力；同时，也呈分布的复杂性，不同等级的分布区交织混杂。极高潜力区主要包含水域和自然保留地，占据面积最小，为136.03km²，占研究区面积的10.17%。研究区多河网，纵横交错，北部和西北部河流密布，连续性、集聚性强，因此空间分布格局优异。自然保留地主要以组团式分布在镇海沿岸，邻近经济密集区，具备区位优势。

土地空间分布高潜力区分布广泛，由西北角延展至东南部，占据面积广大，达566.60km²，占总面积的42.35%。高潜力区在西北部和北部以零散、破碎式分布，而在东北部以大规模团状式聚集分布为主，另有细碎斑块散布于研究区东南角和中部。

土地空间分布评价中度潜力区级面积为364.94km²，占全区27.28%，分布跨度广阔，与空间分布良好区级类似。中潜力区级与高潜力区级两者相互掺杂，特别在西北部表现尤为明显，而东南镇海角、中部、北部杭州湾新区都为中潜力区的大斑块所在。土地空间分布低潜力区面积为270.26km²，占研究区面积的20.20%，主要以倒V形呈长带状环绕在研究区北部外围。

4.4.2　自然条件潜力数据处理与评价

4.4.2.1　自然条件信息提取、空间赋值

自然条件是地理区域研究的根基，地形、气候、水文、地质等条件创造了土地利用不等质的自然属性，又影响着人文社会对差异地区土地的价值观念，进而改变土地经济属性。海拔高度和派生的坡度、坡向因子是现代社会土地动态的重要驱动因子（卜心国等，2009），相比较水文、地质等自然条件更难以利用科技改进劣势，开发陡坡、高海拔地区土地所需成本、技术要求更为严苛，因此本文甄选高程和坡度以表征影响土地发展潜力的自然条件因子。

研究分别选用中国科学院国际科学数据服务平台关于研究区的3幅30m空间分辨率的GDEM DEM和SLOPE栅格数据镶嵌而成，将WGS1984为空间投影参考的栅格数据统一放入ArcGIS西安80投影3度分带的东经120度投影坐标系基准图层中，进行数据空间坐标的校准处理。以研究区范围界线为掩膜提取GDEM、SLOPE栅格数据，对栅格数据提取结果的边界进行平滑处理，得到杭州湾南岸海拔高程和坡度的统计数据（表4-11和表4-12）。

表4-11　高程数据结果统计

高程（m）	<150	150~300	300~400	≥400
面积（km²）	1304.36	27.99	5.18	0.30
比例（%）	97.50	2.09	0.39	0.02

表4-12　坡度数据结果统计

坡度（°）	<10	10~20	20~30	≥30
面积（km²）	1269.01	45.10	20.90	2.82
比例（%）	94.86	3.37	1.56	0.21

笔者认为高程、坡度对土地利用的影响上存在着一定的区间均质性，即在某两个海拔高度或者坡度值之间，对土地利用作用较为相近，土地利用方式差异微弱。如杭州湾南岸区经济繁盛，人口居住更多地集聚于平原区，由平原向丘陵地形过渡会形成明显的递减效应。但大于200~500m区间的丘陵区内人口普遍稀少，农村居民点高度递减则减弱，甚至呈现均质化。同时，坡度也存在

着类似现象,25°为 V 类耕地坡度临界值,大于25°均不适宜耕地利用。虽无法深入剖析高程、坡度均质影响区间,但本节以此为理解基础并结合前人分级标准,通过阀值隶属度计算法,结合高程、坡度数据分析结果将研究区自然因子划分为以下四个区级(表4-13)。

表4-13 自然因子分等区间

等级及分值	极高潜力区	高潜力区	中潜力区	低潜力区
	0.9	0.6	0.4	0.1
高程/m	<150	150~300	300~400	>400
坡度/°	<10	10~20	20~30	≥30

总结图4-7和高程、坡度数据(表4-11和表4-12)可以发现:①研究区内高程小于150m,坡度小于10°土地资源占主导地位,占据比例分别达97.5%、94.86%,区域内地形海拔较低、地势平坦;②较高海拔地区面积小,大于150m高程面积仅为2.50%,主要布局于区域东南部慈溪龙山镇境内;③坡度大于10°土地资源面积占5.14%,陡坡缓坡面积小。因坡度为高程数据的派生因子,可以观察到区域内坡度与高程分布区位大致吻合,但因零散低丘存在,坡度分布范围更为广泛。

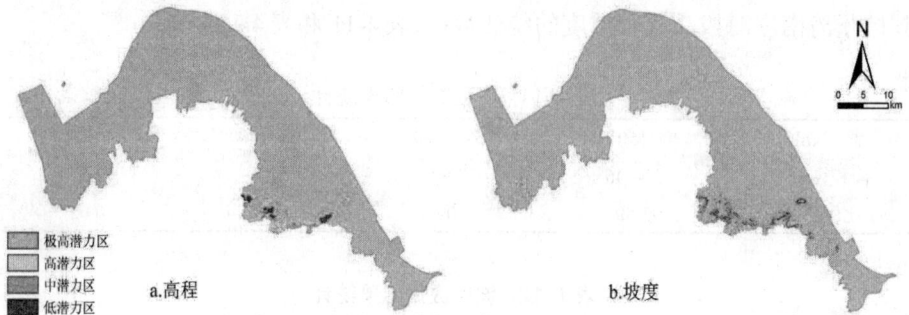

图4-7 自然因子赋值分等

4.4.2.2 自然条件潜力评价

自然条件的优异与否是土地潜力评价着重考虑点,以海拔高程、坡度两个对农业、工业、建设用地开发等经济活动的影响作用首当其冲。本小节以这两指标为自然条件衡量的主要内容,在提取高度、坡度信息并赋值的前提下,分别乘以对应权重值,经地图代数的栅格计算器运算,得到研究区自然条件优异度情况;以自然断裂法分为极高潜力区、高潜力区、中潜力区和低潜力区4个区间,形成图4-8。

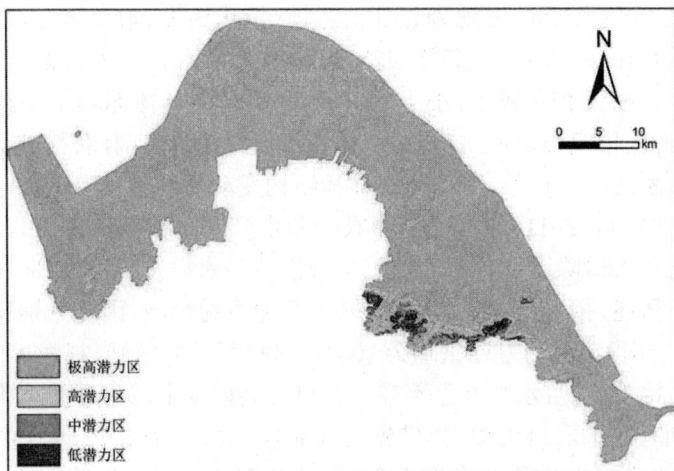

图4-8　自然条件潜力分区

　　概览杭州湾南岸土地发展潜力的自然条件潜力评析结果,可以看出域内极高潜力区的自然条件分区面积覆盖了大部地区,呈单一性强并占据着"主宰"地位。区域内无论是发达的交通网路还是悠久的农业历史、发达的工业化水平,都是在这优异的自然条件基础上形成的。低度、中度潜力的自然条件区仅以链带式分布于东南一隅,其余部分则以散步为主,但整体上仍未跳出东南部的范畴。东南部为宁波四明山延伸的翠屏山系,位于宁波通往余姚的交通廊道的北部,是慈溪和宁波重要的林业基地,因此相对而言自然条件相对较为弱势。总体而言,杭州湾南岸整体上具备了良好的自然条件,存在着宽裕的发展潜力空间。

4.4.3　经济水平潜力数据处理与评价

4.4.3.1　经济水平潜力数据处理及结果

　　密集人口、发达的经济对土地利用需求越旺盛,给予土地开发的支持度也越有力,土地发展势必也相对较高;而例如我国西部省域虽拥有广阔土地,但因人口稀少、经济条件严重束缚了土地利用进程。囿于3个市(区)经济数据难以直接获取,研究中拣选了人口密度、农村发展程度和农村二三产业劳动力比重3个指标以综合反应区域经济发展形势。

　　经济发展水平主要以镇级行政单位为评价单元,由三市(区)统计年鉴中筛选户籍人口、农户、劳动力等数据计算获得(表4-14)。人口密度值由各乡镇年末人口与乡镇面积相除得到,因位于宁波市辖区的镇海市区境内,招宝山街道人口密度达 4595 人/km²,遥遥领先其他乡镇;蛟川街道、附海镇、崇寿镇和周巷镇大都邻近市区、开发区,人口密度大于 1000 人/km²,位于人口密度第二梯队。其他乡镇人口密度相对较小,小于 1000 人/km² 范围内,庵东镇最小约为 405 人/km²。除镇海区招宝山街道,杭州湾南岸乡镇农村地域广阔,农村劳动力组成了乡镇劳动力系统的主构架,劳动力转移和结构变动为经济发展带来"结构红利"(丁焕峰和宁颖斌,2011)。本书以非农产业生产农户数除以人口总户数、乡村二三产业从业人口除以乡村劳动力总量分别得到农村发展程度、非农劳动力比重值。如前所述,招宝山街道为镇海城区,几无乡村地域,因此分别视其农村发展程度和农村非农劳动力比重均为 100%。观察不同乡镇农村发展程度、乡村非农劳动力比重状况,水平参差不齐。农村发展程度上,黄家埠、小曹娥、临山、周巷镇等拥有悠久农耕历史,凭借先进农业技术和产品拓宽,现代农业发展迅速,因此域内人口对农业依赖度很强,导致从事非农户数远落后于其他乡镇。相比较农村发展程度,各乡镇乡村非农劳动力比重高低区间不大,差距有限。乡村非农劳动力比例基本都大于 75%,保持着较高层次水平,侧面也反映了研究区整体呈现出高水平的经济发展现状。

表4-14　经济发展水平数据统计

地区	人口密度(人·km²)	农村发展程度(%)	乡村非农劳动力比重(%)
招宝山街道	4595	100.00	100.00
蛟川街道	1134	96.25	97.57
澥浦镇	441	74.19	89.96
黄家埠镇	888	3.27	76.03
临山镇	780	25.01	83.75
泗门镇	869	84.63	89.05
小曹娥镇	590	48.77	63.92
龙山镇	452	60.01	83.11
掌起镇	727	77.68	86.07
观海卫镇	844	90.98	91.53
附海镇	1188	72.16	88.24
新浦镇	895	67.02	79.39
崇寿镇	1344	68.37	82.03
庵东镇	405	59.21	71.74
周巷镇	1328	34.32	82.57
杭州湾新区	747	64.12*	84.33*

注:杭州湾经济开发区无人口户数资料、乡村劳动力等资料,均以研究区农村发展程度、乡村非农劳动力比重均值代替。

4.4.3.2 经济水平潜力空间分区赋值

综合权衡经济发展水平数据析出结果,将人口密度、农村发展程度和乡村非农劳动力比重3指标结果归为极高潜力、高潜力、中潜力和低潜力四个等级,形成表4-15。在此基础上,通过S型隶属度对指标进行赋值,较差水平和高度发达水平分别给予0.1、0.9,中等水平和发达水平则按照表4-9中公式进行复合运算求得分值。

表4-15　经济发展水平指标值分等区间

指标等级	低潜力	中潜力	高潜力	极高潜力
人口密度(人·km²)	<500	500~800	800~1000	>1000
农村发展程度(%)	<50	50~70	70~90	>90
乡村非农劳动力比重(%)	<65	65~80	80~90	>90

在运算得出经济发展水平4个等级分值的基础上,赋予3个指标的分值通过链接入ArcGIS中的乡镇行政区划图层属性,以可视化对发展水平层级加以区分,形成图4-9。

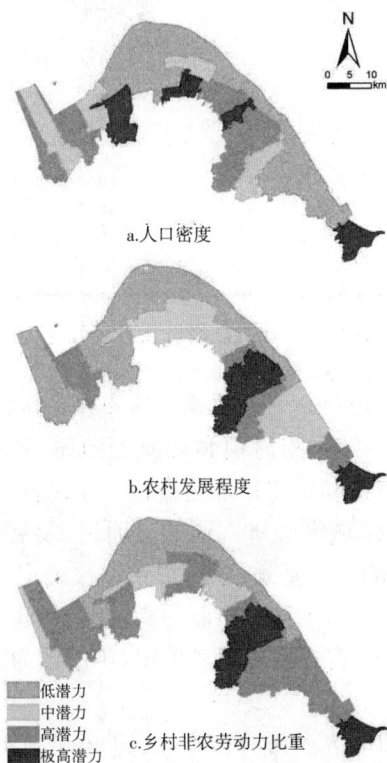

a.人口密度

b.农村发展程度

低潜力
中潜力
高潜力
极高潜力

c.乡村非农劳动力比重

图4-9　经济发展水平赋值分级

4.4.3.3 经济水平潜力评价

经济发展水平是土地评价研究的核心问题,探析土地发展潜力水平在一定程度上服务于杭州湾海岸带地区"又快又好"地运作。在计算人口密度、农村发展程度和农村二三产业劳动力比重3个指标结果和空间赋值基础上,将3个栅格空间数据层依次乘以权重进行叠合运算,以自然断裂法分级为4个等级的镇(街道)行政单元的研究区经济水平潜力的初步评价结果如图4-10所示。

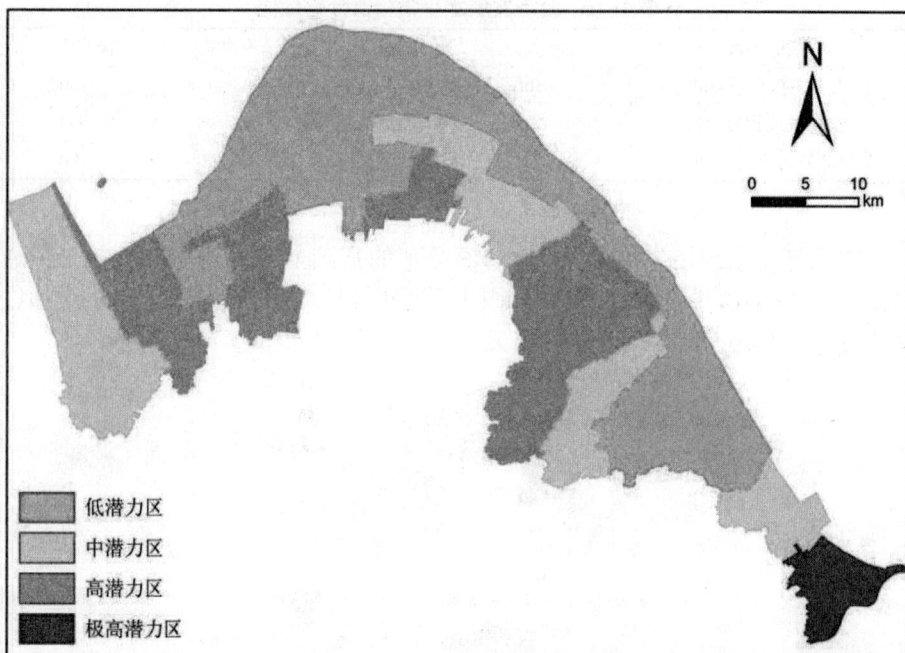

图4-10　研究区经济水平潜力分区

由图4-10可以看出,经济水平极高潜力区是镇海区的蛟川街道和招宝山街道。泗门镇、周巷镇、崇寿镇、附海镇和观海卫镇属于经济发展水平的第二层级,经济实力较强。周巷镇和崇寿镇靠近慈溪市主城区,经济联系紧密,而崇寿镇又为杭州湾新区与慈溪城区经济沟通的大通道,发展机遇更多;附海镇和观海卫镇的是慈溪小家电的生产基地,观海卫镇也被确定为宁波首批卫星城市试点镇,两者都为慈溪市的经济强镇;如前两者,泗门镇也为经济强镇,在省和国家统计局公布的2005年全省百强乡镇名单中,泗门镇为省百强乡镇第10位、宁波市第1位。

中、低经济水平潜力区大多为所在市(区)的农业生产基地或正实施经济开发的区域,共有10个乡镇评价单元位于上述区,占据所有评价单元50%以上。

中等潜力区包括黄家埠镇、临山镇、杭州湾新区、新浦镇、掌起镇和瀣浦镇。经济发展水平低潜力区则包括小曹娥镇、庵东镇、龙山镇以及市属海涂地。其中，杭州湾新区、龙山慈东产业园区、小曹娥滨海园区等初显规模，处于经济起飞阶段，但比较高经济水平乡镇（街道）仍显稚嫩。

4.4.4 生态敏感性数据处理与评价

4.4.4.1 生态评价指标计算结果

生态敏感性指标计算内容主要为土地破碎度，根据破碎度计算得到表4-16。可以看出耕地、城乡建设用地斑块数量分别为37897、13595，土地破碎度高达0.752、0.543，高居一二位，是人为活动高度集中的地类。在目前农村土地综合整治、局部规划调整等大多以耕地和建设用地为实施对象，又多以小尺度、小地段式利用和地类置换为主，受人类活动影响直接。园地、其他农用地、交通运输用地和其他建设用地破碎值分布在0.30~0.50，也属土地破碎化较直观地类，这4种地类总面积不大，但分布多零散型分布，受人类经济活动联系紧密，因此土地破碎度较大。林地、水利建设用地、水域、沿海滩涂和自然保留地土地破碎度都小于0.13，沿海滩涂破碎度最小，仅为0.007。除水利建设用地之外，都为自然地类，保持高度的天然自主性，受人为影响有限。特别是杭州湾南岸沿海滩涂广布且多为未开发利用，因此土地破碎度最小。

表4-16 土地破碎度计算结果

地类	斑块数量（块）	总面积（km²）	土地破碎度
耕地	37897	504.09	0.752
林地	647	79.70	0.081
园地	670	17.73	0.378
其他农用地	944	29.76	0.317
城乡建设用地	13595	250.47	0.543
交通运输	1241	25.85	0.480
水利建设用地	141	17.07	0.083
其他建设用地	316	6.98	0.453
水域	1420	112.34	0.126
沿海滩涂	186	270.21	0.007
自然保留地	363	23.62	0.154

4.4.4.2　生态评价指标赋值与空间化处理

近年,研究区人为开发行为日益严重,导致土地需求量剧增,林地、水域、滩涂资源不断蚕食,形成了覆被快速地更替。同时,囿于当前土地利用规划更注重控制性,局域土地开发利用的处理以年度局部调整、一占一补等形式为主,导致土地利用趋于零乱化,破碎度随之猛增。因此本书将土地破碎度、土地覆被情况,结合地质灾害、地质沉降情况作为生态敏感性主要影响因子,实行生态敏感性评价。其中,土地覆被内容以前文所归类的土地二级项为准。而现实条件中生态环境与经济发展大致呈负向关系,生态条件优异区多为自然保护区、天然林地等,发展潜力有限;反之,具备高发展潜力地域多为人为活动高度影响区,生态敏感性较弱。归纳而言,生态敏感性的单因子及整体评价与发展潜力整体呈反比例关系,土地破碎度、土地覆被、地质灾害和地质沉降都为发展潜力评价逆向指标。根据这一规律,本书先后规定非敏感区、低敏感区、敏感区和高敏感区等4个等级,相应地赋值0.1、0.4、0.6、0.9,建立了表4-17指标体系。

表4-17　生态敏感性指标体系及分值

敏感性因子及分值	高敏感区 0.1	敏感区 0.4	低敏感区 0.6	非敏感区 0.9
土地破碎度	0～0.15	0.15～0.30	0.30～0.45	>0.45
土地覆被	沿海滩涂、水域、林地	水利建设用地	园地、耕地、其他农用地、其他建设用地	城乡建设用地、交通运输用地、自然保留地
地质灾害	高易发区	中易发区	低易发区	不易发区
地质沉降	高易发区	中易发区	低易发区	不易发区

基于土地斑块破碎度的计算公式和土地覆被情况,分别统计两者因子结果和赋予的分值,依次将数据链接入ArcGIS各地类属性,按照生态敏感程度完成这两个因子定量分级。另外,杭州湾南岸地质灾害、地质沉降分级图由宁波市国土资源局门户网站提供的地质灾害防治图空间矫正进而矢量化形成。研究区内因自然条件较为优越,无剧烈环境破坏、过度抽取地下水等现象,因此区域内地质灾害、地质沉降现象分布较羸弱、单一,主要为低易发区、不易发区。碍于研究数据所缺,地质灾害防治图分区图限于陆域地带,未覆盖北部海涂区片、西北角余姚河流。但为顾全研究中评价因子评价的完整性、全面性,考虑到滩涂、河流地质灾害、地质沉降现象不显著,故将分区的空白部分纳入不易发生区间内,最终得到图4-11生态敏感性四因子分级。

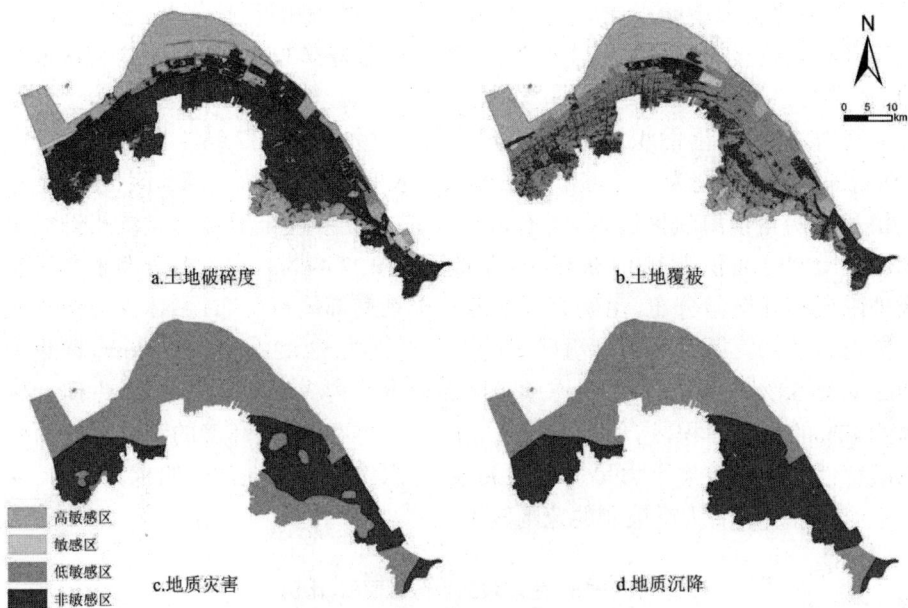

a.土地破碎度 　　　　　　　　　b.土地覆被

　　高敏感区
　　敏感区
　　低敏感区
　　非敏感区

c.地质灾害 　　　　　　　　　d.地质沉降

图4-11　生态敏感性因子赋值分级

　　杭州湾南岸宁波区自河姆渡文化传承至今,人类活动与自然环境互动关系紧密,而现今宁波地区又为浙江省重要的经济增长极点。因人为经济活动密集,导致图4-11的土地破碎度和土地覆被中的非生态敏感性、低生态敏感性占据了相当大部分的面积比重,生态敏感区和高敏感区面积有限,以围绕研究区南、北部分布。另一方面,杭州湾南岸也为地质灾害和地质沉降的鲜见区,地质灾害和地质沉降类型单一,分别为不易发区和低易发区,两者分布区边界基本吻合。

4.4.4.3　生态敏感性评价

　　基于对以上4个指标的空间赋值处理步骤,进一步进行基于GIS技术对不同指标权重的地图代数运算和空间分析,形成生态敏感性的定量评价和可视化表达,运用自然断裂法将敏感性运算分值划分为4个敏感区带,见图4-12。同时,为了更明晰地呈现不同区带面积情况,将栅格运算结果图层(浮点型)经地图代数int运算转为整型,再转为shapfile矢量图层,计算得到生态敏感区的面积和比例状况,见表4-18。

　　由图4-12和表4-18可以看出,研究区的生态敏感性分区具有明显的层次递变性,大致由研究区内部的非敏感区过渡为其外层的低敏感区,最终延伸到南北两端的敏感区和高敏感,构成中心向外围敏感性递增的地理形态;数量上,表现为两头大中间小,高敏感区和非敏感区面积相近,比例都达35%以上,敏感区和低敏感区相对面积较小,两区面积和仅为353.97km²,仅为研究区面积的1/4左右。

其中,非敏感区面积达507.91km²,占研究区比例达37.96%,呈4个集聚区分布于研究区,分别为西北部宁绍平原余姚农业区、北部杭州湾新区、东部慈东区块和东南角镇海城区区块,另有散碎生态非敏感区布于慈溪向杭州湾突出部。低敏感区面积为300.15km²,占研究区面积22.44%。其大多分布于非敏感区外围或相互交错分布,由研究区西北角至东南部均有分布,主体部分位于杭州湾南岸北部。敏感区和高敏感区的面积分别为53.82km²、475.95km²,比重为4.02%、35.58%。明显的是,生态敏感区在研究区内占据着一席之地,占研究区内约40%的土地面积,这也昭示着研究区内的生态、自然环境的重要性。而生态敏感性与土地发展潜力呈反比例关系,生态敏感区占据的比例越大,也反映了土地综合发展潜力受限制的范围较大。

表4-18　生态敏感性分区面积、比例

生态敏感性	面积(km²)	比例(%)
高敏感区	475.95	35.58
敏感区	53.82	4.02
低敏感区	300.15	22.44
非敏感区	507.91	37.96

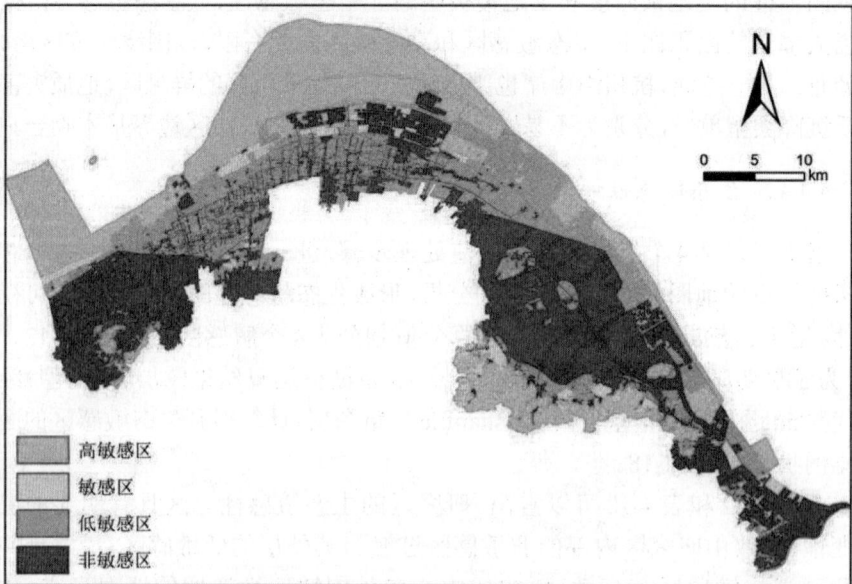

图4-12　土地生态敏感性分区

4.4.5　综合发展潜力评价与分区

　　基于土地空间分布潜力、自然条件潜力、经济水平潜力和生态敏感性四方面评价的基础，利用ArcGIS软件强大的空间分析能力，进一步进行综合发展潜力的分析与探究。利用地图代数将四方面因子计算结果乘以权重，经计算形成生态敏感性的定量评价和可视化表达，运用自然断裂法将土地综合发展潜力划分为4个潜力区，见图4-13。此外，小节将栅格运算结果图层（浮点型）经地图代数int运算转为整型，再转为shapfile矢量图层，按照自然断裂法所分层级筛选计算得到各综合潜力区的面积和比例状况，见表4-19。

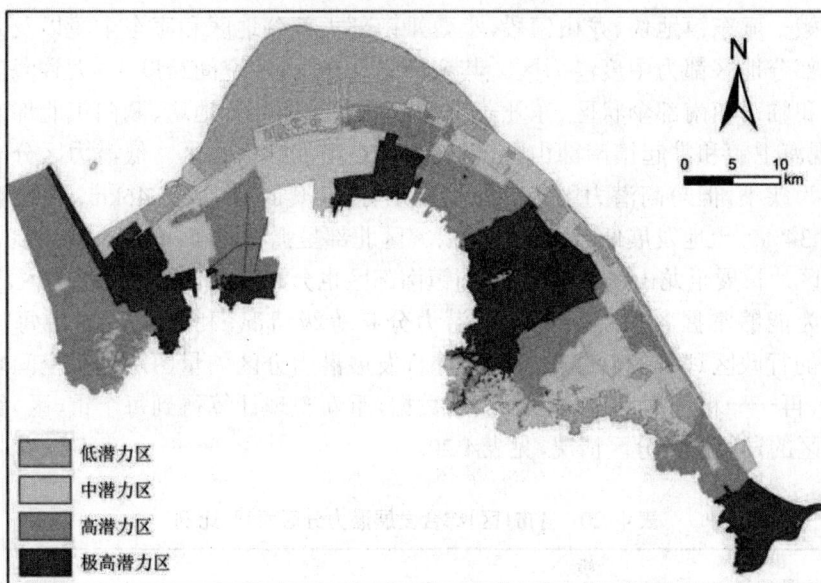

图4-13　土地综合发展潜力分区

表4-19　综合发展潜力分区面积、比例

潜力等级	面积（km²）	比例（%）
极高潜力区	320.29	23.94
高潜力区	387.62	28.97
中潜力区	344.46	25.75
低潜力区	285.46	21.34

　　概览杭州湾南岸土地综合发展潜力评价分区（图4-13）和各自区级的面积、比例情况（表4-19），各潜力分区面积量较为平均，空间分布态势较为直观、明

朗,界限一般较易于判断。具有极高综合发展潜力区面积为320.29km²,占研究区的23.94%。其大多以大板块状分布,大致包括蛟川街道、招宝山街道、崇寿镇、附海镇全境,其间伴随点状其他潜力级区域。此外,周巷镇南部和境内部分道路网、观海卫镇北部大部分区域以及泗门镇大部分地区都属于极高潜力区范畴。高潜力区占据面积最大,占面积和比例分别高达387.62km²、28.97%。高潜力区大致包含黄家埠镇和临山镇北部、周巷镇北部区域、杭州湾新区中部、新浦镇、掌起镇北部和澥浦镇大部分区域。除此之外,在观海卫镇和掌起镇南部山区,高潜力区呈条状向翠屏山区延伸,在龙山镇则以网络式格架连通,延伸至慈东产业园区部分。中潜力区分布面积为344.46km²,占据研究区比例达25.75%。相比较其他区级,中度发展潜力区布局更为零碎、分散,最为集中区为小曹娥—庵东镇地块、龙山镇段,小曹娥南部大部分地区和庵东全境以及龙山镇大部分地区都为中度潜力区。其余部分分布分散,空间跨度大,大致涵盖黄家埠和临山镇南部伞状区、东北部宁波市属海涂地部分地块、泗门镇北部滩涂区、观海卫镇和掌起镇南部山区,以及掺杂在澥浦镇中心区。低潜力区分布面积最为狭小,但与高潜力区级的面积差距有限,其面积为285.46km²,比例也占据21.34%。土地发展低潜力区环以研究区北部呈弧状分布,西迄小曹娥镇北部滩涂区片扩展至龙山镇北部区,龙山镇南部区也分布相当一部分低潜力区。

为能够掌握各市(区)的土地潜力分布等级情况,利用ArcGIS中每个市(区)的行政区划矢量界线与研究区综合发展潜力分区矢量图层进行空间叠加分析,再一一精选每个市(区)各级别数据,重新整理计算得到每个市(区)级别行政区的发展潜力分区情况,见表4-20。

表4-20 各市(区)综合发展潜力分区面积、比例

潜力等级	余姚		慈溪		镇海	
	面积(km²)	比例(%)	面积(km²)	比例(%)	面积(km²)	比例(%)
极高潜力区	75.19	26.86	193.98	20.26	50.97	50.69
高潜力区	136.65	48.82	211.25	22.07	39.54	39.33
中潜力区	57.27	20.46	278.06	29.04	9.84	9.79
低潜力区	10.79	3.86	274.09	28.63	0.20	0.21

3个市(区)的潜力级区分布情况存在较大差异,主要表现为:①余姚市所属4个镇高潜力区面积占绝对优势,占据面积比例达48.82%,接近4个镇面积的50%,而低潜力区仅为3.86%。4个潜力等级区间面积偏差较大,区级分布不平衡。②研究区内慈溪市的4个潜力等级区占据面积较为相近,处于20%～30%的数值区间内,面积最大值与最小值之间所占据的比例差也仅为8.78%,相较余姚市和镇海区更为均衡。③由于研究区内招宝山街道、蛟川街道都为镇海区石化、

炼化产业以及对外港口、物流的中转站点,是镇海经济最为发达区。因此这也在一定程度上影响了镇海区内部由极高潜力区面积向低潜力区逐级递减的局面。

4.5 基于发展潜力分区的海岸带土地利用模式

杭州湾南岸海岸带独特的地理区位、发达的经济发展水平、悠久的土地开发历史、严峻的生态保护形势等一系列因素都决定了杭州湾南岸土地利用模式构建的复杂性,如何根据潜力评价及其分区情况,并针对不同区域实情差异赋予相应土地利用模式,以达到科学性、客观性成为本章亟待解决的要题。本章借构建土地利用模式的原则和依据以交代笔者对于构建土地利用模式的思路框架;在此基础上,以市(区)级为构建单元,依次从空间结构、类型结构、管理控制3方面入手详尽地剖析单元内部的土地利用模式分异(朱光明 等,2011)。

4.5.1 海岸带土地利用模式构建原则与依据

4.5.1.1 海岸带土地利用原则

杭州湾南部沿岸区土地后备资源充足,经济开发空间充裕,但是其也是一个脆弱的海陆交替的复合生态系统,如何科学、合理地利用这丰沛的海岸带土地资源是该区域可持续发展的难题。科学、有效的土地资源开发着实有力地推动海岸带系统的生产能力,并能够持续向人类提供足量的农业产出,提高经济效益,丰富人类生产生活,进而推动区域人类发展层次。相反的,粗放式、过度地以经济为目的的土地资源开发,轻则衍生环境污染问题或导致生态环境恶化,重则阻碍甚至破坏海岸带系统的生产力。如滥围海滥造田、盲目垦殖滩涂等行为不仅难以实现增加耕地提高农业产值的目的,更会引致湿地水分涵养、自然气候协调的功能;滨海城市、旅游的发展提高了海岸带人工化,减弱了抗自然灾害能力。自改革开放以来,宁波在开发沿海土地资源取得了骄人成绩,但也有大批前车之鉴值得铭记,杭州湾南岸滨海区湿地持续"缩水"和生态非物质产出大幅降低正是区域广泛的城镇建设和产业发展的结果(任丽燕等,2008;李加林等,2005)。因此,杭州湾宁波段滨海土地资源开发利用应在遵循生态环境得到切实保护的前提下,按照因地而异的理念,进行多方位地综合规划,宜农且农、宜养则养,开发片区、巩固片区的滚动开发形式。

(1)综合利用原则

任何一个地区的土地资源内部属性和外部条件都是非均质性的,每个区块都保持着自身特点,适宜性程度也存在较大差异。因此在土地开发过程中因地制宜是达成土地综合利用的关键步骤,不同地块分配不同利用方式,进而构建适宜不同区片土地资源的利用模式。故而在土地利用模式规划与建设中,避免"一刀切"的利用方式,应注重分区土地利用附着的不同优势和限制性因素。同时,区域土地整体是各区块子系统内在联系而构成的有机整体,每个子系统被赋予不同的功能和机理,合理、科学地分区利用土地资源,有助于发挥小范围区域土地的生产潜能,进而强化整个区域系统的调节能力和稳定性。

(2)高效益利用原则

历史时期的海岸带土地利用活动大多以"生存"为基本目的,至近代则可理解为以人类"发展"为目标。近20年以来,发展是硬道理的思想深深植根于我国人民脑海深处,事实也证实了海岸带土地的开发给予了我们充足的物质价值。在市场经济背景下,有必要将海岸带土地资源开发视为一种商业投资行为,以获取丰厚的经济效益为目标。因此,根据土地特点和外部经济条件构建适宜的土地利用模式助力加速土地的经济效益产出。另外,海岸带土地资源开发不仅需要资本、劳动力和科技投入,而且更应按市场需求调整产业结构。

(3)生态环境协调原则

区域可持续发展是经济效益、社会效益和生态效益的综合协调运作,目前海岸带建设所反映出以经济利益为目标的问题严重地偏离了可持续思想主旨。可持续发展的实质也可解读为是土地利用与生态环境协调发展的范式,协调生态环境与发展的关系是可持续发展的要义。土地资源是自然的宝贵产物,土地的利用势必与周围生境产生互动,形成正负外部性影响,为最大程度地减小土地利用过程中对环境的负面影响,自然保护区、生态分区、湿地涵养等重视生态非物质价值产出的举措势在必行。

(4)立体、多层次利用原则

海岸带是一个垂直立体空间,由水域至陆地再到丘陵,分别经历了由海平面以下至山地系统的转变。各种生产活动和生物资源分布于不同的空间分布位置,呈立体配置形态。土地资源开发应全面权衡空间高度、水域深度,将土地生产活动和土地附着的生物资源科学地分配到不同的空间尺度中,不仅能够充分地利用热量、光照、降水等自然条件,且能够达到土地集约利用的目的,达到"物尽其用"的功效。

4.5.1.2 海岸带土地利用模式构建依据

杭州湾南岸宁波段海岸带区地跨两市一区，研究中包含了17个乡镇级评价单元，复杂的自然—社会—经济—生态系统引致区域土地利用差异显著。研究中构建符合区情的土地利用模式主要从以下几方面依据为抓手：

（1）国家、省区和市县各级制定的法律法规是构建土地利用模式的基础，为制定合理、高效的土地利用方式提供了指导。国家层面法律法规，如《中华人民共和国土地管理法》、《中华人民共和国环境保护法》等；海岸带所涉及的余姚市、慈溪市和镇海区的国民经济和社会发展规划，包括三个市（区）的"十二五规划"等；另外，土地利用规划、功能区划等为土地利用直接提供了直接借鉴意义，具体包括《余姚市土地利用总体规划2006—2020年》、《慈溪市土地利用总体规划2006—2020年》、《镇海区土地利用总体规划2006—2020年》、《浙江海洋经济发展示范区规划》和《浙江省海洋功能区划》等。但我们也应认识到，目前施行的土地利用规划、功能区划大多以满足社会经济发展需求为编制的优先考虑项，轻视了区域统筹的概念；且以传统的土地价值观念看待土地，忽视了它所包含的生态服务、文化传承、生命载体等功能，这也使这些法案借鉴意义大打折扣。因此，在局部地域土地利用上，研究以"反规划"的思想优先考量生态系统区的建设，进而形成海岸带土地利用模式的构建框架（俞孔坚 等，2009）。

（2）土地潜力的评价和分区是研究中构建土地利用模式的基础，综合土地空间分布格局、自然条件、经济发展和生态敏感性4因子指标的潜力评价明确了土地利用模式的宏观选择、发展的先后次级、土地类型结构等方面内容（表4-21）。整体上，高度综合发展潜力地区均为研究区中土地空间分布、自然条件和经济发展水平优异地域，生态敏感性也较弱，适宜城镇化、工业化和高度的人类经济活动的开展，对生态影响也较有限；反之，发展潜力羸弱区生态敏感性较强，综合而言限制经济发展的因素也较多，是以经济效益为目标的土地利用模式的"谨慎"布局区，却是适宜生态系统和自然环境自我生长、调节的乐园。基于笔者对发展潜力等级与适宜广泛布局的地类的联系的理解，配以实际区情和土地利用需求为基础，以"土地潜力评价"为核心对杭州湾南岸科学、符合实际的土地利用模式的空间结构、类型结构进行深入探析。

表4-21　潜力等级与地类分布联系

潜力等级	简要说明	主要布局地类
极高潜力区	适于高强度土地开发，便于高效益产业布局，环境人工程度高，为高度经济正效应区	城乡建设用地、交通运输用地、耕地、园地
高潜力区	适于一定强度土地开发，土地经济效益较好，生态敏感性弱，为经济正效应区	城乡建设用地、交通运输用地、水利建设用地、耕地、其他建设用地、园地

续表

潜力等级	简要说明	主要布局地类
中潜力区	局部地区适于土地人工开发，经济效益粗放，生境脆弱，为双向效应区	耕地、林地、园地、水利建设用地、其他建设用地、交通运输用地
低潜力区	不适宜土地的大规模人工开发，自然环境和公共设施占主导，为生态正效应区	沿海滩涂、自然保留地、水域、林地、其他建设用地、其他用地

（3）实地考察、踏勘是地理学基本研究方法，也是本书研究的重要信息收集的基本手段。研究区东西、南北两个方向跨越尺度甚广，土地利用情况也趋于多样化、复杂化。以第二次全国土地详查更新数据、Google地球、网络信息等途径探视研究的土地利用方式、条件等势必存在不全面性，难免存在"管中窥豹"之嫌，无法深入透视研究区内不同区域的土地利用模式的本质。因此，笔者通过实地调查，在获得大量的第一手资料的基础上，以更小的尺度呈现不同区域土地利用的实际现状，辅助土地利用模式空间结构、类型结构、管理控制内容的分析与探究。

（4）土地利用与区域产业结构发展、布局紧密联系，良性的互馈作用促进土地利用的高效化、合理化，也将刺激产业的腾飞，形成产业结构转移、升级等。研究以查阅、整理大量历史文献为前提，并以学术研究为铺垫，深入了解并掌握余姚、慈溪和镇海的产业现实发展态势、产业历史布局和演变、文化传承等内容，进而辅以分析研究区内典型地域土地利用模式中关于土地类型结构和管理控制内容，达到土地利用模式的时效性和历史连贯性。

4.5.2　余姚——"乡村、田园式"土地利用模式

余姚市所属的黄家埠镇、临山镇、泗门镇和小曹娥镇特殊的区位和产业发展背景决定了它们在海岸带土地利用中的特定区域功能，根据土地发展潜力的空间差异条件，结合区域在宁波所发挥的功能和任务定位，本文从空间、类型结构、管理控制三部分内容入手阐述杭州湾余姚段岸带的土地利用模式。

4.5.2.1　土地利用空间结构模式

应于杭州湾海岸余姚段的发展潜力等级和地类分布特征，宜采用一核，多乡村、多农地组团，"黑白分明"式空间结构分区。一核指以泗门镇镇区为区域发展核心，多乡村、多农地组团则指因区域内村镇和耕地呈散块状交杂，集聚整

合成为趋势。"黑白分明"相对过渡一词而言,借指地域内空间分布的耕地与村镇用地两者具有明显的排他性,鉴于两者不同功能、内容,划分界限势必泾渭分明,混杂、交错式则有欠妥当。

研究区高速的工业化、城镇化进程伴随经济发展要素的重构和交互作用,势必引起乡村空间的重构,主要体现在:生产空间、生活空间和生态空间的重构(Long,2014)。根据这一理念结合研究区概况重组土地空间结构,见图4-14。

B/C/②

原耕地　原耕地　原耕地
原耕地　原耕地
原耕地　原耕地　原耕地
A/C/①

B/C/②
向城镇迁并

城镇区

A/C/③

工业园区

B/C/②

A生产空间重构　B生活空间重构　C生态空间重构
①农用地治理　②村庄治理　③工矿用地治理
乡镇　　　整治后耕地　　　乡镇工厂
原耕地　　　村庄　　　　　道路

图4-14　乡村生产、生活和生态空间重构模式

根据图4-14所呈现的内容,研究区亦可从耕地空间结构、乡镇用地空间结构和工矿用地空间结构方面入手,实行空间形态的转型与升级。

首先,耕地的空间形态整合,余姚段耕地虽为高标准农田集中区,但破碎的空间性状是制约农业发展的重要因素。余姚段北部和南部广泛地分布着耕地区,其间也多掺杂着零散且不具规模的农村居民点分布,这一现象也是宁绍平原农业区的现实写照。区域良田广布,但人均耕地面积有限,耕地破碎度高;农村居民点依耕地而建,呈小规模组团化。而余姚市制定的海涂拓展规划围垦约74km²,泗门镇北部率先完成并作以耕地,若发展成为以上"耕地、农村夹杂式"则降低了其效益。通过实施农用地治理,建设连片的大规模高标准聚集基本农田区,利于实现农业的规模开发,而配套发展农业生产基地更加发挥农业的优势。

其次,对"散、乱"的农村居民点进行迁并。中国的农村居民点多为"天女散

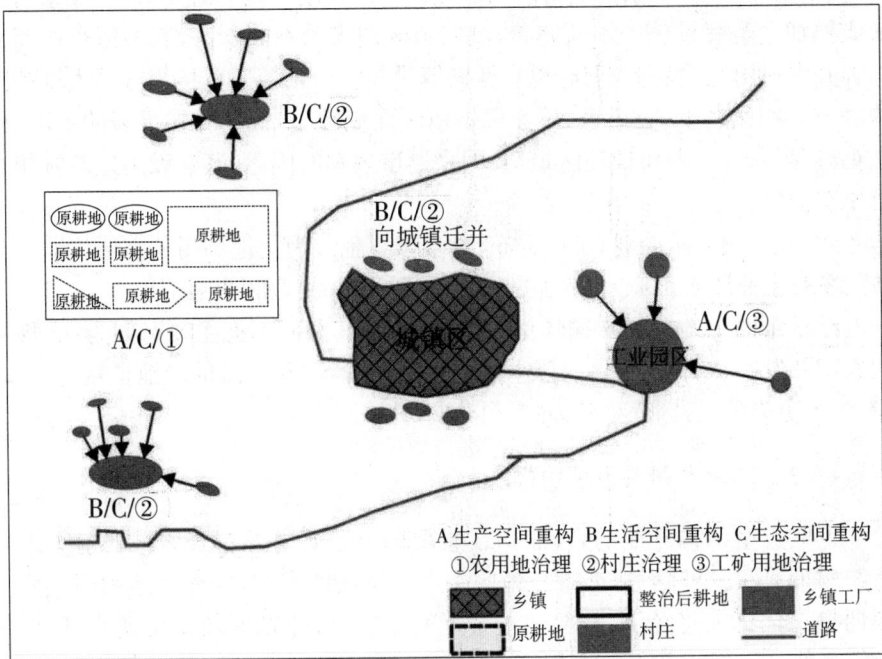

花"式布局,随意性、紊乱性强,将散步于平原中的村庄向泗门、临山镇区以及较大规模的中心村迁并,达到生活空间和生态空间重构的效果,也为耕地整治(即生产空间)预留了转型空间。土地发展潜力评价结果显示,除部分区域外,基本上呈现:泗门镇为极高潜力区,黄家埠、临山镇为高潜力区,小曹娥镇为中潜力区。区域的潜力等级与当前4个镇区的建设用地布局和发展次序的步调是一致的,为泗门镇>黄家埠镇、临山镇>小曹娥镇。泗门镇作为余姚市乡镇经济龙头、交通要塞,如马车承担着对周围乡镇的经济拉动作用。近年,产业体系的不断成熟加之配套设施的不断完善,泗门镇区规模的不断膨胀,其规模存在西北向吞并农村用地的趋势,同时也有西向挺进与临山镇镇区联接为区域大城镇团的潜质。相比之下,临山镇、黄家埠镇镇区面积较小,尚不存在显著的镇区"鹤立鸡群"现象。小曹娥镇镇区最小,因余姚市规划的因素,其建设用地向杭州湾沿岸靠拢。

此外,余姚乡镇企业、工厂遍布,合理安置也成为土地利用的重要议题。分散的乡镇企业迁入工业园区,加剧产业的集聚,形成工业园区组团。

经重组的土地空间结构体更为清晰明了,其空间形态主要可归为:大规模的农田开发区、农村组团区、建制镇区(包括工业区)和零散的山地自然区等,功能、内容更为独立,因此称其为"黑白分明"式。

4.5.2.2　土地利用类型结构模式

土地类型结构分配的合理与否,重要的它是否能够符合区域目前土地利用结构形势和发展趋势,亦维持地区生产力持续的发展,因此土地利用类型结构调整与优化须将经济、社会效益置于衡量首位,兼顾区域发展现状、历史传承等条件。

余姚段的潜力等级分带和经济效益性地类分布现状存在高吻合度。4镇的所占土地利用高潜力、极高潜力区级别面积占据了大范围地域,占75.68%,根据表4-21可知研究区土地可开发条件优异且适宜土地利用方式多样,如城镇扩张、产业园开发等。然而,余姚市北部段在历史时期即为浙江省的农业重心,早在1158年朝廷诏曰"浙西沙田芦场,官户十顷、农户二十顷以上,并征纳租课"(张炳生,1990)。经分析,该地区为浙江省土壤环境综合质量优等区,如今业已成为种植业、家禽、淡水产品等优势产业构成的创汇型农业区(卫新 等,2005)。同时,权衡4个镇区的耕地、村镇用地现状(表4-22),4个镇耕地都占据了较大比例,为用地的主要构成成分,村镇用地面积次之,但也为地类的重要构成要素。面积和比例的构成状况也是支持余姚段"乡村、田园式"土地利用模式的佐证之一。诚然,以农业用地为主构架的结构形势是维持区域可持续发展的基本途径。

表4-22　余姚段耕地、村镇用地面积和比重

乡镇	耕地		村庄		建制镇	
	面积(km²)	比例(%)	面积(km²)	比例(%)	面积(km²)	比例(%)
黄家埠镇	23.64	40.54	7.88	13.51	0.69	1.18
临山镇	23.91	27.20	7.48	8.51	2.46	2.80
泗门镇	43.06	50.75	12.22	14.40	6.29	7.41
小曹娥镇	23.67	48.46	7.95	16.28	0.39	0.80

在余姚段海岸带中,耕地是主体,维持耕地占据行政区陆域面积比重的50%~60%,是欲达到现代农业的建设步伐推进和经济的顺利发展的基本模式。目前,4镇耕地面积占据陆域土地的50%左右,伴随海涂的农业开发,耕地面积有望持续上升,这也为该地区的农业现代化发展注入了活力。作为"乡村、田园式"土地利用的另外一个基本元素——村庄、建制镇,也是余姚段土地利用重点。结合潜力等级情况和村镇用地现状,两者基本保持统一发展步调,极高潜力等级区村镇建设用地面积大,而中潜力等级区村镇用地面积偏小,表明村庄、建制镇的用地结构现状属良性形势。但须注意的是小曹娥镇滨海新区的开发使滨海乡村规模急剧扩张,这也是该区域的中等潜力级相悖的部分。

4.5.2.3　土地利用管理控制模式

作为宁波市重要的农业区,管理控制以围绕着"农业"开展,属于农业开发与整理并重的管理模式;控制耕地规模,适度围垦滩涂施以农业利用,是土地管理主要任务;对分散的村庄和耕地整治,是亟需解决的重要管理问题。

主要措施为:极高潜力区和高潜力区,即泗门、临山和黄家埠镇,其功能为高效益农业生产和乡镇生活生产区。农业生产方面,针对破旧自然村、空心村等进行村并村、村变镇式组织整合;按照"田成方、树成行、路相通、渠相连"的标准开展农地整理,构建大规模的高标准农田连片区,改变以往耕地细碎且不适宜大规模农业机耕的局面(龙花楼,2013)。在乡镇的土地利用上,基于潜力等级状况,构建以泗门镇为核心,黄家埠、临山镇为次核,众多乡村组团为外围端的姚北城镇带;对劳动密集型、农业依赖性强的产业宜分布于镇区周围、农村地域;而高新技术型、资本投入型则适合于迁入工业园区,如泗门、临山两镇镇区现已形成了多门类、综合效益高的产业集聚群。中潜力区和低潜力区主要为小曹娥镇、北部滩涂。考虑到随着综合潜力的下降,生态敏感性随之增高,区域不适宜大规模的土地开垦、整治。重视耕地质量,治理农业公害,提高农地产出量和维持生态环境成为该分区的重要任务。在滩涂利用上,滩涂区面临着不断被耕地蚕食的态势,遏制滩涂的耕地化显得至为关键。泗门镇和小曹娥北部滩涂

区多为中、低综合潜力区,对于土地经济开发的支持力度有限,而且生态环境较为敏感、脆弱,滩涂的人工化将打破生境的平衡。这一区域土地应适当控制,培养水分涵养区,发展淡水养殖,提升沿岸防灾抗灾能力。

4.5.3 慈溪——多方位、多功能组合式土地利用模式

慈溪岸段跨度长,是杭州湾岸带的主要构成部分。经前文潜力评价所提供的潜力等级区分异信息显示,慈溪段的潜力分区复杂,不同段地区土地利用方式也千差万别。鉴于以上因素,针对慈溪岸段依次构建了生态涵养功能区,环中心区城市延伸带,杭州新区城镇建设圈和慈东工业园区等5种土地利用模式,见图4-15。

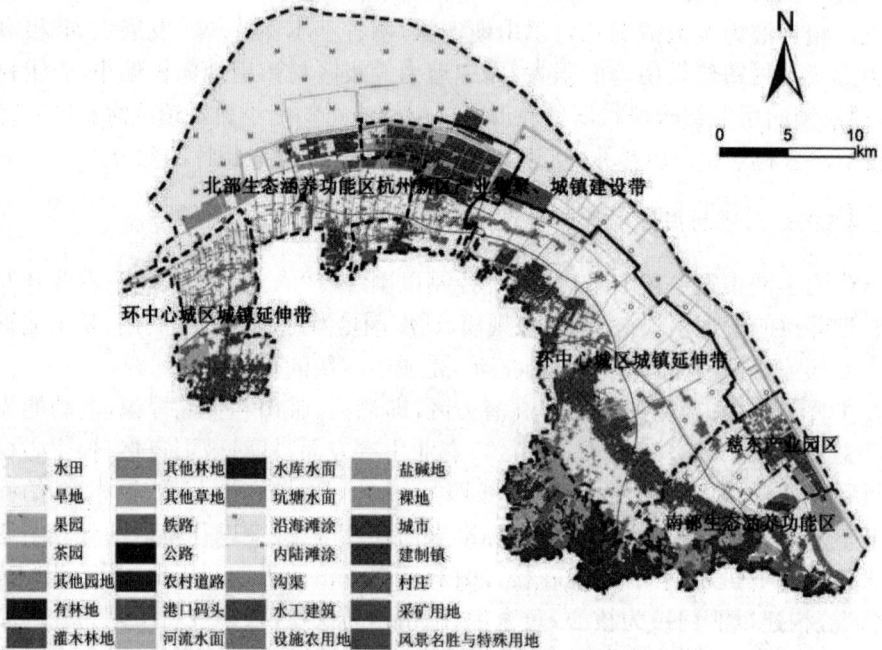

图4-15 慈溪土地利用模式分区

4.5.3.1 土地空间结构、利用结构模式

(1)杭州湾湿地生态涵养区

杭州湾湿地生态涵养功能区是由发展潜力评价所评析得到中低层次的土

地发展潜力等级区组成的结构体,且受困于高生态敏感性的限制,难以进行经济性开发与利用,坚持以自然养护、减少人为干涉为指导主旨的开发理念是该区土地利用关键。

区域涵纳了庵东镇和宁波市属海涂地,布局范畴由慈溪西端延绵至慈东产业园区,呈帽子状扣于研究区。应于慈溪多段式土地发展潜力和生态敏感性特征,本区可建立"整体分段式,局部大组团式和渐进式并进的泛空间式"的空间模式。泛空间原指建筑与外部环境的过渡空间,达到室内外和谐相融。研究中借指介于土地发展潜力和生态敏感性级区不同性能、内涵的空间之间的过渡地带。

整体的空间组织把握东西分段式,依据因地而异、分段构造的布局理念构建合理景观格局。杭州湾湿地生态涵养功能区东西横跨7个乡镇行政单元,西段以村镇—耕地—坑塘水面——沿海滩涂由南向北呈层式并存,东段为耕地——沿海滩涂滞留区间杂式布局。东段沿岸遍布耕地斑块团,滩涂多被分割成为散状滞留区,以适度围垦原则外扩建立耕地的延伸带;配以条、带状的河流、坑塘分隔带,建设纵横交织、设施完善的沟渠网,形成东段具有高效生产价值的耕地斑块集群。西段则秉持渐进式泛空间式过渡思想,采用集约型面状开发模式建设庵东南部乡镇区,配合北部耕地的大规模连片开发,完善基础设施建设,保证经济的高速运作。加之介于沿海滩涂和耕地之间的坑塘水面、水库水面狭长带的缓冲作用,面—线—面式结合,人文景观与自然景观结合,人为开发活动密度逐步下降,直抵低潜力级沿海滩涂限制开发区,形成纬度向泛空间结构。因此,在"分段式构造,组团式、泛空间式并存"的空间结构背景下的湿地涵养区,沿海滩涂、耕地和围海农垦为主构成地类,外加河流、坑塘、水库水面等自然地类,构成了区域生态有机体(图4-16)。

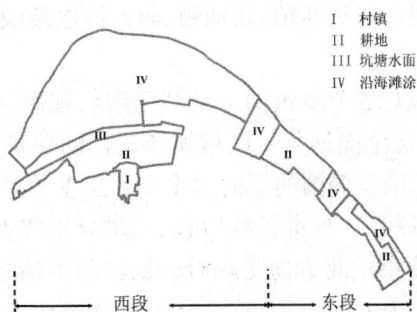

图4-16 杭州湾湿地生态涵养带空间结构

(2)翠屏山林地生态涵养区

翠屏山林地生态涵养区西迄观海卫镇南缘沿翠屏山脉延展至慈溪镇海交界处,涵盖除慈东产业园区外的龙山全境和掌起镇,观海卫镇南部。如杭州湾湿地生态涵养区,地区领域主要由中发展潜力区和低发展潜力区填充形成,因此土地利用则集中以生态正效应式为宜。

通过土地利用规划和现状分布观察,翠屏山生态涵养区的土地利用空间结构可以阐释为"一区、两翼"为躯体,河流、道路为脉络的空间结构体系。一区指由南端龙山镇区经三北片向范市伸展形成的龙山乡镇带,位于中度土地发展潜力区;两翼分为南翼和北翼,南翼为大规模连片的翠屏山林区间杂湖泊、水库群,北翼为大组团式的耕地、滩涂和人工坑塘分布。杭州湾大通道、329国道、沿山线及河网等交汇形成了整个区的脉络。

翠屏山生态涵养区的空间结构建设宜采用旅游—生活—生产的三带分立的空间建设形式。生活居住带,以龙山—三北—范市中部核心区为建设重点,完善配套基础设施体系,建设环境宜人的生活区;南翼生态旅游带依托翠屏山林区生态屏障,配以系列天然湖群和水库为点缀,形成山、湖、林为特色的生态旅游娱乐区;北翼,为耕地、水产养殖等农业生产带。最终形成南北向由旅游带经生活带过渡至北部农业生产带,构成三带层叠状结构。因此,其土地利用结构可根据空间模式推断得出,分别是由南部连绵不绝的林地,北向穿越乡镇建设用地区,至北部耕地片区,滩涂、坑塘湿地区。但随着慈东产业区块的外延,龙山镇滩涂、坑塘水域区面临着被吞并、重新规划的风险,故在短期内区域将存在急剧缩减的形势。

(3)环中心城区城镇延伸带土地空间结构、利用结构模式

环中心区城镇延伸带,整体上以慈溪市区为外扩核心,分别向东、西两个方向延伸,构成以环绕慈溪城区主体,呈多个城镇组团集结与城区联结形成城镇带;城镇带北部集中了大片区耕地。规模界线遵循极高、高发展潜力分区状况和土地利用现状,范围包括周巷镇、新浦镇、附海镇以及观海卫镇和掌起镇的中部、北部区域。

在空间结构上,仅以5个乡镇的土地利用现状视阈来观测空间结构显"只见树木不见森林",无法全面地剖析区域城镇延伸的性势。故研究结合慈溪城区的城镇布局,借助标准差椭圆的空间测度方式加以考量大尺度视角下城镇的空间表现形式和区域联系。标准差椭圆长、短轴分别代表城镇分布的主要、次要趋势方向,旋转角度指正北方向与顺时针旋转的主轴之间的夹角,即城镇展布的主要方向(Fischer 和 Getis,2010)。经 ArcGIS10.0 空间统计模块的方向分布工具分析,得到环中心城区的城镇带情况(图4-17)。

虽无法预测慈溪中心城区的发展趋向,但从图中可明确地观测到环中心城区的城镇和中心城区的密切关联及空间组织性状。显而易见的是,围绕慈溪中心城区为中心,打造向心式的城镇带建设空间结构是本区土地宜采用的空间模

式。椭圆基本以横向分布,呈与正北方向100.09°的夹角倾斜,西部城镇带经慈溪城区贯穿与东部城镇体相通,构成东西向的延伸式构造。自西向东分别为,周巷镇区是极高土地发展潜力区,可与慈溪中心城区紧紧相连;中部为慈溪中心城区;东部为观海卫、掌起镇城镇带,经慈溪西城区走廊与中心城区链接;东北角为新浦—附海城镇带。此外周巷镇北部的城乡用地组团业已初显雏形。中心—外围圈式的城镇体系分布,为构建以中心城区为核心的泛慈溪城镇带提供了完备的发展条件。

观察环中心城区城镇延伸带的土地利用结构,耕地和城乡建设用地为构成主要地类,5个镇北部均为广博的耕地分布,南部为城乡建设用地密集区。

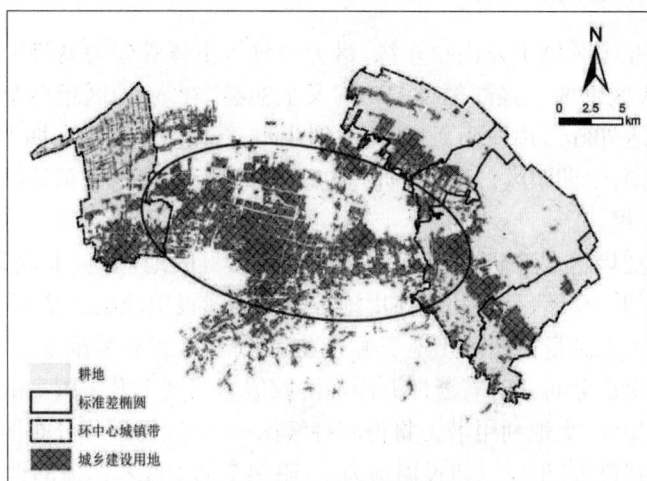

图4-17　城乡用地标准差椭圆和城镇延伸带分布

(4)杭州湾新区城镇建设圈土地利用空间结构、利用结构模式

杭州湾新区城镇建设圈泛指西起庵东镇农垦场,东至新铺村水云浦江,南至七塘公路,北境至杭州湾海岸线处的广大区域,这是杭州湾大区城镇总体规划所划定的范围界。研究中杭州湾城镇建设圈仅包含杭州湾新区行政区(2012年度第二次全国土地详查更新数据划定)和崇寿镇,分别对应为潜力评价所得的土地发展高潜力区和极高潜力区。杭州湾新区城镇建设圈地处我国长三角经济圈战略节点,处于沪杭甬经济圈的几何重心,西倚杭州湾跨海大桥,南邻宁波—舟山港,具有优越的经济发展优势。

杭州湾新区土地利用空间结构可采用"集约化、层带堆叠式"空间模式。崇寿镇到杭州湾新区自南向北,分别是毗邻慈溪中心城镇圈的崇寿镇农村、乡镇密集区,穿过崇寿镇的连片耕地带,达到最北部杭州湾产业集聚区,大致呈乡镇区—耕地—产业园的三带垂直型土地利用空间格局。土地开发强度总体上以集约化为宗旨,采用面状高强度形式,对杭州湾新区的高潜力区的采矿用地、闲置地等进行开发,构造纯正的杭州湾产业区。对于崇寿镇的乡镇和耕地带,同以高集约化式利用方式,兼并和整合"小、散、乱"的农村居民点和耕地,使两者达到"汇小聚大""以点成面"的空间形态。

基于对杭州湾新区城镇建设圈"层带堆叠式"空间模式的认识,城镇、农村居民点和耕地显然是该区土地利用结构的主要组成地类。但杭州湾新区的土地承载力仍有进一步的挖掘空间,除城镇用地基质外,至今保留着坑塘水面、草地和河流等自然地类。

(5)慈东产业园区

慈东产业园区位于龙山镇东缘,潜力评价得主体骨架为高潜力区,与周围中、低潜力级区形成了强烈的反差。广义上的慈东产业园区指慈东滨海区,产业园区面积达70km²,由龙山新城、科技创业园、石化产业园等五期工程组成,其中已完成一期、二期园区22km²。研究中慈溪产业园区指慈东滨海区建成部分,即一、二期工程。

慈东产业园区是宁波地区企业和产业转移目的地,肩负工业集聚区的功能,因此以工业、仓储、交通和居住用地等组成的建设用地集团是园区主要土地利用结构。考虑到目前园区土地资源开发尚未饱和,仍有足量零散的滩涂湿地与建设用地交错分布。随着浙江海洋经济发展示范区上升为国家战略后,园区的建设步伐加快,土地利用潜力将得到持续挖掘,园区内散碎分布的滩涂、农村居民点将得到整合,形成以建设用地为主,附加交通干线和河流的地类结构。

空间结构上,依据工业集聚功能,宜采用"大集团、小聚区"思路对园区进行空间组织。集约利用是我国工业用地利用的主流取向,引导工业向园区抱团、紧密式集中布局,刺激产业释放集聚效应,整体形成"大集团"形态的项目集聚型工业用地集约利用的模式。以结构化、小尺度视角来解析慈东产业园区,产业区又被河流、交通干线等线性因素切割为众多网格状企业布局,而工厂、企业、仓储用地等又多趋向相似部门汇聚,形成"小聚区"式的空间结构。

4.5.3.2 土地利用管理控制模式

(1)杭州湾湿地生态涵养区土地管理控制模式

作为浙江省海洋经济发展示范区和海洋功能区划的重点建设区块,土地利用的管理控制模式是杭州湾南岸湿地生态涵养区土地利用的重中之重,"生态涵养"是管理控制的目标,坚持减少人为干涉、维持自然作用、保护自然区域为贯彻管理控制的主导理念,进而形成湿地生态涵养区的管理控制模式。

其主要措施分别为:北部潮间带即土地低潜力区,也是研究区中敏感性最强的地域,浙江省海洋经济发展示范区规划和浙江省海洋功能区规划皆将杭州湾湿地区归为重点规划区,将其归为海洋保护区亦或保留区。相对经济效益,该区域的生态环境、社会效益是浙江省其余地区最具不可比拟的优势。调查显示,杭州湾及钱塘江河口南岸滨海湿地共有鸟类16目52科220种,仅候鸟即有173种,涉及冬候鸟92种,旅鸟48种,夏候鸟28种和迷鸟5种(蒋科毅等,2013),但这仅仅是湿地生物资源的冰山一角。但毫无疑问的是,鉴于滩涂区为生物群落重要的栖息地,应禁止一切生产性用地的占用,首当其冲应遏制杭州湾新区的建设用地西扩。优先考虑滩涂湿地、河流水系、生态走廊等生态系统构成的空间布局,强调生态基础设施的兴建,而工业化与生态涵养的相互排斥性要求滩涂的建设后退线必须控制在有效影响范围之外。在滩涂和陆域过渡领域,即海涂水库和芦苇水塘带,土地利用以监管控制为主,给予生物以更广阔的生存空间;并以其与陆域耕地界线划定滩涂保护区界,充分发挥其自然保护区的缓冲作用。东部耕地—滩涂围垦区采用控制模式,围垦是影响生物资源分布最为强烈的人为干扰活动,控制围垦程度和垦后土地利用方式,抑或提高区域的生物多样性水平;加强对围垦滞留区、河流的水位的合理调控,将利于打造围区的人工湿地系统。

在不影响区域生境的环境条件下,旅游、休闲娱乐等新式利用方式亦为湿地生态涵养区所提倡。目前,位于区域内杭州湾跨海大桥西侧已建成总面积约43.5km²杭州湾国家湿地公园,它是集湿地恢复、环境教育等功能于一体的生态旅游地,而其中庵东滩涂被列为中国重要湿地名录。同时,庵东段和东部海涂围垦段,把握适度控制原则,提升水源涵养条件,发展优质水稻种植业、瓜果种植和坑塘、水库淡水养殖,使农业和生境和谐共存。随着湿地科研的发展,杭州湾滩涂带俨然已成为生态学、生物学、地理学等领域的研究门户,是发展学科研究的野外调查、自然采集的重要场所;相继成立了一系列针对海洋滩涂、滩涂经济等研究机构,如国家林业局的杭州湾湿地生态系统定位研究站、宁波大学的浙江省海洋文化和经济研究中心,其研究成果斐然。

(2)翠屏山林地生态涵养区土地管理控制模式

作为杭州湾南岸海岸带最重要的林区,翠屏山林地生态涵养区土地利用以保护为首位,开发为其次的路线进行管理控制。保护林区、水源区的生态协调为主要任务;调和城镇和自然区的旅游业开发,是土地管理模式须重点解决的问题。

其主要措施为:南部翠屏山林区多为低土地发展潜力区,其功能为饮用水源地和风景名胜区,应采用生态管制为管理主旨对区域进行调控。减少大规模的旅游设施开发,围绕达蓬山、伏龙山,窖湖、凤浦湖、灵湖构成的"两山三湖"自然风光群,配以里杜湖、长溪、白洋湖等水库群,打造翠屏山自然旅游休闲区。在不影响生态环境基础上,开发苗木种植、果林培育等绿色经济。中部城镇核心区,因南北两部分别为生产功能区和生态功能区,限制了其外扩发展,且中心区基本处于中度潜力区,城镇化、工业化的条件亦有限,因此土地管理以监治引导、内部建设为主。重点承担生活居住、公共服务功能,牵动旅游服务业、商贸等为核心的第三产业发展,形成生态型、绿色型的经济发展。在北部中、低发展潜力混合区,主要是耕地作物区,土地管理控制应以监治为主,即监督管理基本农田的使用,保质保量、提高效益,凭借慈东产业园区和镇海石化区边缘的区位优势,发展绿色型的城郊农业。沿岸坑塘水面、滩涂组成的湿地带,多为低发展潜力区,土地利用管理以监管控制模式为主,控制城镇用地、产业园区向该地区的扩张,确保翠屏山生态涵养区沿海岸段的水源涵养条件和陆海生态系统的协调发展。

(3)环中心城区城镇延伸带土地管理控制模式

城镇迅速的外扩步伐,"摊大饼"、无序现象严重,科学地引导城乡用地的扩张和有效地布局农业生产是环中心城区城镇带的管理控制要务,具体思路见图4-18。广阔的极高、高发展潜力区昭示环中心城区城镇延伸带拥有优越的经济、自然基础条件,城镇、农村蕴含充裕的发育空间。现今,新浦—附海乡镇带、观海卫—掌起乡镇带分别联结成片且初具规模,在加速农村迁并的基础上逐渐趋向城区方位的扩展,利于慈溪城市圈的扩大,城市服务辐射半径的推广。周巷镇南部散布周围的农居点向镇区的迁并,使周巷的乡镇发育更趋于成熟,继而东向发展融入慈溪中心城镇圈。同时,周巷镇北部由农村向乡镇组团发展,则利于形成周巷镇北部新的乡镇带。

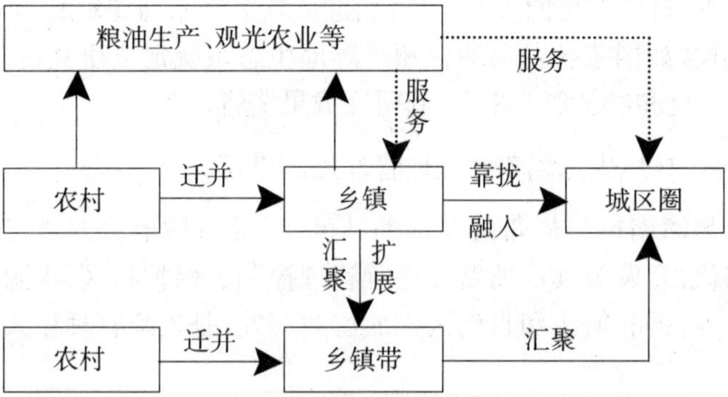

图4-18 城镇延伸带土地利用管理模式思路

　　环中心城区城镇延伸带包含区域都为土地极高、高发展潜力区,与农业生产基地、机械化生产等现代化农业发展方式相匹配。城镇化进程推进须以坚实的物质供给为基础,在以上5个镇北部片区均广布旱地、园地,环绕乡村、建制镇周围地区重点发展以蔬菜种植、加工及家禽养殖、加工等为主的产业;观光农业、生态农业的发展模式在该区域亦较为盛行,通过资金投入对传统果园、茶园等进行改造,打造休闲、娱乐兼具农业生产性质并以服务于广大城镇人口的新式农业;区域的沿岸大片区耕地自历史时期围垦迄今,历来为慈溪农业如粮食、棉、油等重点生产区,至今已成为浙江省绿色食品、无公害农产品的生产区(徐红玳等,2008)。因广袤、连续、大规模的耕地分布,利于机械化操作、规模经营和相应农业生产基地的构建,这是环中心城区城镇延伸带今后农业发展趋势。

　　(4)杭州湾新区城镇建设圈土地管理控制模式

　　杭州湾新区城镇建设圈为宁波新生的产业集聚区,是宁波经济增长的新极点,但日益增长的经济规模易招致产业园区的急剧膨胀,分向式地遏制和引导城镇扩展是其土地利用管理控制模式的关键。杭州湾新区城镇建设圈呈半岛状布于慈溪市北端,东、西和北三面环以海涂、坑塘水面等湿地,三个方位均为土地发展低潜力区和高生态敏感性区,均不适宜土地规模化的开发。特别是西面杭州湾湿地保护区,为候鸟栖息地,须扼止杭州湾新区城镇建设圈于杭州湾大桥连接段东面,以保留足够的缓冲距离,避免人类生产、生活行为对湿地的影响。为保证城镇建设圈向自然景观的和谐过渡,宜于三面与滩涂接触带保留草地、坑塘水面抑或建绿化带、树林等,达到良好的生态缓冲作用。

　　引导杭州湾新区城镇建设圈的南向发展是土地管理控制的另一重点。崇寿镇介于慈溪城镇中心区和杭州湾新区之间,处于两者必经通道,是两个城镇圈的"联系媒介"。城镇圈的南向发展带动杭州湾新区与崇寿镇乡镇带汇合,最终形成纬向廊道,将杭州湾新区城镇建设圈与慈溪中心城镇圈紧密相连,推动经济交流与商贸互动。此外,内部更新、充实主体是杭州湾新区的另一项任务。整改破旧厂区,开发因建设而压占、破坏的土地,严格把关五小一高型企业用地(小电镀、小漂染、小化工、小熔炼、小酿造和高能耗)等措施实施加速园区土地的集约化利用。在此基础上,完备基础设施建设,扩大绿地、公园和绿化带的占地比例,推动集生产、生活、休闲功能为一体的现代化开发区。

　　(5)慈东产业园区土地利用管理控制模式

　　慈东产业园区块多由高发展潜力区构成,四周几乎完全被低发展潜力土地利用区包裹,利用有限的土地资源创造更多的经济产出是园区的主要矛盾。针对以上问题,提高土地开发强度、强化产业组织是园区土地利用管理控制模式的核心。

　　其主要措施针对方法为:无论是企业或政府,应摒弃依赖用地扩张以增加经济产出的传统观念,倡导"叠加式"的垂直空间发展。遵循城市规划条件下,适度增加容积率和建筑高度、密度,提高企业的土地空间利用效率。有效规划产业分区,诱导同类产业部门、企业的就近分布,提高生产设施的利用率,构成各门类的产业集聚区。园区已投产的产业以电器机械、有色金属加工、化学纤维、通用设备制造四类产业为主,规划拟引入电子电器、新能源、新材料等产业进驻园区,园区可以规划为契机,有效地进行产业的空间有效配置。此外,园区以"省内一流的生态工业园区"为发展目标,带有浓重的环保主义色彩。依路网、河网而建绿化带和林木带,构建水网保持水体流通,兴建防波堤等都为园区生态建设所需。

4.5.4　镇海——临港工业、综合性物流平台

　　土地发展潜力评价中所划定区界,镇海下辖的招宝山街道、蛟川街道和澥浦镇均为极高、高潜力分区,是杭州湾南岸研究区高潜力土地分区较为密集的岸段之一。如今,镇海、北仑是宁波港货物吞吐的"生力军",也是枢纽节点——宁波城区和内港经海岸线切点位(镇海、北仑港区)向新兴的海间位港区——梅山、大榭港区延伸的跳板;镇海区也是典型的临港工业区,现已形成以炼油、乙烯项目为主导,发展乙烯下游、合成树脂和基本有机化工等为特色的上下游一体化的石化产业链。显然,土地高发展潜力度与镇海的强劲经济形势不谋而合,土地利用深深地铭刻了临港工业、物流枢纽的印记。

4.5.4.1　土地利用空间结构、利用结构模式

　　根据"港—城空间系统"演化理论,镇海港区处于港城空间演化的第四阶段(郭建科和韩增林,2013)。以中观尺度看待镇海港区和城区,其特征可归结为以下特点:货运铁路和道路网纵横交汇,空间网络连接复杂化;港口持续兼并、整合周边土地资源,港口"卫星城镇"不断壮大;按照不同产业分工形成专业化港区,呈多核心组团形势。

　　基于对镇海港城特点的解读,宜趋向于"多功能组团、空间网络化"式的土地利用空间结构发展。多功能组团指依据不同的产业分工、分区功能等特征可将镇海段区分为电厂、工业区、镇海城区、后海塘物流区、炼化生活区、炼化厂区、化工园区、澥浦镇区和澥浦农业区(图4-19)。围绕"港、工业"两大主题,镇海自南向北沿海岸形成了狭长的综合物流区和以石油炼化为主导的石化园区,并朝陆向纵深推进,演化形成依傍园区和港埠发展的城镇居住面域。其中,炼化生活区和澥浦镇区凭借炼化厂区和北部化工园区的产业集聚优势,迅速发展为高集约

度的居住社区,并外向延伸构成了零散的农村聚落。而电厂、工业区和澥浦农业区承担工农业生产、基础设施功能,分别为港口、工业发展提供了腹地和基础条件支持。

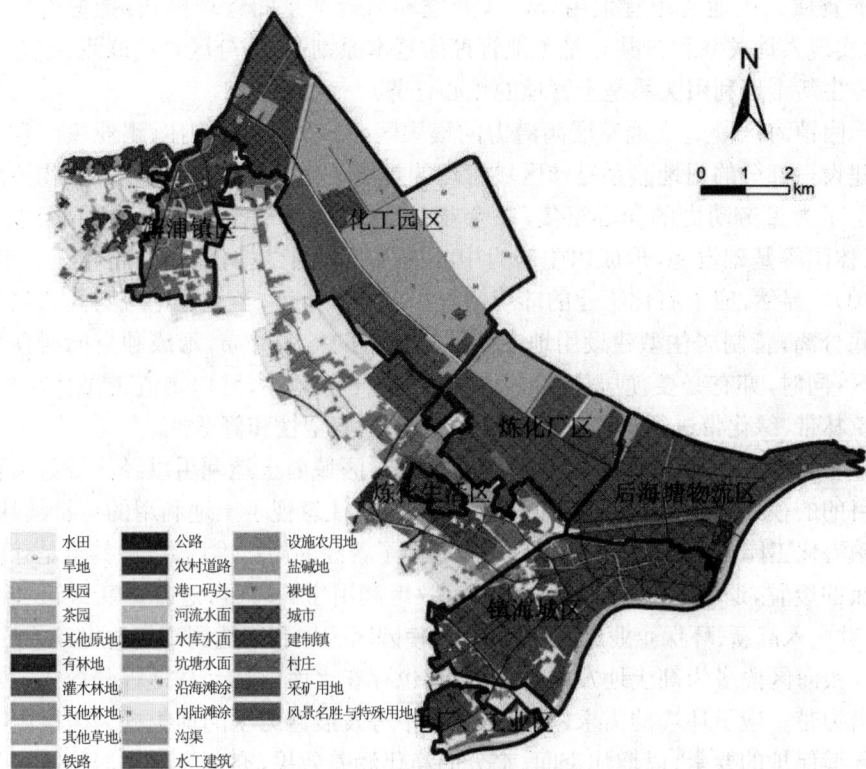

图 4-19 镇海段空间组织

交通流是构造港城空间的脉络,疏港交通线、连接腹地的交通动脉相互交织,客流与物流同步发展,衔接成为流向复杂、流量庞大、流速疾快的交通网络流。以甬江口甲醇、丙酮储罐区为端点,经后塘物流区的煤炭、综合加工、散杂货物等节点,与各车站折点相连,通过铁路、公路和水运线形式分别向西、北方位的腹地和石化区辐射,塑造"点、线、面"式的城镇建设土地建设格局。

港口、疏港道路系统及深入腹地的交通大动脉引导着相应功能组团走向和形态(郭建科 等,2013),随着镇海段交通干线系统的完善,城镇、农村甚至是化工园区的用地持续外扩,至今镇海段港口用地、城乡建设用地和公路、铁路交通用地组成了港—城系统的主要地类结构;北端沿海滩涂、盐碱地等自然地类被包覆在镇海化工园区内,大量企业的迁入和扩张,以上诸地类抑或被园区建设用地替代;西北段则保留了大量耕地,以农业生产为主。

4.5.4.2 土地利用管理控制模式

"多功能组团"可以概括为镇海临港工业、综合性物流模式的最大特点。而该区段又几乎为土地发展的极高潜力和高潜力区,土地资源具备人为高强度开发的资质。土地利用宜采用分区式开发和监管并重的管理模式;把握开发力度,实现人地关系和谐共存是土地管理的基本原则;协调分区功能联系,统筹生产—生活土地利用关系是土管理的重心任务。

因镇海区段是土地发展高潜力的集聚区,合理地调配居住、工业生产和港口建设三部分的用地联系是该区域管理的重点。化工园区、炼化厂区和物流区吸引了大量劳动力的向心汇集,以企业、厂区就近形成了职工住宅区,配以医院、休闲等基础设施,形成以生产为中心的生产生活结构体(庄佩君和汪宇明,2010)。显然,应于石化工业的环境问题和生产安全性,工业用地应与人口聚落彻底分离,管制居住型建设用地在园区内大量的扩张分布,形成独立的居住生活区;同时,亦有必要使居住建设用地与化学工业园区、港口物流带保持距离,修筑林带、绿化带进行分割,以保持居住环境的安全性和舒适性。

石化工业和港口物流的高度发展,加剧了区域内土地利用以经济效益为根本目的的模式产生,以短期利益为追求对象,往往忽视了土地利用的可持续性。如镇海化工园区因产业的转型和升级,遗弃了曾经的原料堆场、厂房甚至是仓储机械的废置,遗留了大片空置用地。有效地利用空置厂区,进行重新改造和升级,并引入高新、环保企业进驻废置园区,使园区土地利用达到高集约化。

镇海区段多为高土地发展潜力区,但也存在水库、滩涂、林地等分散式中发展潜力带。应于环境的需求,将以上土地中等发展潜力区的地类视为区段内区域环境保护的要素,以增加空间、水分的净化涵养效果,亦可为人类居住提供休憩、休闲的场所。除此之外,炼化厂区、化工区和后海塘物流区以招宝山、镇海古海塘、北部水库湿地和甬江等为重要绿色地标,沿河和交通干道线状布置交错的绿化带和防护林带,构建城镇用地群中的生态长廊,达到经济和生态发展的有机结合。

4.6 小结

4.6.1 结论

在查阅了大量文献和实地调查的基础上,追溯了典型国家海岸带土地利用模式,研究以杭州湾南岸宁波(余姚市、慈溪市、镇海区)沿岸乡镇级行政区为研究对象,引入空间统计分析、土地利用指数和GIS空间技术实现对研究区的土地发展潜力评价,并针对潜力分区依次构建了相应土地利用模式。论文拣选土地优势度、最邻近距离、土地集聚、面积高低值集聚、高程、坡度、人口密度、农村发展程度、乡村非农劳动力比重、土地破碎度、土地覆被、地质灾害和地质沉降13个指标构建土地发展潜力评价体系,运用网络层次分析法(ANP)计算相应指标权重。在模糊综合评价方法的基础上,依次对13个二级指标数据进行隶属度计算并借助ArcGIS进行空间化处理,得到13个指标栅格数据。最终,利用ArcGIS空间分析模块地图代数(Map Algebra)功能对各项指标栅格数据进行叠置计算,综合评估涉及乡镇的土地发展潜力等级。基于土地发展潜力分区和土地利用现状的认知,研究"因地而异"以土地利用空间结构、利用结构和管理控制三方面构建了不同岸段的土地利用模式。本次研究不仅体现了评价的科学性和适用性,也为海岸带土地开发和利用提供了参考和借鉴。研究结论主要归结为:

(1)研究将土地潜力评价理念引入到海岸带土地利用模式的构建,集土地空间分布潜力、自然条件潜力、经济水平潜力和生态敏感性4因子于一体,集成了空间统计、空间分析等处理方法,并在网络层次分析法和模糊综合评价法等理论支持下,评价了杭州湾南岸土地发展潜力,为综合构建杭州湾土地利用模式奠定基础,是一种行之有效的方法。

(2)土地发展潜力评价结果如下:极高综合发展潜力区面积为320.29km²,占研究区的23.94%,多以大板块状分布,涵盖蛟川街道、招宝山街道、崇寿镇、附海镇全境,其间伴随点状其他潜力级区域。此外,周巷镇南部、观海卫镇北部大部分区域以及泗门镇大部分地区都属于极高潜力区范畴。高潜力区占据面积最大,占面积和比例分别高达387.62km²、28.97%,包括黄家埠镇和临山镇北部、周巷镇北部区域、杭州湾新区中部、新浦镇、掌起镇北部和瀣浦镇。除此之外,在观海卫镇和掌起镇南部山区,高潜力区呈条状向翠屏山区延伸,在龙山镇则以网络式格架连通,延伸至慈东产业园区部分。中潜力区分布面积为344.46km²,比例达25.75%。中度发展潜力区分布呈"散、碎、乱",集中部为小曹娥—庵东镇地块、龙山镇段,小曹娥南部大部分地区和庵东全境以及龙山镇大部分地区都为中度潜力区。其余部较为分散,空间跨度大,大致包括黄家埠和临山镇南部伞状区、东北部宁波市属海涂地部分地块、泗门镇北部滩涂区、观海卫镇和掌起镇南部山区,以及掺杂在瀣浦镇内部。低潜力区分布面积最为狭小,面积为285.46km²,比例为21.34%,主要环以研究区北部呈弧状分布,西迄小曹娥镇北部延展至龙山镇北部区,龙山镇南部区亦分布一部分低潜力区。

(3)根据综合利用、高效益利用、生态环境协调、立体多层次原则,在遵循法律法规基础上,基于土地发展潜力评价分区,结合区域产业发展、土地利用状况等划分依据,构建了杭州湾南岸的7个土地利用模式分区:余姚段"乡村、田园式"土地利用模式区、杭州湾湿地生态涵养区、翠屏山林地生态涵养区、环中心城区城镇延伸带、杭州湾新区城镇建设圈、慈东产业园区、镇海段临港工业综合性物流区。文章依次分析了各土地利用模式分区的土地利用空间结构、利用结构,并针对各分区的土地潜力分级、空间、结构以及面临问题,对土地利用的管理控制模式深入探讨。

4.6.2 讨论

杭州湾南岸是我国滩涂资源的高丰裕带,也是长江三角洲经济圈的重心点。本书以杭州湾南岸自余姚至镇海的沿岸乡镇(街道)为研究区进行土地利用模式研究,研究对象的选择具有典型性。当前土地利用模式的研究大多集中在小尺度局部范围,关于大尺度范围的研究较为稀缺,因此关于杭州湾南岸的土地利用模式研究具有一定的借鉴和参考意义。

(1)借助 GIS 空间处理和分析功能、空间统计学和土地利用指数等复合方法,实现了土地空间分布潜力、自然条件潜力、经济水平潜力和生态敏感性等因素的处理和空间化表达,并利用网络层次分析法和模糊综合评价法进行综合评价。研究中复杂、多元的土地利用评价手段,并进而构建的海岸带土地利用模式,展示了地理信息空间集成在海岸带土地利用模式研究适用性,打破了以定性、单一定量为主的方法局限。

(2)"空间"是地理学的基本研究内容。在土地评价的研究领域中,土地的空间问题亦逐渐受到重视与发展。以往土地利用评价多集中于选取经济、自然等评价指标,往往忽视了土地空间格局的重要性。较以往不同的是,研究以潜力评价作为土地利用模式的构建基础,将土地空间分布的潜力纳入到综合潜力的衡量范畴之内,使用土地利用指数和空间统计的相关知识、方法,以更全面、更多维、更系统的视角审视土地潜力。

(3)杭州湾南岸滩涂资源广布,生态物种丰富;但工业化、城镇化水平发达,是长三角现代化进程较快地域。人地矛盾突出,人与自然环境协调度亟待加强。本书以杭州湾南岸带的土地发展潜力综合评价分区为基础,因地制宜构建了研究区土地利用模式分区体系,详尽阐释了宁波岸段土地利用模式分异的方案与相应土地空间结构、利用结构和管理控制3方面模式,实现了区域土地利用模式分区研究"从无到有,自有至优"质的跨越,为海岸带土地的可持续发展提供理论支撑和模式借鉴。

海岸带土地利用模式的构建涉及多学科理论交叉和交融,须掌握多重门类理论和知识,又因目前国内海岸带土地利用相关研究处于起步阶段,仍需进一步探讨。

(1)本书利用土地详查数据和空间化的自然背景和社会经济数据对海岸带土地潜力进行综合评价,但限于研究区——镇海、慈溪和余姚经济数据薄弱和不易获取性仍在很大程度上影响着土地发展潜力评价的精度,因此数据的准确性、数据更新的及时性等方面还需要进一步完善。

(2)由于土地潜力评价还处于摸索阶段,相应的评价指标体系仍须完善。研究选取土地空间分布潜力、经济条件潜力、自然条件潜力和生态敏感性4个一级指标,但缺少了规划、区位等于土地利用直接挂钩的因素,亦难以顾全历史、文化等难以定量指标,无法避免地存在不足和遗漏;可对指标体系的适用性和可信度开展深层讨论与补充。

(3)在土地利用模式的合理构建方面,因当前针对详细的土地利用模式范围的界定相关定量研究不够充分,理论支撑贫乏。研究基于潜力分区为评判标准构建土地利用模式,模式分区较为梗概;未对潜力分区内部再深入土地利用模式分区细致探讨,亦导致无法全面反映区域内部的异质性。因此,在土地详查数据和社会经济等数据支持下,有必要以更小单元尺度测度土地潜力分级,并科学、细致地界定土地利用模式分区范围,以充分反映海岸带土地利用的同质性和异质性。

参考文献

[1]Cliff A,Ord J K.Spatial processes:models and application[M].London:Pion,1981.

[2]Couper A D.The Times Atlas of the Oceans [M].New York:Van Nostrand Reinhold,1983.

[3]Doing,H.Landscape ecology of the Dutch coast [J].Journal of Coastal Conservation,1995,1(2): 145-172.

[4]Fischer M M,Getis A.Handbook of Applied SpatialAnalysis:Software Tools,Methods and Applications[M]. Berlin:Springer,2010.

[5]Henk M.Zuyder Zee,Lake Ijssel[M].Utrecht:Information and Documentation Centre for The Geography of The Netherlands,1981.

[6]Hijmans R J,Van Etten J.Raster:Geographic analysis and modeling with raster data[J].R package version, 2012,(1):9-92.

[7]Hillen R,Roelse P.Dynamic preservation of the coastline in the Netherlands[J].Journal of Coastal Conservation,1995,1(1):17-28.

[8]Jean T E,Joseph P S, Roberta A S,et al.An assessment of coastal land-

use and land-cover change from 1974-2008 in the vicinity of Mobile Bay,Alabama [J].Coast Conserv,2011,15(1):139-149.

[9]Long H L.Land consolidation:An indispensable way of spatial restructuring in rural China[J].Journal of Geographical Sciences,2014,24(2):211-225.

[10]Ministry of national development.A high quality living environment for all Singaporeans:Land use plan to support singapore's future population. [M/OL].2013[2014- 5- 13].http://www.Mnd.gov.sg/landuseplan/e- book/index.html#/ 4/.

[11]Ord J K,Getis A.Local spatial autocorrelation statistics:distributional issues and an application[J]. Geographical Analysis,1995,27(4):286-306.

[12]Ren L Y,Yue W Z,Li J L,et al.Impactof economic development on wetlands in Hangzhou Bay Industrial Belt[J].Journal of geographical sciences, 2010,20(3):406-416.

[13]Smint H.Land reclamation in the former Zuyder Zee in the Netherlands [J].Geoforum,1970,4(1):37-44.

[14]Sorensen J,McCreary S T.Institutional Arrangements for Managing Coastal Resources and Environments[M].Washington D.C:National Park Service,1990.

[15]Tan S B.Long- Term Land Use Planning In Singapore[J/OL].2013[2014- 5- 13].http://lkyspp.nus.edu.sg/wp- content/uploads/2013/12/LKYSPP- Case- Study_- Landuse-Case.pdf.

[16]Teo C H.Opening speech at the parliamentary debate on population white paper[R/OL].2013[2014- 5- 13].http://www.straitstimes.com/sites/strait-stimes.com/files/DPM%20Opening%20Speech%204%20Feb%202013.pdf.

[17]United Nations Environment Programme.Guidelines for Integrated Management of Coastal and Marine areas-with Special Reference to the Mediterranean Basin[R].Croatia:United Nations Environment Programme,1995.

[18]Vallega A.The ocean after Christopher Columbus-Thoughts about society and the marine environment[J]. Geojourual,1992,26(4):521-528.

[19]Vallega A. 海洋可持续管理——地理学视角[M].张耀光,孙才志译.北京:海洋出版社,2007.

[20]Van der Vegte F W,Faber J,Kuiters L.Vegetation,land use and management of the inner-dune zone in the North-Holland Dune Reserve,The Netherlands [J].Plant Ecology,1985,62(1-3),449-456.

[21]Wezel A,Bender S.Agricultural land use in the coastal area of the Alexander von Humboldt National Park, Cuba and its implication for conservation and sustainability[J].GeoJournal,2002,57:241-249.

[22]Zadeh L A.Fuzzy sets[J].Information and control,1965,8(3):338-353.

[23]慈溪市地方志编纂委员会.慈溪县志[M].杭州:浙江人民出版社,1992.

[24]丁焕峰,宁颖斌.要素流动与生产率增长研究——对广东省"空间结构红利假说"的

实证分析[J].经济地理,2011,31(9):1421-1426.

[25]郭建科,韩增林.中国海港城市"港—城空间系统"演化理论与实证[J].地理科学,2013,33(11):1285-1292.

[26]韩贵锋,赵珂,袁兴中,等.基于空间分析的山地生态敏感性评价[J].山地学报,2008,26(5):531-537.

[27]黄民生.日本的港口开发与经济发展[J].世界地理研究,2000,9(3):47-52.

[28]蒋科毅,吴明,邵学新,等.杭州湾及钱塘江河口南岸滨海湿地鸟类群落多样性及其对滩涂围垦的响应[J].生物多样性,2013,21(2):214-223.

[29]李加林,许继琴,童亿勤,等.杭州湾南岸滨海平原生态系统服务价值变化研究[J].经济地理, 2005,25(6):804-809.

[30]梁会民,赵军.基于GIS的黄土塬区居民点空间分布研究[J].人文地理,2001,16(6):80-83.

[31]廖继武,周永章,蒋勇.海洋对海岸带土地利用变化的影响[J].经济地理,2012,32(9):138-142.

[32]刘黎明,张军连,吴顺辉.土地资源学[M].北京:中国农业大学出版社,2004.

[33]刘镜,康慕谊,吕乐婷.海南岛海岸带土地生态安全评价[J].中国土地科学, 2013,27(8):75-80.

[34]刘彦随,彭留英,王大伟.东南沿海地区土地利用转换态势与机制分析[J].自然资源学报,2005,20(3):333-339.

[35]龙花楼.论土地利用转型与乡村转型发展[J].地理科学进展,2012,31(2):131-138.

[36]龙花楼.论土地整治与乡村空间重构[J].地理学报,2013,68(8):1019-1028.

[37]马刚,李海宇,徐逸伦.城市土地潜力分析——以南京市为例[J].地理与地理信息科学,2005,21(3): 56-59.

[38]任丽燕,吴次芳,岳文泽,等.环杭州湾城市规划及产业发展对湿地保护的影响[J].地理学报,2008,63(10):1055-1063.

[39]任丽燕,岳文泽,吴次芳.浙江省杭州湾地区城市规划对耕地保护的潜在影响[J].农业工程学报,2010,26(5):306-311.

[40]孙伟,陈诚.海岸带的空间功能分区与管制方法[J].地理研究,2013,32(10):1878-1889.

[41]唐旭,刘耀林,赵翔,等.城镇土地利用潜力评价方法研究[J].中国土地科学,2009,23(2):64-69.

[42]田汝耕.从日本的经济成就看港湾建设的重大作用[J].人文地理,1989,(4):1-6.

[43]卫新,毛小报,王美青.环杭州湾地区农业区域布局与农业发展研究[J].经济地理,2005,25(1):92-96.

[44]谢花林,刘黎明,李波,等.土地利用变化的多尺度空间自相关分析——以内蒙古翁牛特旗为例[J].地理学报,2006,61(4):389-400.

[45]徐红玳,卫新,黄伟,等.基于土壤环境质量的农业区划研究——以浙江省为例[J].浙江大学学报(农业与生命科学版),2008,34(4):447-452.

[46]杨东,刘强,郭盼盼,等.河西地区土地生产潜力及人口承载力研究——以张掖市甘州区为例[J].西北人口,2010,31(2):85-88.

[47]俞孔坚,乔青,袁弘,等.科学发展观下的土地利用规划方法——北京市东三乡之"反规划"案例[J].中国土地科学,2009,23(3):24-31.

[48]张炳生.宋代浙江的人口和农业初论[J].宁波师院学报(社会科学版),1990,(2):50-58.

[49]张济,朱晓华,刘彦随,等.基于0.25m分辨率影像的村庄用地潜力调查——以山东省巨野县12个村庄为例[J].经济地理,2010,30(10):1717-1721.

[50]张灵杰.美国海岸带综合管理及其对我国的借鉴意义[J].世界地理研究,2001,20(2):42-48.

[51]甄江红,成舜,郭永昌,等.包头市工业用地土地集约利用潜力评价初步研究[J].经济地理,2004,24(2):250-253.

[52]中国港口编辑部.1998年全球20大集装箱港排行榜[J].中国港口,1999(4):27.

[53]朱光明,王士君,贾建生.等.基于生态敏感性评价的城市土地利用模式研究——以长春净月经济开发区为例[J].人文地理,2011,5:71-75.

[54]庄佩君,汪宇明.港—城界面的演变及其空间机理[J].地理研究,2010,29(6):1105-1116.

5 海岸带土地利用变化对土壤
质量及生态服务价值的影响

  土地利用变化相对于全球性变化(系统性变化)而言是一种局部性和累积性的过程,这种局部性和累积性变化是全面研究和解释全球性环境变异的基础。而且人们也是更多地依靠累积性的环境变化去感知全球变化,并作出相应行为。土地利用变化不仅客观记录了人类改变地球表面特征的空间格局,而且还再现了地球表面景观的时空动态变化过程。土地利用变化对区域生态环境、社会经济发展都将产生重大影响。区域土地利用变化的环境效应研究不仅有助于阐明区域土地利用变化过程及其对环境产生的影响,同时也为区域土地持续利用和生态环境改善提供有价值的科学依据,并且可为更大尺度或全球环境变化研究提供基础数据。土地利用/覆被变化的环境效应研究涉及大气环境、水环境、土壤环境和生物多样性等方面。海岸带蕴藏着丰富的自然资源,是人类赖以生存和进行生产活动的重要场所,是现代社会经济发展的前沿地带。选择典型地区进行海岸带地区土地利用/覆被变化及其环境影响研究,对合理利用海岸带土地资源,实现沿海地区社会经济的可持续发展具有重要意义。因此,本章选择浙江海岸带土地开发利用中滩涂淤涨和围垦最显著的杭州湾南岸滨海平原作为研究区,着重探讨海岸带土地利用变化对土壤质量演化及生态系统服务功能的影响。

5.1 杭州湾南岸滨海平原成陆过程及滩涂匡围简史

5.1.1 杭州湾概况

杭州湾地跨浙江、上海两省,位于浙江省北部、上海市南部,东临舟山群岛,西有钱塘江注入,为喇叭形强潮河口湾。杭州湾的范围,东起上海市南汇区芦潮港至宁波市镇海区甬江口,西接钱塘江河口区,其东西边界分别为南汇-甬江口断面和澉浦-西三断面(中国海湾志编纂委员会,1992;宁波国土开发与整治办公室,1992)。杭州湾北岸是杭嘉湖平原,南岸为姚江平原(又称慈溪平原或三北平原)。杭州湾沿岸地区资源丰富、人杰地灵,是我国城市化程度最高、城镇分布最密集、经济发展水平最高、综合经济实力最强的区域之一。附近主要有特大型城市上海和大、中型城市杭州、宁波、嘉兴、绍兴、舟山等,以及平湖、海盐、海宁、余姚、慈溪、上虞等6个县(市、区)和158个建制镇,人口3000多万(图5-1)。

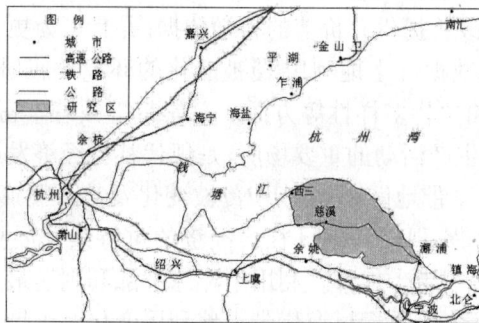

图5-1 杭州湾南岸区位图

杭州湾东西长90 km,湾口宽100 km,湾顶澉浦断面宽约21 km,面积约5000 km²,其中岸线至理论基准面以上滩涂面积约550 km²。杭州湾北岸有大金山、小金山、外浦山、菜荠山、白塔山,湾中部有大白山、小白山、滩浒山和王盘山等,湾中南部有七星屿、泥螺山及七姐八妹列岛等岛屿。湾口附近有大戢山、小戢山、火山列岛和金塘岛等。杭州湾两岸多为平直的淤泥质海岸,岸线长258.49 km,其中淤泥质岸线217.37 km(含人工岸线),河口岸线22.08 km,基岩及沙砾质岸线19.04km。杭州湾湾口至乍浦,海底地形平坦,平均水深8~10m,

乍浦以西,床底以$0.1 \times 10^{-3} \sim 0.2 \times 10^{-3}$的坡度向钱塘江上游抬升,至仓前附近高出基线约10m。杭州湾北岸深槽沿岸断续分布,总长度约60 km,水深一般为30～40 m,最深处达51 m。长江每年携带4.86×10^{8} t泥沙入海,约50%在长江口附近沉积,其中30%沿岸南下,大部分沉积在象山港以北海域,对杭州湾影响极大(中国海湾志编纂委员会,1992)。此外,直接注入杭州湾的河流有钱塘江、曹娥江和甬江,三江入海水量每年4.44×10^{10} m³,其中钱塘江为3.73×10^{10} m³;三江入海泥沙每年约8.23×10^{6}t,其中钱塘江为6.59×10^{6}t。

5.1.2 杭州湾南岸滨海平原成陆过程

据陈吉余等研究(1964),武木冰期后,海水内侵,长江三角洲为一片汪洋的浅海。长江和钱塘江都以自己的流域来沙发育河口沙咀。由于长江来沙远大于钱塘江,所以其沙咀伸展速度非常迅速,其南沙咀在外伸过程中受到常风向和强风向的影响向南偏转形成反曲沙咀。其前缘曾与王盘山相连,并因钱塘江北沙咀的发育,使相当广阔的海水包围在沙咀之内,成为现代太湖前身的古代泻湖。同时,海水带来的淤泥和浙东山岭冲刷下来的泥沙,逐渐在钱塘江南岸堆积成姚江平原,并将许多海中岩岛联成陆地。随着长江三角洲沙咀的发育和姚江平原的淤积成陆,杭州湾才逐渐得以形成。杭州湾南岸滨海平原以大沽塘、七塘为界分为近山湖海积平原、中部海积平原、滨海海积平原(图5-1)。

自大沽塘以南至沿山北麓一片为公元10世纪以前成陆的近山湖海相平原。晚更新世早期(距今10万年前)全球海平面上升,发生第一次海侵,使庵东—新浦一带沦为海洋,晚更新世中期初,海面下降,陆域扩大。晚更新世中期末,气候转暖,海面又上升,发生第二次海侵,使全境再次沦为沧海(宁波市地方志编纂委员会,1995)。晚更新世晚期,距今1.5万年前,进入大理冰期盛期,海面大幅下降,比现今海面约低140～160m,全境又成为陆地,海岸线移至舟山群岛以东(宁波市地方志编纂委员会,1995)。进入全新世,气候又转暖,发生大规模海侵,海面上升130m,距今7000年前(全新世中期),进入海侵高潮,海面继续上升至比今海面低4m处。在6500年前,海岸线在今上林湖至浒山以南一线,当时,长江三角洲、杭州湾和姚江平原都未形成,南境山麓一带为老海相沉积物构成的陆地,与宁绍平原连成一片。距今6000年前,海面为全新世最高,比现海面还高2～4m,全境又沦为浅海,南境诸山则成为孤岛,距今5000年前开始,海面较前下降,海水逐渐后退,复逐步裸露出海,但地势低洼,北濒潮间带,受海面波动及海水冲击,经历沼泽化过程,在老海相沉积物上形成一层湖相沉积物,近山湖海相平原上的土体呈湖海相交替结构,上层为浅海沉积体,中部为湖相沉积体,下层为老海相沉积体(宁波市地方志编纂委员会,1995)。距今2500～1000

年左右,随着海退和湖、海泥沙的沉积,从沿山开始,向北次第成陆,海岸线逐渐向北推移,基本稳定在今临山—周巷—浒山南—观城—龙山(即大沽塘)一线。

大沽溏以北至七塘一片为11世纪至19世纪中叶成陆的中部海积平原。自11世纪至14世纪中叶,由于钱塘江水出萧山南大门,经上虞、慈溪岸边,直趋入海,受钱塘江主槽影响,使海涂冲淤交替,有进有退,海岸线大体徘徊在大沽塘以北一线。14世纪中叶以来滩涂一直向北淤涨,但速度较慢。15世纪末涨至现长河—坎墩—观城一线,至18世纪初又涨至现建塘乡牛角尖村—新浦镇高桥村—东山乡营房山北—五洞闸乡高背山村—伏龙山西一线。

七塘以北至沿海第一线海塘为19世纪中叶迄今成陆的滨海海积平原。19世纪中叶后,滩面继续向外淤涨,至20世纪初涨至八塘外一线,庵东地区距七塘5km左右。20世纪三四十年代初,现西三乡一带受潮流冲刷,发生局部性坍涂,岸线内移4.5km。但全境滩面总的趋势是外涨较快(宁波市地方志编纂委员会,1995)。新中国成立后,在滩面自然淤涨的同时,采取人工促淤措施加速淤涨,现第一线海塘已筑至10塘、11塘。

5.1.3 杭州湾南岸滨海平原匡围简史及其土地利用变化

11世纪初,由于杭州湾潮流改变,使滩涂淤涨加速,岸线为断外移,最宽达11km。北宋庆历七年(1047)起,费时300年建成横贯北部的御海大堤大沽塘,全长80km,浙江境内长度为48km,古为第一条捍海大堤,今为居民集中分布区,范市、师桥、观城、浒山、周巷各镇皆在塘之两侧。利济塘建于18世纪,由当时各县分段建成,全长65km,现境内为50km²。至解放前,各县分别筑塘8~11道,海堤总长424km,计围涂665km²。由于历代筑塘围涂,均为各县分别进行,各地海塘成塘时间、地理位置和命名都各不相同。新中国成立后,由于海涂自然淤涨和人工促淤,各地纷纷筑塘围垦,海堤总长达180km,新围滩涂175 km²。

随着杭州湾南岸滨海平原逐渐成陆,人们随之筑塘围涂,扩大垦殖地域。早在公元前4500年,杭州湾南岸滨海平原就有先民活动,河姆渡遗址、沿山的商周墓葬等表明当时的稻作文化和海洋文化均相当繁荣。至11世纪初,随海水北却,近山平原逐步成陆,居民渐次北移东迁,今杭甬公路线以南大片土地得到开发。沿山麓上林湖至杜湖一带成为中国古陶瓷发祥地之一,始于周代,自东汉至宋代长盛不衰。农业以山南为主,但杜湖、烛溪湖一带也盛产稻米蚕桑。濒海地区有鸣鹤、石堰两大盐场,唐代已具相当规模,宋时盐产量占浙江的64%。

同时,盐田陆续北移,脱盐老滩面改种棉花,逐渐形成以植棉为主的综合农区,此外五谷、蚕豆、油菜、杨梅、柑橘、瓜果、茶桑及麦冬等农林特产和水产捕捞亦渐有名气。商贸业勃起,交易集市初散布于沿山一带,后逐渐集聚于大沽塘一线。至明末,观海卫、范市、鸣鹤、浒山、周巷已成著名集镇,现境内计有市集22处,定期庙会14处,物产纷呈,交易繁荣,大量产品借水运远销外地。

鸦片战争后,海岸继续北移,但海塘长期失修,难御潮患。1939年,西部海岸内坍4.5km,酿成重大灾难。棉花生产受洋棉冲击,产销不景气,棉田面积锐减,随着宁波被辟为对外通商口岸,境内农副产品出口开始享誉海内外,但由于不平等交易,并未使经济真正得益。新中国成立后,沿海新围滩涂逐渐被辟为新开发农区。除河流、道路、塘坝等基本建设用地外,其主要用于农业、渔业、盐业和建造滩涂水库。滩涂已成为杭州湾南岸滨海平原的重要后备土地资源。

5.1.4　杭州湾南岸滨海平原土壤类型与分布

土壤是气候、生物、地形、母质、时间及其他众多成土因素共同作用的结果,也可归结为岩石圈、大气圈、水圈和生物圈相互作用的结果。杭州湾南岸滨海平原包括低山丘陵、湖海相淤积平原、海相沉积平原等地貌类型,在不同地貌背景下,起主导作用的成土因素可能有较大的差异,而各种成土因素的综合作用,使得杭州湾南岸滨海平原土壤的形成与分布有其自身的规律[1]。

5.1.4.1　低山丘陵区

杭州湾南岸滨海平原低山丘陵区集中分布在南部与余姚、宁波交界处,区内山势平缓,局部地区起伏较大,相对高差在50~100m,海拔高度在200~300m,区内岩石以侏罗系的火山喷出岩为主,岩性主要为凝灰岩和熔积凝灰岩,另有少量凝灰质砂岩、流纹岩和花岗岩。湿热的气候条件,促进了岩石矿物的强烈风化,使硅酸盐类矿物水解,硅、钙、镁、钠等盐基成分遭到淋失,粘粒和次生矿物不断形成,铁、铝氧化物的含量相对提高,这种脱硅富铝化过程使得山区土壤逐渐发育成红壤。

本区土壤多呈棕黄或黄棕色,部分由于岩石色浅,土色较淡。多含石砾,达20%~40%,多者达70%以上。土壤中粘粒含量较高,达20%~30%,质地中壤至轻粘,酸性重,养分贫乏,保肥性差。土壤多以自然土壤为主,在狭谷和平缓的山谷、山坳中,尚有少量农田分布。由于不合理的采伐和开垦,土壤侵蚀严重。

本区土壤包括红壤、潮土和水稻土三个类型,红壤、黄红壤、侵蚀型红壤、潮土、淹育型水稻土、潴育型水稻土六个亚类,红泥土、黄泥土、粉红泥土、石砂土、粗骨土、洪积泥沙土、洪积泥砂田、黄泥砂田和黄泥田九个土属,十七个土种。

---

①慈溪县土壤普查办公室．慈溪土壤志,1983-12-16．

其分布受母质类型、海拔高度、自然植被、地形、人类活动等因素影响,相互穿插,但总体上则随高度大体上成水平带状分布。山顶或陡坡处,植被稀疏,冲刷严重,土壤分布以石砂土和粗骨土为主,红泥土大多分布在海拔50m以下的低丘。在平缓的低丘、山脚、山垅常有黄泥土、粉红泥土和黄泥砂田分布,山谷及谷口分布着洪积泥砂土和洪积泥砂田。

5.1.4.2 湖海相淤积平原区

湖海相淤积平原分布于大沽塘以南至近山脚一带,地形平坦,略有倾斜,坡降在0.1%以下,地势略低于北部滨海平原。本区母质基础为老浅海相沉积体,上面覆盖一层冲积—湖积体,在其上部又较为普遍地覆盖了一层以浅海相为主的沉积体。在冲积—湖积体层次中,常有灰黑色的腐泥层或泥炭层,有的还分布有灰黄色或黄棕色的黄斑层。7000年前,本区仍为一片大海,后来海平面迅速下降,陆地渐次露出水面,奠定了本区平原的基础。尔后海水逐渐外退,海湾渐次充填,形成海湾淤积平原。山前的低洼处成为湖泊沼泽。沿河流两侧有新的河流泛滥物覆盖在原来的海相地层上。此后仍有小的海面波动和风暴潮的作用,海潮倒灌,使平原再次受到海水浸淹。平原外侧则不断有新的海涂淤泥堆积,地面加高,内侧由于地势相对降低,迫使原来的河流改道,同时还造成湖泊沼泽的变迁。这种复杂的海陆变迁,造成了土壤母质的异源。

由于本区土壤农业利用较早,土壤受人类活动影响深刻。人类长期的耕作、灌溉、施肥,尤其是垦作水田后,使土壤内部结构发生深刻变化,一方面经受着交替的氧化作用,使剖面发生明显分异,另一方面,进行着有机质的合成和分解、盐基的淋溶和复盐基作用、粘粒的聚积和淋失,致使土壤原来的特性受到不同程度的改变,形成具有耕作层、犁底层、潴育层等不同层次、不同构型的水稻土。本区土壤土层深厚,土质匀细,粗粉砂含量也占很大比重,但上下层次中,土壤各粒级含量有所不同。上层土壤粗粉砂含量高而粘粒少,属水动力条件较强下的沉积物发育而成的,下层土壤粗粉砂含量减少而粘粒含量增多,属静水条件下的沉积物发育而成的。由于施肥水平高,土地肥沃,有机质含量在2.5%以上,但速效磷、钾相对缺乏。

本区土壤仅水稻土1个土类,包括潴育型和脱潜潴育型水稻土2个亚类,泥砂田、老黄筋泥田、黄斑田、小粉田、粉泥田、青紫泥田、黄化青紫泥田、青粉泥田8个土属,21个土种。土壤分布虽受地势、地下水位高度、排灌系统、耕作施肥等条件的影响,但仍有一定规律,靠近大沽塘附近,成土历史稍短,以粉泥田为主,在其内侧近河流地势较高处,排水良好,主要分布黄斑田土属,发育于古湖泊之上的土壤,由于地势低洼,受地下水影响较大,主要分布有青紫泥田、黄化青紫泥田和青粉泥田等土属。

5.1.4.3 海相沉积平原区

海相沉积平原区范围为南至大沽塘,北靠杭州湾,区内地势平坦,微有倾斜,平均海拔3~4m,土地农业利用以旱作为主。本区土壤母质主要是长江、钱塘江输入大海的泥砂,在潮汐、风浪等海洋动力因素影响下逐渐堆积而成的。由钱塘江水流挟带的泥砂,部分在河口受重力作用影响发生沉积,而另一部分则流注入海,再经海水往返搬运,回沉于沿海,使涂面淤高。沿长江下来的泥砂,在潮汐作用下,也有部分移运至杭州湾南岸滨海平原沉积。江潮冲积、搬运、堆积,使得滩面不断增高。为了利用已淤高的滩地,人们筑堤挡潮,围涂造地,使塘内土壤逐渐熟化,塘外海涂则继续接受泥砂沉积,涂面不断向外扩展。

由于海涂淤涨快,滩面质地疏松,脱离海水浸淹后洗盐较易。因此,早在宋代,本区先民就开始围筑海塘,向大海索取土地。有史记载的大沽塘始筑于1047年,至今本区已筑至十塘,通过建筑拦海堤坝,使海水不再侵入,塘河又切断了地下咸水的供给。自然雨水的淋溶及人为耕作、灌溉、水利建设进一步加速了土壤的脱盐过程。含盐量降到一定程度后,通过水稻、棉花、绿肥的栽培,有机肥的施用,土壤中的腐殖质含量不断提高,养分增加,耕性得以改善,逐渐形成肥沃的农业土壤。

本区土壤颗粒匀细,质地均一,粉砂含量高,上下层基本一致。土壤呈中性至微碱性反应,正处于脱盐脱钙过程中,有机质较缺乏。土壤质地由西向东呈规律性变化,以水云浦为界,西粗东细。西部以极细砂和粗粉砂为主,质地中壤至重壤;东部则较粘,以重壤为主。

据成土历史和人为利用方式,从沿海至大沽塘依次分布着盐土、潮土、水稻土等三个土类,包括滨海盐土、潮土化盐土、钙质潮土、潴育型水稻土4个亚类,又分涂泥土、涂砂土、咸泥土、淡涂泥、淡涂砂、淡涂田等9个土属及涂泥土、流板沙等16个土种。

5.2 杭州湾南岸滨海平原土地利用变化对土壤质量的影响

5.2.1 样本点的选择与样品分析方法

在收集1982年第二次土壤普查资料的基础上,我们于2003年4月对杭州湾南岸滨海平原进行了土壤剖面的重复采集工作。慈溪市1:5万土壤分布图

(1982年第二次土壤普查成果图之一)以1977年航摄的1:13000航片做底图,进行野外调查,然后用辐射三角定点法或任意格网法逐级转绘成1:2.5万分幅土壤底图,再缩绘成1:5万的土壤分布图,因此,土壤剖面点位和土壤界线定位较为准确,1982年土壤普查中全市共设置了化验分析主剖面116只。1982年土壤发生层次的划分按以下方法进行,水田土壤按耕作层(A)、犁底层(P)、潴育层(W)和潜育层(G)划分。其他土壤按耕作层(A)、淀积层(B)和母质层(C)划分,根据需要,有的层次还进一步进行了细分。本研究中所划分的土壤A、B、C层,是按1982年土壤农化分析所分的从表土层往下的三个层次,其总厚度一般在1~1.5m,不一定对应于土壤的发生层次。

本次土壤采样工作通过对1982年土壤普查完成的1:5万慈溪市土壤分布图的数字化,确定116只主剖面点的地理坐标,然后把116个主剖面点定位到经几何精校正的2000年TM影像(2000年9月18日)上,在TM影像上判读未成为非农用地的主剖面点80个,从中选择包含了本区红壤、水稻土、盐土、潮土所有4个土类的主剖面点33个,并于2003年4月进行土壤剖面点的重复采样工作。为了避免采样中产生的随机误差,尽可能保证采样点位与1982年主剖面点的一致性,同时为未来监测样点的定位研究打下良好基础,本次采样使用GAR-MIN手持式GPS12进行定位。每一采样点都以用GPS定位的主剖面点为中心,并在其四周辐射10m范围内选择4个点,共5个点组成一个混合样品。土层采集深度及分层与1982年各主剖面点相同,并按照1982年土壤农化分析层次分段混合,以便进行两个时段的对比分析。土样在实验室风干后去除植物根系及石块,用玛瑙研钵研磨,过60目筛(0.25mm)制成分析样品。为了减小不同分析方法所产生的误差,土壤样品的分析尽可能采用与1982年土壤普查时相同的土壤农化常规分析方法(表5-1),样品全氮、全磷分析在浙江省环境监测中心完成,其他项目在宁波大学地理系土壤实验室完成。

表5-1 土壤样品分析方法

分析项目	分析方法	分析项目	分析方法
有机质	重铬酸钾法	全氮	等离子体质谱法(ICP-MS)*
全磷	凯氏法	速效磷	碳酸氢钠法
速效钾	醋酸铵浸提法	全盐	电导法
pH	水土比2.5:1,电位法		

*1982年土壤普查全氮分析用钼锑法。

5.2.2　土壤质量评价方法及模型

土壤质量的好差表现在生产质量和环境质量两个方面,两者之间有一定的共性,土壤环境质量评价已有较成熟的方法(赵其国 1997,郑昭佩 等 2003,齐伟等 2003,张桃林等 1999,张华等 2001),本文着重对土壤的生产质量进行评价。根据本区土壤特点,借鉴当前已有研究成果,同时考虑与杭州湾南岸滨海平原第二次土壤普查各主剖面点测试项目的可比性,本研究选取了有机质、全氮、全磷、速效磷、速效钾、pH 值、全盐(仅对盐土和部分潮土进行)等指标作为土壤生产质量的评价因子。由于评价土壤质量时上述参数不可简单加和,因而必须进行标准化处理,以消除各参数之间的差别。为避免常用的除标准差或优良级标准方法的可比性较差的缺点,经比较筛选,本研究采用以下方法进行标准化处理(赵杰 等,2001;胡金明 等,1999;王军艳 等,2001;秦明周 等,2000)。

(1)因子为有机质、全氮、全磷、速效磷、速效钾及土壤呈酸性时,采用以下方法:

当因子的测定值属于"极差"级时,即 $X_i \leq X_{i_{\min}}$ 时,

$$P_i = X_i / X_{i_{\min}} \quad (P_i < 1) \quad \cdots\cdots\cdots\cdots\cdots（5.1）$$

当因子的测定值属于"差"级时,即 $X_{i_{\min}} < X_i \leq X_{i_{mid}}$ 时,

$$P_i = 1 + (X_i - X_{i_{\min}}) / (X_{i_{mid}} - X_{i_{\min}}) \quad (1 \leq P_i < 2) \cdots\cdots（5.2）$$

当因子的测定值属于"中等"级时,即 $X_{i_{mid}} < X_i \leq X_{i_{\max}}$ 时,

$$P_i = 2 + (X_i - X_{i_{mid}}) / (X_{i_{\max}} - X_{i_{mid}}) \quad (2 \leq P_i < 3) \cdots\cdots（5.3）$$

当因子的测定值属于"很好"级时,即 $X_i > X_{i_{\max}}$ 时,

$$P_i = 3 \quad \cdots\cdots\cdots\cdots\cdots\cdots\cdots\cdots\cdots（5.4）$$

式中, P_i 为单质量指数, X_i 为某因子的测定值, $X_{i_{\min}}$ 为"差"级分级标准, $X_{i_{mid}}$ 为"中等"级分级标准, $X_{i_{\max}}$ 为"很好"级分级标准, i 为因子项($i = 1, 2, 3, 4, 5, 6, 7$)。

(2)因子为全盐及土壤呈碱性时,全盐含量及 pH 值大小与土地生产力呈负相关,因子的标准化处理如下:

当 $X_i \leq X_{i_{\max}}$ 时,

$$P_i = 3 \quad \cdots\cdots\cdots\cdots\cdots\cdots\cdots\cdots\cdots（5.5）$$

当 $X_{i_{\max}} < X_i \leq X_{i_{\min}}$ 时,

$$P_i = 2 + (X_{i_{\min}} - X_i) / (X_{i_{mid}} - X_{i_{\max}}) \quad \cdots\cdots\cdots\cdots（5.6）$$

当 $X_{i_{mid}} < X_i \leq X_{i_{\min}}$ 时,

$$P_i = 1 + (X_{i_{\min}} - X_i) / (X_{i_{\min}} - X_{i_{mid}}) \quad \cdots\cdots\cdots\cdots（5.7）$$

当 $X_i \geqslant X_{i_{min}}$ 时，

$$P_i = X_{i_{min}}/X_i \quad \cdots\cdots\cdots\cdots\cdots\cdots\cdots\cdots\cdots\cdots\cdots\cdots\cdots\cdots\cdots\cdots\cdots\cdots (5.8)$$

各因子的分级标准主要参考已有研究成果（秦明周 等，2000；赵杰 等，2001）及杭州湾南岸滨海平原第二次土壤普查有关土壤质量分级标准形成，如表5-2所示。

表5-2 土壤质量评价因子分级标准

参评因子	有机质(%)	全氮(%)	全磷(%)	速效磷(ppm)	速效钾(ppm)	全盐(%)	pH(>7)	pH(<7)
$X_{i_{max}}$	2	0.15	0.15	18	200	0.4	7	7
$X_{i_{mid}}$	1.5	0.10	0.10	10	130	0.15	7.5	6.5
$X_{i_{min}}$	1	0.08	0.08	5	80	0.05	8.0	6

为避免采用简单加和法、平均值法和加权平均法等主观因素的强烈影响，本研究采用修正的内梅罗（Nemoro）公式建立土壤质量评价模型（秦明周 等，2000）。

$$Q = \sqrt{\frac{(\overline{P_i})^2 + (P_{i_{min}})^2}{2} \cdot \frac{n-1}{n}} \quad \cdots\cdots\cdots\cdots\cdots\cdots\cdots\cdots\cdots\cdots\cdots\cdots (5.9)$$

式中，Q 为土壤质量系数，$\overline{P_i}$ 为某样品单质量指数，$P_{i_{min}}$ 为各种样品单质量指数的最小值，n 为参评因子个数。

上式用 $P_{i_{min}}$ 代替了内梅罗公式中的 $P_{i_{max}}$，并加上修正项 $(n-1)/n$，一方面突出土壤属性中最差因子对土壤质量的影响，反映生态学中作物生长的最小因子定律；另一方面，增加修正项后，提高了该评价结果的可信度，参评因子越多，$(n-1)/n$ 的值越大，可信度也越高。运用以上模型对研究区1982年土壤普查资料及2003年实测配对土样质量进行计算，将土壤质量分为4级（表5-3）。

表5-3 土壤质量等级划分标准

质量等级	I	II	III	IV
质量类型	优	良	中	差
质量指数范围	$Q \geqslant 2.0$	$1.5 \leqslant Q < 2.0$	$1.5 < Q \leqslant 1.0$	$Q < 1.0$

5.2.3 结果分析

5.2.3.1 土壤质量总体演化趋势

在1982—2003年的33个配对土壤样本中，土壤利用方式发生变化的有25

对(表5-4),未发生变化的只有8对,样本中土地利用方式变化率为75.8%。而在8对利用方式未发生变化的土壤样本中,有两对水田有抛荒现象,如把这2对土样也计算为利用方式发生变化的话,则样本土地利用方式变化率达81.8%。因此,研究区样本土壤的利用方式变化是相当明显的。

表5-4　样本土壤利用方式变化表

样本数	1	4	1	1	3	3	9	3	1	4	1	1	1
1982	用材林	水田	水田	水田	棉花	棉花	棉花	荒地	荒地	水田	竹林	橘园	杨梅林
2003	果园	菜地	花木	果园	果园	花木	菜地	菜地	荒地	水田	竹林	橘园	杨梅林

　　为分析土地利用/土地覆被变化对土壤质量总体演化趋势的影响,采用统计软件SPSS10.0,对1982年土壤普查资料和2003年的配对土壤样本不同层次各质量测试项目分别进行统计分析(表5-5)。结果表明,33个土壤样品的有机质、全氮、速效磷、速效钾及全盐(盐土和部分潮土)等质量指标的变异系数均在40%以上。这与土壤样本的选择直接有关,因为土壤质量受各种成土因素及人为因素的控制,土壤质量影响因子的差异直接影响着土壤质量,由于所选33个土壤样本包含了本区红壤、潮土、盐土和水稻土四大类土壤中的19个不同土种,不同土种及土壤利用方式差异使得土壤质量的空间差异相当显著。因此,样品单质量指标变异系数较大在一定程度上说明了用所选土壤样本进行土壤质量变化研究,具有较好的代表性。统计数据还表明,2003年土壤各质量因子的变异系数大部分比1982年的低,这可能是与近年来化肥的广泛使用使得土壤养分差异相对变小有关。

　　对比1982年和2003年两次调查的结果可以发现(表5-6),2003年土壤综合质量类型基本上没有发生变化,A、B层土壤仍属中等,C层为差级。但是土壤综合质量指数值却有不同的变化,主要表现为A层土壤综合质量指数略有下降,由1982年的1.46降到2003年的1.42,降低值为0.04;B、C层土壤综合质量指数略有提高,B、C层土壤的综合质量指数分别由1982年的1.07和0.74上升到2003年的1.10和0.80。

　　由于土壤综合质量指数的计算考虑了作物生长限制性因子的影响,因此,土壤质量影响因子的单质量指数的变化可能表现出与综合质量指数不同的变化特征。因此,有必要对土壤单质量指数的变化进行分析。由表5-6可知,土壤各层次有机质含量总体上呈上升趋势,1982年全部土壤样本A层有机质单质量指数的平均值为2.29,2003年达2.69,上升量为0.40,B、C层的土壤有机质单质量指数也分别由1982年的1.58和0.83上升到2003年的2.07和0.93,分别上升了0.49和0.10。土壤全磷的单质量指数均表现出下降趋势,A、B、C层的全磷单质量指数分别由1982年的2.18、1.91和1.33下降到2003年的1.20、0.97和0.77，其下降量分别为0.98、0.94和0.56。速效磷和速效钾（仅对A层进行分析）的单质量指数在过去的21年中略有提高，分别由1982年的1.95和2.35上升到2003年的2.04和2.38。土壤各层次pH的单质量指数总体上也表现出提高趋势，A、B、C层的单质量指数分别由1982年的1.83、1.90和1.92上升到2003年的2.19、2.23和2.29。土壤全盐统计主要针对部分潮土和盐土进行，各层次的全盐含量均有明显下降，A、B、C层的全盐单质量指数分别由1982年的2.20、2.00和2.02上升到2003年的2.54、2.41和2.38。

表5-5 各土壤层次质量指标统计(1982—2003)

指标		1982年			2003年		
		A	B	C	A	B	C
有机质	平均值(%)	2.26	1.62	0.75	2.71	1.89	0.84
	标准差(%)	1.23	1.17	0.46	1.16	1.03	0.46
	变异系数(%)	56.50	72.34	61.44	42.95	54.49	55.01
全磷	平均值(%)	0.12	0.10	0.08	0.08	0.07	0.08
	标准差(%)	0.05	0.04	0.04	0.02	0.02	0.020
	变异系数(%)	37.10	40.78	49.37	26.92	30.88	25.32
全氮	平均值(%)	0.16	0.11	0.06	0.15	0.11	0.08
	标准差(%)	0.08	0.07	0.02	0.07	0.06	0.04
	变异系数(%)	50.00	60.91	41.38	47.26	52.63	48.72
pH值	平均值	7.00	7.07	7.20	6.87	6.92	7.04
	标准差	0.69	0.72	0.60	0.52	0.49	0.44
	变异系数(%)	9.86	10.18	8.33	7.57	7.08	6.25
全盐	平均值(%)	1.25	1.56	1.52	0.76	0.95	0.99
	标准差(%)	1.35	1.59	1.55	0.50	0.82	0.89
	变异系数(%)	108.00	101.92	101.97	65.79	86.32	89.90
速效磷	平均值(ppm)	12.03	–	–	12.33	–	–
	标准差(ppm)	7.74			7.47		
	变异系数(%)	64.34			60.58		
速效钾	平均值(ppm)	203.73			12.33		
	标准差(ppm)	112.40			7.47		
	变异系数(%)	55.17			60.58		

注：表中A、B、C层按1982年土壤农化分析所分层次划分，不一定对应于土壤的发生层次，下同。

表5-6　土壤质量单因子评价指数与总体综合评价指数变化（1982—2003）

土壤层次		有机质	全磷	全氮	pH	全盐	速效磷	速效钾	质量指数
A层	1982	2.29	2.18	2.44	1.83	2.2	1.95	2.35	1.46
	2003	2.69	1.20	2.24	2.19	2.54	2.04	2.38	1.42
	变化	0.40	−0.98	−0.20	0.35	0.34	0.10	0.03	−0.04
B层	1982	1.58	1.91	1.62	1.90	2.00	–	–	1.07
	2003	2.07	0.97	1.81	2.23	2.41	–	–	1.10
	变化	0.49	−0.94	0.19	0.34	0.41			0.03
C层	1982	0.83	1.33	0.79	1.92	2.02			0.74
	2003	0.93	0.77	1.19	2.29	2.38			0.80
	变化	0.10	−0.56	0.40	0.37	0.36			+0.06

5.2.3.2　两个时段不同用地类型土壤质量特征分析

（1）1982年不同用地类型土壤质量特征分析

1982年研究区平原土地农业利用类型以棉田和水田为主，也包括相当一部分的新围荒地；低山丘陵土地利用类型主要包括用材林、竹林、杨梅林和橘园等。33个土壤样本共有7种土地利用方式，其中棉田土样为15个，水田土样为10个，荒地土样为4个，用材林、竹林、橘园和杨梅林土样各1个。

对1982年土壤样本的不同土地利用类型质量特征的描述性统计分析可知（表5-7），A层土壤综合质量等级划分以中为主，仅棉田为良，其排序为棉田>竹林>橘园>荒地>水田>用材林>杨梅林，B、C层的综合质量等级均为中、差级，B层综合质量排序为橘园>水田>棉田>荒地>杨梅林>用材林>竹林，C层为橘园>水田>棉田>荒地>用材林>杨梅林>竹林。

表5-7　1982年不同土地利用方式土壤质量特征

土地利用类型	样本数	土壤层次		
		A	B	C
棉田	15	1.60	1.10	0.77
水田	10	1.37	1.15	0.78
荒地	4	1.38	1.06	0.74
用材林	1	1.08	0.62	0.52
竹林	1	1.41	0.54	0.48
橘园	1	1.40	1.26	0.81
杨梅林	1	1.03	0.80	0.53

从不同土地利用方式耕作层（A层）土壤单质量指数分布特征看（表5-8），有机质的单质量指数均为优良级，其中水田、用材林和杨梅林土壤样本有机质

的单质量指数高达3.00,其余利用类型的排序为竹林>橘园>荒地>棉田;全磷单
质量指数的差异比较明显,包含了所有4种质量类型,其排序为棉田>荒地>橘
园>水田>竹林>用材林>杨梅林;全氮单质量指数也均为优良级,其中竹园和橘
园土样的单质量指数均为3.00,其余土地利用类型的排序为水田>用材林>棉田
>杨梅林>荒地;pH值单质量指数包括优、良、中三个等级类型,其排序为橘园>
棉田>水田>荒地>杨梅林>用材林>竹林;速效磷单质量指数也包括所有4种质
量类型,其排序为竹林>荒地>水田>棉田>橘园,杨梅林和用材林最小,仅为
0.60;速效钾单质量指数均为优良级,用材林、竹林和杨梅林的速效钾单质量指
数均较高,达3.00,其他利用类型的排序为棉田>荒地>水田>橘园。

表5-8　1982年不同土地利用方式土壤单质量指数特征(A层)

土地利用类型	样本数	土壤质量指标					
		有机质	全磷	全氮	pH	速效磷	速效钾
棉田	15	1.74	2.93	2.28	2.15	1.98	2.64
水田	10	3.00	1.39	2.92	1.70	1.99	1.83
荒地	4	2.03	2.62	1.56	1.35	2.35	2.26
用材林	1	3.00	0.46	2.60	0.98	0.60	3.00
竹林	1	2.94	0.76	3.00	0.92	3.00	3.00
橘园	1	2.46	2.06	3.00	2.80	1.00	1.56
杨梅林	1	3.00	0.31	2.22	1.20	0.60	3.00

(2)2003年不同用地类型土壤质量特征分析

到2003年,研究区配对土壤样本点的土地利用方式发生了明显的变化,棉
田和大部分水田改作菜地、花木地、黄花梨地等。2003年33个配对土壤样本共
有8种土地利用方式,与1982年相比增加了菜地和黄花梨地两种利用方式,减
少了棉田利用方式,其中菜地土样为16个,水田、花木地和黄花梨地土壤样本
各为4个,橘园土壤样本为2个,荒地、竹林、杨梅林土样各1个。

由2003年土壤样本的不同土地利用类型质量特征的描述性统计分析可知
(表5-9),8种土地利用方式的不同层次土壤质量特征表现略有差异。A层土壤
综合质量包括良、中两类,黄花梨地、菜地和荒地的质量指数为良好级,其余为
中级,其排序为黄花梨地>菜地>荒地>杨梅林>橘园>花木地>水田>竹林;B层则
以中级为主,也包括部分差级,其排序为黄花梨地>荒地>菜地>花木地>水田>
杨梅林>橘园>竹林;C层均为差级,其排序为水田>菜地>花木地>荒地>黄花梨
地>橘园>杨梅林>竹林。

表5-9 2003年不同土地利用方式土壤质量特征

土地利用类型	样本数	土壤层次		
		A	B	C
菜地	16	1.52	1.10	0.84
水田	4	1.14	1.08	0.91
荒地	1	1.51	1.20	0.77
花木	4	1.19	1.09	0.79
竹林	1	1.11	0.52	0.46
橘园	2	1.24	0.96	0.73
杨梅林	1	1.31	1.00	0.56
黄花梨	4	1.70	1.32	0.75

从不同土地利用方式耕作层（A层）土壤单质量指数分布特征看（表5-10），有机质的单质量指数均为优级，水田、黄花梨地和杨梅林样本有机质的单质量指数均高达3.00，其他利用类型的排序为菜地>花木地>竹林>橘园>荒地，全磷单质量指数包括所有4种质量类型，其排序为黄花梨地>菜地>荒地>花木地>橘园>水田>竹林>杨梅林，全氮、pH值、速效磷、速效钾的单质量指数均在中级以上，其中水田和杨梅林的全氮单质量指数均为3.00，其余利用类型全氮单质量指数的排序为荒地>黄花梨地>橘园>花木地>菜地>竹林；pH值单质量指数排序为菜地>黄花梨地>橘园>花木>荒地>水田>杨梅林>竹林，速效磷质量指数的排序为竹林>菜地>荒地>黄花梨地>杨梅林>花木>水田>橘园，竹林和杨梅林的速效钾质量指数均较高，达3.00，其他利用类型的排序为黄花梨地>菜地>荒地>橘园>花木地>水田。

表5-10 2003年不同土地利用方式土壤单质量指数特征（A层）

土地利用类型	样本数	土壤质量指标					
		有机质	全磷	全氮	pH	速效磷	速效钾
菜地	16	2.66	1.27	2.01	2.34	2.49	2.78
水田	4	3.00	0.66	3.00	1.85	1.20	1.28
荒地	1	2.28	1.26	2.62	2.00	2.25	2.53
花木	4	2.48	1.09	2.15	2.25	1.50	1.51
竹林	1	2.44	0.63	1.00	0.92	2.63	3.00
橘园	2	2.35	1.06	2.43	2.30	1.10	1.62
杨梅林	1	3.00	0.61	3.00	1.60	1.60	3.00
黄花梨	4	3.00	1.95	2.44	2.31	2.03	2.81

5.2.3.3　土地利用方式变化对土壤质量演化的影响

土地利用方式的不同,造成了土地利用过程中的物质投入、管理模式的差异。因此,土壤利用方式的不同变化使得土壤质量演化也表现出完全不同的特征。1982年至今,杭州湾南岸滨海平原土地利用方式的变化相当明显。正如前文所述,33个土壤样本的利用方式发生改变的达27个。样本土地利用方式变化的最明显特征是棉田、水田向菜地、果园和花木用地的改变。另外,也有少量用材林向果园、荒地向菜地改变。

(1)林地(用材林)改果园(黄花梨),土壤质量有所提高

本区的用材林改果园主要是丘陵、低山山麓地带的松树林、杉木林向黄花梨种植园地的变化。调查结果表明,由于物质投入与管理水平的提高,林地改果园后,土壤综合质量有所改善(表5-11,5-12,5-13)。综合质量指数有一定程度的增长,A层土壤综合质量指数由1.08提高到2003年的1.33。B、C层土壤综合质量指数也略有提高,分别由1982年的0.62和0.52提高到2003年的0.95和0.56。从土壤的单质量指标看,林地改果园后,土壤A层有机质、全氮、速效钾的含量都略有提高,单质量指数维持在较高的水平,均在2.6以上。全磷、速效磷的含量也有一定程度的提高,其单质量指数分别由1982年的0.46和0.60增长到2003年的0.95和1.40。林地改果园后,B、C层的单质量指数大部分都有提高,有机质单质量指数分别从1982年的1.46和1.24提高到2003年的2.34和1.42,B、C层全磷质量指数从1982年的0.39和0.39提高到2003年的0.50和0.44。B层的全氮质量指数从1982年的1.00提高到2003年的3.00,C层则保持在1.00的水平,同时B、C层的pH值也有一定的改善。

表5-11　不同土壤利用方式对土壤质量的影响(A层)

利用方式		有机质		全磷		全氮		速效磷		速效钾		pH		全盐		综合质量	
1982	2003	1982	2003	1982	2003	1982	2003	1982	2003	1982	2003	1982	2003	1982	2003	1982	2003
用材林	果园	3	3	0.46	0.95	2.6	3	0.6	1.4	3	3	0.98	0.98	–	–	1.08	1.33
水田	菜地	3	3	2.05	0.96	3	3	1.9	2.66	1.36	2.61	1.6	1.75	–	–	1.37	1.49
水田	花木	3	3	0.95	0.59	2.24	3	2.88	3	2.6	3	2	2.2	–	–	1.49	1.49
水田	果园	3	3	0.79	1.3	3	2	1.6	1.2	2.9	2.09	2	1.8	–	–	1.39	1.35
棉田	果园	1.44	3	3	2.28	2.27	2.22	1.78	2.24	2.67	2.74	2.53	2.73	–	–	1.59	1.83
棉田	花木	1.94	2.31	3	1.25	2.23	1.87	1.87	1	2.08	1.01	2.07	2.27	0.87	0.93	1.58	1.09
棉田	菜地	1.78	2.57	2.89	1.52	2.31	1.61	2.09	2.4	2.82	2.99	2.04	2.47	1.58	1.71	1.62	1.55
荒地	菜地	2.07	2.47	2.67	0.93	1.57	1.88	2.6	2.54	2.33	2.35	1.47	2.73	2.11	2.51	1.44	1.45
荒地	荒地	1.9	2.28	2.46	1.26	1.5	2.62	1.6	2.25	2.08	2.53	1	2	1.04	2.2	1.18	1.52
水田	水田	3	3	1	0.66	3	1	1.95	1.2	1.75	1.28	1.65	1.85	–	–	1.33	1.14

续表

利用方式		有机质		全磷		全氮		速效磷		速效钾		pH		全盐		综合质量	
1982	2003	1982	2003	1982	2003	1982	2003	1982	2003	1982	2003	1982	2003	1982	2003	1982	2003
毛竹	毛竹	2.94	2.44	0.76	0.63	3	1	3	2.63	3	3	0.92	0.92	—	—	1.41	1.11
橘园	橘园	2.46	1.7	2.06	0.83	3	2.85	1	1	1.56	1.14	2.8	2.8	—	—	1.4	1.13
杨梅	杨梅	3	3	0.31	0.61	2.22	3	0.6	1.6	3	3	1.2	1.6	—	—	1.03	1.31

表5-12 不同土壤利用方式对土壤质量的影响（B层）

利用方式		有机质		全磷		全氮		pH		全盐		综合质量	
1982	2003	1982	2003	1982	2003	1982	2003	1982	2003	1982	2003	1982	2003
用材林	果园	1.46	2.34	0.39	0.50	1.00	3.00	1.6	1.7	—	—	0.62	0.95
水田	菜地	2.61	2.67	1.20	0.68	2.38	3.00	2.15	2.10	—	—	1.22	1.24
水田	花木	3.00	3.00	1.15	0.521	2.06	3.00	1.80	2.20	—	—	1.22	1.19
水田	果园	0.95	1.08	0.31	0.97	0.76	1.56	2.80	2.40	—	—	0.66	0.95
棉田	果园	0.97	2.54	2.76	2.13	1.17	1.63	2.33	2.67	—	—	1.08	1.44
棉田	花木	1.21	1.43	2.89	1.08	1.47	1.60	2.27	2.40	2.70	2.80	1.27	1.06
棉田	菜地	0.86	1.66	2.64	1.09	1.18	0.99	1.78	2.44	1.54	1.62	1.05	1.05
荒地	菜地	1.52	2.05	2.60	0.90	1.00	1.43	1.73	2.60	1.48	2.29	1.10	1.15
荒地	荒地	1.10	1.32	2.34	1.13	1.00	2.39	1.00	2.00	0.98	2.20	0.92	1.20
水田	水田	3.00	3.00	0.73	0.56	2.98	2.28	1.75	2.00	—	—	1.19	1.08
毛竹	毛竹	0.89	0.87	0.61	0.59	0.76	0.71	0.98	0.97	—	—	0.54	0.52
橘园	橘园	1.08	1.02	1.85	0.80	2.56	2.05	3.00	2.80	—	—	1.26	0.98
杨梅	杨梅	2.52	3.00	0.23	0.39	2.38	3.00	0.80	0.97	—	—	0.80	1.00

表5-13 不同土壤利用方式对土壤质量的影响（C层）

利用方式		有机质		全磷		全氮		pH		全盐		综合质量	
1982	2003	1982	2003	1982	2003	1982	2003	1982	2003	1982	2003	1982	2003
用材林	果园	1.24	1.42	0.39	0.44	1.00	1.00	0.98	1.00	—	—	0.52	0.56
水田	菜地	1.09	1.20	0.63	0.49	1.20	2.21	2.60	2.75	—	—	0.79	0.92
水田	花木	1.76	1.78	0.78	0.47	0.89	0.736	2.00	2.20	—	—	0.83	0.98
水田	果园	0.90	0.91	0.34	0.77	0.79	0.77	2.00	2.00	—	—	0.56	0.69
棉田	果园	0.46	0.68	1.77	1.56	0.67	0.70	2.27	2.60	—	—	0.73	0.82
棉田	花木	0.28	0.32	2.33	0.90	0.54	1.14	1.87	2.27	2.8	2.9	0.75	0.73
棉田	菜地	0.63	0.70	2.04	0.84	0.50	0.65	1.69	2.29	1.49	1.59	0.79	0.78
荒地	菜地	0.62	0.78	1.51	0.79	0.66	0.79	1.73	2.47	1.69	2.35	0.78	0.88
荒地	荒地	0.61	0.08	1.05	0.99	0.91	2.00	0.99	1.8	1.00	1.92	0.62	0.77
水田	水田	1.73	2.00	0.51	0.47	1.37	1.80	2.15	2.35	—	—	0.81	0.91
毛竹	毛竹	0.64	0.61	0.59	0.58	0.46	0.43	1.4	1.4	—	—	0.48	0.46
橘园	橘园	0.67	0.67	0.71	0.68	1.10	1.00	3.00	2.80	—	—	0.81	0.77
杨梅	杨梅	0.72	0.81	0.16	0.17	0.53	1.80	1.20	1.40	—	—	0.36	0.56

　　杭州湾南岸滨海平原所在的慈溪市是浙江省率先实现农业现代化的两个实现区之一,多年来,政府把科技兴农作为发展现代农业的一项重要举措,特别是慈溪国家农业科技园区的建设,大大提高了农民从事现代农业的积极性,特色水果种植区块基本形成,黄花梨、杨梅已成为慈溪国家农业科技园区特色水果区块的主导产品。公司加农户的经营格局也已形成,受经济利益驱动,区内有相当数量的水田、林地改为果园,土壤投入、管理上都发生着明显的变化,有机肥、化肥的施用量大大提高,补充了地力,从而使得土壤质量得到改善。

　　(2)水田改菜地、花木园、果园,土壤质量演化差异较大

　　水田改作其他用地是杭州湾南岸滨海平原农业土地利用方式变化最明显的特征之一。政府行为(慈溪国家农业科技园区建设)和农民的自发行为(比较利益驱使)使得区内大量水田改为菜地、花木园、果园。水田改作其他用途后,土壤质量演变差异较大。水田改作菜地后,土壤各层次综合质量有所提高(表5-11,5-12,5-13),A、B、C层土壤综合质量指数分别由1982年的1.37、1.22和0.79提高到2003年的1.49、1.24和0.92。水田改花木园后,土壤质量变化不大(表5-11,5-12,5-13),A、B、C层土壤综合质量指数分别由1982年的1.49、1.22和0.83变为2003年的1.49、1.19和0.98,总体变化不大。而水田改果园后(表5-11,5-12,5-13),土壤A层的综合质量指数略有下降,从1982年的1.39降至2003年的1.35,B、C层的土壤质量有所提高,分别由0.66、0.56变为2003年的0.95和0.69。

　　从单项质量指标看,水田改作菜地后,各层次有机质、全氮、速效磷(A层)、速效钾(A层)均维持在较高的水平或略有提高,土壤pH值也略有改善,而全磷水平有较大幅度的下降。水田改作花木园后,有机质、全氮、速效磷(A层)、速效钾(A层)水平均有一定程度的提高,全磷水平也有所下降。水田改作果园后,各层次全磷水平有一定幅度提高,A层有机质也维持在较高的水平,而全氮、速效磷、速效钾的单质量指数则略有下降,B层有机质和全氮含量有所改善,C层有机质、全氮、pH值基本保持在原来水平。

　　(3)棉田改菜地、花木园土壤质量下降,改果园土壤质量提高

　　棉田改作菜地、花木园、果园也是杭州湾南岸滨海平原变化较明显的农业土地利用类型。棉田改作菜地、花木园后,土壤综合质量指数有所降低。改作菜地后,A、B、C层土壤综合质量指数分别由1982年的1.62、1.05和0.79变至2003年的1.55、1.05和0.78。改作花木园后,各层土壤综合质量指数分别由1982年的1.58、1.27和0.75降到2003年的1.09、1.06和0.73。而棉田改作果园后,土壤综合质量指数各层次都有明显提高。A、B、C层分别由1982年的1.59、1.08和0.73上升到1.83、1.44和0.82。

　　从土壤单项质量指标看,棉田改作菜地、花木园、果园后,土壤各层次的有

机质含量有明显增加。其中以棉田改果园后土壤有机质单质量指数的增加最为明显,各层次的值由1982年的1.44、0.97和0.46提高到2003年的3.00、2.54和0.68;速效磷、速效钾的变化在不同土地利用方式中有所差异,棉田改作果园、菜地后,速效磷、速效钾的水平有一定程度的提高,改作果园后,其单质量指标分别由1982年的1.78、2.67提高到2003年的2.24和2.74,改作菜地后,其值由1982年的2.09和2.82提高到2003年的2.40和2.99,而改作花木园后,速效磷、速效钾的单质量指标则略有下降,分别由1982年的1.87和2.08下降到2003年的1.00和1.01。改作花木园、菜地后,土壤A、B、C层有机质含量分别由1982的1.94、1.21和0.28,1.78、0.86和0.63提高到2003年的2.31、1.43和0.32,2.57、1.66和0.70。棉田改作菜地、花木园、果园后,土壤各层次全磷含量普遍降低。

(4)荒地改菜地,土壤质量有所提高

荒地改菜地主要是一线海堤内新围垦土地的开发利用,主要发生在龙山、庵东等地。新围滩地经一至二年脱盐后,以用作菜地为多。两个时期的土壤质量指数对比表明,荒地改作菜地后,土壤的综合质量指数有一定程度的提高,A、B、C各层次的值分别由1982年的1.44、1.10和0.78变至2003年的1.45、1.15和0.88,地力得到一定程度的提高。从土壤的单质量指数看,各层次有机质、全氮、pH值、全盐等指标都有一定程度的改善,这与土壤综合质量指数的提高是一致的。而全磷单质量指标在各层次都呈现出下降趋势,其值分别由1982年的2.67、2.60和1.51降至2003年的0.93、0.90和0.79,速效磷和速效钾的单质量指标在表层土中变化不大,前者略有下降,而后者则略有上升。

(5)利用方式未发生变化的土壤质量以下降为主

调查样本中土地利用方式未发生变化的有五类,分别是荒地、水田、毛竹林、橘园和杨梅林,其中荒地与杨梅林土壤综合质量指数有一定程度的提高。荒地A、B、C层的土壤综合质量指数分别由1982年的1.18、0.92和0.62增加到2003年的1.52、1.20和0.77。各单项质量指标除全磷外,均表现出与土壤综合质量指数类似的特征。全磷含量在各层次都呈现出一定的下降趋势,且下降幅度较大。水田、毛竹林和橘园土壤样本各层次的综合质量指数在过去的20多年中有一定程度的下降,其单项质量指数除个别层次的个别项目外,也表现出与综合质量指数类似的下降趋势。这种变化可能是由于水田、毛竹林和橘园的农业产出偏低,农民对土壤的投入不足有关。

5.2.3.4 土地利用方式变化对不同层次土壤质量特征演化的影响

以上研究表明,土地利用方式变化对土壤质量演化的影响是相当明显的,为进一步明确土地利用变化对不同层次土壤质量演化的影响,我们对1982—2003年配对样本不同层次的土壤质量指数变化量进行了分析统计,由图5-2,5-3可知,土地利用方式变化对不同层次土壤质量演化的影响有明显的差异,A层配对样本综合质量指数变化范围在−0.70~0.58,B层为−0.36~0.43,C层仅为−0.13~0.17。而土壤利用方式未发生变化的配对样本的综合质量指数变化相对较小,各层次的变化范围分别为A层−0.30~0.33,B层为−0.18~0.28,C层为−0.06~0.12。

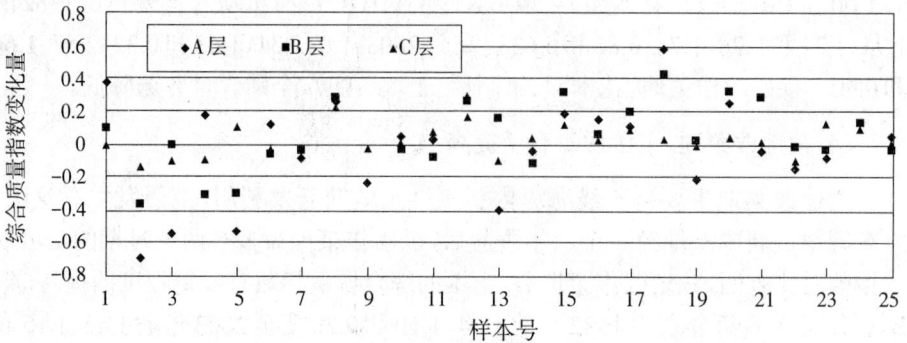

图5-2　土壤各层次综合质量指数变化(土地利用发生变化)

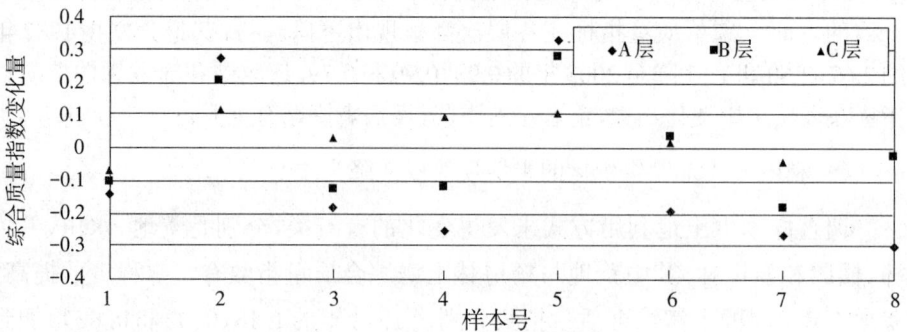

图5-3　土壤各层次综合质量指数变化(土地利用未发生变化)

从各层次土壤的有机质含量变化看(图5-4,5-5),土地利用方式发生变化的配对样本各层次土壤有机质含量变化范围分别为A层−1.17~1.91,B层−0.81~1.79,C层−0.18~0.44。土地利用方式未发生变化的配对样本各层次土壤有机质含量变化范围分别为A层−0.38~1.06,B层−0.36~0.40,C层−0.09~0.09。

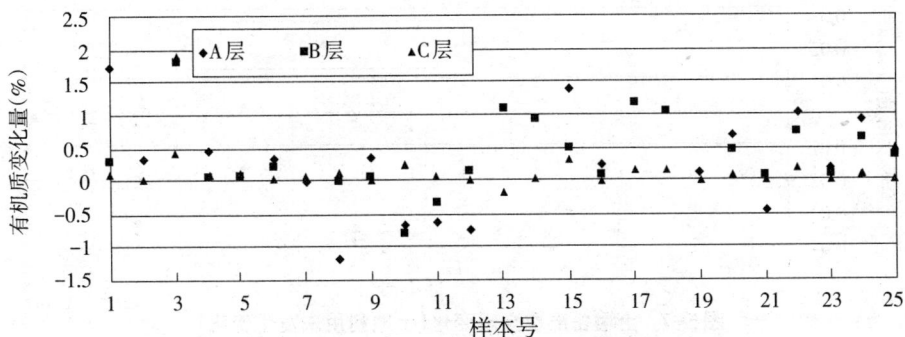

图5-4　土壤各层次有机质的变化（土地利用发生变化）

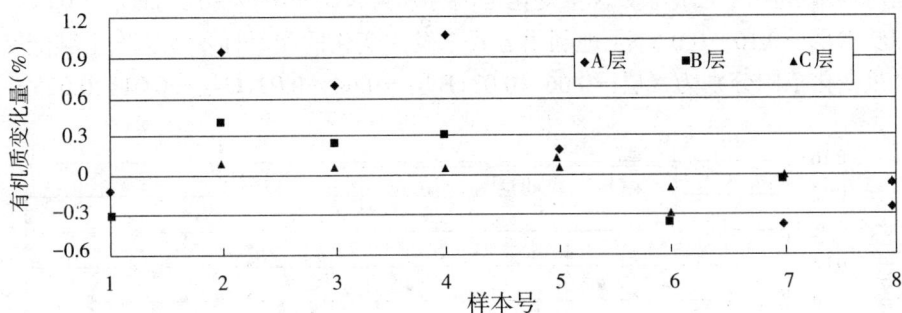

图5-5　土壤各层次有机质的变化（土地利用未发生变化）

从各层次土壤的全磷含量变化看（图5-6,5-7），土地利用方式发生变化的配对样本各层次土壤全磷含量变化范围分别为A层－0.11～0.06，B层－0.08～0.05，C层－0.07～0.04。土地利用方式未发生变化的配对样本各层次土壤全磷含量变化范围分别为A层－0.04～0.02，B层－0.03～0.01，C层－0.02～0。

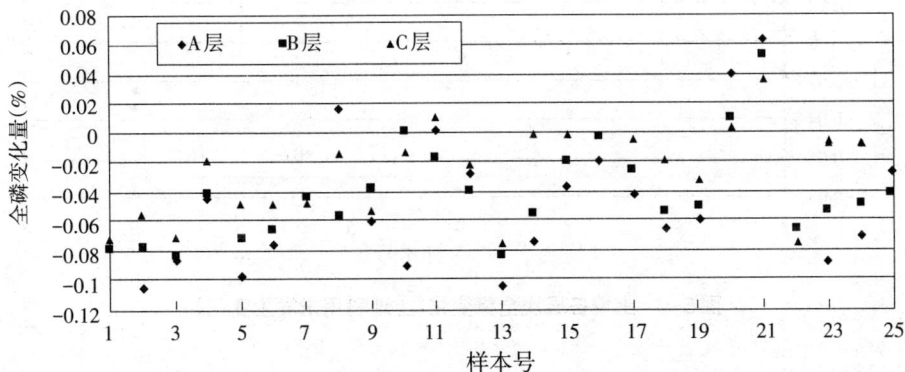

图5-6　土壤各层次全磷变化（土地利用发生变化）

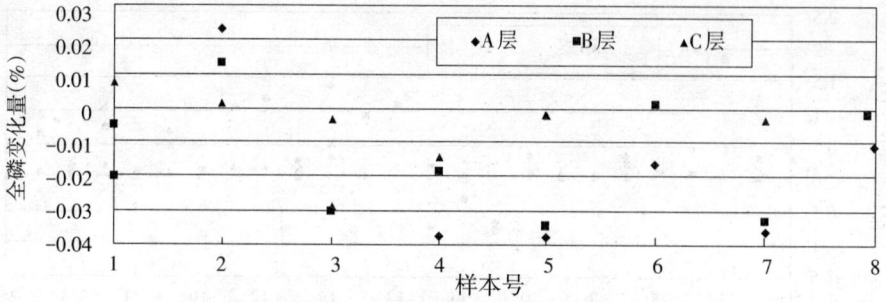

图5-7 土壤各层次全磷变化(土地利用未发生变化)

从各层次土壤的全氮含量变化看(图5-8,5-9),土地利用方式发生变化的配对样本各层次土壤全氮含量变化范围分别为A层-0.09~0.12,B层-0.07~0.09,C层-0.10~0.07。土地利用方式未发生变化的配对样本各层次土壤全氮含量变化范围分别为A层-0.06~0.03,B层-0.04~0.02,C层-0.01~0.015。

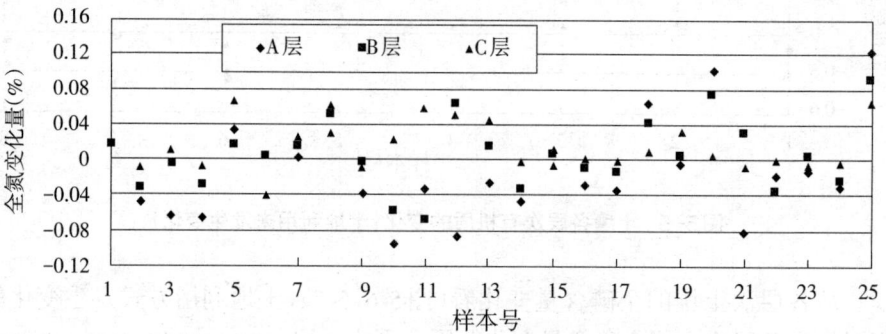

图5-8 土壤各层次全氮变化(土地利用发生变化)

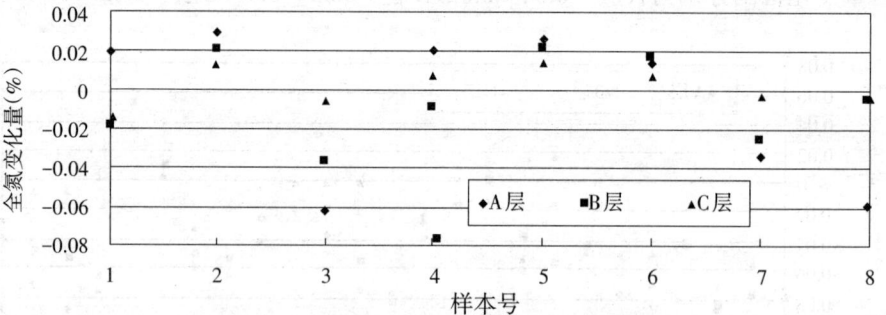

图5-9 土壤各层次全氮变化(土地利用未发生变化)

5.2.4　讨论与结论

5.2.4.1　土地利用方式变化对不同土壤类型发生层次质量演化的影响机理探讨

土壤质量是自然因子、生物及人类活动共同作用的结果。土壤的内在质量相对比较稳定,它主要是母质、气候、生物、地形、时间等自然地理要素长期相互作用的结果,对土壤本身的质地、生化反应、肥力状况等理化性质和生物学特征影响较大。但是人类活动作为改造自然的最积极因素,其对土壤质量演化的影响是不容忽视的。而土地利用方式作为人类活动对土壤质量实施影响的最直接手段,不同的土地利用方式有其相应的耕作制度、灌溉方式和施肥特征。因此,在较短的时间尺度上,土地利用方式及其变化引起的土壤质量变化,无论在范围上还是在程度上可能均比自然因子的影响大。下面就土地利用变化对杭州湾南岸滨海平原红壤、水稻土、潮土和盐土4大类土壤发生层次质量演化的影响机理进行简要的探讨。

分布于杭州湾南岸滨海平原沿山地带的红壤一般呈棕黄色或黄棕色,具碎块状结构、表土疏松、心底土紧实。多石砾和粘粒,质地中壤或轻粘,酸性较重,养分相对贫乏,保肥性差。剖面类型一般为淋溶层或腐殖质积聚层(A)—非淀积发生层或残余积聚层([B])—母质层(C)型。研究区用作用材林、竹林、橘园和杨梅林的红壤多分布于山坡下段,土层在60cm以上,包括黄泥砂土、黄泥土和黄砾泥等土种。用材林改作黄花梨地,使得土壤质量性状由自然演替变为受人类生产行为控制。黄花梨园建设需要挖较深的定植穴,填施肥泥熟土和厩肥等有机肥料,并重春季松土施肥。由于[B]层疏松多孔,加上春季多雨,因此,改作黄花梨后,土体剖面的A和[B]层势必受到人类挖穴、施肥等活动的影响,从而发生质量特征的明显变化,并对以风化母质为主的C层也产生一定影响。而对土地利用方式未发生变化的竹林、橘园和杨梅林红壤而言,由于耕作、灌溉、施肥制度基本沿袭原来的方式,故整个发生层次的质量变化相对较小。

杭州湾滨海平原的水稻土是各种起源土壤(主要是潮土和盐土)经过平整造田和淹水种稻,进行周期性灌排、施肥、耕耘、轮作逐步形成的。其最显著的成土作用水稻生长期耕作层强烈的氧化还原交替所显示的"假潜育过程"。水稻土的典型发生层次为耕作层(A)—犁底层(P)—潴育层(W)—潜育层(G)。水田改作菜地、花木园和果园后,耕作层土壤不再周期性受水浸淹,氧化还原交替进行的"假潜育过程"停止;紧实的犁底层也可能在水田改为旱作(如修菜垄、作苗木定植穴)时得以松动,花木、果树根系可深入犁底层和潴育层,再加上受耕作制度和施肥特征的影响,水稻土的成土过程逐渐被旱作土壤的成土过程所替代,并逐渐形成旱作土壤的剖面层次。最后,整个土壤发生层次的土壤质量性状也将发生根本变化。

潮土母质为河流冲积物、河湖相沉积物及河海、浅海沉积物。其主导成土作用因子是研究区丰富的降雨和徐缓的地表排水及人为灌溉作用。潮土的形成包括脱盐淡化、潴育化和耕作熟化过程。由于母质来源较广,土壤质地变幅较大。剖面层次一般划分为耕作层(A)—心土层(B)—底土层(C)。由于人类的耕种、栽培、施肥和排灌对潮土形成及其质量演化起控制作用,潮土利用方式改变后,如由棉田改作果园、花木地和菜地后,种植制度、施肥特征和生长期水排灌方式都有明显的变化,整个土体剖面便在相应的耕作制度下进行着不同的质量演化过程。

盐土由近代海相或河海相沉积物发育而成。其主导成土因素是周期性受海水浸淹或受海水地下入侵影响,盐渍化是该类土壤的独特成土过程。当然,在海水落潮间隙或土体淤高不受海水浸淹或筑堤围垦后,还存在脱盐过程。其基本特征是成土历史短,剖面发育差,土壤层次分化不明显,仅表土层有机质和养分比下段土体高。农业利用有利于盐土脱盐和土壤剖面的发育,如种植棉花的盐土改作花木、菜地,荒地盐土改作菜地后,土壤全盐含量明显减少,同时,长期的耕作、施肥和排灌又促使了土壤层次的发育和分化,从而使得整个土体剖面的质量演化表现出与盐土自然演化完全不同的速度和特征。

5.2.4.2　结论

(1)人类活动可在较短的时间尺度内引起土壤发生层次质量的显著变化。土壤质量是自然因子、生物及人类活动共同作用的结果。土壤母质、气候、生物、地形、时间等自然地理要素对土壤本身的质地、生化反应、肥力状况等理化性质和生物学特征影响较大。不同的土地利用方式对应的耕作制度、灌溉方式和施肥特征在较短的时间尺度上引起的土壤质量变化,无论在范围上还是在程度上均比自然因子的影响大。因此,人类活动对区域土壤发生层次质量演化的影响不容忽视。

(2)土地利用方式变化不仅对耕作层土壤质量演化产生影响,整个土壤发生层次的质量演化都受土地利用方式变化的影响。对比研究表明,土地利用方式发生改变的土壤,无论是不同发生层次的土壤综合质量指数,还是有机质含量、全磷含量、全氮含量等单质量指标的变化都明显比土地利用方式未发生变化的土壤大。从土壤发生层次的质量演化看,耕作层土壤的质量变化明显的大于下层土,并且表现为土地利用方式发生变化的土壤发生层次的质量变化要比土地利用方式未发生变化的土壤显著。

(3)土地利用变化通过对土壤成土过程的改变从而对土壤发生层次质量演

化产生影响。土地利用变化带来的土壤耕种、栽培、施肥和排灌制度的变化,对土壤的成土过程产生影响,甚至改变整个成土过程。天然的山地红壤改作旱作农业用地后,整个土体剖面,特别是 A 和[B]层的成土过程和质量演化受人类生产方式的影响明显,逐渐向旱作土壤的耕作熟化方向发展。水田改作旱地后,水稻土的"假潜育过程"停止,犁底层、潴育层等土壤发生层次的土壤质量性状也发生相应变化,并逐渐形成旱作土壤的发生层次。人类活动是潮土形成和发育的主控因素,土地利用变化后,潮土整个土体剖面便在相应的耕作制度下进行着不同的成土过程和质量演化。土地利用方式的变化,也使得盐土表现出不同的脱盐过程及土壤层次的发育和分化特征。

5.3　杭州湾南岸滨海平原土地利用变化对生态系统服务价值的影响

地球生物圈是一种复杂的生命支持系统,是人类赖以生存和发展的物质基础。自然生态系统向人类提供了人类所需的一切资源和环境条件。生态系统除了给人类提供实物型生态产品外,还以其巨大的生物多样性向人类提供着更多类型的非实物型的生态服务,这些服务为人类带来了巨大的福利,有着巨大的经济价值。由于生态系统提供的服务并未完全进入商业市场,或者没有与经济服务以及制造业资本进行量化比较,因而在决策过程中往往不考虑它的权重(Costanza 1997)。这种忽视导致了人类在自然资源的开发利用过程中存在短期行为,造成了生态环境的严重破坏,最终对生态系统的服务功能造成损害,使得生态系统向人类提供的福利减少,并直接威胁着人类可持续发展的生态基础。

20世纪80年代以来,生态学家已经试图去分析不同类型生态系统服务及其价值(Cacha 1994, Mc Neely 1993, Robert 1993, Titus 1992)。Peters 等分析了巴西亚马逊热带雨林所提供的生态系统服务,得出了该地区热带雨林的利用对策(Peters 等, 1989)。Pearce 等讨论了生物资源经济价值评估的意义和方法(Pearce 等, 1994)。最具代表性的当数 Costanza 等人对全球生态系统服务及其价值的研究(Costanza et al 1997)。近年来我国生态学家也开展了相关研究工作,如对全国、区域生态系统服务价值的计算以及对单个生态系统的服务价值与生态系统单项服务价值的评估研究(薛达元,1997;欧阳志云 等,1999;陈仲新 等,2000;谢高地 等,2001;韩维栋 等,2000;肖寒 等,2000),这些研究大多数是普查性的,即对一个区域内的生态系统服务功能进行概述式的研究,并在唤起公众对生态系统资源的保护意识等方面发挥着不可替代的作用,而对人类活动影响下生态系统服务功能的变化研究则较少(高清竹 等,2002;张志强 等,2001)。因此,探索人类活动对生态系统服务功能的影响,了解人类生存的潜在生态危机,从而为更好地维持和保育生态系统服务功能,促进经济社会的可持续发展具有重要意义。

人类维持自身生存与发展就是充分利用生态系统服务功能的过程。这一过程既包括了人类损害生态系统服务功能的活动,也包括主动恢复和保育生态系统服务功能的活动。也就是说,人类对生态系统服务功能的影响可分为积极影响与消极影响两方面(郑华 等,2003)。积极影响方式主要有生态系统管理、生态工程、生态恢复与重建、生态评价与规划等;而消极影响包括的方式有:土地开垦、水资源开发利用、农业、森林采伐、放牧、化石能源的消耗、城市化与工业化等。同时,一种人类活动方式可以影响生态系统的多种服务功能,对生态系统一种服务功能的影响也可以由多种人类活动方式引起。

以沪、杭、甬经济金三角中心地带新兴城市——慈溪市为依托的杭州湾南岸滨海平原是我国沿海经济最发达的地区之一,生态系统类型多样,开发历史悠久。近年来,社会经济的飞速发展使得土地资源日趋紧张,土地质量退化、环境污染渐趋严重。这些问题的产生归根到底是由于该地区土地利用/覆被变化引起的。该地区生态环境以及生态服务功能的变化将直接影响区域的可持续发展。因此,以生态系统服务价值作为其生态系统服务功能的量化指标,评估土地利用/覆被变化引起的区域生态价值的变化,对分析和控制整个区域的生态安全,确保区域可持续发展具有十分重要的意义。本章采用上文用到的1987年和2000年杭州湾南岸滨海平原土地利用/覆被变化监测数据对其生态系统服务功能变化进行定量研究。

正如前文所述,由于自然和人为因素的影响,杭州湾南岸滨海平原的土地利用/覆被格局发生了显著变化,旱地、林地、滩地、水田和盐田的面积大量减少,而建设用地却大量增加,水体和养殖用地略有增加(图5-10)。杭州湾南岸滨海平原土地的非农化创造了巨大的社会经济效益,人类从生态系统服务中获取了巨大的"显性"经济效益,但是,由于缺乏对生态系统所提供的巨大"隐性"服务价值的应有认识,也使得区域生态系统的景观特征发生了显著的退化型演替。因此,社会经济建设必须考虑生态环境成本,并将生态环境成本纳入区域经济发展的综合核算,以保护经济社会可持续发展的生态基础。评估土地利用变化对区域生态系统服务的经济价值的影响,有助于建立区域环境—经济综合核算体系,为区域生态—环境—经济综合可持续决策提供定量依据。

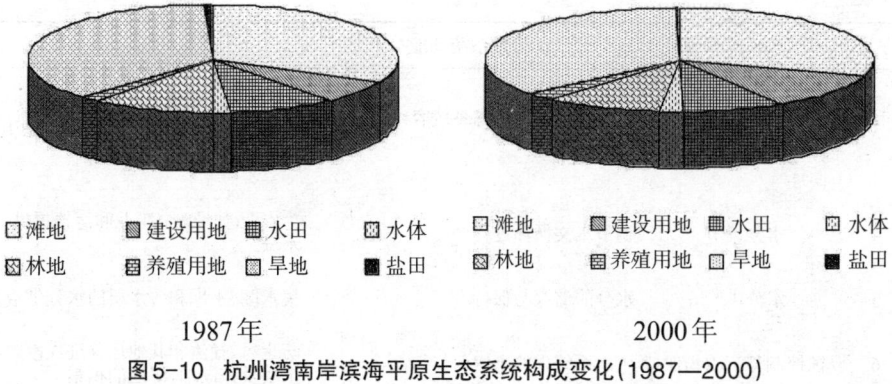

| □ 滩地 | ▨ 建设用地 | ▦ 水田 | ▧ 水体 |
| ▨ 林地 | ▨ 养殖用地 | ▨ 旱地 | ■ 盐田 |

1987年

| □ 滩地 | ▨ 建设用地 | ▦ 水田 | ▧ 水体 |
| ▨ 林地 | ▨ 养殖用地 | □ 旱地 | ■ 盐田 |

2000年

图5-10　杭州湾南岸滨海平原生态系统构成变化(1987—2000)

5.3.1　杭州湾南岸滨海平原生态系统服务功能分析

生态系统服务功能是指自然生态系统及其物种所提供的能够满足和维持人类生活需要的条件和过程。1997年美国生态学家Costanza将生态系统的服务功能划分为17项：大气调节、气候调节、干扰调节、水调节、水供给、侵蚀控制和沉积物保持、土壤形成、营养循环、废物处理、传粉、生物控制、庇护所、食物生产、原材料、基因资源、休闲、文化。并列举了生态系统服务与生态系统功能之间的对应关系，具体如表5-14所示。

为了估算生态系统服务的总价值，Costanza等把全球生态系统划分为包含16个大类的分类系统来代表目前全球的土地利用状况。首先是分为海洋系统和陆地系统。海洋进一步分为远洋和海岸。海岸又分为港湾、海草/海藻床、珊瑚礁和大陆架系统。陆地系统下分森林（热带林和温带/北方林）、草原/牧场、湿地（含盐沼/红树林、沼泽/滩涂）、湖泊/河流、荒漠、苔原、冰川/岩石、农田和城市。并在参考已有研究成果的基础上，对全球生态系统服务功能进行了估算（表5-15），初步得出全球生态系统服务总价值为33.2万亿美元/a，其中海洋生态系统为4.3万亿美元/a，占总价值的12.9%，陆地为28.9万亿美元/a，占总价值的87.1%。

表5-14　生态系统服务功能组成

序号	生态系统服务	生态系统功能	例证
1	大气调节	调节大气化学组成	CO_2/O_2平衡、O_3防护UV-B和SO_x水平
2	气候调节	调节全球气温、降水及在全球与区域水平上对其他气候过程的生物调节	温室气体调节以及影响云形成的DMS生成

续表

序号	生态系统服务	生态系统功能	例证
3	干扰调节	对环境波动的生态系统容纳、延迟和整合能力	防止风暴、控制洪水、干旱恢复以及由植被结构控制的生境对环境变化的反应
4	水分调节	调节水文循环过程	为农业(如灌溉)、工业和运输提供水分
5	水分供给	水分的储存与保持	集水区、水库和含水层的水分供给
6	侵蚀控制与沉积物保持	生态系统内的土壤保持	防止风、径流和其他运移过程侵蚀土壤及在湖泊、湿地的积累
7	土壤形成	成土过程	岩石风化与有机物的积累
8	养分循环	养分的获取、形成、内部循环和存储	固氧和N、P等元素的养分循环
9	废弃物处理	流失养分的恢复和过剩养分、有毒物质的转移与分解	废弃物处理、污染控制和毒物降解
10	授粉	植物胚子的移动	提供授粉以便植物种群繁殖
11	生物控制	对种群营养级的动态调节	关键捕食者控制被食种群,顶级捕食者使食草动物减少
12	庇护	为定居和临时种群提供栖息地	育雏地、迁徙动物栖息地、本地种栖息地或越冬场所
13	物质生产	总初级生产力中可提取的食物	通过渔、猎、采集和农耕收获的鱼、猎物、作物、果实等
14	原材料	总初级生产力中可提取的原材料	木材、燃料和饲料的生产
15	遗传资源	特有的生物材料和产品的来源	医药、材料科学产品,用于作物抗病和抗虫的基因,家养物种
16	休闲	提供休闲娱乐	生态旅游、体育、钓鱼及其他户外活动
17	文化	提供非商业用途	生态系统美学、艺术、教育、精神及科学价值

资料来源：Costanza R, et al. The value of the world's ecosystem services and natural capital. Nature,1997,387:253−260.

表5-15　全球生态系统服务价值概要

生态系统	面积(hm²)	生态系统服务(1994美元/(hm² a))																	A	B
		1	2	3	4	5	6	7	8	9	10	11	12	13	14	15	16	17		
海洋	36302																		577	20949
远洋	33200	38		–	–	–	–		118	–		5		15	0		76		252	8381
海岸	3102			88					3677	–		38	8	93	4		82	62	4052	12568
港湾	180			567					21100	–		78	131	521	25		381	29	22832	4110
海草/海藻床	200								19002				2						19004	3801
珊瑚礁	62			2750					58	–		5	7	220	27		3008	1	6075	375
大陆架	2660			–	–	–	–		1431	–		39		68	2		70		1610	4283
陆地	15323																		804	12319
森林	4855		141	2	2	3	96	10	361	87		2		43	138	16	66	2	969	4706
热带林	1900		223	5	6	8	245	10	922	87				32	315	41	112	2	2007	3813
温带/北方林	2955		88	0			10		87	4				50	25		36		302	894
草原/牧场	3898	7	0		3		29	1		87		25	23	67		0	2		232	906
湿地	330	133		4539	15	3800				4177			304	256	106		574	881	14785	4879
盐沼/红树林	165			1839						6696			169	466	162		658		9990	1648
沼泽/滩涂	165	265		7240	30	7600				1659			439	47	49		491	1761	19580	3231
湖、河	200				5445	2117				665				41			230		8498	1700
荒漠	1925																			
苔原	743																			
冰川/岩石	1640																			
农田	1400										14	24	–	54	–				92	128
城市	332	–	–	–	–	–	–													
总计	51625	1341	684	1779	1115	1692	576	53	17075	2277	117	417	124	1386	721	79	815	3015		33268

资料来源:Costanza R, et al. The value of the world's ecosystem services and natural capital. Nature, 1997, 387:253－260. 表中1～17分别表示大气调节、气候调节、干扰调节、水调节、水供给、侵蚀控制和沉积物保持、土壤形成、营养循环、废物处理、传粉、生物控制、庇护所、食物生产、原材料、基因资源、休闲、文化等17项目生态系统服务功能。表中"－"表示无该项生态系统服务功能或可以忽略,空白表示缺乏资料。面积单位为×10⁶hm²,A表示每公顷的生态系统服务总价值,单位为美元/(hm²·a),B表示全球生态系统总价值,单位为×10⁹美元/ a,最后一行单位为×10⁹美元/ a,其余项目单位均为美元/(hm²·a)。

　　本研究采用前文土地利用/覆被变化研究的分类系统,杭州湾南岸滨海平原的主要生态系统类型如表5-16所示。由于并非每一生态系统都具备Costanza所论述的17项生态系统服务功能,因此在进行杭州湾南岸滨海平原生态系统服务功能评估前必须对其生态系统服务功能进行分析。对照Costanza的研究成果,杭州湾南岸滨海平原生态系统服务功能如表5-17所示。

表5-16　杭州湾南岸滨海平原生态系统构成

土地利用类型	生态系统构成
建设用地	城镇居民点、农村居民点、独立工矿用地、公路、铁路、农村道路、海堤、港口、码头、特殊用地
水田	灌溉水田
旱地	水浇地、望天田、菜地、瓜果园、草地等
水体	水库、湖泊、山塘、较大河流、芦苇荡
林地	有林地、灌木林、疏林、果园、苗圃、茶园等
养殖用地	鱼塘、虾池、蟹池、鳝池等
滩地	光滩、草滩、海水覆盖的低滩
盐田	盐田

表5-17　杭州湾南岸生态系统服务功能分析

服务功能	建设用地	水田	旱地	水体	林地	养殖用地	滩地	盐田
物质生产	-	√	√	√	√	√	√	√
气体、气候调节	-	√	√	√	√	√	√	
水土保持	-	√	√		√		√	
干扰调节	-						√	
水分调节	-	√	√	√	√	√	√	
土壤形成	-				√		√	
养分循环					√			
废物处理	-			√	√			
传粉			√		√			
生物控制			√		√			
庇护所	-						√	
遗传					√			
休闲文化				√	√			

注:生态系统服务功能分析参考Costanza的"The value of the world's ecosystem services and natural capital"一文,表中物质生产含食物和原材料,水分调节含水调节和水供给,"√"表示有该项服务功能;"—"表示无该项服务功能或不明显,空白表示缺乏该项资料。滩地植被互花米草对潮滩土壤形成的影响相当重要,本研究中增加其土壤形成功能的分析。

5.3.2 生态系统服务价值及其变化

5.3.2.1 物质产品价值及其变化

杭州湾南岸滨海平原地处北亚热带南缘,属亚热带季风性气候,受冬夏季风交替影响,雨量充沛,四季分明,温暖湿润,光照条件好,气温变幅小。农业生产历史悠久,农林牧渔业全面发展。中、南部人工栽培农作物主要有棉花、水稻、大豆、大麦、油菜、蔬菜及用材林、竹林、经济林等人工林,其中棉花播种面积曾占浙江省的1/3,创造皮棉亩产全国之最。北部沿海植被稀少,以碱蓬及菊科、禾本科、藜科等耐盐植被为主。区内动物属东洋界动物区系,陆水生动物资源种类繁多。名特优农产品主要有大白蚕豆、杨梅、麦冬、丝瓜络、黄花梨、蔬菜、花卉,有"中国杨梅之乡"、"中国黄花梨之乡"之称。由于长江沿岸输沙及钱塘江、甬江、曹娥江等众多河流夹带着大量泥沙和营养物质注入杭州湾,本区滩涂发育,近海生物种类丰富,是浙江省重要的水产基地之一。

根据慈溪市1987年和2000年统计年鉴,以2000年农林牧渔业产品的产量和产值为标准,计算出2000年单位产品的价格,然后将1987年各种物质产品折算成2000年的价值,得出两个年份物质产品价值及其变化(表5-18)。

从各生态系统的物质产品看,13年中棉花、谷物和油料作物产品价值呈减少趋势,这主要是由于包括旱地和水田在内的耕地面积的减少和农业结构调整使得棉花、谷物和油料作物的种植面积大量减少所至。豆类、甘蔗、蔬菜、瓜类、猪肉、禽肉、禽蛋等物质产品产量和价值在过去的13年中都有不同程度的增加。产值增加最大的是水产品和水果,其值分别由1987年的6.98×10^7元、2.92×10^7元增加到2000年的3.68×10^8元、1.53×10^8元,水产品中尤以海水产品产值的增加量为大,达1.82×10^8元,这种增加趋势与杭州湾南岸滨海平原水产养殖面积和水果种植面积的扩大是分不开的。其他物质产品是指包括木材、毛竹、笋干、茶叶、海盐、药材、羊肉、牛肉等在内的其他农林牧渔业产品,其价值也有明显增加。由表5-18可知,13年来,杭州湾南岸滨海平原生态系统的物质产品价值发生了明显变化,其总价值从1987年的8.17×10^8元提高到2000年的1.33×10^9元,增加了5.13×10^8元。考虑到1987年和2000年杭州湾南岸滨海平原生态系统物质产出的投入差异,以上数据需作进一步修正。由于生态系统的投入组成相当广,统计难度大,本研究仅以所占比重较大的政府农业投入及农田化肥使用量、农机动力等项目作为投入成本进行核算,得到1987年和2000年杭州湾南岸滨海平原生态系统物质产出的投入成本分别为2.30×10^8元和3.19×10^8元,由此可得到1987年和2000年杭州湾南岸滨海平原生态系统净物质产出经济价值为5.87×10^8元和1.01×10^9元,增加量为4.24×10^8元。

表5-18　杭州湾南岸滨海平原各生态系统主要物质产品价值变化(1987—2000)

物质产品	1987年		2000年		变化情况	
	产量(t)	价值(×10⁶元)	产量(t)	价值(×10⁶元)	产量变化(t)	价值变化(×10⁶元)
谷物	169549	93.27	99381.3	54.67	-70168	-38.60
豆类	26723	37.89	46891	66.49	20168	28.60
棉花	10162	83.23	5418.4	44.38	-4743.6	-38.85
甘蔗	25746	17.89	26306	18.28	560	38.91
油料	25486	44.00	25139	43.40	-347	-59.91
蔬菜、瓜类	742295	320.40	922232	398.07	179937	77.67
水果	18265	29.21	95552	152.79	77287	123.58
猪肉	6125	54.08	8971.5	79.21	2846.5	25.13
禽肉	3612	21.89	5850.3	35.46	2238.3	13.57
禽蛋	6610	35.51	8707	46.78	2097	11.27
海水产品	1050	9.07	22131	191.21	21081	182.14
淡水产品	7016	60.71	20478	177.19	13462	116.48
其他	–	10.12	–	22.37		12.25
总计(×10⁶元)	–	817.28	–	1330.30		513.02

5.3.2.2　大气组分调节及其变化

(1)CO_2的固定与O_2的释放

植物的一项重要功能就是通过光合作用吸收CO_2,放出O_2,从而起到维持大气中O_2平衡,降低大气温室效应的作用。对于植被固碳功能的研究可以采取碳税法或造林成本法进行估算。由光合作用化学方程式

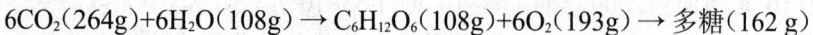

$$6CO_2(264g)+6H_2O(108g) \rightarrow C_6H_{12}O_6(108g)+6O_2(193g) \rightarrow 多糖(162\,g)$$

可知植被每生产162 g干物质可吸收固定CO_2 264 g,也即植被每形成1 g干物质需要1.63 g CO_2,同时释放出1.19 g O_2。因此,只要计算出研究区内植被的总初级生产力,就可以得出植被每年固定的CO_2和释放O_2的总量,然后用碳税法、造林成本法或工业氧价格替代法进行计算,求得植被固定CO_2和释放O_2的总经济价值。

①林地植被。杭州湾南岸滨海平原植被系浙皖山丘青冈苦槠栽培植被区第一亚区,属中亚热带常绿阔叶林,原始植被在长期的人类活动影响下已基本消失,目前的林木大多为次生林或人工栽培林,主要有以马尾松和枫香为主的针、阔混交林,针叶林及杉木林、竹林、经济林等人工植被。其中以马尾松为代表的针叶林是本区典型的植被群系,因此,本研究以马尾松的植被生物量来代表全区的林地生物量。

冯宗炜早在20世纪80年代初就开始对马尾松的生物量进行研究(冯宗炜等,1982)。根据冯宗炜等(冯宗炜 等,1999)对亚热带马尾松林群落生产力的研究,林龄为20年,密度相近似的马尾松林的平均净生物量为乔木层4.8212 t/(hm²·a),下木层为0.072 t/(hm²·a),草本层为0.0315 t/(hm²·a),枯落物为0.114 t/(hm²·a),总生物量为5.0387 t/(hm²·a)。以林地面积乘以单位面积林地生产力,可得到杭州湾南岸滨海平原1987年和2000年林地的有机质总生物量分别为76190 t和66269 t。根据光合作用方程式可以得到1987年和2000年杭州湾南岸滨海平原林地总生物量所固定的CO_2分别为124190 t(1987年)和108018 t(2000年),释放的O_2为90666 t(1987年)和78860 t(2000年)。

森林是个复杂生态系统,植物通过光合作用吸收CO_2、释放O_2,植物呼吸、凋落物层的呼吸及土壤的呼吸均释放CO_2(吴钢等2001)。因此有

$$Q(t) = A(t) - R_d(t) - R_s(t) \quad\cdots\cdots\cdots\cdots\cdots\cdots\cdots\cdots\cdots \quad (5.10)$$

式中,Q 为CO_2固定量(t/(hm²·a));A 为净第一性生产力所同化的CO_2(t/(hm²·a));R_d 为凋落物层呼吸释放的CO_2(t/(hm²·a));R_s 为土壤呼吸释放的CO_2量(t/(hm²·a))。

据研究(李意德等1998),净第一性生产力所同化的CO_2为31.59 t/(hm²·a),森林凋落物层每年通过呼吸而释放的CO_2量为3.27 t/(hm²·a),土壤呼吸释放量为26.96 t/(hm²·a),得到森林生态系统每年对大气中CO_2的固定量为1.36 t/(hm²·a),这样可得到1987年和2000年森林对大气中CO_2的固定量分别为20565 t和17887 t。

②其他植被。杭州湾南岸滨海平原是浙江省重要的粮棉产区,旱地和水田的生物量均相当丰富,1987年以来,杭州湾南岸滨海平原的种植结构发生了很大的变化,因此,农田的生物量也发生了很大的变化。徐琪等对我国水稻、小麦、大麦、油菜的单位面积生物量进行了研究(徐琪 等,1998),用单位面积生物量乘以各种作物的播种面积,即可得到该生态系统的总生物量。杭州湾南岸滨海平原棉花、玉米、豆类的单位面积生物量计算是通过实地采集样品风干后,测定果实与秸秆的重量比,然后根据单产推算,其他杂粮未计算秸秆生物量。滩地植被分布面积、单位面积生物量及总生物量的具体计算见下节。

表5-19为杭州湾南岸滨海平原生态系统(不包括林地)生物量变化情况。由表5-19可知,杭州湾南岸滨海平原除林地外的其他植被1987年和2000年的生物量分别为585411 t和464449 t,其通过光合作用在一年中固定的CO_2分别为954220 t(1987年)和757052 t(2000年),释放的O_2为696639 t(1987年)和552694 t(2000年)。这样可以得到杭州湾南岸滨海平原生态系统1987年和2000年固定CO_2与释放O_2的总量分别为1098975 t(1987年)、882957 t(2000年)和787305 t(1987年)、631554 t(2000年)。

表5-19 杭州湾南岸生态系统(不包括森林)植被生物量变化(1987—2000)

类型	单位面积生物量(t/hm²)	1987年		2000年		1987—2000年
		面积(hm²)	总生物量(t)	面积(hm²)	总生物量(t)	生物量变化量(t)
早稻	10.23	10500	107415	1810	18516	−88899
晚稻	10.46	11870	124160	9340	97696	−26464
小麦	9.76	2730	26645	2230	21765	−4880
大麦	7.80	4090	31902	1200	9360	−22542
油菜	7.12	11620	82734	11620	82734	0
棉花	7.60	19750	150100	5160	39216	−110884
玉米	9.66	1580	15263	2420	23377	8114
豆类	4.80	8790	42192	19880	95424	53232
其他杂粮		—	5000	—	8000	3000
滩地植被	29.69	0	0	2302.8	68361	68361
总生物量			585411		464449	−120962

注:表中未统计蔬菜、水果用瓜类等的生物量;1987年滩地植被面积很少,其生物量暂以0计。

对于植被固定CO_2经济价值的估算,我国目前采用较多的方法主要有碳税法和造林成本法两种,碳税法是一种许多国家制定的旨在限制向大气中排放CO_2数量而征收向大气中排放CO_2的税费的税收制度,《中国生物多样性国情研究报告》中采用瑞典碳税率150美元/t(C),折合人民币1291元/t(《中国生物多样性国情研究报告编写组》1998)。造林成本法是指利用可以吸收(或释放)同等数量的CO_2(或O_2)的林地的成本来代替其他途径吸收(或释放)CO_2(或O_2)的功能价值,中国的造林成本是251.40元/t(C)、352.93元/t(O_2)(薛达元1997)。工业氧价格替代法是指用等量的工业氧的生产价格代替森林释放氧气的功能价值,我国的工业氧现价为400元/t(O_2)。因此,本研究采用造林成本法和瑞典碳税率进行杭州湾南岸滨海平原植被固定CO_2的经济价值估算(取两者平均值)、用造林成本法和工业氧价格替代法进行释放O_2的经济价值估算(取两者平均值),得到1987年和2000年杭州湾南岸滨海平原生态系统固定CO_2的经济价值分别为2.31×10^8元和1.86×10^8元,O_2释放的经济价值分别为2.96×10^8元和2.38×10^8元,总经济价值为5.28×10^8元和4.23×10^8元,2000年与1987年相比,总经济价值减少量为1.04×10^8元(表5-20)。

表5-20 杭州湾南岸滨海平原生态系统CO_2固定与O_2释放经济价值

生态功能及其价值		固定CO_2		释放O_2		总经济价值
		数量(t)	经济价值($\times 10^8$元)	数量(t)	经济价值($\times 10^8$元)	($\times 10^8$元)
	1987	1098975	2.3114	787305	2.9639	5.2753
	2000	882957	1.8571	631554	2.3776	4.2347
变化	排放量(t)	−216018	—	−155751	—	
	经济价值($\times 10^8$元)	—	−0.4543	—	−0.5863	−1.0406

（2）CH_4和N_2O排放及其变化

CH_4、N_2O是除CO_2外的重要温室气体。CH_4的单分子增温潜势是CO_2的20倍，是地球上仅次于CO_2的重要温室气体，N_2O也是不容忽视的温室气体，其增温潜势是CH_4的5倍（陈冠雄 等，1995）。湿地是CH_4、N_2O等温室气体最主要的排放源（Bartlett 等，1993；Christensen 等，1996；Fung 等，1991）。而杭州湾南岸滨海平原湿地资源丰富，因此在进行大气调节功能估算时必须考虑到湿地因排放CH_4、N_2O等温室气体而产生的负面影响，以得出合理的生态系统服务功能的价值。关于森林植被释放N_2O的报到始于2001年，徐慧首次报到了自然状态下森林参与大气N_2O排放，从而为森林生态系统找到了另一个排放源（徐慧等2001）。旱地农作物温室气体排放研究实验表明，大豆、玉米、小麦、菜、棉花等旱地农作物的N_2O排放量较明显，而旱地作为CH_4排放的源和汇的作用不是很明显。（黄国宏 等，1995，于克伟 等，1995）。本文主要对杭州湾南岸滨海平原森林、水田和旱地生态系统CH_4和N_2O排放产生的负效应进行研究。

据陈冠雄等研究，我国南方水田CH_4排放量比北方水田大，南方水田CH_4平均日排放量为0.2～1.4 g/m^2，整个水稻生长季CH_4排放总量为13.3～17.28g/m^2，而泡田以前和水稻成熟、稻田落干后几乎不排放CH_4，也不表现出对大气CH_4的明显吸收；而稻田对N_2O的排放则全年存在，一般管理条件下的稻田N_2O年排放总量约为1.63 kg/hm^2（陈冠雄 等，1995）。本研究中我们取南方水田水稻生长季CH_4排放总量的平均值15.29g/m^2，稻田N_2O年排放总量取1.63kg/hm^2。由此可得到1987年和2000年杭州湾南岸滨海平原水田CH_4和N_2O的排放总量及其变化值。Costanza在对全球生态系统服务价值进行估算时，对CH_4和N_2O排放的经济评估指标分别采用了0.11美元/kg和2.94美元/kg，运用该指标，可以得到1987年和2000年杭州湾南岸滨海平原水田生态系统排放CH_4、N_2O造成的经济损失分别为4.14×10^6元和2.07×10^6元，2000年与1987年相比，损失减少了2.07×10^6元（表5-21）。

表5-21 杭州湾南岸滨海平原水田生态系统CH_4和N_2O排放经济损失及变化

	CH_4排放量(t)	经济损失(×10^6元)	N_2O排放量(t)	经济损失(×10^6元)	总经济损失(×10^6元)
1987	3401.52	3.22	36.46	0.92	4.14
2000	1704.23	1.61	18.17	0.46	2.07
变化量	−1697.29	−1.61	−18.29	−0.46	−2.07

黄国宏等对东北典型旱作农田大豆和玉米N_2O排放研究表明，N_2O的排放主要集中在生长季，休闲期内排放很少，其年排放通量分别为2.64kg/hm^2、7.10kg/hm^2（黄国宏 等，1995）。而于克伟等人的研究表明，菜地、小麦地生长季N_2O

排放的平均通量为 0.10kg/hm²、0.4kg/hm²（于克伟 等1995）。徐华等对不同质地土壤棉花生长期 N_2O 平均排放通量的研究表明，砂质、壤质和粘质土壤棉花 N_2O 的生长季节排放能量分别为 169.54 mg/m²、260.16 mg/m² 和 102.93 mg/m²（徐华 等，2000）。研究区棉田土壤质地全部为中壤、重壤，因此本研究中取棉花的排放通量为 260.16 mg/m²。运用以上排放通量，根据各旱地农作物的种植面积，可以计算出研究区棉地、豆地、麦地、菜地、玉米地等主要旱作农田 1987 年和 2000 年的 N_2O 排放总量。按 Costanza 提出的 N_2O 排放经济损失指标，可得到 1987 年和 2000 年杭州湾南岸滨海平原旱地生态系统的 N_2O 排放经济损失分别为 2.16×10⁶ 元和 2.22×10⁶ 元，与 1987 年相比，N_2O 排放的经济损失增加了 0.06×10⁶ 元（表 5-22）。

表5-22　杭州湾南岸滨海平原旱作农田生态系统 N_2O 排放经济损失及其变化

		豆地	玉米地	棉花地	麦地	菜地	总排放量(t)	总经济损失 (×10⁶元)
	排放通量 kg/hm²	2.64	7.10	2.60	0.40	0.10	-	
排放量	1987年	22.70	7.01	51.39	2.73	1.47	85.30	2.16
(t)	2000年	52.49	17.15	13.43	1.37	3.40	87.84	2.22
变化	排放量(t)	29.79	10.14	−37.96	−1.36	1.93	2.54	-
	经济损失(×10⁶元)	0.75	0.26	−0.96	−0.03	0.05		0.06

　　张秀君等对长白山阔叶红松林中的 3 种主要树种的连体枝叶排放 N_2O 进行了原位测定，结果表明观测期内，红松、水曲柳和椴树的平均 N_2O 排放速率各有差异（张秀君 等，2002a；张秀君，2002b）。徐慧等得出长白山区林木 N_2O 的年平均排放量为 1.11kg/(hm²·a)（徐慧 等，1996；陈冠雄 等，2003）。本研究以长白山区林木 N_2O 的年平均排放量来计算杭州湾南岸滨海平原林地的 N_2O 排放量，得到 1987 年和 2000 年林地 N_2O 的排放量分别为 16.78 t 和 14.60 t，而林地 N_2O 排放造成的经济损失则分别为 0.42×10⁶ 元和 0.37×10⁶ 元。

　　综合上述各项，可得到 1987 年和 2000 年杭州湾南岸滨海平原生态系统 CH_4、N_2O 排放所造成的总经济损失分别为 6.72×10⁶ 元和 4.66×10⁶ 元，总经济损失减少值为 2.06×10⁶ 元。

　　（3）吸收 SO_2、粉尘价值及其变化

　　生态系统，特别是森林、草地对于环境污染具有较强的净化能力，主要是吸收气体污染物、阻滞粉尘，杀除细菌、降低噪声、释放负氧离子等，因而对空气的清新和人体健康有利。森林、草地生态系统在吸收 SO_2 和滞尘方面具有较高的经济价值（《中国生物多样性国情研究报告编写组》1998），本研究重点对森林吸

收污染气体的价值和阻滞粉尘的价值进行评估。根据《中国生物多样性国情研究报告》,针叶林对SO_2的吸收能力为每年117.6kg/hm^2,滞尘能力为33.2t/hm^2;而削减SO_2的投资额为每100吨5万元,运行费为每年每100吨1万元,削减粉尘的成本为170元/t。根据当年林地面积,可以得到1987年和2000年杭州湾南岸滨海平原林地净化环境的生态经济价值分别为8.641×10^{7}元和7.516×10^{7}元,减少了1.125×10^{7}元。

5.3.2.3 水土保持价值及变化

生态系统通过截流、吸收、下渗等作用可大大降低雨水和地表径流对土壤表面的直接冲刷力,从而有效地降低土壤侵蚀造成的土壤肥力丧失和生态系统破坏,减轻泥沙对河流、湖泊和水库的淤积。因而在保护土地资源、减少土地资源损失、防止泥沙滞留和淤积、保育土壤肥力、减少风沙灾害和减少土体崩塌泄流等方面具明显价值(欧阳志云 等,1999)。本研究运用市场价值法、机会成本法和影子工程法从减少土地废弃、保持土壤肥力和减轻泥沙淤积灾害3个方面来评价杭州湾南岸滨海平原生态系统的水土保持价值及变化情况。

(1)减少因土壤侵蚀而产生的土地废弃价值及变化

生态系统减少土壤侵蚀量的计算可以用潜在土壤侵蚀量与因植被覆被而产生的实际土壤侵蚀量之差得到。其计算公式为(欧阳志云 等,1999;肖寒 等,2000):

$$P_s(t) = \sum_j P_{sj}(t) \ (E_{mj_1} - E_{mj_2}) \ S_j(t)/\alpha \quad\cdots\cdots\cdots\cdots\cdots\cdots\cdots (5.11)$$

式中,P_s为减少土地废弃价值;j为土壤类型,S_j为第j类土壤类型的面积;E_{mj_1}为j类土壤无植被覆被时的侵蚀深度;E_{mj_2}为j类土壤实际侵蚀深度;P_{sj}为第j类土壤单位面积经济价值。α为我国耕作土壤平均厚度,取0.5m。

不同类型土壤有无植被覆盖的土壤侵蚀量相差较大,但目前我国这方面的研究工作较少,根据《中国生物多样性国情研究报告》,我国无林地的土壤中等程度的侵蚀深度为15～35 mm/a,侵蚀模数为150～350m^3/(hm^2·a)或192～447.7t/(hm^2·a);由于森林的覆盖,土壤侵蚀模数显著降低,据估算,森林的覆盖可以使得土壤侵蚀模数降低到无林地的1%以下(《中国生物多样性国情研究报告编写组》1998)。这里以我国土壤侵蚀深度的平均值25 mm/a来代替($E_{mj_1} - E_{mj_2}$),可得1987年和2000年杭州湾南岸滨海平原林地因减少土壤侵蚀而产生的土地废弃面积分别为7.56 km^{2}和6.58 km^2。P_{sj}取林业生产的机会成本估算,由于杨梅等经济林面积分布相当大,慈溪市2000年林业生产的平均收益为12513元/(hm^2·a)[①]。

[①] 慈溪市统计局,慈溪统计年鉴,1987—2000.

由此可得1987年和2000年杭州湾南岸滨海平原林地因减少土壤侵蚀而产生的土地废弃价值分别为$9.45×10^6$元和$8.23×10^6$元,减少值为$1.22×10^6$元。

据肖寒等研究(肖寒 等,2000),农田生态系统土壤现实侵蚀量为$0.015 t/(hm^2·a)$,潜在侵蚀量为$1.677 t/(hm^2·a)$,土壤保持量为$1.662 t/(hm^2·a)$,由上式可得到杭州湾南岸滨海平原农田生态系统因减少土壤侵蚀而产生的土地废弃面积分别为$0.163 km^2$和$0.1570 km^2$。据慈溪市统计年鉴,2000年农业生产的平均收益为17271元/$(hm^2·a)$,这样可得到1987年和2000年杭州南岸农地因减少土壤侵蚀而产生的土地废弃价值分别为$0.28×10^6$元和$0.27×10^6$元。

(2)减少土壤肥力损失的间接经济价值及变化

土壤侵蚀还带走了大量的土壤营养物质,主要为土壤有机质、氮、磷和钾等营养物质。不同土壤中的有机质、全氮、全磷和全钾含量大不相同。森林减少土壤肥力损失的价值可以按下式计算(肖寒 等,2000):

$$V_f = d\sum_{i=1}^{n} P_{1i}·P_{2i} \cdots\cdots\cdots\cdots\cdots (5.12)$$

式中,V_f为森林保肥经济效益;d为土壤保持量;i为土壤种类;P_{1i}为第i类土壤中的有机质、氮、磷、钾含量;P_{2i}为各类化肥的销售价。

我们以杭州湾南岸滨海平原林地土壤中分布面积最广的黄泥砂土(占山地土壤的54.13%)和黄砾泥(占24.39%)的平均土壤肥力状况来代替全区林地的土壤特征。典型黄泥砂土和黄砾泥土壤肥力状况的调查表明[①],黄泥砂土(表层)的有机质、全氮、全磷、全钾含量分别为2.34%、0.124%、0.022%、3.798%;黄砾泥(表层)的有机质、全氮、全磷、全钾含量分别为3.40%、0.242%、0.041%、2.716%。本研究以黄泥砂土和黄砾泥的分布面积比来代替全区林地土壤的面积比,分别计算其有机质、全氮、全磷、全钾含量,得到林地土壤1987年和2000年减少有机质、全氮、全磷、全钾损失分别为129097 t、7770 t、1349 t、167433 t(1987年),112287 t、6758 t、1173 t、145631 t(2000年)。以我国化肥的平均价格2549元/t计算(中国农业部1997),可得到1987年和2000年林地减少土壤有机质、全氮、全磷、全钾损失的总经济价值分别为$7.791×10^8$元和$6.777×10^8$元,减少量为$1.014×10^8$元(表5-23)。

---

① 慈溪市土壤普查办公室,慈溪市土壤志,1983.

表5-23 杭州湾南岸滨海平原林地减少土壤侵蚀的总经济价值(1987、2000)

		林地面积 (km²)	土壤侵蚀量(t)	有机质损失(t)	全氮损失 (t)	全磷损失 (t)	全钾损失 (t)	总经济价值 (×10⁶元)
1987	数量	151.21	4836452	129097	7770	1349	167433	—
	经济价值(×10⁶元)	—	—	329.07	19.81	3.44	426.79	779.10
2000	数量	131.52	4206667	112287	6758	1173	145631	
	经济价值(×10⁶元)	—	—	286.22	17.23	2.99	371.21	677.65
经济价值变化量(×10⁶元)		—	—	−42.85	−2.58	−0.45	−55.57	−101.45

杭州湾南岸滨海平原农田生态系统的耕地组成主要是水田和旱地,根据1982年土壤普查资料和2003年典型土壤样品实测数据,取杭州湾南岸滨海平原水田和旱地表层土的有机质、全氮、全磷、全钾平均含量分别为3.19%、0.166%、0.073%、1.975%;1.57%、0.120 %、0.18%、2.254%。根据不同年份水田和旱地的面积可得到农地土壤1987年和2000年减少有机质、全氮、全磷、全钾含量分别为2023 t、138 t、168 t、2333 t(1987年);1925 t、132 t、162 t、2245 t(2000年)。以我国化肥的平均价格2549元/t计算,可得到1987年和2000年农田生态系统减少土壤有机质、全氮、全磷、全钾损失的总经济价值分别为$1.188×10^7$元和$1.138×10^7$元,减少量为$0.50×10^6$元。

(3)减少泥沙对江河湖泊淤积的间接经济价值及变化

按照我国主要流域的泥沙运动规律,全国一般土壤侵蚀流失的泥沙有24%淤积于水库、江河、湖泊,这部分泥沙直接造成了水库、江河、湖泊蓄水量的下降,在一定程度上增加了干旱、洪涝灾害发生的几率。可用下式计算生态系统减轻泥沙淤积灾害的经济价值(肖寒 等,2000)。

$$E_n = A_c/\rho \cdot 24\% \cdot C \quad \cdots\cdots\cdots\cdots\cdots\cdots\cdots\cdots\cdots\cdots\cdots\cdots\cdots\cdots\cdots (5.13)$$

式中,E_n为减轻泥沙淤积经济价值(元/a);A_c为土壤保持量(t/a);ρ为土壤容重(t/m³);C为水库工程费用(元/m³)。

2003年4月区内典型黄泥沙土和黄砾泥样品容重实测结果表明,其容重均约为1.25 t/m³,水田和旱地的容重为1.20 t/m³,据有关研究,我国1m³库容的水库工程费用为0.67元。由此可得到森林减少泥沙淤积的经济价值为$0.62×10^6$元和$0.54×10^6$元,农田生态系统减少泥沙淤积的价值为$0.059×10^6$元和$0.057×10^6$元。

5.3.2.4 干扰调节价值及其变化

干扰调节是生态系统对环境波动的生态容纳、延迟和整合能力,主要表现为防止风暴、控制洪水、干旱恢复以及其他由植被结构控制的生境对环境变化的反应能力。据Costanza等的研究成果(Costanza 等,1997),杭州湾南岸滨海平原对干扰具调节作用的主要有滩涂和森林生态系统,其单位价值分别为60816元/(hm²·a)和42元/(hm²·a)。由此得到1987年和2000年杭州湾南岸滨海平原生态系统的干扰调节功能价值分别为2.667×10⁹元和2.482×10⁹元,减少量为1.850×10⁸元。

5.3.2.5　水分调节和供给价值及其变化

水分调节是自然生态系统的重要功能之一,主要表现为农业、工业和运输用水;向集水区、水库和含水岩层供水等。

林地的水分调节功能即涵养水源,其年涵养量可用水量平衡法计算,

$$R=(P-E)\cdot A \quad\cdots\cdots\cdots\cdots\cdots\cdots\cdots\cdots\cdots\cdots\cdots\cdots\cdots\cdots(5.14)$$

式中,R为水源涵养量(m³/a),P为平均降水量(mm/a),E为平均蒸发量(mm/a),A为研究区面积。

杭州湾南岸滨海平原降水丰富,年平均降水量为1272.8 mm,历年平均蒸发量为961.4 mm,平均径流量为311.4 mm,用上式可得到1987年和2000年研究区森林水源涵养量分别为4.71×10⁷ m³和4.10×10⁷ m³。

人工湿地的水分调节功能通常用丰水年洪水期在不危害作物正常生长情况下的蓄水量与干旱年枯水期的蓄水量之差,也就是最大蓄水差额来计算。据研究(肖笃宁等,2001),水田的最大蓄水差额为0.2 m,以水田面积乘以蓄水差额,就可以得到1987年和2000年杭州湾南岸滨海平原水田的总水分调节量分别为2.64×10⁷ m³和2.20×10⁷ m³。

水体和养殖用地也具有重要的水分调节功能。据慈溪县志,1987年慈溪市正常水位水面面积为43km²,河流正常水位总库容为3.79×10⁷ m³,湖泊水库库容为7.75×10⁷ m³,地下水实际开采量为1.17×10⁶ m³,总蓄水量为1.17×10⁸ m³(表5-24)。1987年水面面积与卫片判读结果40.82 km²较接近,在缺乏2000年现状资料的情况下,我们以2000年卫片分析的水面面积(含水体和养殖用地)来计算水体和养殖用地的蓄水能力,地下水的开采量仍用1987年的1.17×10⁶m³,得到2000年的水体、养殖用地和地下水蓄水量为1.76×10⁸ m³(表5-24)。

表5-24　1987年杭州湾南岸滨海平原各种水体蓄水量

河区名称	总蓄水量 (×10⁴m³)	正常水位面 面积(×10⁴m³)	河流正常水位 库容(×10⁴m³)	湖泊水库库容 (×10⁴m³)	地下水利用 (×10⁴m³)
合计	11662.00	43.00	3796.49	7748.56	117.00
东河区	4908.70	13.422	1135.02	3773.68	—
中河区	4950.00	118.608	1670.12	3279.88	—
西河区	491.43	5.720	491.43	0	—
西北河区	1194.92	5.250	499.92	695.00	—
地下水利用	117.00	—	—	—	—

综合以上各项水量,可以得到1987年和2000年杭州湾南岸滨海平原陆上总水分调节量,单位水价采用影子工程法来计算,影子工程法是指以人工建造一个工程来代替生态功能或者原来被破坏的生态功能的费用。生态系统的水分调节能力用建造一个同样蓄水量的水库的花费来确定。以1988—1991年我国水库建设投资测算,用每年新增投资量除以每年新增库容量,可得到建设1 m³水库库容需年投入成本0.67元(1990年不变价格)(薛达,1997)。由此得到1987年和2000年杭州湾南岸滨海平原生态系统水分调节的经济价值分别为$1.28×10^8$元和$1.60×10^8$元,2000年比1987年增加了$3.20×10^7$元(表5-25)。

表5-25　杭州湾南岸滨海平原生态系统水分调节经济价值变化(1987—2000)

	总计 (m³)	林地涵养水源 (m³)	水田水分调节 (m³)	水面水分调节 (m³)	经济价值 (×10^8元)
1987	$19.05×10^7$	$4.71×10^7$	$2.64×10^7$	$11.70×10^7$	1.2764
2000	$23.91×10^7$	$4.10×10^7$	$2.20×10^7$	$17.60×10^7$	1.6020
变化量	$4.86×10^7$	$-0.07×10^7$	$-0.44×10^7$	$5.91×10^7$	0.3256

另据Costanza等的研究成果(Costanza 等,1997),滩涂生态系统在水分调节和水供给方面的单位面积价值为64092元/(hm²·a),可得杭州湾南岸滩涂生态系统1987年和2000年水分调节和水供给价值分别为$2.784×10^9$元和$2.615×10^9$元,减少量为$1.692×10^8$元。

5.3.2.6　土壤形成价值及其变化

森林在土壤形成过程中的作用主要体现在促使岩石风化和有机质积累方面。据Costanza等的研究成果(Costanza 等,1997),森林在促使土壤形成中的单位价值为84元/(hm²·a)。这样可得到杭州湾南岸滨海平原1987年和2000年森林在促使土壤形成中的总价值分别为$1.27×10^6$元和$1.10×10^6$元。滩地植被在土壤形成中的作用也相当明显,由于1987年滩地植被较少,这里仅计算2000年互花米草滩在土壤形成中的作用,据估算(具体计算见下节),2000年互花米草植被的存在可增加土壤总量为$1.15×10^6$m³,以我国耕作土壤的平均厚度0.5m计,增加土地面积大约230hm²,2000年慈溪市农业生产的平均收益约为17271元/hm²,因而其经济价值为$3.97×10^6$元。

5.3.2.7　养分循环价值及其变化

生态系统的养分循环功能主要表现在固定氮、磷、钾和其他营养元素方面。据Costanza等的研究成果(Costanza 等,1997),杭州湾南岸互花米草滩和森林生态系统在养分循环方面具有较高的间接经济价值。杭州湾南岸2000年互花米草滩的养分循环价值为 $3.56×10^6$ 元(具体计算见下节)。森林生态系统在养分循环方面的单位面积价值为 7745 元/$(hm^2 \cdot a)$(Costanza 等,1997),根据 1987 年和 2000 年杭州湾南岸互花米草滩和森林生态系统的面积可得到养分循环的间接经济价值分别为 $1.171×10^8$ 元和 $1.054×10^8$ 元,减少量为 $1.169×10^7$ 元。

5.3.2.8 废物处理价值及其变化

生态系统的废物处理价值主要表现在易流失养分的再获取,过多或外来养分、化合物的去除或降解。森林、河湖和滩涂生态系统均表现出较强的废物处理功能及价值,据 Costanza 等的研究成果(Costanza 等,1997),其单位面积经济价值分别为 731 元/$(hm^2 \cdot a)$、5586 元/$(hm^2 \cdot a)$ 和 13936 元/$(hm^2 \cdot a)$。以森林、河湖和滩涂生态系统的面积乘以其单位面积经济价值,可得杭州湾南岸滨海平原生态系统 1987 年和 2000 年的废物处理总价值分别为 $6.280×10^8$ 元和 $5.934×10^8$ 元,减少量为 $3.460×10^7$ 元。

谢高地在对我国 200 位生态学家进行问卷调查的基础上,制定我国生态系统服务价值当量因子,并对各项生态服务价值的平均单价进行了估算(谢高地等,2003),得出我国森林、农田、湿地、水体生态系统单位面积的废物处理价值分别为 1159.2 元/$(hm^2 \cdot a)$、1451.2 元/$(hm^2 \cdot a)$、16086.6 元/$(hm^2 \cdot a)$ 和 16086.6 元/$(hm^2 \cdot a)$。由此当量计算,可得到杭州湾南岸滨海平原 1987 年和 2000 年生态系统的废物处理价值分别为 $8.748×10^8$ 元、$8.590×10^8$ 元,减少量为 $1.580×10^7$ 元。

取二者的平均值,可以得到杭州湾南岸滨海平原 1987 年和 2000 年生态系统的废物处理价值分别为 $7.514×10^8$ 元、$7.262×10^8$ 元,减少量为 $2.520×10^7$ 元。

5.3.2.9 生态系统传粉价值及其变化

生态系统的传粉功能主要是提供传粉者以便植物种群繁殖。这方面的功能在草地和农田生态系统中表现得较为明显。其单位面积生态经济价值分别为 210 元/$(hm^2 \cdot a)$ 和 118 元/$(hm^2 \cdot a)$(Costanza 等,1997)。由于区内草地面积较少,本研究仅考虑农田生态系统的传粉功能。据 1987 年和 2000 年的农田面积,可得其生态经济价值分别为 $7.54×10^6$ 元和 $7.25×10^6$ 元,变化量为 $0.29×10^6$ 元。

5.3.2.10 生物控制价值及其变化

生态系统的生物控制功能主要表现在对种群营养级的动态调节,如关键种捕食者对猎物种类的控制、顶级捕食者对食草动物的控制。森林和农田生态系统在生物控制方面具较高价值,其单位面积生态经济价值分别为 17 元/$(hm^2 \cdot a)$ 和 202 元/$(hm^2 \cdot a)$(Costanza 等,1997)。据 1987 年和 2000 年的森林和农田面积,可得两个年份的生物控制经济价值分别为 $1.317×10^7$ 元和 $1.263×10^7$ 元,变化量为0.540×10⁶元。

5.3.2.11 庇护功能价值及其变化

生态系统的庇护功能是指生态系统为定居和临时种群提供栖息地,如生态系统作为迁徙种的繁育、栖息地,本地种区域栖息地或越冬场所表现出的生态经济价值。湿地和海岸带在生物庇护方面表现出极高的生态经济价值。据Costanza等研究,滩涂湿地单位面积的庇护价值为3689元/(hm²·a)(Costanza等,1997),由此得到1987年和2000年杭州湾南岸滩涂湿地的生物庇护价值分别为1.602×10⁸元和1.505×10⁸元,其减少量为9.70×10⁶元。

5.3.2.12 遗传资源价值及其变化

生态系统提供的遗传资源主要是指提供特有的生物材料和产品,如药物、抵抗植物病源和作物虫害的基因等。据研究,森林生态系统在这方面表现出其特有的价值,单位面积经济价值为344元/(hm²·a)(Costanza等,1997)。由此可得到1987年和2000年杭州湾南岸滨海平原森林生态系统的遗传资源价值分别为5.20×10⁶元和4.52×10⁶元,减少量为0.68×10⁶元。

据谢高地对我国生态系统各项生态服务价值的平均单价的估算结果(谢高地等2003),我国森林、农田、湿地、水体生态系统单位面积的生物多样性维持价值(包括授粉、生物控制、庇护地和遗传资源四项价值)分别为2884.6元/(hm²·a)、628.2元/(hm²·a)、2212.2元/(hm²·a)和2203.3元/(hm²·a)。由此当量计算,可得到杭州湾南岸滨海平原1987年和2000年生态系统的生物多样性维持价值分别为1.889×10⁸元和1.802×10⁸元,减少量为8.70×10⁶元。

取按Costanza和谢高地的单价计算的生物多样性维持价值的平均值,可得到杭州湾南岸滨海平原1987年和2000年生态系统的生物多样性维持价值(包括授粉、生物控制、庇护地和遗传资源四项价值)分别为1.875×10⁸元和1.776×10⁸元,减少量为9.90×10⁶元。

5.3.2.13 休闲价值及其变化

生态系统的休闲价值主要是指生态系统为人类提供休闲娱乐的功能,主要表现在提供生态旅游、体育、垂钓及其他户外休闲娱乐活动的场所。杭州湾南岸滨海平原的森林、滩涂和河湖生态系统都具有较高的休闲价值。据Costanza研究,其单位面积休闲价值分别为941元/(hm²·a)、4124元/(hm²·a)、1932元/(hm²·a)(Costanza等,1997)。由此可得到1987年和2000年杭州湾南岸滨海平原生态系统的总休闲价值分别为1.974×10⁸元和1.859×10⁸元,减少量为1.150×10⁷元。

5.3.2.14　文化价值及其变化

生态系统的文化价值为非商业用途,其功能主要表现在美学、艺术、教育、精神或科学的价值。据Costanza等研究,森林和滩涂生态系统有较高的文化价值,其单位面积经济价值为17元/(hm²·a)和14792元/(hm²·a)(Costanza 等,1997)。由此可得1987年和2000年杭州湾南岸滨海平原生态系统的文化价值分别为6.429×10^8元和6.038×10^8元,其减少量为3.91×10^7元。

据谢高地对我国生态系统各项生态服务价值的平均单价的估算结果(谢高地等2003),我国森林、农田、湿地、水体生态系统单位面积的休闲文化价值分别为1132.6元/(hm²·a)、8.8元/(hm²·a)、4910.9元/(hm²·a)和3840.2元/(hm²·a)。由此当量计算,可得到杭州湾南岸滨海平原1987年和2000年生态系统的休闲文化价值分别为2.467×10^8元、2.393×10^8元减少量为7.40×10^6元。

取二者的平均值得到杭州湾南岸滨海平原1987年和2000年生态系统的休闲文化价值分别为5.435×10^8元、5.145×10^8元,减少量为2.900×10^7元。

5.3.2.15　结论与讨论

(1)结论

通过对杭州湾南岸滨海平原以上各项生态系统服务功能经济价值的统计累加,可以得到表5-26。从生态系统的总服务价值看,2000年和1987年分别为8.989×10^9元和9.176×10^9元,与1987年相比,2000年生态系统总服务价值减少了1.861×10^8元。减少量是1987年生态系统总服务价值的2.03%。如果我们把生态系统的总服务价值归纳为物质经济价值(直接经济价值)和非物质经济价值(间接经济价值),由表5-26可知,杭州湾南岸滨海平原2000年生态系统物质产品的净产值为1.011×10^9元,与1987年的5.872×10^8元相比,增加了4.241×10^8元,增加量为1987年的72.22%。从非物质经济价值看,与1987年相比,2000年的非物质经济价值减少了6.102×10^8元,减少量是2000年物质产品价值增加量的1.44倍。由此可以看出,杭州湾南岸滨海平原生态系统物质产品价值提高的同时,其非物质经济价值下降得更多更快。

这种变化与杭州湾南岸滨海平原13年来的土地利用/覆被变化是密切相关的。水稻、棉花等播种面积的减少,蔬菜、水果种植面积的增大、淡水养殖和滩涂海水增养殖面积的扩大等农业内部产业结构的调整使得土地的物质产出大幅度提高,同时农业现代化建设,特别是慈溪市国家农业科技园区的建设也大大提高了农业生产效益,这一切导致了杭州湾南岸滨海平原生态系统物质产出经济价值的提高。同时,滩涂、森林、水田等面积的减少和非农用地的增加面积又导致了生态系统所具有的非物质价值的减少,且其减少量要大于物质产品的增加量。如滩涂围垦用作种植业或水产养殖业,虽然大大提高了物质产出,但滩涂所特有的废水处理、水文调节、干扰调节、生物庇护等功能就减少或丧失,从而使得其间接经济价值大大降低。

表5-26　杭州湾南岸滨海平原生态系统服务价值变化(1987—2000)

生态服务功能		生态服务价值($\times10^6$元)			
		1987	2000	变化量	
	物质产品	587.23	1011.31	424.08	
非物质功能	气体、气候调节	607.22	493.97	−113.25	−610.19
	水土保持	801.39	698.13	−103.26	
	干扰调节	2666.99	2482.03	−184.96	
	水调节和供水	2911.99	2775.35	−136.64	
	土壤形成	1.27	5.07	3.80	
	养分循环	117.11	105.42	−11.69	
	废物处理	751.43	726.19	−25.24	
	生物多样性维持 传粉 生物控制 庇护 遗传	187.49	177.55	−9.94	
	休闲文化 休闲文化	543.49	514.48	−29.01	
总价值		9175.61	8989.50	−186.11	

随着人类活动范围和强度的日益扩大,地球上的生态系统都难以保持自然状态。地球生物圈Ⅱ号试验的经验也表明,现代科技可以对生态系统的结构和功能产生巨大影响,但在目前条件下,人类仍无法再造和替代地球生态系统向人类提供的巨大服务功能和福利。因此,人类在追求物质最大产出的同时,必须考虑注意生产和保护之间矛盾的协调,以维护人类可持续发展的生态基础,维持人类生命支持系统的稳定性(Gowdy,1997),维持生态系统服务的可持续供给。

(2)讨论

①关于生态—社会—经济经济系统发展态势。根据世界环境与发展大会的定义,可持续发展是指既满足当代人的需求又不危及后代人满足其需要的发展。也就是说,随着时间的推移,人类从生态系统中获得的福利应该是连续不断的保持或增加。因此,生态系统服务价值变化与社会经济发展态势之间有着

非常密切的联系。我们以生态系统天然赋存值表示生态系统自然状况下的总服务价值(包括物质和非物质价值),提出基于生态系统天然赋存值变化的生态—社会—经济发展态势模式(图5-11)。

由图5-11可知,生态—社会—经济的发展态势可归纳为强不可持续、不可持续、弱可持续和可持续四种不同的模式。强不可持续是指人类对自然的开发利用过程中,在创造较高人造资本的同时,也因对土地利用/覆被的过度改造,从而使得生态系统天然赋存值减少得愈来愈快,极大地损害人类生命支持系统的稳定性,使得生态—社会—经济系统发展进入强不可持续发展态势。不可持续是指人类改造自然过程中已认识到保育生态系统天然赋存值的重要性,在创造较高人造资本的同时,努力使生态系统的天然赋存值减少量基本保持在某一水平,生态系统的天然赋存值在相对较小的幅度内持续减少。弱可持续是指人类社会经济发展到一定阶段后,已有相当高的科技和经济实力,在创造大量人造资本的同时,采取适当的环境补救措施,使得对生态系统天然赋存值的影响越来越少,甚至接近于零。可持续是指随着人类生态工程、生态系统管理措施的实施,生态系统的功能不断增强,受损生态系统不断得以恢复和重建,生态系统的天然赋存值表现出不断增大的趋势。

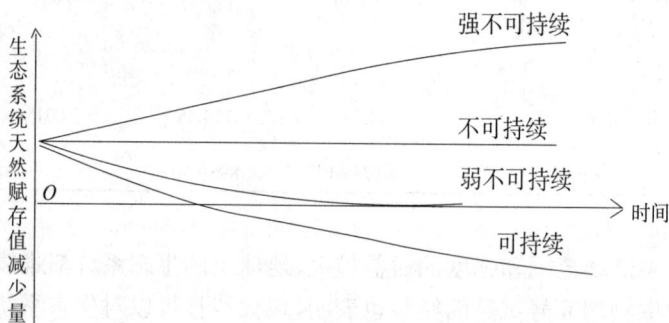

图5-11　生态—社会—经济系统发展态势模式

可持续发展是人类对传统发展模式反思的结果,是人类在"征服"自然过程中经受着自然环境与生态"报复"后作出的一种理性选择。虽然我国也于20世纪90年代就已制定了明确的可持续发展战略,但要付诸实践,必须将其具体化,并将其纳入到各种开发活动的管理体系中考虑。

土地利用变化是生态系统物质产出不断增加的过程,从目前情况看,杭州湾南岸滨海平原社会经济的发展是建立在牺牲部分生态利益的基础上的,因而其发展是不可持续的,随着科技水平的提高和对生态环境保护的重视,生态—社会—经济系统完全可能走上物质产出增加环境和生态保育双赢的要续发展之路。本研究提出的基于生态系统天然赋存值变化的生态-社会-经济系统发展态势模式可为区域持续发展模式的选择和国民经济环境核算体系的建立提供新的视角。在区域社会经济发展过程中,项目投资、区域开发或政策制定都可能引起生态系统服务价值的变化,因此,开展人类开发活动的生态系统服务价值的综合评估和判断,明确这些活动是否能达到可持续发展的要求,将从源头上切断不可持续人类活动的出现,使人类改造自然的活动进入一种良性的、有利于保育和提高生态服务价值的轨道上来。此外,基于生态系统天然赋存值变化的人类生态-社会-经济发展模式,还有利于对传统的国民经济核算体系的改造,建立国民经济环境核算体系。由于目前国民经济核算体系中没有考虑生态系统的天然赋存值,特别是其中的非物质经济价值,导致了对社会经济发展状态描述的偏差。而本研究提出基于生态系统天然赋存值变化的社会经济发展态势模式,将生态系统天然赋存值进行货币化,以统一的尺度将环境财富与其他财富统一起来,这为把生态系统天然赋存值的变化纳入国民经济核算体系,建立能正确衡量发展状态的国民经济核算体系提供了理论基础。当然,要建立并完善这一国民经济核算体系,研究工作还需进一步深入。

②关于生态系统服务价值估算结果的讨论。本研究对杭州湾南岸滨海平原生态系统服务价值估算中,物质产品价值的估算考虑到该地区生态系统的绝大部分物质产出,并运用市场价值法进行评估,其结果具有较高的精度。在非物质经济价值的评估过程中,由于受经费和技术手段的限制,仅少数项目采用研究区实测资料进行计算,其他项目的估算尽可能运用国内外类似地区同类研究的已有成果,对于无类似研究成果的生态服务功能的评估,则采用Costanza等研究得出的全球平均值进行计算。因此,非物质经济价值研究结果的精度仍有待进一步提高。

就目前来说,对生态系统服务功能评估的方法仍有很多不足之处,特别是功能性的服务价值除了要探索更合理的价值转换方法,形成合理可行的价值估算体系外,更需加强对生态系统功能的机理研究,以全面系统地反映其各项服务价值。本研究通过对土地利用/覆被变化引起的杭州湾南岸滨海平原生态系统服务价值的变化研究,以货币化形式揭示了生态系统除物质产品产出价值外,还有其巨大的非物质价值,正是这些非物质价值维持了人类生命支持系统的稳定性。进行生态服务价值变化的长期监测,将生态系统天然赋存值的变化纳入国民经济核算体系中,即可对区域社会经济发展态势模式作出判别,为人类采取合理措施保育生态系统服务功能、保护生态环境,选择持续发展模式提供科学指导。

参考文献

[1]Bartlett K B,Harriss R C. Review and assessment of methane emissions from wetlands [J]. Chemosphere,1993,26:261-320.

[2]Cacha M D M. Starting resource accounting in protected areas. In: Munasinghe M and Mc Neely,Prortected area Economics and Policy. IUCN,Cambridge,1994,151-157.

[3]Charney J. Dynamics of deserts and drought in the Sahel[J]. Quarterly Journal of Royal Meteorological Society,1975,101:193-201.

[4]Christensen T R. Carbon cycling and methane exchange in Eurasian Tundra ecosystems[J]. Ambio,1996,28(3):239-244.

[5]Costanza R, d'Arge R, Rudolf de Groot,et al,The value of the world's ecosystem services and natural capital[J]. Nature,1997,387:253-260.

[6]Fung IY,John J,Lerner J,et al. Three-dimensional model synthesis of the global methane cycle[J]. J of Geo Research, 1991,96(D7):13033-13065.

[7]Mc Neely. Economic incentives for conserving:lessons for Africa[J]. Ambio,1993,22(2-3):144-150.

[8]Pearce D and D Moran.The Economic value of biodiversity. IUCN, Cambridge. 1994.

[9]Peters,Gentry, Mendelsohn. Valuation of Amazonian rainforest [J]. Nature,1989,339(29):655-656.

[10]Robert. Conservation and sequestration of carbon:the potential of forest and agro-forest management practices[J].Global Environmental Change, 1993,2:162-173.

[11]陈冠雄,黄国宏,黄斌,等. 稻田CH_4和N_2O的排放及养萍和施肥的影响[M]. 应用生态学报,1995,6(4):378-382.

[12]陈冠雄, 徐慧, 张颖, 等. 植物-大气N_2O的一个潜在排放源[J]. 第四纪研究,2003,23(5):504-511.

[13]陈吉余,罗祖德,陈德昌,等. 钱塘江河口沙坎的形成及其历史演变[J]. 地理学报,1964,30(2): 109-123.

[14]冯宗炜,陈楚莹,张家武. 湖南会同地区马尾松林生物量的测定[J]. 林业科学,1982,11(2):13-20.

[15]冯宗炜,王效科,吴刚,等. 中国森林生态系统的生物量和生产力[M]. 北京:科学出版社,1999.

[16]高清竹,何立环,黄晓霞,等. 海河上游农牧交错地区生态系统服务价值的变化[J]. 自然资源学报,2002,17(6):706-712.

[17]韩维栋,高秀梅,卢昌义,等. 中国红树林生态系统生态价值评估[J]. 生态科学,

2000,19(1):40-46.

[18]胡金明,刘兴土. 三江平原土壤质量变化评价与分析[J]. 地理科学,1999,19(5):417-421.

[19]黄国宏,陈冠雄,吴杰,等. 东北典型旱作农田N_2O和CH_4排放通量研究[J]. 应用生态学报,1995,6(4):383-386.

[20]宁波国土开发与整治办公室. 宁波市国土资源[M]. 北京:中国计划出版社,1992.

[21]宁波市地方志编纂委员会. 宁波市志[M]. 北京:中华书局,1995.

[22]欧阳志云,王效科,苗鸿. 中国陆地生态系统服务功能及其生态经济价值的初步研究[J]. 生态学报,1999,19(5):607-613.

[23]齐伟,张凤荣,牛振国,等. 土壤质量时空变化一体化评价方法及其应用[J]. 土壤通报,2003,34(1):1-5.

[24]秦明周,赵杰. 城乡结合部土壤质量变化特点与可持续性利用对策研究[J]. 地理学报,2000,55(5):545-554.

[25]王军艳,张凤荣,王茹,等. 应用指数和法对潮土农田土壤肥力变化的评价研究[J]. 农村生态与境,2001,17(3):13-16.

[26]吴钢,肖寒,赵景柱,等. 长白山森林生态系统服务功能[J]. 中国科学(C辑)2001,31(5):471-480.

[27]肖寒,欧阳志云,赵景柱,等. 海南岛景观空间结构分析[J]. 生态学报,2001,21(1):20-27.

[28]肖寒,欧阳志云,赵景柱,等. 森林生态系统服务价值及其生态经济价值评估初探[J]. 应用生态学报,2000,11(4):481-484.

[29]肖寒,欧阳志云,等. 海南岛生态系统土壤保持空间分布特征及生态经济价值评估[J].生态学报,2000,20(4):552-558.

[30]谢高地,鲁春霞,冷允法,等. 青藏高原生态资产的价值评估[J]. 自然资源学报2003,18(2):189-196.

[31]谢高地,张镱锂,鲁春霞,等. 中国自然草地生态系统服务价值[J]. 自然资源学报,2001,16(1):47-53.

[32]徐华,邢光熹,蔡祖聪,等. 土壤质地对小麦和棉花田N_2O排放的影响[J]. 农业环境保护,2000,19(1):1-3.

[33]徐慧,黄斌,卢昌艾,等. 长白山主要森林生态系统土壤—大气间N_2O和CH_4气体交换的研究. 见:王庚辰,温玉璞主编. 温室气体浓度和排放监测及相关过程.北京:中国环境出版社,1996,358-373.

[34]徐慧,张秀君,韩士杰,等. 自然状态下树木排放N_2O的研究[J]. 环境科学,2001,22(5):7-11.

[35]薛达元. 生物多样性经济价值评估[M]. 北京:中国环境科学出版社,1997.

[36]于克伟,陈冠雄,杨思河,等. 几种旱地农作物在农田N_2O释放中的作用及环境因素的影响[J]. 应用生态学报,1995,6(4):387-391.

[37]张华,张甘霖. 土壤质量指标和评价方法[J]. 土壤,2001,326-333.

[38]张桃林,潘剑君,赵其国. 土壤质量研究进展与方向[J]. 土壤,1999,1:1-7.

[39]张秀君,陈冠雄,徐慧. 不同光强条件下树木释放N_2O的研究[J]. 应用生态学报, 2002,13(12):1563-1565.

[40]张秀君,徐慧,陈冠雄. 树木N_2O排放速率的测定[J]. 植物生态学报,2002,26 (5):538-542.

[41]张志强,徐中民,王建,等. 黑河流域生态系统服务的价值[J]. 冰川冻土,2001,23 (4):360-367.

[42]赵其国,孙波,张桃林. 土壤质量与持续环境 I .土壤质量的定义及评价方法[J]. 土壤,1997,3:113-120.

[43]赵杰,秦周明,郑纯辉. 城乡接合部土壤质量及其动态研究——以开封为例[J]. 资源科学2001,23(3):42-46.

[44]郑华,欧阳志云,赵同谦,等. 人类活动对生态系统服务功能的影响[J].自然资源 学报,2003,18(1):118-126.

[45]郑昭佩,刘作新. 土壤质量及其评价[J]. 应用生态学报,2003,14(1):131-134.

[46]中国海湾志编纂委员会. 中国海湾志(第五分册)[M]. 北京:海洋出版社,1992.

[47]中国生物多样性国情研究报告编写组. 中国生物多样性国情研究报告[M]. 北京: 中国环境科学出版社,1998.

6 主导因素视角浙江省海岸带功能区划

协调海岸带资源环境承载力与行政区经济社会可持续发展的关系,成为落实可持续发展战略与海岸带综合管理(ICZM)的主导思想。以海岸带区划为核心的海岸带空间规划成为实施海岸带综合管理的重要工具。浙江省海岸线漫长,自然环境优越,成为沿海经济、聚落发展的重要国土空间(李家芳,1994)。早在20世纪80年代开展的全国海岸带与海涂资源综合调查工作,提出了浙江省海岸带分区利用的初步设想(陈吉余,1979);伴随海岸带地区经济、城镇等快速发展,浙江海岸带面临着生态空间被生产空间、生活空间严重侵蚀;生产空间与生活空间严重不协调等矛盾。为此,系统梳理国内外海岸带区划理论动态与实践经验,探析浙江涉海规划对海岸带利用的相关要求与规划协同问题,并基于《浙江海洋功能区划2011—2020》运用主导因素划分浙江省海岸带功能区体系,以期指导浙江省沿海地区可持续发展与海洋综合管制。

6.1 海岸带功能区划的国内外理论动态与实践经验

西方国家在实施海岸带管理计划(Coastal Zone Management Program)、海洋空间规划(Marine Spatial Planning)、海洋生态系统管理、海洋保护区管理等工作中,开展了大量的海洋分区方面的研究与实践。如围绕海岸带及近海水健康的项目有美国和加拿大政府联合资助的"Assessing the state of ecosystem health in the Great Lakes(Shear,1996)"、加拿大政府资助的"Ecosystem approach to Human health(IDRC,2002)"等。20世纪90年代中期全球环境基金(GEF)和其科学技术指导小组(STAP)开始对GEF涉及两个或两个以上国家共有的国际水域的各类活动进行协调。1996年2月,来自政府间海洋学委员会

（IOC）、ICSU 的海洋研究委员会（SCOR）和 SCOPE、国际地圈与生物圈项目（IG-BP）、STAP 和其他组织的生物、地学官员们集聚在巴黎计划开展一项海洋评估项目。在讨论中，明确了海洋环境和资源与社会经济发展及人类增长的关联性，强调有必要密切关注陆地和海洋之间的相互作用。GEF 倡导并于 1996 年提供了资金开展了一个大规模项目，即 GIWA，对全球国际水域（Transboundary Waters Assessment）进行全面、综合和统一的评估，覆盖淡水流域及相关海岸系统。该项目发展了一些有特色的针对人类影响下海洋及海岸带生态系统的评估方法（Halpern 等，2008）。最近 GEF 正在筹划进行第二期全球国际水域评估，其项目名称为：Development of the Methodology and Arrangements for the GEF Transboundary Waters Assessment Programme（TWAP），其目标是联合国际科学家和各个国际科研组织针对 5 种水体发展全球和区域的评估应用方法，海岸带水域的评估是其中重点。

　　为此，重点梳理国内外海岸带区划（或规划）的相关理论、方法与实践案例，评析海岸带区划过程的理念演进、技术方法的更新和人文因素——自然因素的整合评估指标体系，揭示基于生态系统价值或社会规划的海岸带规划模式和方法的基本特征，以及来自欧洲、北美、澳大利亚和非洲的案例经验。

6.1.1　西方海岸带空间规划的实践动态

6.1.1.1　美国海岸带区划案例与经验

　　美国是一个海陆兼备的国家，东临大西洋，西濒太平洋，包括阿拉斯加、夏威夷、大西洋的 4 个群岛和太平洋的 9 个群岛在内，海岸线全长 22680km。在美国 50 个州之中，有 30 个州与海洋为邻。美国拥有世界最为丰富多样的海岸海洋生态系统，包括湿地、漫滩、河口湾、海滩、沙丘、障壁岛和珊瑚礁等。它们给美国及其海岸社区带来了巨大的生态、文化和经济利益。然而，美国海岸人口密度是其内陆人口密度的 10 倍，而且海岸人口呈增长趋势。因此，与其他海洋大国一样，美国的海岸生态系统受到的威胁日益加大。美国环境保护署（USE-PA）在 *National Coastal Condition Reports IV* 指出，1780—2000 年间美国海岸湿地以每十年递减 1% 的速度损失。由于 90% 的海岸污染是由陆基污染源造成的，海岸生态系统保护与联邦、州和当地政府层面的土地利用决策息息相关。为此，以国家环保署（USEPA）、国家大气海洋局（NOAA）、地质调查局（USGS）、国家海岸带海洋科学中心（NCCOS）和沿海各大学为核心的研究力量，围绕海洋和海岸地质体系、海岸带调查与管理、人类活动对海岸生态系统的影响研究、自然灾害对海岸带生态系统的影响等展开了深入研究（John M. Boehnert,

2014）。区划作为海岸带管理的重要工具,美国相关研究机构提出多种海岸带分区方案,其中尤以美国环保署(USEPA)的"美国海岸带划分为六个地理区域"和美国国家海洋和大气局(NOAA)划分的"海洋生态系统大区(LME)"最为典型。美国环保署海岸带分区方案为东北海岸区、东南海岸区、墨西哥湾海岸区、西海岸区、五大湖沿岸区以及阿拉斯加、夏威夷和岛屿领土;而NOAA则从海洋生态系统视角划分出区域——对应的海洋生态系统大区(LME),即东北大陆架海洋生态系统区、东南大陆架海洋生态系统区、墨西哥湾海洋生态系统区、加利福尼亚洋流海洋生态系统区、东白令海海洋生态系统—阿拉斯加湾海洋生态系统—楚科奇海海洋生态系统—波弗特海海洋生态系统—太平洋岛屿—夏威夷海洋生态系统—加勒比海海洋生态系统。2009年,美国政府提出要在领海范围内实施海岸带与海洋空间规划,并制订相应的管理和技术框架,美国海岸带和海洋空间规划的地理范围向海一侧包括领海及专属经济区,向陆一侧可以延伸至平均高潮线,并包括内陆的海湾及河口,美国海岸带和海洋空间规划根据大海洋生态系统(large marine ecosystem)将其领海及专属经济区划分成9个规划区域。

美国环保署与它的合作机构制定了两套海岸环境评估方案,2001年以来已经发布的五次全国海岸环境报告(NCCR I—NCCR V),形成了海岸带区划基本指标体系及其阈值评估标准(表6-1),主要包括水质指数、沉积物质量指数、底栖指数、海岸生境指数、鱼体组织污染物指数等,这些评估指标和标准体现了一个综合评估框架的基础,综合评估包括监测—研究—评价的整个过程,并有助于采取有效的补救措施(许学工 等,2010)。

表6-1 美国海岸环境评价指标体系

指数		地点的条件分级		区域的分级
水质指数	优	没有一项测度指标为"差",指标最高的项为"良"	优	少于10%的海岸水体处于"差"的环境,并且少于50%的海岸水体兼有"差"和"良"的环境特点
	良	只有一项测度指标为"差",或者两项或两项以上为"良"	良	10%~20%的海岸水体处于"差"的环境,或者50%以上的海岸水体兼有"差"和"良"的环境特点。
	差	两项或两项以上测度指标为"差"	差	20%以上的海岸水体处于"差"的环境
沉积物质量指数	优	没有一项测度指标为"差",并且沉积物污染物指标达到"优"	优	少于5%的海岸沉积物处于"差"的环境,并且少于50%的海岸沉积物兼有"差"和"良"的环境特点
	良	没有一项测度指标为"差"并且泥沙污染物指标达到"良"	良	5%~15%的海岸沉积物处于"差"的环境,或者50%以上的海岸沉积物兼有"差"和"良"的环境特点
	差	一项或一项以上测度指标为"差"	差	15%以上的海岸沉积物处于"差"的环境

续表

指数	地点的条件分级		区域的分级	
底栖 指数	优、良或差,都依据地区性的底栖 指数得分决定	优	海岸沉积物的底栖指数得分为"差"的少于 10%,并且海岸沉积物的底栖指数得分介于 "差"和"良"之间的少于50%	
		良	10%~20%的海岸沉积物的底栖指数得分为 "差",或者50%以上的海岸的底栖指数得分 介于"差"和"良"之间	
		差	20%以上的海岸沉积物的底栖指数得分为 "差"	
海岸生 境指数	由美国各个海岸区域确定,将历史上长 期的十年湿地退化速率(1780—1990)的 平均值和当前十年湿地退化速(1990— 2000)平均,然后乘以100得到海岸生境 指数	优	海岸生境指数得分<1.0	
		良	海岸生境指数得分介于1.0~1.25之间	
		差	海岸生境指数得分>1.25	
鱼体组 织污染 物指数	优	复合鱼体组织污染物浓度低于美国 环保署的控制浓度范围	优	少于10%的河口采样点为差,并且少于50% 的河口采样点兼有"差"和"良"的特点
	良	复合鱼体组织污染物浓度处于美国 环保署的控制浓度范围内	良	10%~20%的河口采样点为"差",或者50%的 河口采样点兼有"差"和"良"的特点
	差	复合鱼体组织污染物浓度高于美国 环保署的控制浓度范围	差	20%以上的河口采样点为"差"

资料来源:转引自许学工等(2010)

　　美国阿拉斯加州在实施海岸带管理计划时,把整个阿拉斯加州海岸按照不同的资源分布特点划分为32个海岸带资源区,并且规定每个海岸带资源区的管理目标和管理内容。同时规定:农村型的海岸带资源区要强调保护鱼类和野生动物及其生存空间,城市型的海岸带资源区则重点强调开发建设,以促进区域经济的发展(朱坚真,2008)。

　　美国夏威夷州在1977年实施海岸带管理计划(the Hawaii Coastal Zone Management Program)时,根据海洋环境保护和海洋经济可持续发展并重的原则,在12海里及其毗邻区内把夏威夷海域划分成10个海域资源区,并规定了每个区域的管理政策。如历史资源区(Historic Resources)用于保护历史和文化;在合适的海域划分出经济开发区(Economic Uses)作为港口等,并使得其对周围海域的影响最小;公众参与区(Public Participation)是为了唤醒人们的海洋意识、开展海洋教育,让公众参与海岸带管理等。此外,还划分一块特别管理区,作为更严格的管理区域,未经政府主管部门的批准,无论在该区的海洋或陆地的活动都要被禁止。而对于该计划的执行情况,夏威夷州政府还制定 Yearly Activity Plan(YAP)对该计划的执行情况进行年度评估,采用的方法包括运用逻辑模型对焦点区域的执行情况进行评估、选定每个焦点区域的主要适用人群、采取问卷调查形式对敏感问题进行提问、综合汇总问卷信息加以利用以及提炼主要指标对计划进行修编等（The Hawaii Coastal Zone Management Program，2002）。

纵览美国海岸带区划/规划的案例实践、制度建设等，值得浙江海岸带功能区划借鉴的经验集中在如下三方面：

一是构建完善法律体系，推进海岸带与海洋法规的适时修订与整合。美国于1972年颁布了历史上最早的有关海岸环境保护方面的法律《海岸带管理法》。据此，美国建立了以州为基础的分散型海岸带管理体制，并由各州编制并执行与联邦一致性的各级海岸带管理计划，而这些海岸管理计划自此成为美国海岸带管理的最基本方式。此后，相继修订了《大陆架土地法》、《海洋保护、研究和自然保护区法》、《国家环境政策法》、《国家海洋污染规划法》、《深水港法》、《渔业保护和管理法》等法律，构建了完备的海岸带综合管理的法律体系。然而进入21世纪，资源和环境压力迫使美国深刻反省海岸带管理现状，并重新进行政策研究和规划；成立于2000年的美国海洋政策委员会基于广泛调查于2004年向美国国会提交了《21世纪海洋蓝图》的海洋政策报告，强调加强海洋事务国家层面的有效领导与协调、整合美国联邦法律中与海岸带有关的140多个法律文件及相应政府监管执行部门，以提高美国海洋事务的协调性、统一性和效率性。

二是规范执法程序，创造适宜方式提升公众参与程度。美国海岸带综合管理中，将经济管理手段体现在海岸带开发利用的规划、引导、审批与监督等各个环节，强调规划过程中都要运用科学的方法和模型进行严格的论证、评估和预测，而且规划批准实施后必须严格忠于规划。在海岸带资源开发和利用上实施许可证和有偿使用制度。在有偿使用制度方面，美国通过征收区块租金、招标费、产值税等各种费用推进海岸带管理。美国重视对海岸带区域的环境和资源开发状况的有效监督和评估，由联邦和州共同组织开展对海岸带化学污染物的监测与鉴定。《海岸带管理法》提出的四项管理政策之一即"鼓励公众、州和当地政府、州间政府，其他区域机构和联邦政府的参与和合作"，推动海岸带管理计划实施。《21世纪海洋蓝图》又特别强调教育和公众意识对海洋管理的重要性，主张对所有美国人都要进行终身的海洋教育，从而通过教育强化民族的海洋意识和海洋管理的参与程度。

三是推动海洋功能区划与海洋空间规划的理念转变，即由早期的资源环境保护转向21世纪的海洋生态系统修复。《美国海岸带管理法》实施至21世纪初期，重点关注海洋资源环境的保护与海岸带经济的发展；而《21世纪海洋蓝图》认为要重视流域对海岸带环境和生物状态的影响，提出建立可持续性渔业，以生态系统管理为基础对海洋哺育动物、濒危物种、珊瑚礁及其他珊瑚群落实施保护。目前,以生态系统为基础的流域区域管理和海域渔业管理正在成为美国积极推进的海岸带管理政策。

6.1.1.2 澳大利亚海岸带区划的实践案例

澳大利亚在其大陆和塔斯尼亚岛周200m等深线以内,采用以生态系统为基础的海洋水域分类法,划定了60个区域进行管理,所划的区域范围从300km² 到2.4万km²不等。澳大利亚大堡礁位于澳大利亚东北海岸外,面积62万km²,有2900个珊瑚礁群和大约1000个岛屿,是地球上珊瑚礁面积最大、发展最好的地区,也是生物多样性典型的区域,每年有游客200多万人。如果不采取保护措施,这个世界上最大的珊瑚礁可能迅速退化。1975年澳大利亚政府宣布大堡礁为海洋公园,保护整个大堡礁生态系。该公园管理局在管理该保护区时广泛使用海洋区划,所划定的不同的海域被规定为不同级别的保护区并有不同的开发利用方式。《澳大利亚昆士兰州1990年海洋公园管理条例》对各海区做了更明确的规定。2003年出台的《大堡礁海洋公园区划》(*Great Barrier Reef Marine Park Zoning Plan 2003*)将大堡礁海洋公园划分为4个部分,即远北管理区(Far Northern Management Area)、凯恩斯/库克敦管理区(Cairns/Cook town Management Area)、汤斯维尔/圣灵管理区(Townsville/Whitsunday Management Area)、马偕/凯普瑞恩管理区(Mackay/Capricorn Management Area),其中每个海域又被划分成更小种类的海域,并对其区划目的和使用条件作了规定(The Great Barrier Reef in Australia,2003)。这种区划战略是大堡礁海洋公园寻求最佳管理途径的主要手段。实际上,大堡礁海洋公园的区划管理是海洋自然保护区中的区划管理,是普遍被公认的、管理海洋自然保护区的较为有效的措施。同时,澳大利亚也制定了与该区划相对应的《大堡礁海洋公园区划调整效果说明》(Great Barrier Reef Marine Park Zoning Plan Regulatory Impact Statement),该说明中采用风险管理等多种方法对《大堡礁海洋公园区划》实施情况进行评估,并提出相应修改方案(Great Barrier Reef Marine Park Zoning Plan Regulatory Impact Statement,2003)

1998年澳大利亚颁布了澳大利亚海洋政策,该政策的核心内容是倡导通过制定区域海洋规划并实施基于生态系统的海洋管理。2004年澳大利亚的第一部区域海洋规划正式颁布实施(Val Day,2008)。比如该规划根据国家生态区划将南澳大利亚州的水域划分为6个海洋规划区。

6.1.1.3 欧盟海岸带区划案例与经验

欧盟的海岸、海洋的保护与治理经历了从单一到综合管理的过程。20世纪70年代，欧盟开始制定某一领域的环保指令，如《可游泳水水质指令》(76/160/EEC)、《水生贝类水质指令》(79/23/EEC)等；20世纪90年代开始，欧盟的环境保护与治理向着一体化方向发展，如1996年欧盟实施的《一体化污染防治指令》(96/61/EC)，又以2000年欧盟委员会和欧洲议会通过的《欧盟水框架指令》(EU Water Framework Directive，WFD)为标志性里程碑。WFD是欧盟首次尝试将分散的关于水资源管理的法律、规则和协议统一到一个框架中，打破了在涉水环境保护方面成员国各自为政的局面，减少了不同法律、规则、协议之间的交叉、重叠与冲突。2002年5月30日，欧洲议会和理事会建议在全欧洲实施海岸带综合管理(ICZM)战略。ICZM的基本原则及国家战略步骤是在国家评估的基础上进行的，国家评估、基本原则和战略组成了各国海岸带综合管理国家报告的核心部分。欧洲范围的ICZM，如果从生态、经济、社会、文化以及旅游的目的认识欧洲海岸带的意义，欧盟将持续地对欧洲海岸带的发展以及状况评价进行关注。按照欧洲委员会的观点，ICZM试图"在经济发展利益和沿海区域利用、海岸带的保护、维护和恢复间，使人类生命财产损失的最小程度的利益和享受海岸带的公众利益间，总是受到自然变化的限制和承受压力的能力间，寻求一种平衡"。2005年欧盟发布的《欧盟海洋环境策略纲要》详细阐述了海洋空间规划支持性框架，2006年发布的《欧洲未来海洋政策绿皮书(2006)》指出海洋空间规划是解决海洋经济冲突和生物多样性保护问题的关键手段，2007年发布的《海洋综合政策蓝皮书》指出必须利用海洋空间规划手段，恢复海洋环境健康状况，实现可持续发展。2008年7月欧盟制定的《欧盟海洋战略框架指令》(*Marine Strategy Framework Directive*)是世界上第一部基于生态系统方法的海洋综合管理规则，也是第一部将海洋良好环境状况(good environmental status，GES)作为海洋管理战略目标的规则，也是第一次在海洋管理方面尝试多国协作，将主权意义上的"海域"概念统一在生态意义上的"海域"概念之下的规则。2009年政府间海洋委员会(Intergovernmental Oceanographic Commission，IOC)发布了海洋空间规划的技术框架(Marine Spatial Planning a Step-by-Step Approach)。2013年3月12日欧盟基于《欧盟海洋战略框架指令》制定了*a common framework for maritime spatial planning and integrated coastal management*，作为欧盟成员国进行海洋活动、制定国家—区域—地方海洋规划遵循的导则。

在欧盟委员会一系列海洋政策的指导下，欧盟成员国及其他一些国家开始利用海洋空间规划手段，推动本国的海洋开发利用管理工作(表6-2)，初步完成了其领海范围内的海域利用规划和区划工作，并形成了复杂的"地方—区域—国家—国际"等多层次多尺度的规划管理体系(图6-1)(Vallega，2001)。2003年比利时建立的海域总体规划(Master Plan)是最早在其领海(TS)和专属经济区(EEZ)开展海域空间多用途规划系统的国家之一(Douvere等，2007)。荷兰建立了有效利用海洋资源的"北海 2015 海洋综合管理计划",海洋空间管理是该计划的关键手段(Alphen,1995)。2004 年 7 月,德国把联邦空间规划法案扩展到海洋专属经济区,在专属经济区建立海洋空间规划总体框架,2005 年完成北海和波罗的海的海洋空间规划草案和相关的环境报告(Fock,2008)。2005 年英国提出的爱尔兰海域多用途区划(MZIS)引起广泛关注(Pak 等,2007)。

表6-2　从海洋保护区管理到多用途使用(MZIS)的海洋空间规划

序号	国家	MSP 实践
1	英国	2002—2005 年爱尔兰海域多用途区划
2	比利时	2003—2005 年北海海域总体规划
3	荷兰	2003 年至今的北海 2015 海洋综合管理计划
4	德国	2004 年至今北海和波罗的海海洋空间规划

资料来源:Douvere(2008),转引自张云峰,张振克,张静(2013)。

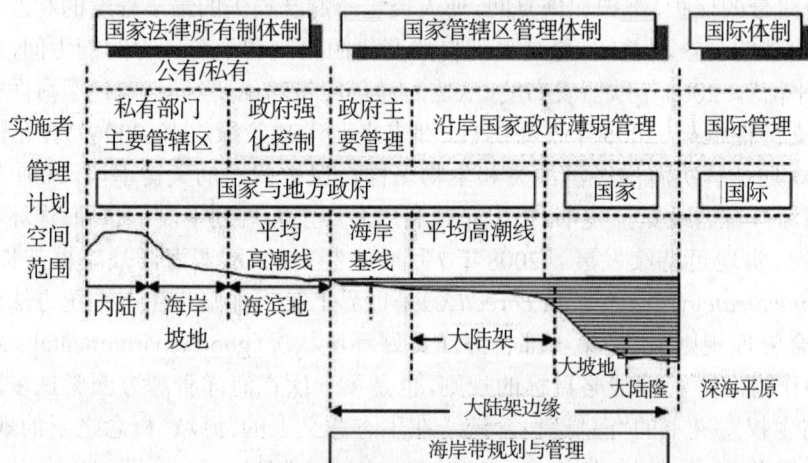

图6-1　基于海陆相互作用的海洋规划与管理空间体系

资料来源:Vallega(2001)

　　作为欧洲的主要沿海国家,荷兰十分重视海岸带的开发与保护。荷兰政府组织相关院所研究,以确定每个海岸带区域应该发展什么,限制什么,从而使得海岸带资源的开发利用更加充分和合理。如在艾瑟尔湖地区以海岸带防御和土地围垦为主,著名的三角洲工程就建设在这里,在瓦登海地区则以保护海洋生态环境为主(陈明剑,2003)。

　　比利时针对北海管辖海域,根据社会福祉、生态景观和经济等核心价值的不同组合拟定出 6 种方案:重点是社会效益的休闲海区、重点是生态与景观的自然海区、重点是经济价值的开发利用海区、重点是社会效益和生态景观的游憩海区、重点是生态景观和经济价值的非确定性海区、重点是经济价值和社会价值的航运海区(Douvere 等,2007)。

德国海岸带综合评价中,全面考虑经济因素,如运输、港口管理、产业、陆路(overland)交通设施、石油天然气生产、可更新的能源、传播路径、沙砾的开采(sand and gravel extraction)、渔业与海洋生物养殖以及对海岸带非常重要的沿海农业与旅游,以及诸如沿海保护、海洋交通规则、沉积物的管理、废物管理、海防、聚落与区域发展、保护区、文化遗产的保存、区域规划的水平和工具、非政府组织(NGOs)、教育与科学等在内的社会因素,并充分运用沿海地区的相关参与者、活动和工具。上述每一项活动的特征均简要地用状况、发展前景和核心战略来表现。以此为基础,沿海地区其他活动和参与者间重要的相互作用和冲突被确定,它们可以在ICZM过程框架中得到处理。

欧盟成员国,虽然海洋规划分区管理实例的目标、任务等略有不同,但均反映了根据海洋自然环境、地理区位、资源特点实施不同的区域管理政策的思路,这在我国海洋功能分区的依据、管理政策选择等很多方面值得借鉴。

6.1.2 国内海岸与海洋区划/规划研究动态

国内与海岸带功能区划相近的区划实践,主要是国家海洋局自1989年开始实施的海洋功能区划和自2011年开始编制的《国家海洋主体功能区规划》,以及国家环境保护部从1999年12月起实施的《近岸海域环境功能区管理办法》,鉴于近岸海域环境功能区划强调海洋生态环境的保护,未涵盖海岸海洋空间利用,在此,仅综述国内有关海洋功能区划、海洋主体功能区划的研究动态,以启示海岸带功能区划研究。

6.1.2.1 海洋功能区划的研究

迄今为止,在国家海洋局的组织下,国内于1989年开展了第一次全国海洋功能区划,建立了海洋功能区五类三级分类系统,该方案延续到1997年。1997年国家技术监督局发布了《海洋功能区划技术导则》(GB17108—1997),此间国家海洋局于1998年采用该标准进行全国大比例尺海洋功能区划,建立了海洋功能5类4级体系,分为开发利用区、整治利用区、海洋保护区、特殊功能区和保留区5大类,每1大类以下再分出若干子类、亚类和种类,并会同国务院有关部门于2001—2002年编制完成《全国海洋功能区划》,国务院于2002年8月批准了该规划;随后沿海省市又根据《全国海洋功能区划》要求对海洋功能区划的分类体系进行调整,至2006年沿海省份都完成辖区海洋功能区划规划。目前,现行的由国家质检总局和国家标准委于2006年12月批准发布新修订的《海洋功能区划技术导则》,建立的是海洋功能区10类2级分类体系。各级海洋功能区划成果已在海洋行政管理工作中得到有效应用,成为各级政府监督管理海域使用和海洋环境保护的依据,全国省级海洋功能区划实施稳步推进。

20世纪80年代末期以来,国内学者围绕国家海洋局第一次、第二次全国海洋功能区划任务探索海洋功能区划的理论体系:

一是海洋功能区的定位与价值。海洋功能区是根据海区的地理位置、自然资源与环境状况,综合海洋开发利用现状与社会经济发展需求,划分出具有特定主导功能、适应不同开发方式并能取得综合效益的区域。海洋功能区具有权威性、前置性、复杂性、自然与社会属性、层次性、时效性、科学性、可操作性等基本特征(曹可,2008),它与海洋发展规划、近岸海域环境功能区划、海洋主体功能区划、海域使用规划等之间具有复杂的关系(栾维新等,2001;陆州舜等,2008;傅金龙等,2008;王倩等,2009;顿光宇等,2001),但是海洋功能区是海洋发展规划、海域使用规划的前提与基础,海洋功能区与近岸海域环境功能区之间存在环境功能区决定海洋功能区的单向因果关联、海洋功能区内容又不仅仅只有近岸海域环境这一种因素决定,海洋功能区与海洋主体功能区之间存在"空间实体与行政单元"、"具体功能与主体功能"、"专项性与综合性"、"技术依据与政策配套"等差异。总体而言,海洋功能区与近岸海域环境功能区、海洋(经济)发展规划、海域使用规划、海洋主体功能区之间存在如图6-2的关系,海洋主体功能区划、海洋功能区划是综合性的基础区划,对海洋经济发展规划、海洋空间(海岸带、海岛、大洋、深海等)利用规划具有决定作用;近岸海域环境规划是专项性规划,具有影响与约束海洋功能区划的作用;各级各类用海"项目"必须以海洋经济发展规划、海洋空间利用规划为依据进行项目的审批与实施等。即海洋使用管理是构建明晰的海洋物权与有偿使用制度和确定海洋使用权属规范等,以实现海洋经济、社会、生态效益的和谐共生,使海洋和陆地乃至整个生态系统保持平衡。

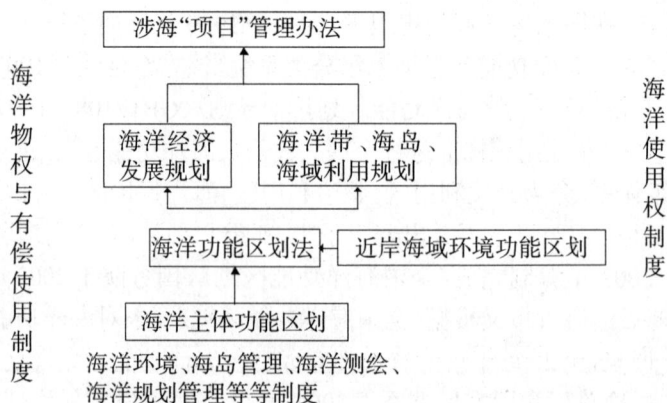

图6-2 海洋功能区划、海洋经济规划、海洋空间利用规划与海域使用管理的关系

　　二是海洋功能区划分的原则与类型体系。唐永銮(1991)提出了中国全国
海洋功能区划层次体系:首先基于海洋流场特点将邻近海域海洋功能区划分为
由大到小的4级,并根据自然资源、环境条件、经济发展和社会需求进行动态分
析,一级区可划分为北黄海、渤海、南黄海、东海和南海区;二级区由陆而海划分
出大陆、沿岸、近海和远洋功能区;依据中、小尺度环流的污染物扩散规律和资
源环境开发保护需求,划分出开发利用区、开发治理区、保护区等三级区,三级
区以下可按资源环境条件的特点、社会经济发展现状与需求划分港口、养殖、旅
游等功能类型区。李鸣峰(1991)根据国家海洋局组织海洋功能区划的历程与
经验,提出海洋功能区划应遵循"三效益"统一、统筹兼顾与突出重点、科学性、
备择性等原则,并以渤海沿岸四省市海洋功能区划分为例指出海洋功能区分为
开发利用区、治理保护区、自然保护区、特殊功能区、保留区等类型;范信平
(1991)结合广东省实践对国家海洋局实施的第一级五分法、分类体系第二级的
采用资源性分类依据、第三级体系过于繁琐,以及指标体系在第一、二、三级的
分类中并没保持连续的一贯性等提出质疑,指出第一级分区采用人地关系疏密
度分类、第二级划分采用资源类型、第三与第四级分区采用功能类型;为此可以
采用以地域分类为特征的"海洋功能区划体系",即第一级分为海岸带、近海带、
近岸带、外海带;第二级分出"海洋综合功能区",并将广东省划分了29个综合
海洋功能。这一时期海洋功能区划分区体系研究处于起步阶段,功能分区的
方案实际操作性不强。直到2002年栾维新与阿东结合全国海洋功能区划的编
制组织工作实践,总结提出了海洋功能区划的三级分区方案,一级区主要反映
全国海洋地域分异和重大的区域性海洋开发保护战略,划分为渤海区、黄海区、
东海区和南海区;一级区之下,根据海洋生态、海洋环境、海洋水文、海岸地形及
海洋开发利用等进一步将四大海区划分为若干个二级功能区,每个二级海洋功
能区都是由若干个类型区组成;三级区是根据海洋功能区划的指标体系,分为
35个功能类型区(表6-3)。该方案总结了第一轮全国海洋功能区划工作实践理
论,奠定了海洋功能区划分区体系的框架基础,其中二级区主要功能的确定是
采用自下而上方法,根据每个二级海洋功能区包含的各种省级海洋功能类型区
定性确定二级功能区内的整体功能,但是二级区重点海域划分的地域分异依据
不足,区域海洋特点体现得不明显。

表6-3　中国海洋功能区划方案的二、三级类型区

序号	二级海洋功能区	三级海洋功能类型区
1	港口航运区	港口 航道 锚地

续表

序号	二级海洋功能区	三级海洋功能类型区
2	生物资源区	海水养殖区
		海洋捕捞区
		增殖区
3	矿场资源区	海上油气区
		金属矿产区
		非金属矿产区
		盐田区
4	旅游资源区	海滨风景旅游区
		海水浴场
		海上娱乐区
5	海洋工程区	海底管线区
		海上石油平台
		海岸线防护
6	海洋能利用区	潮汐能发电
		潮流能发电
		海洋热能区
7	环境治理区	地下水禁采和限采区
		海砂禁采和限采区
		污染防治区
		海防林区
8	海洋保护区	生态系统保护区
		珍稀与濒危生物保护区
		典型景观保护区
		海洋特别保护区
		科学研究实验区
9	特殊利用区	军事区
		泄洪区
		预留区
		功能待定区
10	其他利用区	农林牧区
		工业和城镇区
		其他

经过20多年的理论探索和10年的应用实践,海洋功能区划的理论、方法日渐成熟。海洋功能区划在统筹协调我国海洋资源开发和环境保护、保障沿海社会经济可持续发展,显现出越来越重要的作用。2010年开始,国家海洋局启动

了新一轮的海洋功能区划编制工作,同时也对海洋功能区划体系做了较大调整和完善。至2012年11月,全国和省级海洋功能区划(2011—2020年)已全部批准实施。然而学界对于海洋功能区划体系与功能区类型仍然存在较多争议:①关于海洋功能区划体系的类型与层级,刘百桥(2008)和李淑媛等(2010)认为海洋功能区划体系宜分为两级十类,而刘百桥等(2014)认为可将其中资源利用类合并并形成两级八类(表6-4),此外严重分歧点在于是否将海洋功能区类型体系与行政层级一一对应,以便于管理与区划实施。②全国海洋功能区划体系构想,王权明等(2014)认为全国海洋功能区划体系包括一级区(以渤海、黄海、东海、南海及台湾以东海域等大海区)、二级海区(根据中尺度的海域地质构造和地形地貌控制因素划分)(表6-5)、三级海域分区(根据小区域的海岸自然分区等,划分省级重点海域)、海洋功能类型区(在三级海区以下划分具体);而刘百桥等(2014)认为全国海洋功能区划宜分为三级:一级分区为全国海域范围内战略性的海洋功能大区(我国海域划分为五大海洋功能大区,即渤海、黄海、东海、南海及台湾以东海域),二级分区为区域性海洋综合功能区(主要考虑中等尺度海域客体的综合特征,按照成因上的自然系统、人工系统和复合系统,或者形态上的封闭系统、半封闭系统和开放系统,兼顾海洋经济合理的地域分工,将五大海洋功能大区划分为若干个重点海域),三级分区为具体的海洋功能类型区(主要考虑海域自然环境和资源的空间分异性和一致性,以海域适宜性为依据,结合海洋开发保护需要,将各个重点海域近一步划分为一级类和二级类海洋基本功能区)。国务院2012年正式批准《全国海洋功能区划(2011—2020年)》将我国全部管辖海域划分为农渔业、港口航运、工业与城镇用海、矿产与能源、旅游休闲娱乐、海洋保护、特殊利用、保留等8类海洋功能区,可见实施层面更关注区划方案的可操作性等,当然对于是否通过逐层区划以落实国家海洋功能区管理,当前学界认为通过国家、省两级区划方案即可,而海洋主管部门则希望通过全国、省级和市/县级海洋功能区划的系统实施和自上而下控制作用的发挥,促成我国的海洋开发和保护能逐步顺应海洋功能区划的指引,健康发展。

表6-4 海洋基本功能区分类

一级类	二级类
农渔业区	农业围垦区 养殖区 增殖区 捕捞区 水产种质资源保护区 渔业基础设施区

续表

一级类	二级类
港口航运区	港口区 航道区 锚地区
工业与城镇用海区	工业用海区 城镇用海区
矿产与能源区	油气区 固体矿产区 盐田区 可再生能源区
旅游休闲娱乐区	风景旅游区 文体休闲娱乐区
海洋保护区	海洋自然保护区 海洋特别保护区
特殊利用区	军事区 其他特殊利用区
保留区	保留区

表6-5　全国海洋功能区划海域分区

一级海区	二级海区
渤海	辽东半岛西部海域 辽河三角洲海域 辽西—冀东海域 渤海湾海域 黄河口与莱州湾海域 渤海中部海域
东海	长江三角洲及舟山群岛海域 浙中南海域 闽东海域 闽中海域 闽南海域 东海陆架海域
台湾以东海域	台湾海峡海域 台湾以东海域
黄海	辽东半岛东部海域 山东半岛东北部海域 山东半岛南部海域 江苏海域 黄海陆架海域

一级海区	二级海区
南海	粤东海域 珠江三角洲海域 粤西海域 桂东海域 桂西海域 海南岛东北部海域 海南岛西南部海域 南海北部海域 南海中部海域 南海南部海域

　　三是划分海洋功能区的基础理论与过程理论研究。主要包括海洋功能区划的基础理论探索和海洋功能区划的程序探索：①海洋功能区划的基础理论是形成海洋功能区划的主导思想，如海洋资源环境可持续发展（王勇智 等，2012）、海域使用结构优化（张潇娴 等，2011）、系统论（周瑞荣 等，2009）等；②海洋功能区划程序的研究认为海洋功能区划过程一般会历经"确定区划的范围、区划的目的与意义、区划的分类体系、区划方法的选择、划定海洋功能区的指标体系构建、区划的编制、方案的修订与审批等步骤（图6-3）"（傅金龙 等，2008；葛瑞卿，2001；林桂兰 等，2008；吴月英 等，2010；王江涛 等，2010；丰爱平 等，2009），其中区划方法选择、区划指标体系构建、确定海域功能是核心步骤。张永华等（2005）比较第一次（旧）、第二次（新）全国海洋功能区划的指标体系发现新指标体系更全面地反映了新兴的海洋产业现状、旧指标体系对海洋功能区划与陆域功能的衔接考虑得较多，同时认为新区划指标体系仍存在问题：新的指标体系与《海域使用管理法》要求的管理空间不一致，应增加海岸线以上陆域和河口等区域的指标，某些指标体系非海洋功能，某些指标之间有重叠，应把城市建设规划的相关内容纳入海洋功能区划指标体系；关于常用海洋功能区划方法可分为指标法、主导因素法、综合量化法等（傅金龙 等，2008），其中主导因素法是沿海省级海洋功能区划常用方法；确定海域功能需要综合考虑多重内外因素，如岳奇等（2012）讨论了保留区的确定方法——目标导向法、排除法和综合分析法，而王江涛等（2011）以港口功能区为例建立了港口功能特征指标以及港口功能区与海域使用之间对照表确定港口功能区符合性判别方法，孙才志等（2012）采用NRCA模型计算环渤海各城市海洋功能的比较优势指数，创新了沿海地区海洋功能评估方法。

```
                    ┌─────────────────┐
                    │   海洋功能区划    │
                    └────────┬────────┘
        ┌───────────┬────────┼─────────┬──────────┐
        ▼           ▼        ▼          ▼
┌──────────┐ ┌──────────┐ ┌──────────┐ ┌──────────┐
│国民经济和社会│ │海洋环境质量与│ │海洋开发利  │ │海洋自然资源和│
│生态需求预测 │ │经济状况评价 │ │用现状评价  │ │自然环境评价 │
└────┬─────┘ └────┬─────┘ └────┬─────┘ └────┬─────┘
     └───────────┴───┬────┴──────────┘
                 ┌───┴───┐
                 │ 指标法 │
                 └───┬───┘
            ┌────────┴────────┐
            │  初步划定功能类型  │
            └────────┬────────┘
     ┌──────┬────────┼────────┬────────┐
     ▼      ▼        ▼        ▼
┌──────┐ ┌──────┐ ┌──────┐ ┌──────┐
│单一  │ │确定  │ │综合  │ │多功  │
│功能  │◄│主导  │◄│分析  │ │能    │
│      │ │功能  │ │法    │ │      │
└──┬───┘ └──────┘ └──────┘ └──────┘
   └────────┬───────┘
   ┌────────┴────────────────┐
   │ 叠加法,与开发现状和规划比较 │
   └────────┬────────────────┘
   ┌────────┼─────────────────┐
   ▼        ▼                 ▼
┌──────┐ ┌──────────┐ ┌──────────┐
│功能一致│ │功能不一致,│ │功能有    │
│      │ │但无根本矛盾│ │根本矛盾  │
└──┬───┘ └────┬─────┘ └────┬─────┘
   ▼          ▼            ▼
┌──────┐ ┌──────────┐ ┌──────────┐
│确定主导│ │保留现状, │ │调整现状  │
│功能区 │ │引导开发  │ │与规划    │
└──┬───┘ └────┬─────┘ └────┬─────┘
   └──────────┼─────────────┘
        ┌─────┴──────────┐
        │ 形成海洋功能区划方案 │
        └────────────────┘
```

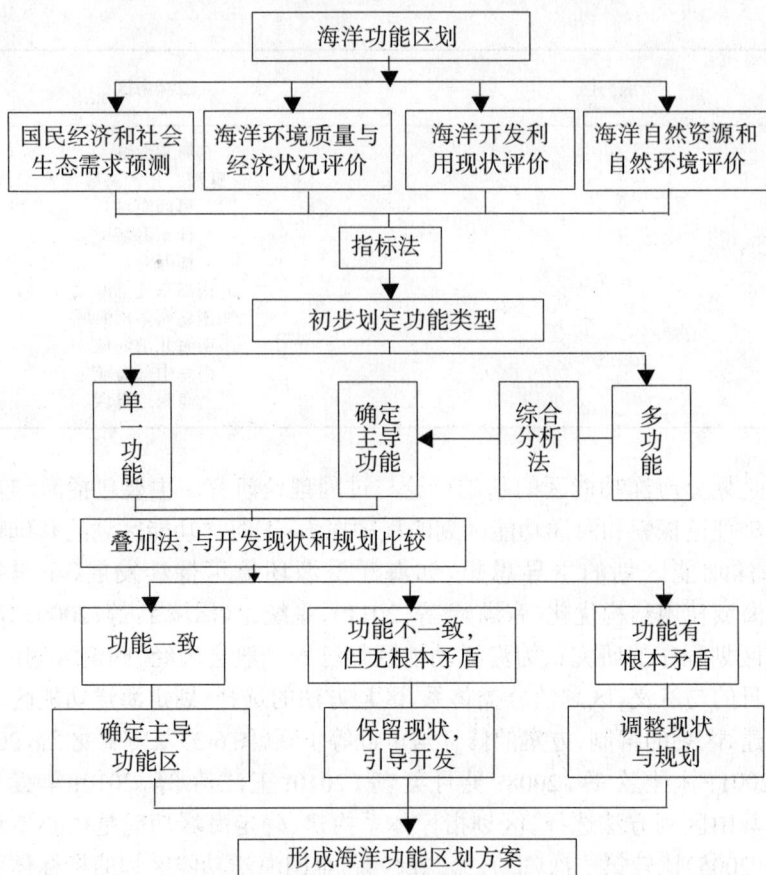

图6-3　海洋功能区划分的技术流程

　　当然,海洋功能区划的基础理论与过程理论,被沿海11省(市)进行广泛的实践(李萍 等,2008;王有邦,1998;程军利 等,2008;游建胜,2000;罗美雪,2010;陈海亮 等,2011;王江涛 等,2011;李洁琼 等,2009;傅金龙 等,2010),其中焦点问题是省级海洋功能区划与国家、市、县的空间上衔接(李晋 等,2009)、GIS与遥感技术在功能区叠置分析及底图制图中应用(谭勇桂 等,2002;王艳君 等,2002;乔磊 等,2005;周连成 等,2011;郑晓美 等,2011)。个别学者关注到盘锦市(李亚楠 等,2001)、锦州市、青岛市(张广海 等,2006)、舟山市(彭苗 等,2011)、福州市(周沿海 等,2003)的海洋功能区划,然而这些市域海洋功能区划研究仅在城镇、工业用海等方面考虑的更为周全,其余均参照国家海洋局2006年的海洋功能区划导则;全国仅有玉环县和东台市进行县级层面的海洋功能区划(彭慧,2002;陈洪全,2004),作为尝试与管理需要未尝不可,但从功能区划自身而言,没有必要在县级层面全面展开。

　　总体而言,海洋功能区划过程的各步骤都亟待深入探究,尤其是海域单元自然资源条件评价、基于资源环境的不同用海方式适宜性评价、围填海用海空间布局总量控制评价等基础研究是海洋功能区划的理论基础;如何评价某一海域是否适宜渔业、旅游、港口、围填海用海等功能,则需要构建海域资源环境承载力与适宜度评价模型以确定不同海域单元多功能的优先保障次序与空间组织合理。

　　四是海洋功能区实施研究。海洋功能区划实施研究主要探索:①实施的形式,即通过各种项目用海的管控落实海洋功能区(徐伟 等,2010;席小慧 等,2012),通过矢量图标准化处理、确定用海所在海洋功能区的类型、一致性分析等步骤研究辽宁省项目用海与海洋功能区划一致性,发现截至2008年辽宁用海项目18004宗中,与海洋功能区划一致或兼容的用海共有17219宗424527.1hm²,占辽宁省用海总面积的95.98%;与海洋功能区划不一致的用海为422宗2783.74hm²,占全省用海总面积的0.63%;其余363宗用海未探讨15000.36hm²,占全省用海总面积的3.39%。②实施的成效评估,国家并未对第一轮海洋功能区划进行过系统的实施评价,2009年颁布的《海洋功能区划管理规定》要求"海洋功能区划批准实施两年后,县级以上海洋行政主管部门对本级海洋功能区划可以开展一次区划实施情况评估",但是并未出台评价的技术要求和相关规范性文件。国内研究仅有刘洋等(2009)提出了海洋功能区划实施评价方法和实证研究,李锋(2010)提出了海洋功能区划实施评价的分类和理论基础,陈洲杰(2012)研究了评价的理论、指标体系和方法,杨山等(2011)基于江苏省海洋功能区划研究了海洋功能区划实施评价的指标体系和方法,徐伟等(2014)分析全国海洋功能区划实施评价内容和方法等构建了目标实现程度、区划落实情况、各海域开发利用情况等构成的评价内容体系。任一平等(2009)和张志卫等(2014)分析了我国海洋功能区划编制与实施过程中利益相关者参与的情况、途径及其对实施成效的影响,认为各层级的海洋功能区划编制与实施过程中利益相关者参与将有助于海洋功能区实施与管理的科学性与民主度,能提升海洋功能区划编制与实施的效率。

　　五是海洋功能区划管理制度与区划信息系统研究。第一次全国海洋功能区划实施后,学界与政府开始关注海洋功能区划的管理体制,金翔龙(2008)就围绕区划的编制与实施提出健全海洋功能区管理的两级体系,林宁等(2008、2009)讨论中国省、地级市等下级海洋功能区划方案与国家方案衔接的备案制度,刘百桥(2008)提出了层级控制思想,王江涛(2011)认为海洋功能区划控制体系包括文本、图则、指标和海域使用全过程控制4个部分,并提出了基于逐级控制的海洋功能区划层级体系构建(王江涛等,2011);刘淑芬等(2014)认为海洋功能区划的管控途径可分成外部保障性管控和区划本身的编制实施过程管控两大类,具体可以分为立法保障、区划成果、层级控制、实施过程管控(图6-4),每一条管控途径都可以制定多项管控措施。而且学界认为进行海洋功能区划综合立法是全面保障海洋功能区划编制与实施过程顺利的制度基础(王佩儿等,2006;林振通,2009),个别学者围绕《海域使用管理法》深入解读了海洋功能区划法的立法、守法、执法与司法的具体内容(叶知年,2011)。

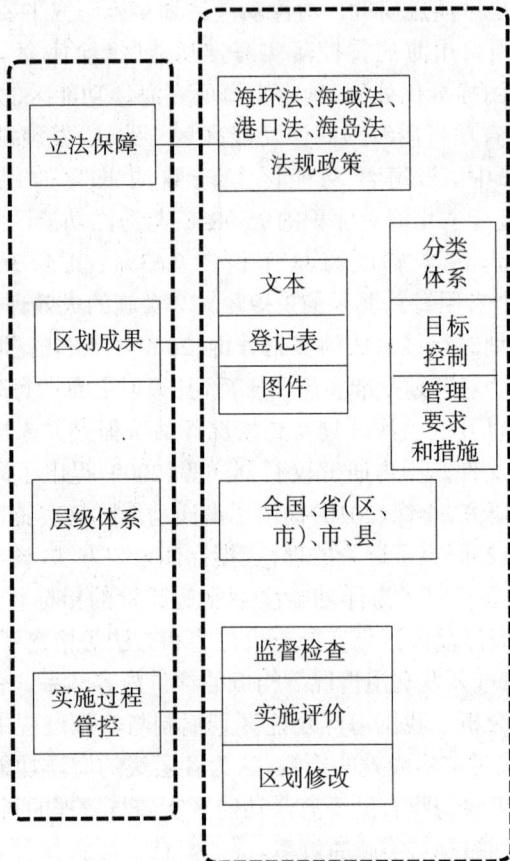

图6-4　海洋功能区划的管控体系

资料来源:刘淑芬等(2014)

当然,随着3S技术等在海洋功能区划过程中广泛应用,海洋功能区划信息系统成为管理海洋功能区划的有效工具(李巧稚 等,2001;李晓 等,2002;邬群勇 等,2003;滕骏华 等,2005),初步探索了海洋功能区划管理信息系统的基本定位(以海洋功能区划数据、基础地理数据和遥感数据为地理实体对象,集知识、分析、决策和服务为一体的系统)、基本功能(应具备数据管理、数据更新、信息查询、统计分析和功能区划图件打印、输出功能)、系统的体系框架(基础信息层、综合分析层和外部表达层)与结构模式(多用B/C/S多层混合结构模式)、主要支撑技术(GIS等)、海洋功能区划管理信息系统的开发模式(MapInfo Table与VB6.0、COM/ACTIVEX的GIS组件技术等)、系统模块的构建方法(卢静, 2009;刘百桥 等,2014;窦长娥 等,2013)。

六是海洋功能区划实施对海洋经济活动或海洋环境的影响分析。早期集中在海洋功能区划分对青岛市、辽宁省、黄岛区等地海洋渔业(任一平 等, 2006;王雪,2008;陈学刚 等,2010)、浙江乐清湾海洋产业(李春平 等,2003)、广东海洋产业布局(郑晓美,2012)等影响研究,目前围绕海洋新兴产业——海上风电(岳奇等,2012)、海上交通运输(吴晓青 等,2009)或海洋环境动力(刘洋 等,2013),研究总体认为海洋功能区划能促进海洋产业的可持续发展与产业结构或布局的优化,但会造成一定区域内的现实减产或限制海上重要建设活动。

6.1.2.2　海洋主体功能区划的研究

目前国内外没有专门的海洋主体功能区划模式可供借鉴。2006年以来,联合国教科文组织一直致力于推进以生态系统为基础的海洋空间规划(MSP)的研究,欧洲和北美洲的部分国家陆续开展了相关研究。Paul M. Gilliland(2008)研究确立了以生态系统为基础的海洋空间规划的关键因子以及实施的步骤, Fanny Douvere(2008)研究了海洋空间规划在推进以生态系统为基础的海域利用管理中的重要作用。但至今为止,以生态系统为基础的海洋空间管理基本属于建立概念的阶段,关于其科学性的辩论始终不断(Larry Crowder&Elliott Norse,2008;Robert Pomeroy&Fanny Douvere,2008)。在我国,有关主体功能区划的研究集中在陆域主体功能区划方面,还没有专门针对海洋主体功能区划的研究。仅有李东旭等(2011)在辨析海洋主体功能区划与海洋功能区划之间关系的基础上,从基本概念、基本原则、基本层级、基本路径4个方面探讨海洋主体功能区划的基本问题,明确了海洋主体功能区划的基本概念,提出了尊重自然、推进国家战略、区域统筹的区划原则,确定了海洋主体功能区划体系层级等问题,分别设计出了内水和领海海域、海岛区域、专属经济区和大陆架的主体功能区划路径;赵万忠(2010)提出了海岸带主体功能区划的体系二级框架结构与4类主体功能区的管理措施,徐惠民等(2008)提出基于D-PSR-C的海洋主体功能区划指标体系框架,石洪华等(2009)研究了海岸带主体功能区划的指标体系和区划模型;徐丛春(2012)研究了海洋主体功能区划的指标体系如表6-6, 按照内水与领海、海岛、专属经济区和大陆架分区区划原则,海洋主体功能区划指标体系分为3个部分:内水与领海海洋主体功能区是落实国家"陆海统筹"原则、实现海陆协调发展的关键,应充分考虑毗邻陆域影响,按照海洋资源环境承载力、海洋开发强度和海洋发展潜力进行构建;海岛鉴于其特殊的生态系统,海岛主体功能区指标体系重点考虑区位状况、生态状况和经济发展能力3个方面;专属经济区和大陆架着重突出海域的权益和资源价值,指标体系重点考虑战略资源丰度、区位重要度、技术成熟度3个方面的指标。

表6-6　海洋主体功能区划的指标体系

海洋空间	综合指标	评价指标
内水与领海	海洋资源环境承载力	可利用海洋空间资源 海洋环境质量 海洋生态系统健康状况 海洋生态系统重要性 海洋灾害风险
	海洋开发强度	海域利用程度 区域海洋经济发展水平 毗邻陆域社会经济发展水平
	海洋发展潜力	海上交通优势度 海洋科技创新能力 入海陆源污染物管治能力
海岛	区位条件	战略地位 地理区位
	生态状况	生态系统健康状况 生态系统重要性
	经济发展能力	交通可达性 经济发展基础条件
专属经济区和大陆架	资源状况	资源丰度(油气资源、固体矿产资源、渔业资源)
	技术状况	技术成熟度
	区位状况	区位重要度

资料来源:徐丛表(2012)

6.1.2.3　城市型海岸带规划研究

目前,我国城市海岸带地区的规划类型包括:滨海城市总体规划、海洋功能区划、海岸带规划、海岸线整体城市设计、滨海地区概念规划、滨海重点地区城市设计、海岸线保护与利用控制性详细规划、海岛保护与利用规划以及游艇码头、邮轮布局等其他专项规划(表6-7)。各个规划对海岸带地区研究的重点各有不同(王东宇 等,2005;魏正波,2008),滨海城市总体规侧重研究海岸线功能利用和海岸资源保护管制政策;海洋功能区划通常由各地海洋渔业局负责编制,侧重于近海水域的功能利用、海洋资源的保护和陆域河口或湿地滩涂地区,往往根据海洋生态环境影响评估划定若干海洋生态保护区;城市海岸带规划多以省级海岸带编制完成为前提提出主要的空间管制政策;海岸线整体城市设计以近海公共岸线作为研究重点的策略性城市设计,为城市海岸带地区的城市轮廓线、近海公共开敞空间等空间形态提供设计指引;滨海地区概念规划的目的是分析滨海地区的发展策略与实施路径,更侧重于目标理念的提出和滨海特色的策划,通过概念性方案为滨海地区寻找突破现有发展瓶颈的方向;滨海重点地区城市设计对城市海岸带中近期需要重点开发建设的地区,通过局部地段更为详细的城市设计,引导和控制滨海重点地区的建设;海岸线保护与利用控制性详细规划是通过控制性详细规划的形式将海岸带保护管制的内容落实到具体的规划管理文件中;海岛保护与利用规划往往是近海岛屿较多的城市海岸带地区编制此类规划,重点在于对海岛资源如何进行有效的保护以及适宜建设海岛的开发策略与配套设施体系的控制;游艇码头、邮轮布局等其他专项规划是已经发展到一定程度的沿海大中城市中出现,侧重于选址布局和相关经济发展的研究。

表6-7 国内规划实践中典型的城市海岸带规划项目

序号	规划类型	代表性项目
1	滨海城市总体规划	《青岛市城市总体规划》
2	海洋功能区划	《青岛市海洋功能区划》
3	城市海岸带规划	《烟台市海岸带规划》
4	海岸线整体城市设计	《深圳市滨海(河)岸线整体城市设计》
5	滨海地区概念规划	《珠海市东部沿海地区发展概念规划》
6	滨海重点地区城市设计	《深圳湾滨海休闲带景观规划设计》
7	海岸线保护与利用控制性详细规划	《青岛市环胶州湾近海岸线保护与利用控制性详细规划》
8	海岛保护与利用规划	《青岛市近海岛屿保护与利用规划》
9	游艇码头、邮轮布局等其他专项规划	《青岛市游艇码头专项规划》《深圳市邮轮产业布局规划》

魏正波(2008)认为中国滨海城市存在特色的横向与纵向海岸带规划体系(图6-5),纵横交织影响城市海岸带管理与规划实施,根本成因在于我国对海岸带地区采取了与其他一般城市地区基本一致的城市规划管理体系,在城市规划研究与设计中也只是针对局部开发建设地段进行城市设计指引,缺乏从上到下一体化的规划研究与控制体系。为此,明确各级城市海岸带规划研究的重点内

容,通过海岸带地区的城市规划协调海洋渔业、港口、旅游等各专业部门发展规划,并在县(区)层面推广适合我国城市规划管理体系的海岸带保护与利用控制性详细规划,逐级落实,将海岸带空间管制政策转化为可控制的划线、分区规划管理体系,保证城市海岸带地区的可持续发展。

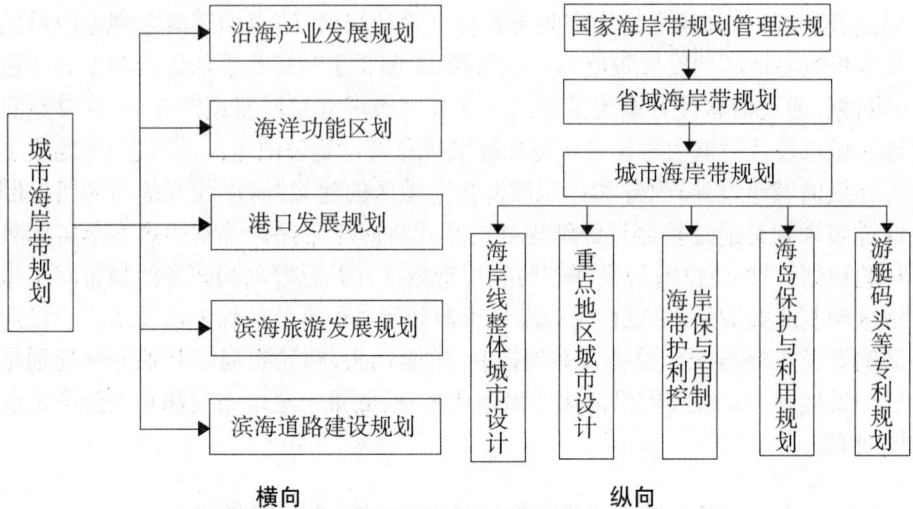

图6-5　中国特色的海岸带规划(横向、纵向)体系

资料来源:魏正波(2008)

2012年以来,辽宁省政府委托中国科学院地理科学与资源研究所樊杰团队开展《辽宁海岸带保护和利用规划》研制,提出海岸线资源保护与资源利用相协调、陆域功能与海域功能相统筹、生活岸线与生产岸线相匹配、宜居与宜业相促进的规划思想,并依据自然条件、保护利用情况及开发建设需求将辽宁省海岸带划分为重点保护和重点建设两类功能区。重点保护区主要是强化生态保护和水源涵养,发展特色水果业、渔业和旅游业,重点建设区主要是推进产业发展、城镇和港口建设,引导人口和产业向海集聚。重点保护区细化为生态保护板块、旅游休闲板块和农业渔业板块,重点建设区划分为工业开发板块、城镇建设板块和港口物流板块(樊杰 等,2014)。

6.1.3　国内外研究对浙江省海岸带功能区划的借鉴

随着海洋规划和管理工作的深入开展,欧美国家逐步建立起以生态系统为基础的管理模式,海洋空间规划管理工作日臻科学、完善,取得了丰富的研究成果和成功经验。

(1)完善立法体系。法律制度是海洋功能区划、海岸带综合管理、海洋空间规划获得成功的重要因素。法规过多、法规混乱与法规缺失,都无法保障综合规划工作的顺利开展。欧盟于1996年起以总结海岸带示范项目的经验为基础制定有关海洋管理法案,并协调与成员国的多样性法规的冲突,提升规划措施贯彻的效率;英国在20世纪90年代初期并不赞成依靠法规进行海岸带管理,而是偏向利益相关者之间的自愿合作,但2000年以来,却对港口、渔业等部门实施法规管理以解决环境问题;美国是最早开展海洋功能区划立法管理的国家,法规从早期的专项性逐渐演变为当前的综合性与多层级,强调国家总体管控思想与州立法实施保障。

(2)引导利益相关者参与。海洋空间规划的全过程,公众和利益相关者有效参与十分重要。欧盟于1996年开始实施的沿海地区整合管理示范计划(IC-ZM)为避免利益冲突,通过协调和制定整体规划推动可持续的管理,强调了让各方参与的重要性,阐述了参与目的、参与方选择标准、参与机制、参与中的困难等方面(King,2003)。爱尔兰西南海岸的An Daingean以海洋渔业为主,为多用途利用海域资源,积极发展滨海旅游业等新产业,当地居民广泛地参与到海洋决策的全过程,对合理评估海洋环境和科学制定海洋政策发挥重要作用(Flannery等,2008)。为此,在我国现有的海洋管理体制下,公众的角色是"遵照执行",即使是与公众关系密切的政策措施制定过程,公众也少有参与。公众的意愿在政策中得不到及时反映,政策执行将受到很大阻力。既然海洋管理是为最广泛利益相关者的利益服务,相关政策措施制定过程(表6-8)应该听取最广泛受益人的意见(张志卫等,2014)。

表6-8 不同层级的海洋功能区划利益相关者

不同层级海洋功能区划	利益相关者
国家与州(省)海洋功能区划	中央政府及涉海管理部门;沿海州(省、市)及地方各级政府;规划团队;公众(企业团体,本研究领域及相关领域的专家,新闻媒体)
地方(市)海洋功能区划	州(省)级人民政府及相关行政管理部门;地方(市)人民政府及相关行政管理部门;规划团队;公众(当地居民、企业团体、非政府组织、新闻媒体、专家、涉海弱势群众代表)

(3)依托信息平台实施过程监控。欧美各国积极利用地理信息技术与遥感技术,为海岸海洋资源开发利用开展过程管理提供新的工具。建立基于生态系统的综合管理和评估的空间信息平台,对欧盟科学合理地制定海洋政策和实施海洋管理活动起了关键性作用(Meiner,2010);澳大利大堡礁海洋公园管理最

近利用地理空间技术,通过数理模型建立4个生态环境评价区,完成了分区方案的调整(Day,2008)。积极借鉴欧美,依托国家海洋局信息中心建立包括大气、流域、海洋(海岸带)一体化的环境监测体系、基于3S技术的信息数据库,可以实时对近岸海域环境容量、生态系统服务及其价值等科学评估,监测各海域利用情况,评价海洋环境趋势与等级体系,确定国家海洋生态敏感区、脆弱区和生态安全阈值。

(4)实施海域的边界管控。海洋管理边界的确定原则上应根据生物地理学、海洋学以及深海生态系统边界来确定(Gilliland等,2008),但还要综合考虑社会、经济和管理等因素。美国《海岸带管理法》规定海洋管理的空间范围向海一侧包括领海及专属经济区,向陆一侧延伸至平均高潮线,并包括内陆的海湾及河口;三海里以内的领海属州政府管辖,联邦政府拥有其他九海里领海的管辖权,州政府需要和联邦政府合作共同管理海洋。在我国实施的《海域使用管理法》和《土地管理法》分别确立了海域权属管理制度和土地权属管理制度,海陆管理分界线的确定仍然存在分歧,区域管理存在多头管理和低效率现象,围绕海陆分界和权属管理的纠纷层出不穷。当前体制下,我国海洋管理界线的划分应包括海岸带地区的海陆界线的划分和入海河口地区的河海界线的划分,划分标准包括自然生态标准、经济发展标准、行政管理标准等。依托边界管控海域综合利用,或者实施陆海统筹的行政管理体制,是当前海洋管理亟待突破的难题。

6.2　浙江海岸带功能区划的相关规划

浙江海岸带功能区划研究,可追溯到20世纪70年代末第一次《全国国土规划总体纲要》研制,1982年国家计委将浙江宁波市滨海地区列为全国4个国土综合开发规划试点地区之一,规划范围限定在沿甬江口两侧约30km²的滨海地区,主要围绕北仑港建设开展基础性的调查研究工作。随后1989年、1998年国家海洋行政主管部门分别开展了小比例尺和大比例尺海洋功能区划工作,2002年8月《全国海洋功能区划》编制完成并实施,2011年3月3日《全国海洋功能区划(2011—2020年)》正式实施。可见,国家与浙江省并未直接制定海岸带功能区划,而是通过有关专项规划或综合性海洋经济发展规划或海洋环境管制规划实施海岸带管理。

6.2.1　相关规划的基本情况

　　浙江海岸带功能区划最早见于20世纪80年代初期在国家计划委员会指导下宁波市开展的国土规划试点编制《宁波国土规划基础资料汇编——宁波岸海涂资源评价及海涂利用区划》(浙江省城乡规划设计研究院、宁波市国土规划编制委员会,1983)和国家海洋局领导省内相关主管部门调查与编撰的《浙江省海岸带和海涂资源综合调查报告》(编委会,1988),在此之前主要调查、研究浙江港湾、岸线的自然地理特征及区划(逢自安,1980;王宝庆 等,1983;孙英 等,1984;逢怀珍 等,1986;王宗涛,1986)。20世纪90年代初期至2010年,浙江省及其沿海地级市纷纷围绕近岸海水环境、滩涂围垦、港口与航道整治制定了《浙江省近岸海域环境功能区划》(1991年)、《浙江省滩涂围垦总体规划》(2002年7月)、《浙江省沿海港口布局规划》(2006年11月)、《浙江海洋经济强省建设规划纲要(2005—2010)》(2005年4月)、《浙江省沿海标准渔港布局与建设规划(2007—2020年)》(2008年9月)等专项规划;2010年以来,国务院与浙江省先后围绕浙江海洋经济与海洋资源环境保育出台了《浙江海洋经济发展示范区规划》(2011年1月)、《浙江省无居民海岛保护与利用规划》(2011年10月)、《浙江省海洋功能区划(2011—2020年)》(2012年10月)、《浙江舟山群岛新区发展规划》(2013年1月)、《浙江省海洋新兴产业发展规划(2010—2015年)》等综合性海洋经济规划或海洋功能区划(表6-9)。

表6-9　浙江省有关海岸带功能区划的主要规划简况

名称	编制单位	主要目的	对浙江海岸带区划的相关探讨
浙江省海岸带和海涂资源综合调查报告	浙江省海岸带和海涂资源综合调查领导小组办公室,外业调查 1980 年 2 月-1985 年 12 月,整理分析与报告编写 1986 年 1 至 9 月	摸清浙江海岸带的资源,加速发展沿海经济	重点构建了浙江海岸带开发利用设想(海岸带开发利用指导思想和分区体系、总体布局),将浙江省海岸带分为浙北沿海经济开发区(杭州湾北岸港口工业段、钱塘江口整治段、杭州湾南岸农业围涂段、镇海北仑港口工业段、象山港水产段—象山东部农盐围涂段);浙中沿海经济开发区(三门湾综合开发段、浦坝港蓄淡段、临海沿海围涂段、椒江河口港口工业段、温黄农业围涂段、玉环东部农盐围涂段);浙南沿海经济开发区(乐清湾水产段、瓯江口港口工业段、瑞平农业围涂段、飞云江与鳌江口整治段、苍南县农林段);舟山岛屿与资源开发区(野鸭山—沈家门港口工业段、嵊泗—普陀—朱家尖旅游段等)

续表

名称	编制单位	主要目的	对浙江海岸带区划的相关探讨
浙江省近岸海域环境功能区划	浙江省环境保护厅	保护近岸海域环境	严格控制入海污染物排放总量,防止海域水体富营养化,建立海洋生态自然保护区和海洋生物特别保护区,严格保护鱼虾类的产卵场、索饵场、越冬场和洄游通道,加快人工鱼礁和海洋农牧化建设,推广生态渔业生产方式,建设滨海生态经济带
浙江省滩涂围垦总体规划2005—2020	浙江省围垦局,2002年	发挥滩涂围垦的综合效益,促进滩涂资源的可持续发展	滩涂资源划分功能并确定其主要开发目标时,对象山港、乐清湾等重要港湾采取以保护为主;三门湾围垦持慎重态度;钱塘江滩涂围垦与钱塘江治理相结合,围垦服从治江;同时重视对湿地保护
浙江省沿海港口布局规划	浙江省交通厅、浙江省海事局,2006年11月	为进一步加快发展沿海港口,有效利用港口资源,促使港口在更广领域、更深层次参与全球经济合作与竞争,促进"海洋经济强省"建设和区域经济社会发展	规划宁波—舟山港、温州港为全国沿海主要港口;规划台州港、嘉兴港为地区性重要港口。宁波—舟山港应围绕镇海、算山、大榭、岙山、册子岛的大型石化泊位形成石化工业、原油"海进江"转运体系和国家石油战略储备基地;加快北仑、马迹山、六横、衢山大型干散货中转运输基地建设;加强北仑、穿山、大榭、梅山、金塘和六横等集装箱专业化港区建设温州港发展重点应逐步由瓯江口向外海转移。瓯江口内港区实现功能调整和城市化改造,与城市和谐发展。口外重点形成状元岙深水港区,建设大小门岛石化港区;使乐清湾港区成为浙南以集装箱和物流、临港工业为主的综合性港区。台州港应利用大麦屿港区和临海头门岛的深水岸线资源,发展成为适应沿海大型船舶运输为主的深水综合性港区;利用海门、黄岩、温岭港区临近城市的优势,发展服务主城区和温岭地区的沿海运输;健跳港区重点发展临港工业嘉兴港是浙北煤炭、油品等能源运输的重要口岸,主要承担本地区所需能源、原材料沿海运输和外贸物资近洋运输任务

名称	编制单位	主要目的	对浙江海岸带区划的相关探讨
浙江海洋经济发展示范区规划	国务院(国家发改委),2011年3月	加快培育海洋新兴产业,推进海岛开发开放,建设海洋生态文明,探索海洋综合管理,提高海洋开发和控制水平	构建"一核两翼三圈九区多岛"的海洋经济总体发展格局:以宁波—舟山港海域、海岛及其依托城市为核心区,围绕增强辐射带动和产业引领作用,继续推进宁波—舟山港口一体化,积极推进宁波、舟山区域统筹、联动发展,规划建设全国重要的大宗商品储运加工贸易、国际集装箱物流、滨海旅游、新型临港工业、现代海洋渔业、海洋新能源、海洋科教服务等基地。以环杭州湾产业带及其近岸海域为北翼,以温州、台州沿海产业带及其近岸海域为南翼,尽快提升两翼的发展水平
浙江省海洋功能区划(2011—2020年)	浙江省人民政府2012年10月	进一步协调和规范各种涉海活动,加强对海洋资源和生态环境的保护,推进浙江海洋经济发展示范区和浙江舟山群岛新区建设,按照海洋基本功能区的标准,将全省海域划分成不同类型的海洋基本功能区,作为全省海洋开发、保护与管理的基础和依据	将全部管理海域划分为杭州湾海域、宁波—舟山近岸海域、岱山—嵊泗海域、象山港海域、三门湾海域、台州湾海域、乐清湾海域、瓯江口及洞头列岛海域、南北麂列岛海域等九个重点海域,每个海域分为海岸功能区和近海功能区两系列,均为8类

6.2.2　相关规划对海岸带功能区划的基本要求

6.2.2.1　对海岸带功能区划的概念与类型体系的约束

与海岸带功能区相关的概念有近岸海域环境功能区、海洋功能区、海洋主体功能区等。近岸海域环境功能区制定的依据是《中华人民共和国海洋环境保护法》,划分的依据是2001年颁布的《近岸海域环境功能区划分技术规范》;近岸海域环境功能区是环境保护行政主管部门根据海域水体的使用功能和地方经济发展的需要对海域环境划定的按水质分类管理的区域（王金坑 等，2009）。海洋功能区划分的法律基础是《中华人民共和国海域使用管理法》、《中华人民共和国海洋环境保护法》，2007年颁布的《全国海洋功能区划》中海洋功能区是根据海域区位、自然资源、环境条件和开发利用的要求，按照海洋功能标准，将海域划分为不同类型的功能区，目的是为海域使用管理和海洋环境保护工作提供科学依据，为国民经济和社会发展提供用海保障。因此，近岸海域环境功能区和海洋功能区划分的法律依据均为《中华人民共和国海洋环境保护法》，但结合各自的部门职能进行了相应的调整。伴随国家主体功能区规划实施推进，国家海洋局组织科研机构制定了《海洋主体功能区区划技术规程》（HY/T146-2011），将海洋主体功能区定义为根据海洋资源环境承载力、开发强度和发展潜力，统筹考虑海域资源环境状况、海域开发利用强度、海洋经济发展水平、依托陆域的经济实力和城镇化格局、海洋科技创新能力以及国家战略选择等要素，所划定的不同主导功能定位的海域（何广顺 等，2011）。

我国近岸海域环境功能区被划分为4类：第1类环境功能区适用于海洋渔业和海上自然保护区；第2类环境功能区适用于与人类食用直接有关的工业用水区、海水浴场及海上运动或娱乐区；第3类环境功能区适用于一般工业用水区、滨海风景旅游区；第4类环境功能区适用于港口水域、海洋开发作业区。从定义上来看，功能区划分的主要目标仍然为保护水体的使用功能（邓义祥 等，2012）。国家海洋局颁布的《全国海洋功能区划》将中国海洋功能区划分为10种类型：港口航运区、渔业资源利用和养护区、矿产资源利用区、旅游区、海水资源利用区、海洋能利用区、工程用海区、海洋保护区、特殊利用区、保留区（表6-4）。因此，海洋功能区是以保护海洋的使用用途为主要目标的功能区划分。《全国海洋主体功能区规划》将海洋分为海洋优化开发区域、海洋重点开发区域、海洋限制开发区域、海洋禁止开发区域4类区域。

对比可知，三者存在一定的重复，着眼点都强调人类对海洋的使用功能，只是划分的类型有一定的差异，又是在同一海域所进行的划分，导致环境保护部门、海洋部门、发改与城乡规划部门在认识上的冲突，给基层海洋管理工作来一定的困难。因此，必须整合现有环境保护部门、海洋部门、城乡规划部门、发改部门等的涉海类规划，形成海洋空间规划体系，在这其中海岸带功能区划自然备受关注。

对照近岸海洋环境功能区、海洋功能区、海洋主体功能区可知，海岸带功能区具有三重基本特征：一是自然属性，应突出强调海岸带功能区划分的立足点——保护当地的海洋生态系统，打破长期以来我国岸线、滩涂、近海等功能区的划分以人为中心；二是社会属性，指人类活动对海岸带的使用功能，这既要求近岸海域水质达到相应的环境功能区水质目标才可满足相应的使用用途,又要求人类的活动必须按照海水质保护目标的就高不就低的原则来确定,同时还必须考虑海洋水体流动复杂多变,避免周边功能区的影响;三是管理属性,即指海岸功能区的划分是陆海空间利用、陆海环境、陆海经济活动等统筹管理的基本依据,是国家对岸线、岛屿等海洋国土利用管制、陆源污染控制与海域环境质量达标考核的依据,也是制订沿海经济活动绩效考核的基础。

6.2.2.2 对海岸带功能区划技术规程的影响

海洋功能区划的核心问题是如何深刻揭示海洋特定区域固有的主导功能和如何协调好各种关系(葛瑞卿,2001),为此海洋功能区划方法强调:一是建立划定各类海洋功能区的标准体系作为判别各类区域的固有功能的指标体系;二是建立科学的协调原则和相关关系处理准则以协调好各方面的关系和选定主导功能。当前,海洋功能区划方法的基本思路是:由国家统一制定修订划定海洋功能区的指标体系,即标准体系作为判别海洋特定区域适合何种功能的基本标准;依据划定海洋功能区的指标体系判别海洋特定区域对各种功能的适应性,确定区域的各种功能;借助划定海洋功能区的原则和处理准则,对各种功能进行协调和调整进行优化处理利用层次分析法对各种功能进行排序;在优化处理和功能排序的基础上确定特定区域的主导功能(图6-3)。

国家和省级主体功能区划以县域为评价单元,在GIS平台支持下,选择适宜评价单元,明确功能区类型,确定功能区划分指标并对指标基础数据进行采集与处理,计算评价单项指标,采用适宜方法归并指标、综合或简化进行类型归并划分功能区(图6-6)等构成主体功能区划的技术路线。主要包括以下几个步骤:第一步,依据国家主体功能区划分的指标体系,计算本省的指标项并进行评价;第二步,采用综合评价法得出国土空间开发综合评价指数,利用主导因素法和聚类分析法进行辅助分析,进行省级区划类型划分,提出备选方案;第三步,采用空间分析方法,辅助确定省级主体功能区的界线;第四步,通过定量与定性方法的综合集成,提出最终方案(樊杰,2014)。

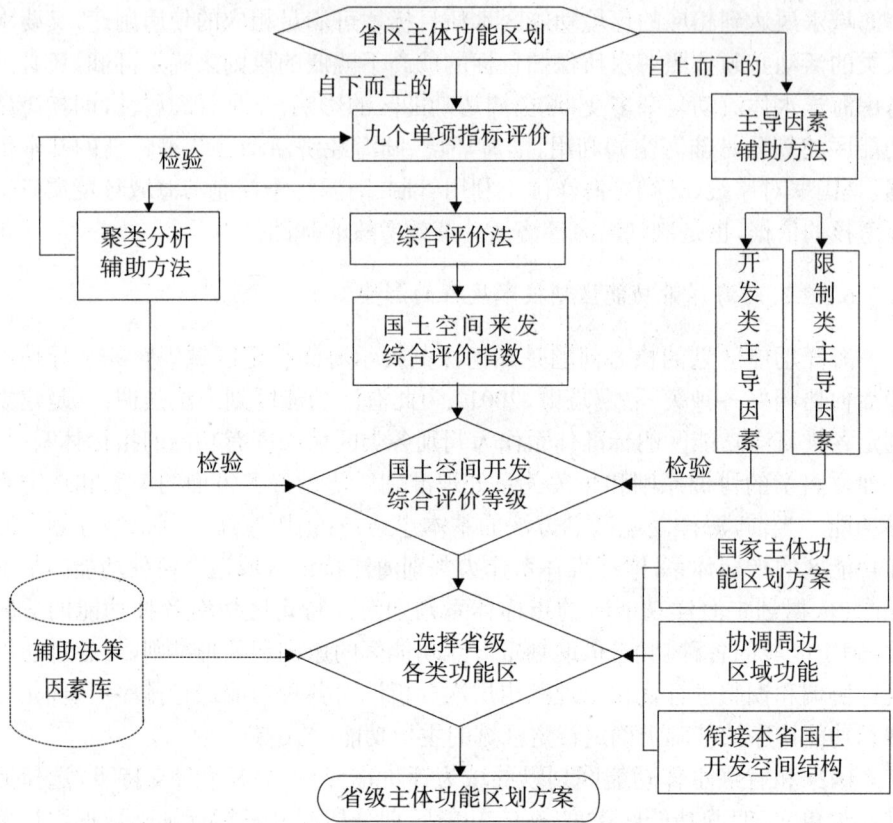

图6-6　技术流程框架图

资料来源：樊杰等(2014)

　　李东旭等(2011)参照《国家主体功能区规划》研究了内水与领海海域、海岛、专属经济区域大陆架等三种基本海洋国土的海洋主体功能区划技术方法，提出：①内水和领海海洋优化开发区域、海洋重点开发区域、海洋限制开发区域的判定应以海洋资源环境承载力、海洋开发强度和海洋开发潜力三个综合指标评价为基础，再应用矩阵判别法和关键因素法共同判定。矩阵判别法是指根据海洋资源环境承载力、海洋开发强度和海洋开发潜力三个评价指标的评判等级（高、中、低）构建判别矩阵，确定海洋主体功能区的类型。关键因素法，主要应用评价指标体系中的关键因子的评价结果，关键指标的评价结果具有关键的权衡作用。内水和领海海洋主体功能区评价指标体系中的关键指标应该包括"海洋环境质量"、"海洋生态脆弱性"、"海洋生态重要性"等反映海洋生态环境的指标。具体操作时应该以矩阵判别法为主，关键因素法为辅，综合集成，共同判定内水和领海海域的海洋优化开发区域，海洋重点开发区域和海洋限制开发区域。②鉴于海岛生态环境及地理特征的特殊性,海岛海洋主体功能区的划分主要应用主导因素法进行。主导因素法主要是应用海岛主导因素的评价结果选定海岛海洋主体功能区中的优化开发区、重点开发区和限制开发区。战略地位、生态状况是海岛海洋主体功能区确定的主导因素,结合其他因素的评价结果,共同确定海岛海洋主体功能区类型。需要特别说明的是不具备大规模开发条件的海岛,原则上应确定为限制开发区域。③由于专属经济区和大陆架海域空间尺度较大,区域边界难以确定,对这一特殊海域,以其海洋油气资源的勘探开发为核心,应用空间叠置法进行评价。在油气资源量、技术成熟度、区位重要度单因子评价结果基础上,利用地理信息系统(GIS)绘制单项因子评价图,应用空间叠置法完成各图层的叠加,重叠后产生的图形属性就是原叠置相应位置处的图形对应属性的函数,可用下述关系表达:$U=f\{L_1, L_2, L_3, \cdots\}$,式中,$L_1$, L_2, L_3,…表示单项因子评价图的属性。依据图层最终叠加结果,确定专属经济区和大陆架海域海洋主体功能区类型和空间范围。

对比海洋功能区划分技术流程、主体功能区技术流程和海洋主体功能区划方法,可知海岸带功能区划宜以海岸资源环境承载力、开发潜力等的定量计算为基础,并以海岸带的地方主导功能为核心,利用矢量图进行空间叠置确定各类型区及其边界范围。

6.2.2.3 对海岸带功能区划的地位及实施的挑战

多数学者认为我国现行的空间规划体系成形于计划经济时期,由发展与改革部门(原计划经济委员会)主导的国民经济与社会发展五年规划、国土资源部门主导的土地利用规划、住房与城乡建设部门主导的城乡规划构成,包括规划的运作体系(规划的编制与实施)、法律体系和行政体系,这些规划从不同层次和不同视角对国土空间实行调控,共同指导城乡空间的科学有序构建(马仁锋等,2010)。关于海洋空间规划,近年来才被沿海省份纳入国土空间管理体系中,形成了如图6-7的国土空间规划体系。根据规划编制与实施的规范程序,可将国内现有规划分为两类:一是法定的"国民经济和社会发展五年规划、城乡规划"等,二是随机针对重点问题区域或区域发展重点问题由国家发改委或国土部或住建部主导的区域规划,如《国务院关于促进中部地区崛起规划的批复》(国函〔2009〕130号)、《国务院关于长江三角洲地区区域规划的批复》(国函〔2010〕38号)、《关于浙江海洋经济发展示范区规划的批复》(国函〔2011〕19号)等等。第一类又可分为"块状"综合规划和"条状"专项规划,都具有比较明确的法律依据,以及对应的规划编制与实施管理办法,按照行政层次逐级编制、报送审批、监督实施;第二类针对问题随机制定的规划,具有问题导向性和区域战略性,意在协调地区综合发展,一般由国务院主管宏观调控或国土资源综合保障的部门根据客观需要提出编制研究,意在为决策提供服务,必要的话可以上升为政府管理依据的"指导性文件"。这类规划的实用性和针对性较强,规划编制的内容、深度、运用方法、实施跟踪等环节也没有明确的规范(王利,2010)。

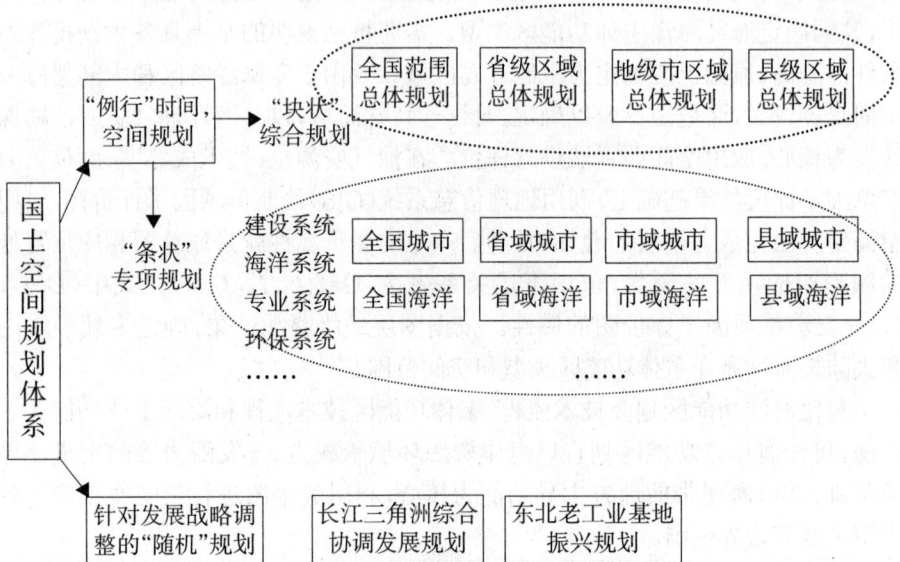

图6-7　我国现行国土空间规划体系

资料来源:王利 等(2008)。

　　如图6-8所示,"十二五"期间浙江省海洋与渔业局制定了海洋功能区划、海洋事业规划、渔业规划(含信息化、标准渔港建设)、海洋灾害防御规划等,浙江省环境保护局制定了海洋环境保护规划等,这些规划的制定本意在解决各产业在海岸和海洋地域范围内发展产生的各种矛盾,作为"部门专业规划"或者"规划实施细则"的协调依据。但是,谁来承担区域海洋空间总体规划(例如浙江省海岸带利用规划、浙江省海洋空间规划……)的组织与编制任务? 从规划的综合属性来看,很显然由海洋渔业、环境保护、交通运输等专业部门主持完成规划

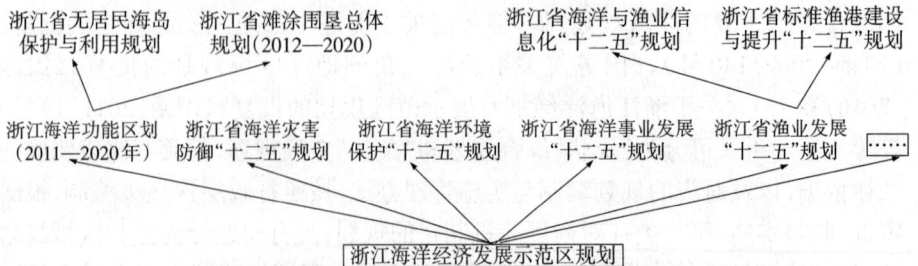

图6-8　浙江省"十二五"期间海洋空间规划体系

编制是不合理的。因为这些部门在制定规划过程中往往不知不觉地关注"部门或者行业利益",难以从综合的高度、本着全面发展的思路分析处理问题。因此,应当由相对"中立"的编制单位(当前发改委比较适当、以后应当是更加独立的"总体规划部门")站在综合发展高度上来主持编制完成更合适。

6.2.3 海岸带功能区划必须解决的问题

目前浙江沿海地区,由于经济快速发展,海洋环境区划与滨海市发展规划的矛盾日益突出:一是环境功能区划与环境质量现状的矛盾;二是环境功能区划与海岸海洋开发现状的矛盾;三是环境功能区划与发展规划的矛盾。为解决近岸海域环境功能区划与滨海市发展规划的矛盾,很多地方政府已在频繁调整近岸海域环境功能区,甚至降低海洋环境保护目标。因此,迫切需要出台统筹发展规划与海洋环境功能区划的海岸带区划或海洋主体功能区划。

6.2.3.1 落实海岸带(或海洋空间)区划与规划的编制、实施的主体

结合当前我国海洋强国战略实施和国家机构改革,把握浙江省海洋经济示范区建设的体制机制创新契机,明确海岸带(或海洋空间)区划、规划及其专项规划构成、规划编制与实施监测评估的责任单位,构建和谐、顺畅的规划管理体制,才能保障浙江省海洋经济示范区建设落到实处,成效显著。

6.2.3.2 明确各专业规划"指向"同一区块(海岸带/港口岸线/海岛)基本内容的论争问题

临海工业、海洋渔业、海洋旅游、海洋矿业对于海域或海岸带的使用在海洋各专项规划中存在重合指向,如何确定某个具体区域的功能定位需要参考本底条件、周边发展趋势和利益相关者的综合建议,因此,只有利用GIS空间缓冲分析与空间叠置分析,以及利益相关者参与式研判某具体海域的功能定位,才能落实示范区规划的空间组织要求,才能保护海洋环境以促进区域海洋经济可持续发展。

6.2.3.3 协调现有的多种与海洋相关规划的矛盾,提出规划调整要求

针对海洋功能区划和无居民海岛保护与利用规划中对每一海区的原则性规划指引,强调落实《浙江海洋经济发展示范区规划》在海洋产业规划、海洋环境保护规划、海洋渔业规划、海洋旅游业规划等中的实施细则问题,利用GIS对浙江省近海海域和重要海岛及其周边区域进行利用功能冲突的协调和规划调整。

6.3　主导因素视角浙江省海岸带功能区划

浙江省海岸带功能区划是对国务院2011年批复的《浙江省海洋经济发展示范区规划》的落实和深化,可指导浙江海岸带资源开发、生态保护、港口建设、产业发展、城镇布局,是浙江海岸带造福百姓、率先建设现代化家园的美好蓝图。根据上位规划对浙江海岸带利用的基本定位和同位规划对浙江省海岸带利用的诉求,确定浙江省海岸带的区域功能类型,优化海岸海洋国土空间结构,规范保护开发秩序,努力将浙江省海岸带建成环境友好、经济发达、社会进步、技术创新强的海洋型城市(镇)带。

6.3.1　浙江省海岸带功能区划分的主导因素判识

6.3.1.1　上位与同位区划(或规划)对浙江海岸带功能区划分的定位

浙江省海岸带功能区要遵循《全国主体功能区规划》、《全国海洋功能区划》、《浙江海洋经济发展示范区规划》、《浙江省国民经济和社会发展第十二个五年规划纲要》、《舟山群岛新区发展规划》,同时要与《浙江省河口海岸滩涂开发治理管理规划》、《浙江省海洋功能区划》、《浙江省近岸海域环境功能区划》、《浙江省主体功能区规划》、《嘉兴市城乡总体规划》、《杭州市城乡总体规划》、《绍兴市城乡总体规划》、《宁波市城乡总体规划》、《舟山市城乡总体规划》、《台州市城乡总体规划》、《温州市城乡总体规划》等相关部门规划、专项规划和地区规划进行衔接。

《全国海洋功能区划2011—2020》在第四章第三节对浙江省海域进行详细的定位:①杭州湾、宁波—舟山海域重点发展港口航运业、临港工业、海洋旅游和海洋渔业,支持浙江舟山群岛新区建设,推进海岛开发开放,加强油气等矿产资源的勘探、开采。加强崇明东滩鸟类、九段沙湿地、长江口北支河口湿地、长江口中华鲟、杭州湾金山三岛、五峙山、韭山列岛、东海带鱼水产种质资源等保护区建设,保护河口、湿地、海湾、海岛和舟山渔场生态环境。开展重点受损近岸海域的整治与修复。区域实施污染物排海总量控制制度,改善海洋环境质量。②浙中南海域。包括台州、温州毗邻海域,主要功能为渔业、港口航运、工业与城镇用海。台州湾至乐清湾海域主要发展港口航运和临港产业,适度进行滩涂围垦,建设滨海城镇,因地制宜开发海洋能,加强滨海湿地保护和南麂列岛、渔山列岛等保护区建设;瓯江口至浙闽交界海域主要发展港口航运业和海洋旅游业,适度进行滩涂围垦,建设工业和滨海城镇;洞头列岛海域重点做好海岛资源的保护与开发,积极发展具有海岛特色的滨海生态旅游和海洋渔业。区域海洋开发应注重维护近岸岛礁系统自然景观,严格限制沿海重要岛礁、海湾地区的围填海活动,保护渔山渔场、温台渔场生态环境,恢复重要渔场生物资源和受损近岸岛礁生态系统。区域实施污染物排海总量控制制度,改善海洋环境质量。

《浙江省河口海岸滩涂开发治理管理规划》要求加大河口综合治理、开发与保护力度,控制河道采砂,科学围垦滩涂,妥善保护湿地;《浙江省海洋功能区划》和《浙江省近岸海域环境功能区划》要求海岸带地区协调港口、航运、围垦、养殖、旅游和临海工业等开发建设活动。严格控制入海污染物排放总量,防止海域水体富营养化,建立海洋生态自然保护区和海洋生物特别保护区,严格保护鱼虾类的产卵场、索饵场、越冬场和洄游通道,加快人工鱼礁和海洋农牧化建设,推广生态渔业生产方式,建设滨海生态经济带;《浙江省主体功能区规划》要求沿海县(市或区)列为优化开发区或重点开发区或保护区(限制/禁止开发区),并对浙江滨海县(市或区)中的相关区域进行了功能定位。

《浙江省海洋功能区划2011—2020》将全部管理海域划分为杭州湾海域、宁波—舟山近岸海域、岱山—嵊泗海域、象山港海域、三门湾海域、台州湾海域、乐清湾海域、瓯江口及洞头列岛海域、南北麂列岛海域等九个重点海域,每个海域分为海岸功能区和近海功能区两系列,均为8类。

6.3.1.2 浙江省海岸带功能区划分的主导因素分析

综合前述浙江省海岸带功能区划的上位区划/规划与同级区划/规划的相关分析,可以发现:一是海洋生态环境保护始终是浙江省海岸带利用与开发的首要因素,二是海洋资源环境禀赋优势是海岸带利用与开发的次要因素,三是海岸带与海域管理体制是制约海洋功能区划实施的重要外部因素。因此,浙江省海岸带功能区划分的主导因素是海洋资源环境禀赋的综合优势与海洋生态环境的保护(重要性或脆弱性)。

6.3.2　主导因素视角浙江海岸带功能区划分方案

6.3.2.1 划分范围、基本单元与依据

海岸带是一个难以定量其具体地理边界的概念,因此功能区划分以浙江省滨海县为研究范围。研究过程分析的基本单元与功能区分类的基本单元均以

县辖的镇(乡或街道)为主。

浙江省海岸带功能区划分主要依据海岸带的自然生态要素地域分异规律和海洋资源环境对人类活动的空间限制性和强度约束性,主要考虑①自然本底条件——依据对地形条件、生态系统重要性、生态脆弱性以及海岸线资源利用适宜性分析结果,揭示海岸带地域的功能定位趋向。如生物多样性保护或较大范围区域生态安全的典型自然生态系统分布区、重要物种栖息地、重要水源涵养地、海岸滩涂湿地以及易发生水土流失和地质灾害的区域,应被作为重点保护对象。②保护利用现状——海岸带土地利用反映了海岸地域功能类型的现状轮廓,依据土地利用合理性分析和用地建设强度,判定地域的功能类型归属。依法设立的各类自然文化资源保护区域、林地、内陆滩涂以及地形坡度不宜耕坡地属于重点保护类型;耕地、园地、农村居住用地以及适于旅游休闲和水产养殖的区域划归适度开发类型;城镇、工矿和港口物流用地,人口和产业集聚程度高,建设强度大,属于重点建设类型。③开发建设增量——依据自然本底条件、后备适宜建设用地潜力和近海海域环境质量评价结果,统筹考虑浙江沿海经济带发展战略及对海岸带开发建设的总体布局指向,综合权衡和核定城镇建设、产业园区和港口物流设施布局对国土空间占有的增量规模和拓展方向。

6.3.2.2 区划方案

经对自然本底条件、保护利用现状及开发建设增量需求开展单要素和综合集成分析,将海岸带划分为重点保护、适度开发和重点建设三类功能区。对照《浙江省海洋功能区划2011—2020》可知,①重点保护区主要是滨海县生态保护和水源涵养。包括依法设立的自然保护区、森林公园、地质公园、风景名胜保护区以及林地、草地、水域和滩涂。囊括了海洋功能划一级类中的海洋保护区、特殊利用区、保留区三类。②适度开发区主要是粮食、农果产品、水产品生产及滨海旅游休闲,包括耕地、园地、农村居住用地、水产养殖沿海滩涂、具有旅游休闲功能的滨海岸段区域和海岛以及作为远景规划重点建设用地的预留区域。囊括了海洋功能区划一级类的农渔区、旅游休闲娱乐区、矿产与能源区。③重点建设区主要是滨海县城市化人口集聚、工业开发和港口物流,包括现状城镇、工业、港口码头用地和2020年前的规划用地。囊括了海洋功能区划一级类的港口航运区、工业与城镇用海区2类,由此得出浙江省海岸带功能区划方案如表6-10及各类区统计数据(表6-11)。

表6-10　浙江省海岸带功能区划方案

滨海县(市/区)	重点保护类			适度开发类			重点建设类	
	海洋保护区	特殊利用区	保留区	农渔区	旅游休闲区	矿产与能源区	工业与城镇建设区	港口航运区
平湖市					九龙山			嘉兴港
海盐县								嘉兴港
海宁市								嘉兴港
上虞区								
余姚市								
慈溪市	杭州湾湿地			杭州湾南岸			杭州湾	
镇海区								镇海港
北仑区					梅山		七姓涂	北仑港
鄞州区							鄞州	鄞奉港
奉化市					凤凰山			鄞奉港
宁海县			三门湾北				西店、下洋涂	强蛟港
象山县	象山港海岸湿地			象山港、大目洋、石浦、高塘-南田	象山港、松兰山、石浦、鹤浦、花岙		西沪港底部、大港口、爵溪、象山东部	外干门港、乌沙山港、石浦港
三门县			三门东部沿海	三门湾南、浦坝港		健跳	三门滨海、三门沿海	健跳港
临海县				临海东部	桃渚		临海东部	头门岛港
椒江区							黄礁涂	海门港
路桥区								金清港
温岭市				石塘、隘顽湾	松门	江厦	温岭东部	龙门港
玉环县				玉环东、坎门			漩门	大麦屿港
乐清市	西门岛			乐清湾			乐清	乐清港
龙湾区				瓯江口			温州浅滩	瓯江口港
洞头县	洞头列岛东部、南策岛		洞头西、鹿西岛、洞头北	洞头东部			黄岙、环岛西片	洞头港
瑞安市 平阳县								飞云江港

续表

滨海县 (市/区)	重点保护类			适度开发类			重点建设类	
	海洋保护区	特殊利用区	保留区	农渔区	旅游休闲区	矿产与能源区	工业与城镇建设区	港口航运区
苍南县			石坪-赤溪	江南涂、大渔湾、沿浦湾	炎亭、渔寮、霞关		江南涂	舥艚港、霞关港
定海区		双礁与黄牛礁、岱山南、西蟹峙	马目	沥港、定海西码头			金塘、册子岛北部、舟山本岛东北	定海港
普陀区		水老鼠礁	舟山本岛东	普陀山-朱家尖、沈家门、虾峙、台门	普陀山、普陀东部、六横、桃花岛		松帽尖、西南涂、虾峙岛、凉帽潭、金竹山	普陀港
岱山县		岱东、秀山、长涂	高亭、长涂	双合山、秀山、大长涂			岱山西北、大长涂	岱山港
嵊泗县								

说明:各亚类的具体地域范围与面积见《浙江省海洋功能区划2011-2020》登记表的《海岸基本功能区登记表》

表6-11　浙江省海岸带各类型区统计

类型	功能区	功能	面积/hm²	占用 大陆岸线/km	占用 海岛岸线/km
重点 保护	海洋保护区	海洋生态保护、海岸保护	104662	114	228
	特殊利用区	军事、科研等			
	保留区	规划期不利用与目前无法利用			
适度 开发	农业渔业区	农特产品、水产品生产	239266	966	947
	旅游休闲区	旅游、休闲、观光			
	矿产与能源区	海洋矿产与能源开发			
重点 建设	工业与城镇建设区	集聚城市化人口与工业企业	347935	953	1569
	港口航运区	港口贸易、物流			

6.3.2.3　重点方向

三类功能区的功能设定与内涵要求:重点保护区的发展方向是强化生态保

护和水源涵养；适度开发区宜积极发展特色农果业、渔业和旅游业；重点建设区应提升工业化和城镇化建设的质量与人口、产业的集聚度。

6.3.2.4 建设任务

根据功能区划分方案与重点方向，确定规划期内三类功能区的主要建设任务。①重点保护区。完善海岸带各类保护区范围的划定标准，对划定范围不符合相关规定和标准的，按照法定程序进行调整。进一步界定自然保护区边界、面积和核心区、缓冲区、实验区的范围，核定后的范围原则上不再予以变动。在界定范围的基础上，结合重点保护区人口转移的要求，对管护人员实行定编。②适度开发区。完善农田基础设施建设，推进基本农田标准化改造，打造高产稳产粮食核心区。推进特色农果业、水产养殖业的规模化生产经营，着力提高品质和单产，切实提升农业渔业现代化发展水平。推动农渔业仓储物流和加工能力建设，促进产业化发展。加快滨海旅游休闲空间改造建设和旅游服务业发展，推进新城发展与旅游功能的融合，形成高品质旅游新城和滨海都市旅游圈。打造海岛旅游链，提升海岸带旅游吸引力。农村居民点以及农村基础设施和公共服务设施的建设，要统筹考虑人口迁移等因素，适度集中、集约布局。③重点建设区。分类引导各类工业园区发展，提升综合类园区的整体实力和竞争力，提高专业类园区产业集群质量，扩大新兴潜力类园区建设规模，建设海岸带国家级新型产业基地。协调推进港口城市、工业城市和中心城市建设，整合港口—产业集聚区—城镇集聚区提升滨海城镇带质量与结构，打造浙江海岸带成为国家沿海城镇发展轴带和东北亚首位综合枢纽组合港。

6.3.3 浙江海岸带功能区方案实施的体制机制创新

6.3.3.1 配套政策要点

重点建设区政策配套要点：加大对重点园区的重大项目布局比例，探索浙江滨海地区水资源与水环境统筹配置、治理机制，提升重点建设区水资源保障-水环境治理能力。跨区域统筹土地资源，对重点建设区的用地指标给予倾斜。在严格实行围填海空间管制和规模控制基础上，对重点开发区围填海指标予以适度倾斜。设立产业结构调整专项资金，推进产业层次的提升和经济增长方式的转变。鼓励金融先行先试，大力发展港航产业与国际物流保税贸易。放宽户口迁移限制，鼓励人口迁入。制定严格的工业污染物排放标准，鼓励推广重点行业清洁生产技术，依法开展强制性清洁生产审核。

适度建设区政策配套要点：加大对本区域的财政转移支付力度，加大政府投资用于农业渔业、生态环境保护方面的比例,重点扶持农业综合生产能力建设、公共服务设施建设、生态移民、促进就业、旅游基础设施建设、海洋矿产与新能源试点建设等。鼓励民间投资,促进海洋渔业、旅游业的发展。建立市场退出机制,对不符合区域定位的现有产业,通过设备折旧补贴、设备贷款担保、迁移补贴、土地置换等手段,促进产业跨区域转移或关闭。加强职业教育和培训,增强劳动力跨区流动能力。

重点保护区政策配套要点:建立健全有利于切实保护生态环境的奖惩机制,严格控制海岸线使用,严禁占用自然保护区从事开发建设和从事围填海活动。加大对重点保护区的生态补偿力度,加大各级财政对生态修复、建设的投入力度,建立芦苇湿地保护专项基金,逐步建立健全稳定的生态环境保护和建设投入资金渠道。加强义务教育、职业教育,鼓励人口到重点建设区域就业并定居。

6.3.3.2 体制机制创新抓手

(1)建议浙江省人民政府研制浙江省海岸带规划,按照规划要求有序落实各项任务,并责成省直各部门、滨海县(市、区)人民政府要围绕规划调整工作,坚持依据规划行政,明确责任人和进度表,制定实施方案。

(2)建议浙江省政府探索建立陆海统筹管理的部门协调机制,推进陆海的规划协调、基础设施共享和生态环境共建。完善填海造地海域的管理制度,对经填海造地后与陆地连成一体、具有陆地属性的国土空间,在海域使用权到期后原则上由国土部门管理规划。建立跨行政区域的协商机制,构建跨行政区域协作平台,在区域规划、区域产业结构调整、基础设施建设、生态建设保护等方面实现协调发展。

(3)建议浙江省政府建立符合科学发展观的规划实施评估指标体系,依法定期开展规划实施评估,重点评估规划主要目标的实现情况、强制性内容的执行情况、公众对规划实施的意见。工业开发板块要突出经济指标考核,综合评价经济增长、质量效益、资源消耗、环境保护以及外来人口公共服务覆盖面等内容;城镇建设板块要突出经济人口指标考核,实行城镇化优先的绩效评价,综合评价经济增长、吸纳人口、质量效益、产业结构、环境保护等内容;港口物流板块要突出港口航运经济指标考核,综合评价航运经济增长质量效益、腹地辐射、海事服务等内容;旅游休闲板块要突出生态保护优先、海洋旅游产业发展有限的绩效考核;农业渔业板块要突出生态保护优先、滨海特色农业发展有限的绩效考核,强化对农渔产品保障能力的评价;海岸与海洋生态保护板块要突出生态保护与建设的绩效考核,强化对自然岸线保护、自然文化资源原真性和完整性的评估。

6.4 结语

系统梳理国内外海岸带区划理论动态与实践经验,探析浙江涉海规划对海岸带利用的相关要求与规划协同问题,并基于《浙江海洋功能区划2011—2020》运用主导因素划分浙江省海岸带功能区体系,以期指导浙江省沿海地区可持续发展与海洋综合管制。

研究发现:① 国内外海洋空间规划或区划的研究动态与实践经验值得浙江省海岸带功能区借鉴的地方是:完善立法体系、引导利益相关者参与、依托信息平台实施过程监控、实施海域的边界管控;②影响浙江省海岸带功能区划分的规划可归为上位规划与同级规划,它们重点指向海岸带资源环境保护与海岸带资源环境禀赋的综合竞争优势,并要求浙江省海岸带功能区划分要解决一是落实海岸带(或海洋空间)区划与规划编制与实施的主体,二是明确各专业规划"指向"同一区块(海岸带/港口岸线/海岛)基本内容的论争问题,三是协调现有的多种与海洋相关规划的矛盾;③基于《浙江省海洋功能区划分2011—2020》运用主导因素法将浙江省海岸带分为重点保护类、适度开发类和重点建设类以及具体方案,可初步破解当前海岸带地区的规划乱象问题,并提出了规划实施的配套政策要点和体制机制创新抓手。

参考文献

[1]John M Boehnert. Zoning the Oceans:The Next Big Step in Coastal Zone Management[R]. American Bar Association,2014.

[2]Val Day,Rosemary Paxinos,Jon Emmett,et al,The Marine Planning Framework for South Australia:A new ecosystem-based zoning policy for marine management[J]. Marine Policy,2008,32(4):535-543.

[3]曹可. 浅谈海洋功能区划的性质和发展方向[J]. 海洋开发与管理,2008,28(8):17-22.

[4]陈海亮,李鹏. 广东省海洋功能区划修编若干问题和思考[J]. 海洋开发与管理,2011,31(7):20-22.

[5]陈洪全. 县域海洋功能区划的思考:以东台市为例[J]. 海洋科学,2004,28(12):75-78.

[6]陈吉余. 对综合考察海涂资源与合理利用海涂资源的意见[J].资源科学,1979,3

(1):53-57.

[7]陈明剑.海洋功能区划中的空间关系模型及其GIS实现[D].青岛:中国海洋大学硕士学位论文,2003.

[8]陈学刚,纪毓鹏,任一平.黄岛区海洋功能区划对海洋渔业发展的影响分析[J].齐鲁渔业,2010,27(4):56-57.

[9]程军利,张鹰,张东.关于江苏省海洋功能区划的几点思考[J].海洋开发与管理,2008,28(9):19-22.

[10]邓义祥,李子成,郑丙辉.近岸海域环境功能区概念辨析及其存在的问题和对策[J].环境科学研究,2012,25(2):146-152.

[11]窦长娥,刘建红.基于ArcGIS Engine的连云港海洋功能区划信息系统的设计与实现[J].海洋科学,2013,37(3):50-57.

[12]顿光宇,张勇.浅谈海洋功能区划与海域使用规划的区别与联系[J].海洋开发与管理,2001,21(2):38-39.

[13]范信平.论海洋功能区划的分类体系选择[J].海洋开发与管理,1991,8(4):66-70.

[14]丰爱平,刘洋.省级海洋功能区划修编的若干思考[J].海洋开发与管理,2009,29(5):16-20.

[15]逄自安.浙江北仑深水港区岸滩冲淤规律与岸线规划利用[J].海洋通报,1992,11(1):41-48.

[16]逄自安.浙江港湾淤泥质海岸剖面若干特性[J].海洋科学,1980,4(2):9-15.

[17]傅金龙,沈锋.海洋功能区划与主体功能区划的关系探讨[J].海洋开发与管理,2008,28(8):3-9.

[18]高延铭,周玲,曲鹏,等.基于系统动力学的海洋功能区利用效能评估方法研究[J].中国海洋大学学报(社会科学版),2011,23(4):15-20.

[19]葛瑞卿.海洋功能区划的理论和实践[J].海洋通报,2001,19(4):52-63.

[20]郭佩芳.海洋功能区划的矛盾和变革[J].海洋开发与管理,2009,29(5):26-30.

[21]黄沛,丰爱平,赵锦霞,等.海洋功能区划实施评价方法研究[J].海洋开发与管理,2013,33(4):26-29.

[22]金翔龙.健全海洋功能区划管理体系[J].海洋开发与管理,2008,28(6):3-5.

[23]李春平,张灵杰,董丽晶.浙江乐清湾海岸带功能区划分与海洋产业发展[J].海洋通报,2003,22(5):38-43.

[24]李锋.海洋功能区划实施评价概述[J].海洋开发与管理,2010,30(7):1-3.

[25]李家芳.浙江省海岸带自然环境基本特征及综合分区[J].地理学报,1994,49(6):551-560.

[26]李洁琼,叶波,王道儒.关于海南省海洋功能区划修编的思考[J].海洋开发与管理,2009,29(5):31-34.

[27]李瑾,侯学曾.天津海洋功能区划理论与实践[J].海洋开发与管理,1993,10(3):62-66.

[28]李晋,林宁,徐文斌.市级与省级海洋功能区划空间符合性分析研究[J].海洋通

报,2009,28(5):1-6.

[29]李鸣峰. 中国海洋功能区划[J]. 海洋开发与管理,1991,8(2):30-33.

[30]李萍,林宁. 省市县海洋功能区划编制初步研究[J]. 海洋开发与管理,2008,28(9):23-26.

[31]李巧稚,刘百桥,林宁. 海洋功能区划管理信息系统框架研究[J]. 海洋通报,2001,21(2):51-57.

[32]李淑媛,苗丰民,王权明. 海洋功能区划分类体系探讨[J]. 海洋开发与管理,2010,30(6):73-79.

[33]李晓,张剑锋,林忠. 基于MapX+Visual Basic的专题地理信息系统二次开发[J]. 福建师范大学学报(自然科学版),2002,18(4):105-109

[34]李亚楠,黄水光,张燕. 盘锦市海洋功能区划研究[J]. 海洋环境科学,2001,19(1):60-63.

[35]林桂兰,谢在团. 海洋功能区划理论体系与编制方法的思考[J]. 海洋开发与管理,2008,28(8):10-16.

[36]林宁,黄南艳,李萍,等. 我国海洋功能区划备案管理体系研究[J]. 海洋开发与管理,2008,28(7):24-30.

[37]林宁,李晋,王倩,等. 我国海洋功能区划备案的问题与对策[J]. 海洋开发与管理,2009,29(5):21-25.

[38]林振通. 不依据海洋功能区划作出的海域使用行政许可违法[J]. 人民司法,2009(2):109-111.

[39]刘百桥,阿东,关道明. 2011—2020年中国海洋功能区划体系设计[J]. 海洋环境科学,2014,33(3):441-445.

[40]刘百桥,刘利东. 海洋功能区遥感监测方案设计[J]. 海洋环境科学,2014,33(4):611-614.

[41]刘百桥. 我国海洋功能区划体系发展构想[J]. 海洋开发与管理,2008,28(7):19-23.

[42]刘桂春,韩增林. 在海陆复合生态系统理论框架下:浅谈人地关系系统中海洋功能的介入[J]. 人文地理,2007,22(3):51-55.

[43]刘淑芬,徐伟,侯智洋. 海洋功能区划管控体系研究[J]. 海洋环境科学,2014,33(3):455-458.

[44]刘洋,丰爱平,吴桑云. 海洋功能区划实施评价方法与实证研究[J]. 海洋开发与管理,2009,29(2):12-17.

[45]刘洋,孙永福,杨宗严. 钦州湾港口功能区布局对海洋动力环境的影响[J]. 海洋环境科学,2013,32(3):360-363.

[46]卢静. 海洋功能区划管理信息系统研究成果回顾及展望[J]. 海洋开发与管理,2009,29(6):16-21.

[47]陆州舜,卢静. 试论海洋功能区划与近岸海域环境功能区划之间的关系及其实践意义[J]. 海洋开发与管理,2008,28(9):14-18.

[48]栾维新,刘容子,王茂军. 海洋功能区划与海洋发展规划关系的研究[J]. 海洋开

发与管理,2001,21(2):35-37.

[49]栾维新,阿东. 中国海洋功能区划的基本方案[J]. 人文地理,2002,17(3):93-95.

[50]罗美雪. 福建省海洋功能区划编制的若干技术方法探讨[J]. 台湾海峡,2010,29(2):290-294.

[51]苗丽娟,刘娟. AHP方法在锦州市海洋功能区划中的应用[J]. 国土与自然资源研究,2004(2):55-56.

[52]彭慧. 区域海洋开发与管理的有效调控手段:《玉环县海洋功能区划》评介[J]. 海洋地质动态,2002(7):22.

[53]彭苗,吴佳兴,谢立峰,等. 舟山市海洋功能区划研究 [J]. 浙江海洋学院学报(自然科学版),2011,30(3):264-268.

[54]乔磊,杨荣民,李广雪,等. SPOT遥感影像处理技术以及在青岛市海洋功能区划中的应用[J]. 海洋湖沼通报,2005(2):8-12.

[55]任一平,李升,徐宾铎,等. 我国海洋功能区划中的公众参与及其效果评价[J]. 中国海洋大学学报(社会科学版),2009,21(1):1-5.

[56]任一平,徐宾铎,慕永通. 青岛市海洋功能区划对海洋渔业发展的影响分析[J]. 中国海洋大学学报(社会科学版),2006,18(2):17-19.

[57]沈锋,傅金龙,周世锋. 海洋功能区划制度在浙江的实践与思考[J]. 海洋开发与管理,2010,30(10):42-47.

[58]苏进. 连云港市海滨新区建设用海与海洋功能区的适宜性研究[J]. 科技经济市场,2012(9):57-59.

[59]孙才志,韩建,高扬. 基于AHP-NRCA模型的环渤海地区海洋功能评价[J]. 经济地理,2012,32(10):95-101.

[60]孙英,黄文盛.浙江海岸的淤涨及其泥沙来源[J].东海海洋,1984,2(4):34-42.

[61]谭勇桂,张鹰,邱永红. "3S"支持下的海洋功能区划工作底图制图技术[J]. 海洋技术,2002,35(1):68-70.

[62]唐永銮. 海洋功能区划划分的原则、分区系统和方法的探讨[J]. 环境污染与防治,1991,12(4):2-5.

[63]滕骏华,黄韦艮,孙美仙. 基于网络GIS的海洋功能区划管理信息系统[J]. 海洋学研究,2005,23(2):56-63.

[64]王宝灿,金庆祥. 浙江温州地区淤泥质海岸发育的探讨[J].华东师范大学学报(自然科学版),1983(4):75-86

[65]王光振.基于GIS的上海海岸带主体功能区划研究[D].上海:华东师范大学硕士学位论文,2012.

[66]王江涛,郭佩芳. 海洋功能区划理论体系框架构建[J]. 海洋通报,2010,41(6):669-673.

[67]王江涛,郭佩芳. 海洋功能区划问题及对策探讨[J]. 海洋湖沼通报,2011,36(3):163-167.

[68]王江涛,刘百桥. 海洋功能区划符合性判别方法初探:以港口功能区为例[J]. 海

洋通报,2011,42(5):496-501.

[69]王江涛,刘百桥. 海洋功能区划控制体系研究[J]. 海洋通报,2011,42(4):371-376.

[70]王江涛,王倩. 天津市海洋功能区划的比较研究[J]. 中国海洋大学学报(自然科学版),2011,41(5):1-6.

[71]王江涛,徐伟,崔晓健. 海洋功能区开发潜力评价指标体系构建及其评价[J]. 海洋通报,2009,39(6):1-6.

[72]王江涛,张潇娴,马军. 基于逐级控制的海洋功能区划层级体系构建[J]. 海洋环境科学,2011,29(3):432-434.

[73]王金坑,颜利,余兴光. 海洋环境分类管理分级控制区划理论体系研究[J]. 台湾海峡,2009,28(1):77-81.

[74]王佩儿,洪华生,张珞平. 试论以资源定位的海洋功能区划[J]. 厦门大学学报(自然科学版),2004(S1):205-210.

[75]王佩儿,刘阳雄,张珞平,等. 海洋功能区划立法探讨[J]. 海洋环境科学,2006(4):88-91.

[76]王倩,郭佩芳. 海洋主体功能区划与海洋功能区划关系研究[J]. 海洋湖沼通报,2009(4):188-192.

[77]王倩,李晋,田洪军. 天津市海洋功能区划控制性指标确定研究[J]. 海洋环境科学,2014(3):451-454.

[78]王倩,李亚宁,翟伟康. 我国海洋功能开发的经济与环境协调度分析[J]. 海洋开发与管理,2012,32(9):106-110.

[79]王权明,马红伟,付元宾. 全国海洋功能区划的分区体系研究[J]. 海洋环境科学,2014,33(3):472-476.

[80]王权明,苗丰民,李淑媛. 国外海洋空间规划概况及我国海洋功能区划的借鉴[J]. 海洋开发与管理,2008,28(9):5-8.

[81]王雪. 辽宁省海洋功能区划与海洋渔业的可持续发展[J]. 海洋开发与管理,2008,28(5):16-20.

[82]王艳君,张鹰,王进华. 遥感技术在江苏省大比例尺海洋功能区划中的应用[J]. 海洋科学,2002,26(10):51-54.

[83]王勇智,石洪华,丰爱平. 基于资源和环境演变的山东省丁字湾海洋功能区划研究[J]. 中国人口. 资源与环境,2012,22(S1):132-138.

[84]王有邦. 山东省海洋功能区划问题探讨[J]. 资源科学,1998,24(6):52-57.

[85]王宗涛.浙江全新世古海岸线遗迹及其古地理意义[J].浙江国土资源,1986,2(2):20-32

[86]邬群勇,王钦敏,肖桂荣. 海洋功能区划管理信息系统[J]. 地球信息科学,2003,18(1):45-48.

[87]吴晓青,程国山,王雪燕. 渤海海峡跨海通道建设对环渤海地区海洋功能区划的影响[J]. 海洋开发与管理,2009,29(7):109-115.

[88]吴月英,彭立功,谢文辉. 海洋功能区划修编中的认识和体会[J]. 海洋开发与管

理,2010,30(5):31-33.

[89]席小慧,毕远溥,雷利元,等. 辽宁省项目用海与海洋功能区划一致性分析方法初探[J]. 海洋开发与管理,2012,32(9):52-54.

[90]夏登文. 国家海洋功能区划专家委员会工作报告[J]. 海洋开发与管理,2009,29(5):7-10.

[91]肖桂荣,邬群勇,郭朝珍. 海洋功能区划WebGIS的设计与实现[J]. 福州大学学报(自然科学版),2002,22(3):319-322.

[92]徐伟,刘淑芬,张静怡,等. 全国海洋功能区划实施评价研究[J]. 海洋环境科学,2014,33(3):466-471.

[93]徐伟,夏登文,刘大海,等. 项目用海与海洋功能区划符合性判定标准研究[J]. 海洋开发与管理,2010,30(7):4-7.

[94]许学工,许诺安. 美国海岸带管理和环境评估的框架及启示. 环境科学与技术[J],2010,33(1):201-204.

[95]杨山,张武根,李荣军. 江苏省海洋功能区划实施评价指标体系与方法[J]. 长江流域资源与环境,2011,20(10):1164-1171.

[96]杨顺良,罗美雪. 海洋功能区划编制的若干问题探讨[J]. 海洋开发与管理,2008,28(7):12-18.

[97]叶知年. 海洋功能区划法律制度探析[J]. 重庆科技学院学报(社会科学版),2011,18(2):38-40.

[98]游建胜. 科学合理地划分福建省的海洋功能区[J]. 海洋开发与管理,2000,20(3):18-20.

[99]岳奇,徐伟,刘淑芬,等. 海洋功能区划保留区选划技术研究[J]. 海洋技术,2012,45(3):93-96.

[100]岳奇,徐伟,武贺,等. 基于新一轮海洋功能区划体系的中国海上风电布局思考[J]. 海洋经济,2012,3(4):25-29.

[101]岳奇,徐伟,赵梦,等. 新一轮海洋功能区划的比较分析[J]. 海洋环境科学,2014,33(3):487-492.

[102]张广海,李雪. 青岛市海洋功能区划研究[J]. 国土与自然资源研究,2006(4):5-7.

[103]张潇娴,王江涛. 基于海洋功能区的海域使用结构优化模型初探[J]. 海洋技术,2011,44(1):109-113.

[104]张永华,王玉广,李淑媛. 新旧海洋功能区划指标体系对比分析[J]. 海洋开发与管理,2005,25(5):47-50.

[105]张志卫,丰爱平,刘世昊. 海洋功能区划利益相关者参与体系初探[J]. 海洋开发与管理,2014,34(3):24-27.

[106]郑晓美,冼嘉俊. 海洋功能区划图件制作的若干问题思考[J]. 海洋信息,2011,17(4):4-6.

[107]郑晓美. 广东省海洋功能区划对海洋产业布局的优化[J]. 海洋信息,2012,18(2):64-68.

[108]周连成,陈军,王保军,等. 基于遥感与GIS技术编制1:25万山东省海洋功能区划工作底图[J]. 海洋地质前沿,2011,17(3):42-47.

[109]周瑞荣,许祝华,张彦彦. 系统论视角下的海洋功能区划研究[J]. 海洋开发与管理,2009,29(7):75-80.

[110]周沿海,林忠,李晓. GIS支持下的福州市海洋功能区划[J]. 福建地理,2003,10(3):51-53.

7 基于生态系统方式的浙江省海岸带综合管理模式

7.1 国际海岸带综合管理及启示

海岸带是陆域系统和海域系统的过渡地区,是人类生产生活活动的重要场所。对海岸带的理解通常有广义和狭义之分。广义的海岸带是指以海岸线为基准向海陆两个方向辐射扩散的广阔地带,包括沿海平原、河口三角洲、浅海大陆架一直延伸到大陆边缘的地带(吴志峰,1999)。狭义的海岸带是指海洋向陆地的过渡地带,包括潮上带、潮间带和水下岸坡三部分。由于其特殊的区位条件,生态系统十分脆弱。全球人口约有17亿(约占全球总人口的38%)的居民居住在离海岸50km的沿海地带,45%的居民住在离海岸150km的区域(罗伯特·凯等,2010)。20世纪以来,科学技术的进步,生产力水平的不断提高,工业化、城市化的进程加快,人类对自然环境的影响不断加深,造成海岸带生态系统退化日益严重。海岸带正面临着全球气候变化、海平面上升、区域生态环境破坏、生物多样性减少、污染加重、渔业资源退化等一系列问题,阻碍了海岸带地区的可持续发展。1992年联合国环境与发展会议批准的《21世纪议程》第17章中提出:沿海国家承诺对在其国家管辖的沿海和海洋环境进行综合管理和可持续发展,每个沿海国家都应考虑建立或在必要时加强恰当的协调机制,在地方层面和国家层面上加强沿海和海洋区域及其资源的综合管理及可持续发展。海岸带综合管理是海岸带资源环境利用与海洋经济发展到一定阶段的必然产物。如何协调海岸带综合承载力与社会经济发展的关系,加强海岸带综合管理,促使海岸带地区的可持续发展已经成为当今社会关注的热点话题和重要研究领域。

7.1.1　国际海岸带综合管理演化过程

7.1.1.1　海岸带综合管理概念

目前,世界上对于海岸带综合管理并没有统一的概念。1989年在美国查尔斯顿举行的一次国际会议认为:海岸带综合管理是一种动态的过程,该过程发展和应用各种方法以协调管理机构、环境、社会文化资源之间的关系,以保护海岸带地区,实现该地区的可持续和多样化的利用(董跃 等,2012)。1993年世界海岸大会的文献定义海岸带综合管理为:是一种政府行为,包括为保证海岸带的开发管理与环境保护目标相结合,并吸引有关各方参与形成的必要的法律和机构框架,确保制定目标、规划及实施过程尽可能广泛吸引各利益集团的参与,在不同的利益中寻求最佳的折衷方案,并在国家的海岸带总体利用方面实现一种平衡(鹿守本 等,2001)。1995年美国海洋法学专家杰拉尔德·曼贡在其"海洋管理若干问题"的演讲中认为:海岸带综合管理,就是根据各种不同用途,以战略眼光,站在国家高度进行规划,由中央政府来制定规划,并监督地方政府通过投入足够的资金来实施。1996年美国海洋管理专家约翰·R.克拉克出版的《海岸带管理手册》中认为海岸带综合管理是通过规划和项目开发、面向未来的资源分析,应用可持续概念去检验每一个发展阶段,试图避免对沿海区域资源的破坏。1997年美国海洋专家廷斯·索伦森在《海岸管理》的文章中定义海岸带综合管理:以给予动态海岸系统之中和之间的自然的、社会的以及政治的相互联系的方式,对海岸资源和环境进行综合规划和管理,并用综合方法对严重影响海岸资源和环境数量或质量的利害关系集团进行横向和纵向协调。2002年世界银行指出:海岸带综合管理是在由各种法律和制度框架构成的一种管理程序指导下,确保海岸带地区发展和管理的相关规划和环境、社会目标相一致,并在其过程中充分体现这些因素。我国著名的海洋管理专家鹿守本认为:海岸带综合管理是海岸带管理的高层次管理,是海洋综合管理的区域类型,通过战略、区划、规划、立法、执法和行政监督等政府职能行为,对海岸的空间、资源、生态环境及其开发利用的协调和监督管理,以达到海岸带的可持续利用。

依据以上概念,海岸带综合管理关键是针对海岸带所涉及管理和利益部门的多样化和复杂问题,增强各部分之间的协调、合作,合理开发利用海岸带资源,维护海岸带生态环境,保证海岸带地区自然、经济和社会协调发展,实现海岸带地区的可持续发展(黄康宁 等,2010)。

7.1.1.2　海岸带综合管理演化过程

20世纪60年代中期以后,世界上100多个国家以各种形式开展了海岸带综合管理的实践和探索(周鲁闽等,2006)。海岸带管理与开发一直是世界各国研究的热点问题。海岸带管理是随着海岸带开发利用活动的深入和对海岸带资源保护的需要而产生并不断发展起来的,国际上海岸带综合管理演化大致分为以下几个阶段。

美国是世界上最早提出海岸带综合管理的国家,以1965年建立的旧金山湾自然保护与发展委员会为标志。1972年在斯德哥尔摩召开的联合国人类环境大会前,人们就已经意识到海岸带各种资源的开发利用是相互联系的,需要注意和注重部门间矛盾的协调,需要用综合的观点来进行海岸带管理。1972年美国国会正式颁布了《海岸带管理法》,并于1974年开始执行第一个海岸带管理规划,从而使海岸带管理作为一种正式的政府活动首先得到实施(Pogue P等,1999)。随后,欧洲发达国家也开始采取措施,对海岸带地区实施综合管理。20世纪70年代,英国颁布了《北海石油与天然气:海岸规划指导方针》,确定了优先开发和重点保护的地带。1973年,法国发表了《法国海岸带整治展望》,要求设立海岸带保护机构,制定利用和保护规划来进行管理。1976年和1978年,美国加利福尼亚州和佛罗里达州分别制定了《海岸带管理条例》、《海岸带管理规划》。这一阶段的海岸带管理还是以资源利用和单一管理为主,管理模式主要是以部门管理为导向,没有综合解决整个海岸带及其全局的资源问题(战祥伦,2006)。

20世纪80年代,海岸带综合管理为越来越多的国家采纳。1982年第三次联合国海洋法会议(UNCLOS Ⅲ)通过的《联合国海洋法公约》,意识到需要把海洋环境作为一个整体考虑,以生态系统整体分析的方式进行管理。同年,联合国经社理事会的海洋经济技术处,组织专家对世界40多个国家海岸带和沿海地区综合管理问题进行了一次调查研究,形成了一个专题报告——《海岸带管理与开发》,其目的是指导各国,尤其是发展中国家的计划工作者和政策制定者,如何在总的发展计划体制内使一项有效的海岸带管理的长远规划得以实施。斯里兰卡于1982年制定了《海岸带综合管理计划》,对所有海岸带区域的开发活动实施管理。1986年法国制定了《关于海岸带整合、保护与开发法》,明确提出海岸带是稀有空间,要进行海岸带研究,保护生物和生态平衡,制定海岸侵蚀对策,发展海岸的各种经济。1987年世界环境与发展委员会(WCED)有关海洋管理的报告指出:提倡用生态系统的方法对海洋与海岸带进行规划和管理,必须统筹考虑5类区域,即流域、海岸带陆地、近岸海域、近海海域和公海(Ducrotoy J P等,1999)。美国早在70年代就有几个州制定了海岸带管理法规和规划,到了80年代末已达29个州,其海岸带综合管理体制已基本形成。同时到20世纪80年代末世界上已有40多个沿海国家开展了海岸带综合管理。1989年在美国迈阿密大学召开的国家海岸带研讨会上,"海岸带综合管理"正式成为专家普遍接受的科学术语,管理的范围也倾向于将整个国家的海岸带纳入管理的范畴。在这一阶段,海岸带综合管理开始得到重视,但是管理部门的综合和海陆综合管理还没有走向成熟。

20世纪90年代是海岸带综合管理蓬勃发展的新时期。1992年召开的联合国环境与发展大会(UNCED)上通过的联合国《21世纪议程》,要求沿海国家应广泛开展海岸带和海洋综合管理,正式提出了海岸带综合管理的概念和框架。这次会议被认为是海岸带管理的分水岭,前后可分别称为海岸带管理的传统阶段和现代阶段。1993年小岛国家联盟召开的全球小岛屿发展中国家持续发展会议筹备委员会的第一次会议上表示支持海岸带综合管理。同年11月召开的世界海岸大会,有90多个国家、19个国际组织和23个非政府间组织的代表、专家和政府官员出席了这次会议。大会总结各国开展海岸带综合管理的新经验,形成海岸带管理的技术文件,推动沿海国进一步做好海岸带综合管理工作,编写了《海岸带综合管理指南》、《制定和实施海岸带综合管理规划的安排》、《海岸带脆弱性分析的研究》等重要文献,此次大会的召开对海岸带综合管理作用的认识有了进一步的深化。此后,《联合国海洋法公约》、《生物多样性公约》和《全球气候变化框架公约》开始实施。1997年海岸带综合管理和气候变化讨论组共同提出一整套海岸带综合管理框架指南,阐述了气候变化与海平面上升、侵蚀现象加重、海水入侵和海上风暴频繁等关系。世界上沿海国家的海岸带综合管理工作取得了较快的发展,大量的研究和论文探讨了各国各地区不同情况的海岸带管理计划、模式及其针对管理计划实施的经验和教训。1990年,Stephen Curley通过对德克萨斯州海岸带管理计划失败的分析,提出了在海岸带管理中应加强单项资源开发之间的协调。1993年《海洋与海岸管理》国际杂志出版了一期"海岸带综合管理"专刊,阐述了海岸带综合管理的概念、意义、关键问题和方法技术(Cinin-Sain B,1993),还介绍了国际海岸带和海洋组织(ICPO,the International Coastal and Ocean Organization)的有关情况。

进入21世纪,2001年美国海洋与大气管理局(NOAA)首次发布由"亨兹中心"(Heinz Cemer)完成的国家海岸带管理效果测度指标体系,该中心于2003年发布了一份《海岸带管理法案:开发一种效果评估指标体系框架》的报告,提出了一种"基于产出模式"的效果评价框架,标志着海岸带管理逐渐走向成熟,海岸带可持续发展研究向综合性、定量化评价方向发展。据统计,至2001年全世界已有95个国家在385个地区开展海岸带综合管理,其中北美地区100%的海岸都制定了海岸带综合管理规划。2002年联合国可持续发展世界首脑会议之后,实现可持续发展成为世界各国共同追求的目标,海岸带研究进入可持续发展的新时代。在2002年,欧盟发布了《欧洲议会和欧洲理事会建议》,提出了8项基本原则和8项战略性措施。该建议虽然也不具有约束力,但其已经获得所有欧盟成员国的采纳,成为欧盟各成员国制定海岸带综合管理的政策的重要指导。同年12月,东亚海区可持续发展战略(SDS-SEA)被各国政府采纳,其中明确了各地方政府在带动利益相关者共同努力来遏制我们共同资产的破坏和退化方面的重要作用。2001年美国海洋和大气局开始开发海岸带管理评估体系,一直到2009年,美国国家海洋与大气据根据实验项目所得的数据,形成了正式的海岸带管理法实施评估体系。

依据O'Riordan和Vellinga(1993)的研究成果,结合以往的研究文献,总结出海岸带综合管理不同阶段的特点(表7-1)。

表7-1　各阶段海岸带综合管理演化的特点

阶段	时期	主要特征
1	70年代—80年代	开始重视环境评估
		部门间合作与协调性逐步完善
		公共参与度提高
		生态保护意识增强
		大量的工程项目依然不断启动
		重视综合参考管理效果的前期评价与后评价
2	90年代	强调可持续发展
		强调综合环境管理
		重视环境修复
		强调公共参与
		聚焦持续发展原则的贯彻与实施
3	21世纪初	国家法律开始体现以生态为基础的管理
		强调共同管理
		强调开发管理方法
		全球化概念的强化和互联网技术的应用
		沿岸管理基本原则再检讨

7.1.2　国际海岸带综合管理范围与特点

7.1.2.1　国际海岸带综合管理范围

(1) 管理范围划定标准

海岸带综合管理范围最好包括所有重要的海岸带资源以及所有可能影响

海岸带资源的区域,依据鹿守本(2001)的研究成果,海岸带综合管理范围的划定标准主要有:自然地理标准、经济地理标准、行政区域标准、行政区标准、距离划分标准以及地理单元标准。没有任何一种单一的标准是普遍适用的,也不可能用一个标准满足有效划分管理区域所需的全部条件。不论利用哪种划法,都应当界限清楚,易于理解,并可用图表示;尽可能承认目前的政治、经济、自然区划;包含于海岸带的相关资源、环境要素(鹿守本 等,2001)。

(2)国际管理范围

海岸带综合管理的范围由沿海国家或沿海省(市)、州、县根据当地的具体情况而定,国际上各个国家所定的尺度不统一。根据以往研究文献,搜集部分国家海岸带管理范围(表7-2)。

表7-2　海岸带综合管理范围实例

国家	陆上界限	海上界限
美国	沿岸水域直接影响的范围(例:加利福尼亚采用平均高潮位以上914.4m)	部分州延伸至领海外部界线
巴西	平均高潮线向陆2km	平均高潮线向海12km
中国	平均高潮线向陆10km	15m等深线
南澳大利亚	平均高潮线向陆100m	海岸基线向海3nmi
西班牙	最高潮线或风暴潮线向陆500m	12nmi领海外缘
哥斯达黎加	平均高潮线向陆200m	平均低潮线
以色列	平均低潮线向陆1~2km范围内	平均低潮线向海500m
斯里兰卡	平均高潮线向陆300m	平均低潮线向海2km
危地马拉	高潮线向陆3km	200m等深线
毛里求斯	高潮线向陆1km	沿海珊瑚礁最外缘

注:美国不同州向陆向海的划定范围不一致

7.1.2.2 国际海岸带综合管理特点

海岸带综合管理的特点主要包括以下几点(黄康宁 等,2010):

(1)动态性

随着海岸带地区人口、社会经济、资源需求以及开发利用程度不断的变化,海岸带地区的生态、地貌和水文等状况也不断变化,导致海岸带系统也一直处于动态变化之中。这就要求在海岸带综合管理中,应根据海岸带地区的变化,适时调整海岸带管理的政策、计划和规划,使海岸带开发利用管理和保护处于动态、连续的过程。

(2)综合性

海岸带综合管理与分部门、分行业的管理相比,更强调"综合性",其综合性主要体现在:海陆间的综合、海岸带的政府部门间的综合,以及各学科间的综合。海岸带既包括海域部分,又包括陆域部分,地理位置和生态环境特殊。它涉及的部门众多,除海洋管理部门外,还包括国土资源、农业、林业、旅游、环保、交通等部门。各部门因其职责不同,利益出发点也不同,使得海岸带"综合"管理成为必需。另外,它所涉及的学科也很多,包括海洋学、地理学、地质学、环境科学、生态学、社会学、经济学、管理学、法学等多学科,归纳起来就是自然科学、社会科学和技术科学的交叉科学(陈国强 等,2003)。

(3)协调性

海岸带综合管理中涉及的部门、机构、团体、组织、教育机构以及学科等众多,其协调性主要体现在海岸带科学研究与政府行政管理之间的协调,各学科之间的协调,各教育机构、团体之间的协调以及各政府部门之间的协调等。通过这种多部门、多学科之间的协调,可以使各利益相关者合理分配、利用和保护海岸带资源与环境,减少海岸带管理中的矛盾和冲突。

(4)可持续性

可持续发展的基本特征是保持生态持续、经济持续和社会持续。海岸带开发与管理中,不仅涉及海岸带自然资源系统和社会经济系统,还涉及局部利益与整体利益,近期利益与长远利益。它们之间具有很强的关联性和制约性。海岸带综合管理强调在这些关联性和制约性中找到平衡点,以实现海岸带的可持续发展。

7.1.3　国际海岸带综合管理经验

20世纪90年代以来,沿海各国的海岸带管理工作,在联合国的倡导下,世界银行、联合国开发计划署(UNDP)和发达国家对外援助机构的支持和推动下,取得了较快的发展。各大洲实施海岸带综合管理的比例大致如下:北美地区的加拿大、美国和墨西哥三个国家,100%的海岸带都进行了综合管理,其他地区,如加勒比海和大西洋岛屿地区为31%;中美洲为57%;南美洲为45%;亚洲为57%;欧洲和北大西洋地区为32%;非洲最低,为13%(鹿守本 等,2001)。

7.1.3.1　美国

美国是海陆兼备的国家,东临大西洋、西靠太平洋,同时包括阿拉斯加、夏威夷、大西洋的4个群岛以及太平洋的9个群岛,海岸线长达22689km。美国是世界上海洋经济最发达的国家之一,也是世界上最早实行海洋管理的国家(朱坚真 等,2013)。

(1)建立了完善的海岸带管理法律体系

美国在1972年颁布了世界上最早的保护海岸环境的综合性法律——《海岸带管理法》。依据该法律,美国建立了以州为基础的分散型海岸带管理体制,并由各州编制并执行与联邦一致性的各级海岸带管理计划,而这些海岸管理计划自此成为美国海岸带管理的最基本方式(倪国江等,2009)。随后该法在1975年、1976年、1978年和1980年做了多次修订,基本上实现了海岸带资源开发利用和保护管理两方面向均衡发展的原则,最后的修订突出了海岸带开发在沿海经济建设中的重要性。《海岸带管理法》实施之后,相继修订了《大陆架土地法》和《海洋保护、研究和自然保护区法》,制定了《国家环境政策法》、《国家海洋污染规划法》和《深水港法》等法律,形成了比较完备的有关海岸带综合管理的法律体系。美国基本完成了由单项的部门立法向综合管理立法的发展(张灵杰,2002)。

(2)建立了健全的海岸带管理体系

美国海岸带管理体系分为三级:联邦政府、州政府和市、县地方政府。从联邦政府到州、市、县政府都非常重视海岸带管理,在立法、机构、人员、经费、开发政策等方面都有较强的保证(陈国强 等,2003)。国家级管理机构的主要职能是监督、调查和协调,州级和地方级机构具体执行、实施有关计划。现在美国主要的海洋管理机构有商务部国家海洋与大气管理局(NOAA)、运输部美国海岸警备队(USCG)、内政部、能源部、国务院、国防部、海事管理局等(朱坚真等,2013)。1997年由主要涉海部门负责人组成的"国家海洋领导小组"协调部门间的海洋工作。在沿海39个州设立了州级的海岸带管理机构,在41个沿海县设立了第三级海岸带管理机构,有的地方还设立了跨州、跨县的区域性协调机构。这样就形成了美国自上而下的比较健全的海洋、海岸带管理体系。

(3)建立了正式的海岸带管理评估体系

美国的海岸带管理评估开始于2001年。由于美国各界对美国海洋和大气局无法评估海岸带管理成果产生质疑以及国会的要求,美国海洋和大气局开始制定一套问题检测范围及其海岸带管理项目实施效果的评估体系,并且委托"科学、经济和环境约翰•海因茨三世研究中心"开发一套评估体系。为了完善该框架,美国国家海洋和大气局协同其他九个州制定了一套初步的评估体系。在2004年,7个州的海岸带管理项目自愿参与到此项评估体系的测试,来检查该体系的有效性和可行性。在2005年,根据这些实验项目反馈的结果,海洋与海岸资源管理办公室对此体系进行了修订。从2006年开始，根据此体系，各州通过为期3年的阶段性评估方法向美国海洋和大气局提供数据。至2009年，美国国家海洋和大气局根据实验项目所取得的数据，形成了正式的海岸带管理法实施评估体系（董跃 等，2012）。

（4）建立了统一的海上执法队伍

美国的海洋综合执法队伍是海岸警备队，负责海上执法工作，分区进行执法管理，各海区都配有远程巡航飞机、武装快艇和综合性的海岸警备设施。由于设备先进，各海区经常有船只、飞机巡航监视，能及时发现各种违法、违章事件，并迅速处理；由于海上执法工作统一由该机构负责，就消除了部门分散执法造成的矛盾，提高了执法的成效（鹿守本 等，2001）。海岸警备队是美国海上执法管理的主要机构，也是美国最早组建的海上执法队伍，创建于1790年，1967年划归运输部领导。若发现违法事件，海岸带管理部门负责取证和起诉工作，上交法院依照联邦海岸带管理法和本地区法规进行审理，依法惩处违法人员或单位。美国海岸警备队保证了美国海岸带资源政策的贯彻执行，同时由于执法集中统一，也就保证了政策执行的系统性、综合性、不留死角，另外，因队伍的集中，自然避免了执法队伍、装备的重复低水平建设，使队伍拥有足够的装备和条件统一对外维护美国的权益（杨义勇，2013）。

（5）鼓励公众的广泛参与

美国《海岸带管理法》中提出的四项国家海岸带管理政策之一：鼓励公众、联邦政府、州和地方政府及地区机构共同参与制定海岸带管理规划，同时该法中创立的联邦海岸带管理补助金，部分就是用于鼓励和支持公众的参与，州一级海洋管理机构组织各种听证会，听取公众对重大海岸带开发活动的意见（鹿守本 等，2001）。在海岸带执法中，也鼓励志愿者监视举报不法行为。加州滨海委员通过推出"认领海滩"计划和"海滨周"活动等多种计划，增强本地居民对滨海地区的归属感，并鼓励公众积极参与滨海地区的管理工作。美国各州滨海委员会在许可审批、一致性审查和其他决策阶段都提供了公众参与的机会（倪国江 等，2009）。

7.1.3.2　法国

法国位于欧洲西部，西临大西洋，南临地中海，西北部由英吉利海峡相隔与英国相望。法国本土海岸线长约3500km，海外领地海岸线长达6200km。海外领地专属经济区的海洋研究、资源开发及海洋事务管理均由法国管理，因此法国实际拥有专属经济区$1130 \times 10^4 km^2$，居世界第三位。法国是世界上较早进行海岸带管理的国家之一。

（1）制定了综合性的海岸带管理法

1973年,法国政府发表的《法国海岸带整治展望》中首次明确了海岸带的范围,不仅包括内陆,也包括近海和大陆架,提出了设立"海岸带保护机构"、"沿海娱乐、自然基地"的具体建议,还提出了制定"使用海域的利用计划"的设想(韩克,2006)。在1986年1月法国政府制定了《关于海岸带整治、保护及开发法》,这是一部综合性的海岸带管理法。该法明确提出海岸带是稀有空间,要进行海岸带研究,保护生物和生态平衡;制定海岸侵蚀对策;保护风景名胜、景观及历史遗产;保护和发展近水面的经济活动;维护和发展海岸带空间的农业、林业、工业、手工业及观光业;确定了负责海岸带各种管理责任的机构和分工(鹿守本 等,2001)。这部综合性海岸带管理法的实施,促进了法国海岸带综合管理和可持续发展。

（2）建立了比较健全的海岸带管理体系

法国海岸带(海洋)实行三级管理体系:国家为法国海洋国务秘书处;在沿海各大区设立海洋事务管理局;在大区下属各省、市设海洋事务处理处。三级海洋管理体系健全、完善,并以政治管理为主,管理效能较高(鹿守本 等,2001)。海洋国务秘书处可直接向总理报告工作,是法国政府统一管理、协调海岸带(海洋)工作的职能部门。法国海洋国务秘书处的海洋管辖权限大而集中,把与海洋有关的产业部门均集中于该部门管理。同时,在秘书处还设立了部际间海洋委员会,由政府有关部门主要负责人组成,负责审查海洋计划;而且还设立了专门的海洋科学技术研究委员会作为指导和咨询机构。法国具有一个高效的全国海岸带(海洋)管理职能机构,以便于实现海岸带的综合管理。为了合理开发利用海岸带资源和自然空间,1975年法国成立了海岸带空间及湖滨保护机构。该机构的作用是:在海岸区和拥有$1000 \times 10^4 km^2$以上面积的湖泊及内水的市镇,实施保护海岸带空间和维持生态平衡的土地政策。保护机构设有理事会,负责倾听海安委员意见,决定土地使用权限(鹿守本 等,2001)。

（3）建立了海岸公物使用制度

1963年法国颁布了《海岸公物法》,规定沿海的一切财产归国家所有,称为海岸公物,具体而言就是指海岸附近供公共使用的财产(韩克,2006)。法国采用海岸公物利用许可制度,是法国海洋国有地产管理的重要手段,其使用权可以转让(鹿守本 等,2001)。如果使用海洋国有地产须事先向海洋部门提出书面申请,并由海洋部门负责预审。当工程项目涉及的国有地产面积大于或等于规定限额,还必须进行公众调查。预审结束后,海洋部门将有关文件转税务局制定有关税务规定,转主管部门制定技术和财务规定,随后向省海滨委员会报告并征求意见。委员会以多数票作决定,最终由省长根据委员会的意见作出批准或拒绝批准的决定(鹿守本 等,2001)。

(4)建立了多部门的执法队伍

法国的海岸带执法队伍分散在许多部门:海洋国务秘书处、装备部、环境部以及工业、邮政、旅游部,通过各部门的执法实现海岸的管理。海洋国务秘书处负责管辖领海和200海里专属经济区、海岸带和海洋开发活动、港口监察和航行安全、渔政和渔业管理等多项工作。装备部防污局、自然保护局和生活质量代表处这三个机构主要负责防止海岸带污染和自然保护等。环境部负责海洋环境保护与治理方面的执法工作。工业、邮政、旅游部负责海岸带旅游管理方面的工作。除此之外,司法部、内政部、对外关系部等还负责海洋资源的开发管理和执法工作。没有统一的执法队伍,一旦发生海洋污染,只能采取一些应急性措施,有时难免造成巨大损失(鹿守本 等,2001)。

(5)建立了实用的海洋科研体制

法国海洋研究按照预算和人数,几乎占世界海洋研究的10%,其研究力量是由若干研究机构组成。具体包括:法国海洋开发研究院、大学和国家科学研究中心——国家宇宙科学研究所海洋学实验室、法国海军水文学及海洋学服务局、法国合作开发研究所和法国极地技术研究所,这些研究机构是法国海洋研究的核心(刘明,2005)。1984年法国成立的海洋开发研究院,是一所具有产业、商业性质的海洋科研机构,旨在协调、推进并从事海洋科学技术基础与应用研究,提供开发利用海洋资源、保护海洋生态环境方面的技术与方法,推动了海洋领域内社会经济一体化进程。海洋开发研究院不仅是一所具有开发功能的海洋科研机构,而且又是海洋科学技术研究工作的协调机构(鹿守本 等,2001)。

7.1.3.3 韩国

朝鲜半岛位于亚洲大陆的东北部,地处中国和俄罗斯之间,该半岛南部长1000km,宽250km,被黄海、东海以及日本海环绕。海岸线总长11542km,其中大陆岸线长6228km,岛屿岸线长5314km,有53%人口聚集在沿海城镇(张景秋,1998)。韩国与中国同属于东亚国家,在经济、社会、文化方面有许多相近之处,所以在海岸带管理方面对中国有更大借鉴意义。

(1)制定并实施了综合性的海岸带管理法

1999年韩国颁布《韩国海岸带管理法》,并根据该法于2000年2月公布了"国家海岸带综合管理规划"。为确保海岸带管理的效果,2001年1月出台了海岸带管理地方计划方针(李外庚,2010)。该法是全国性的、综合性的海岸带管理法,其目的是为了有效地保护沿岸海域,保护沿岸环境,谋求海岸带的可持续开发,使海岸带成为舒适而富饶的生活基地。为了有效地管理海岸带,韩国每5

年进行一次海岸带实况调查。2009年,为了确保海岸带综合管理的具体性和实效性,全面修改了海岸管理法,采用了先进的海岸带管理制度(曹文振等,2014)。但《韩国海岸带管理法》缺乏对其他法律的优先地位,不具有关于海岸带的基本法的性质和上位法的地位。如该法制定时,为避免跟其他法律的冲突,插入"如果对于沿岸陆域,根据其他法律已制定计划或指定用途地域的话,在该计划或用途地域的范围内,应制定或修改综合计划或地方计划"的规定。这条规定成为减弱《海岸带管理法》的地位和履行强制力的主要原因。除了这部综合性的海岸带管理法外,还制定了一系列与海岸带管理有关的法律,比如:《关于国土的计划及利用的法律》、《海洋环境管理法》等。

(2)建立了全国统一的海岸管理职能部门

海岸带管理的主要职能和协调各部门关系的职能属于1996年建立的韩国海洋事务与渔业部。在1996年韩国海洋事务与渔业部成立以前,大约有7个部、2个国家管理局涉及海岸带开发活动和资源的管理,如渔场和渔港归渔业局管理,商业港口归海事与港口管理局管理,工业港口归工业与贸易部管理,国家海洋公园归内政部管理(李吉熏等,2002)。它的主要职能是:制定国家海洋政策、规划和计划;负责港口和航运管理、渔业管理、海洋环境管理;负责海洋科学技术;负责海上安全;监视海洋污染,调解海洋污染争端,负责溢油应急反应;负责海岸带管理,审批海岸地区的围海造地活动,选划海洋生态保护区和海洋环境恢复区,组织全国的海岸带调查等(鹿守本 等,2001)。

(3)加强海岸带管理人才培养

韩国海洋教育研究基金项目(Korea Sea Grant Program)于2000年设立,是以支持大学和海洋专家们的优秀思想及研究课题、提高整个海洋科学技术水平、培养海洋和水产专门人才为目的。这个项目基本仿照了美国的国家海洋教育研究基金项目(National Sea Grant Program),作为系统推进海洋开发基本计划——韩国海洋21世纪(OK21)的政策手段而实施的。计划的目标是,通过教育训练培养专门人才,实施对海洋和沿岸资源的研究与调查、达到海洋资源的可持续开发、利用、保护,为提高海洋科学技术力量、突破性地提高大学的研究、创新能力。到2015年将投入3837亿韩元(刘洪滨,2009)。韩国2010年的第二次海洋水产发展基本计划中,为了在2020年成为先进海洋强国,提出了3大目标,5大重点推进战略及26个重点课题,其中也有培养海事人才(曹文振 等,2014)。

7.1.3.4 澳大利亚

澳大利亚由澳大利亚大陆、塔斯马尼亚岛等岛屿组成,北临帝汶海和阿拉佛拉海,东濒珊瑚海和塔斯曼海,西部和南部由印度洋环抱。陆地面积7682300km²,是世界上最大的岛国,海岸线长36800km,200海里专属经济区1480×10⁴km²。海岸带占陆地面积的17%,全国约86%的人口生活在海岸带(张景秋,1998)。澳大利亚政府1995年11月在华盛顿签署"全球行动计划"(GPA),执行了一种生态系统为基础的综合方法管理人们在沿海及海洋中的活动,这标志着海岸带综合管理在该国真正全面的展开(林岳夫,中国海洋经济网)。

(1)制定了州的海岸带管理法

澳大利亚并没有制定联邦政府的海岸带管理法,但部分沿海州则制定了相应的法律、法规。1972年南澳大利亚州制定了《海岸保护法》。1979年新南威尔士州制定了《海岸带管理法》,1995年昆士兰州制定了《海岸带保护与管理法》。1995年维多利亚州制定了《海岸带管理法》。这些法规对州的海岸带管理起到了重要的作用(鹿守本 等,2001)。澳大利亚的海洋和海岸带管理的法律体制,是依据国际法和澳大利亚宪法建立的(朱坚真 等,2013)。澳大利亚政府颁布的《1980年沿海水域法(州所有权)》,把州的立法管辖范围延伸到某些近海区域,几乎把有关沿海水域中的所有活动及沿海水域外的制定活动的立法管辖权都授予各州(朱坚真 等,2013)。

(2)建立了分散的海岸带管理体系

澳大利亚的海洋和海岸带管理涉及联邦、州和地方政府三级。联邦政府拥有有限的与海洋和海岸带管理有关的特定权利;州政府负责实施大部分的海岸带政策,并对其下的地方政府起监督作用;地方政府负责管理土地利用规划、开发项目审批以及沿岸土地的养护和港口控制,并在溢油、减灾和污染治理方面发挥重要作用。这三级政府不存在纵向的领导关系(朱坚真 等,2013)。澳大利亚没有建立海岸带和海洋管理的职能部门,海洋工作分属于联邦科学、工业与资源部(CSIRO)、资源和能源部、资源保护部、科技部、国防部、联邦资源评估委员会、国家环境保护委员会、生态可持续发展政府委员会等部门。由于联邦政府海洋方面的职能分散,影响了海岸带和海洋综合管理(鹿守本 等,2001)。

(3)建立了全国性的海岸带管理咨询和协调机构

澳大利亚建立了全国海岸带咨询委员会(NCAC),由主要的全国性团体、保护组织、工业和研究机构、土著居民、国家陆地咨询委员会以及州和地方政府代表组成。它的任务:向与海洋有关的联邦政府部长就海岸带的战略方向和优先领域提供咨询;每年就海岸带问题和联邦政策的实施情况向环境和地方事务部提交报告和建议;促进政府与社团、工业界在管理海岸带资源方面的合作。同时,还成立了"联邦海岸带协调委员会",主要职责是协调各联邦机构在海岸带区域内的活动；成立的"政府间技术委员会"主要任务是就各级政府间海岸带问题向政府提出意见(鹿守本 等，2001)。

(4)筹措资金加大投资力度

澳大利亚在海洋和海岸带管理方面，提供充足的资金，可使有关的问题获得解决，政策和计划得以实施，一些开发项目得以实现。因此，澳大利亚联邦很关心海洋和海岸管理经费的筹措。随着海洋和海岸带管理工作的推进，人们对筹措资金重要性的认识愈来愈深刻。目前，澳大利亚海岸带管理计划的资金筹措主要集中在对海岸带用户的收税方面，以州来证明海岸带计划的花费是适当和正确的(鹿守本等，2001)。

7.1.4 海岸带综合管理启示

中国位于太平洋西岸，东、南两面临海，拥有大陆岸线多于18000km，面积在500m²以上的海岛5000多个，岛屿岸线长约14000km。按照《联合国海洋法公约》的规定，中国还对广阔的大陆架和专属经济区行使主权权利和管辖权。中国的海域处在中、低纬度地带，自然环境和资源条件比较优越。

7.1.4.1 海岸带综合管理法制建设

(1)法律建设

法律是人类文明和民主进步的体现，是人类意志和利益的体现，也是行政决策者最为普遍的管理手段(陈国强 等，2003)。中国已制定的与海岸带开发、保护有关的法律多为专项性的行业法，缺乏系统性，与海岸带综合管理的要求不匹配(倪国江 等，2009)。应该进行立法调研，对现有的相关部门法的条款进行全面的分析，对已经过时的条款加以修订，努力协调好与现行法律制度的关系，将拟颁布的海岸带管理法与各行业法之间可能产生的适用范围重叠问题一一列举出来，加以分析、论证，提出解决方案(黄康宁 等，2010)。然后对现有法律进行整合，制定统一且综合性的《国家海岸带管理法》。建立综合性和专业性相结合的海岸带管理法规框架。既有综合性的法规，还要有专业性的法规；既有国家法律，还要有地方性法规。地方性法规比国家法律更富灵活性和可操作性，而且还能起到快速见效的作用(陈国强 等，2003)。

(2)执法队伍建设

海岸带政策和法律的有效实施必须强调各个方面，包括法律的制定、法律的执行以及对违法情况的追究等(黄康宁 等，2010)。其中，执法被认为是影响海岸带管理计划有效执行的重要问题之一(Eisma R LV，2005)。在执法方面，我国虽然在2013年成立了统一的海上执法队伍——中国海警局,但海上统一执法仍然存在许多问题,比如:缺少海上综合执法的法律依据、跨部门的职能关系难以协调、人员和技术装备无法满足执行要求(周华伟 等,2013)。在执法队伍建设方面,应该:确立海警局自主执法资质,构建跨部门协作机制;加强投资力度,改善目前的执法装备;完善、健全海洋法规体系,明确、协调各部门的职责与分工;完善海洋执法冲突解决机制以及应急机制(黄康宁 等,2010);建立新型海警培训机制。站在国家高度,创造条件,完善执法监督机制,使海上统一执法走向正规化、高效化。

7.1.4.2　海岸带综合管理协调机构建设

中国国家海洋局是管理国家海洋事务的职能部门,但国家的大多数海洋产业分属于各部委,国家海洋局实际管理内容有限,海洋管理仍以部门管理为主。这是我国海洋综合管理工作存在的主要问题(鹿守本 等,2001)。中国现行的海岸带管理体制是以海洋、环保、渔政、海事、边防等部门为主的分散型行业管理体制,该体制使地区和部门间协调与合作障碍重重(倪国江 等,2009)。为了适应海岸带综合管理要求,须创造条件进一步明确国家海洋局为国家海岸带综合管理的职能部门。虽然2013年成立了具有协调职能的国家海洋委员会,但由于刚刚起步等方面原因,需要加快建设,完善其职能和法律体系,使其成为具有高效协调能力的国家层面海洋综合管理领导协调机构。最终形成从国家到地方的综合性、系统性海岸带管理协调和领导系统,从而加强对海洋和海岸带事务的领导和协调(倪国江 等,2009)。实现中央、区域和地方不同等级的协调,不同部门机构同级之间的协调,政府、公众和不同利益集团之间的协调,以及海陆之间的协调发展。

7.1.4.3　海岸带综合管理人才培养

很多科学家从各个专业延伸到海岸带综合管理的研究中,在我国,从事海洋科研、渔业管理、环境保护、甚至经济工作者也投身于海岸带综合管理,使从事海岸带综合管理的队伍不断壮大。但是,他们中大多数的知识结构偏于某一学科,既掌握海洋自然科学知识又拥有社会科学知识和管理经验的复合型人才太少,海岸带综合管理面临人才结构不尽合理,复合型人才匮乏,用人机制陈旧等问题。加快培养海岸带综合管理人才,全面提升海岸带综合管理人才的综合素质,是海岸带综合管理进程的当务之急(陈国强 等,2003)。据不完全统计,目前国内具有涉海学科的高校(本科、专科)约有52所,比如中国海洋大学、上海海事大学以及大连海洋大学职业技术学院等,有助于提高我国海岸带研究的水平和培养高素质人才。国家应开设专项基金,用于每年海岸带管理方面人才的培训和研究项目的资助。对于海岸带综合管理人才的培养,一方面做好相应的学校教学;另一方面,对现有涉海各级政府机构的管理者进行培训,提高其管理能力。

7.1.4.4 海岸带综合管理技术建设

地理信息技术在海岸带的调查、监测、规划、研究中发挥着重要的作用。遥感(RS)、全球定位系统(GPS)、地理信息系统(GIS)及全球通讯网等现代高新技术手段,在海岸带资源环境的调查、监测、研究和管理研究中发挥着越来越重要的作用(熊永柱,2010)。进行以地学为核心的综合性调查,建立相应的监测系统和数据库,争取在较短时期内加深对海洋地质、海洋物理、海洋化学和海洋生物作用的认识,并取得相应的背景值,作为进一步监测和模拟的依据(沈瑞生等,2005)。海岸带管理信息系统,是海岸信息系统的子系统,是现代海岸带综合管理决策和实施的基本手段(鹿守本,2001)。加强地理信息技术在海岸带管理信息系统建设中的应用,实现海岸带的可持续发展和“数字海岸”建设。

7.1.4.5 海岸带综合管理评估系统建设

评估是海岸带管理的反馈系统,通过评估可以及时发现问题,调整管理方式。无论是绩效评估还是环境评估,都需要建立评估的指标体系和评价标准。指标体系不宜太繁杂,要抓主要矛盾,关键因素,指标要简洁,便于获取数据,便于评价。在评价和信息支撑方面也需要中央与地方,相关部门之间的支持配合(许学工 等,2010)。海岸带综合管理在评估过程中也应当遵循整体性的原则,具体而言就是从保护生态系统的完整性、追求经济效益、保证社会公正(后代的权利)这三个方面对海岸带管理进行综合评估(任光超 等,2011)。中国国家海洋局编制海岸带综合管理成效的评估体系,鼓励地方参与该评估体系的有效性,反复测试,总结经验,最终构建出科学的评估系统。

7.1.4.6 海岸带综合管理公众参与

(1)鼓励参与决策

目前,公众对海洋事务的参与程度低,甚至有些人或群体由于利益关系,还存在某种程度的对立情绪(倪国江 等,2009)。但是要实现海岸带综合管理的目标,必须依靠公众及社会团体的支持和参与(张灵杰,2001)。西方海岸带综合管理实践证明,真正富有成效的公众参与不只是个人层次上的参与,而是非营利机构、企业、社区等非政府组织的参与(梁鹤年,1999),然而我国海岸带综合管理在这一点比较欠缺。因此,我国在海岸带综合管理的公众参与方面,可以适当借鉴该经验,同时也要加强对公众关于海岸带综合管理的宣传和教育工作,以提高决策的效率和科学化。目前,可以在三个层面上分步推进:一是政府决策层+管理部门的行政负责人;二是管理部门的工作人员+社会团体代表;三是企业界+一般民众(张灵杰,2001)。在参与形式上,包括市民管理、共同规划、磋商协议、市民反馈、信息发布等全程式的公众参与;也包括教育界、科技界的参与以及大众传媒的介入(陈祺 等,2007)。同时,稳定的财政支持、有效的资金支持体系是成功完善公众参与机制的保证(黄康宁 等,2010)。

(2)提高保护意识

在学校内,建立从幼儿园到大学的系统海洋教育体系,使每一代人都能深刻认识到海洋对国家和民族在经济、社会、军事等方面的重大价值和战略意义。在学校外部,需要经常性、有计划性地通过散发宣传手册、举办论坛、会议讲座等形式开展海洋宣传教育活动,使更多公民理解并参与到海洋和海岸带开发与保护的事业(倪国江 等,2009)。同时,鼓励公众对破坏海岸带的违法行为进行监督和举报。

7.2 浙江省海岸带现有管理模式及其问题

海岸带自古以来就是人类赖以生存和进行生产活动的重要场所,是沿海国家对外交往的门户,又是国防的前哨。因此,它在沿海国家中的地位非常重要。随着社会的不断发展,海岸带也逐渐成为当今世界的经济、文化和科技的荟萃之地(张海生,2013)。中国的大陆海岸线长约 $1.8 \times 10^4 km^2$,另有海岛岸线 $1.4 \times 10^4 km^2$,海岸线总长超过 $3.2 \times 10^4 km^2$,为世界上海岸线最长的国家之一,同时沿海地区也是中国经济发展最迅速的区域。浙江是长江三角洲经济区的重要经济力量,因其陆地窄而海域辽阔的特点,海岸带对整个浙江经济的影响极为重大。浙江省的经济与海岸带息息相关,为了实现海岸带资源的可持续利用、保护生物多样性、防御自然灾害及控制污染等海岸带综合管理目标,更好地服务于社会和经济可持续发展(杨玉山,2005),亟待加强对浙江省海岸带已有管理模式以及存在问题的研究。

7.2.1　浙江省海岸带区位与社会经济现状

7.2.1.1　地理位置与行政区划

浙江省地处中国东南沿海、长江三角洲南翼。东临东海,南接福建,西衔江西、安徽,北邻上海、江苏。地跨27°02′~31°11′N,118°01′~123°10′E,东西和南北的直线距离均为450km左右,陆域面积10.36×10⁴km²,占全国国土面积的1.06%,是中国陆域面积较小的省份之一。浙江省下设杭州、宁波2个副省级城市及温州、嘉兴、湖州、绍兴、金华、衢州、舟山、台州、丽水9个地级市,辖32个市辖区、22个县级市、35个县、1个自治县。全省濒海的县(市辖区)如图7-1。

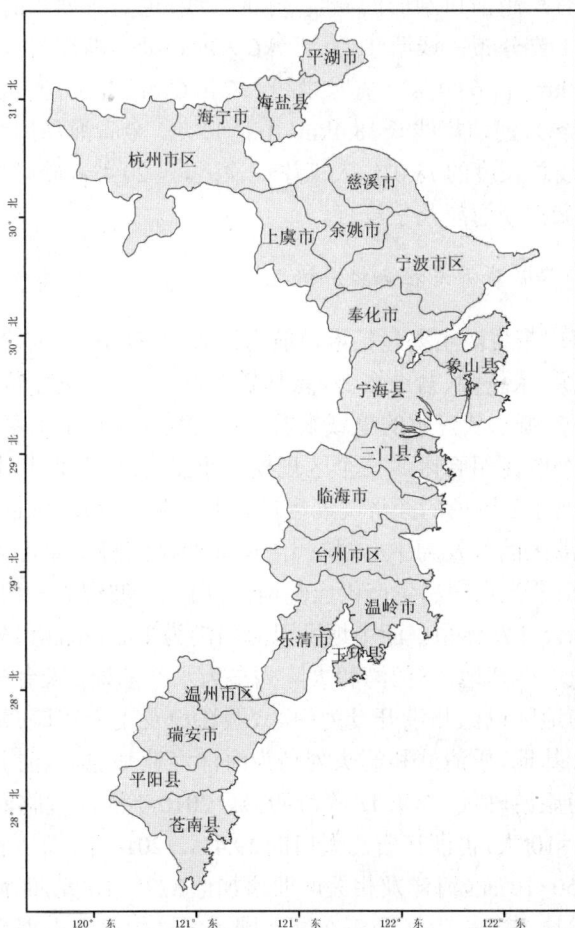

图7-1　浙江省濒海县(市辖区)

7.2.1.2　海岸线长度与分类

海岸线是大潮平均高潮位与陆地接触的界线。浙江省海岸线绵长,大陆海岸线呈东北—西南走向,岛屿众多。根据浙江"908专项"最新调查研究成果,浙江省大陆海岸线北起平湖市金山石化总厂厂区、南至苍南县虎头鼻,全长2218.0km,海岛岸线4496.7km,海岸线总长6714.7km,长度居全国首位(张海生,2013)。浙江海岸类型按物质分类,可分为淤泥质海岸、基岩海岸和砂砾质海岸等。淤泥质海岸由于沿海开发较充分,大部分以围堤筑塘、闸坝等人工海岸为主归类,主要分布在浙北杭州湾两岸,以及浙中的椒江口、浙南的瓯江口和飞云江口两岸等的滨海平原区。基岩海岸分布比较集中,主要分布在浙中和浙南岸段,有开敞式的基岩海岸、半封闭式的港湾海岸等。砂砾质海岸均发育在基岩岬角拥护的半开沿敞小海湾,类型单一,主要分布在象山县东部和苍南县。另外,尚有跨越河口水面的界线,称河口线,也是海岸线的一部分,据其性质单独划分,主要分布在钱塘江、甬江等6大河口处。浙江省大陆岸线中,人工岸线长1427.3km(占64.4%),基岩岸线长746.6km(占33.7%),砂砾质岸线长25.6km(占1.2%),河口岸线长18.4km(不足1%)。全省海岛岸线类型以基岩岸线为主,占岸线总长度的78.0%,人工岸线次之,占20.4%,砂砾质海岸占总长度的1.6%,粉砂淤泥质海岸几乎没有。

7.2.1.3　海岸带资源与社会经济概况

浙江省海岸带资源主要包括港口航道资源、水产资源、滩涂土地资源、海洋能源、旅游资源、水资源、盐业资源、森林资源、矿产与天然建筑材料资源,其中前6种为优势资源。从资源的地域来看,浙江海岸带基本上可以划分为浙北、浙中、浙南三个资源组合区。三个区规模大小虽有不同,但基本上可以自成一个体系,为各地区范围内的经济发展提供相对完整的物质基础。浙北地区以宁波、乍浦两个港区的开发为中心,杭州湾南北两岸滨海平原可为农副业生产基地,舟山和象山港为水产品生产供应基地,舟山—宁波绍兴—杭州为旅游轴线,形成完整的综合开发体系。浙中地区以海门港为中心,椒江口外海滨及温黄平原作为农副业生产基地,三门湾和大陈列岛为水产基地,天台—石塘—大陈为旅游线。浙南地区以温州港开发为中心,贩江口及飞云江口、鳌江口沿岸土地为农副业生产基地,乐清湾和洞头列岛为海洋渔业基地,乐清北雁荡—温州—苍南南雁荡为旅游轴线(李家芳 等,1996)。2010年浙江省临海县(市辖区)总人口为2344.1×10⁴人,占浙江省总人口的49.4%。2010年,浙江省海洋及相关产业总产出12350×10⁸元,海洋及相关产业增加值3775×10⁸元,海洋及相关产业增加值比上年增长25.8%,海洋经济在浙江国民经济中已经占据重要地位。海洋产业类型日趋多样,海洋传统产业和海洋新兴产业共同发展,已形成了涵盖13类海洋主要产业的产业体系。

7.2.2 浙江省海岸带管理发展历程

20世纪70年代初至80年代末,国家海洋局第二海洋研究所、浙江省水利厅、原杭州大学等单位的科研人员,先后多次组织海岸带专项调查(张海生,2013)。1980年开始,五部委局联合组织,在沿海省(区、市)开展全国海岸带和滩涂资源综合调查。根据国务院批文,浙江省人民政府于1981年3月下达了浙政(81)21号文件,决定成立浙江省海岸带和滩涂资源综合调查领导小组,开展浙江省海岸带综合调查研究工作。历时6年的时间,对浙江海岸带首次进行了全面的、系统的、综合的环境和资源调查研究,为海岸带管理奠定了良好的基础。1985年浙江海事机构进行了调整,组建成立交通部宁波海上安全监督局,到1988年镇海航标区划入局建制。同年,浙江省海上搜求组织机构走上有效运作的轨道。1987年,成立全国环保系统唯一的专业海洋生态环境监测一级站——浙江省舟山海洋生态环境监测站。1991—1992年浙江省编制了《海洋开发规划》。

20世纪90年代至21世纪初,浙江省海岸带管理和海洋发展战略不断深化。1993年,浙江省委、省政府召开第一次全省海洋工作会议,提出开发蓝色国土、建设"海洋大省"的宏伟目标。1996年,浙江省海洋局正式成立,归计经委管理,标志着浙江海洋综合管理机构正式列入行政机构序列。1998年,浙江省政府发布《浙江省海域使用管理办法》,这是浙江第一部施行的海洋综合管理的法律文件。2000年浙江省海洋局与省水产厅合并,成立海洋与渔业局,对海洋和海岸带实施综合管理与行业管理相结合的管理体制。2001年,浙江省政府批准建立"浙江省海洋监测预报中心",开展各项海洋和海岸带环境监测预报工作。同年,省政府批准《浙江省海洋功能区划》,在全国率先建立了省市县三级大比例尺海洋功能区划体系。2004年,浙江省出台《浙江省海洋环境保护条例》,使浙江成为全国第二个出台地方海洋环境保护法规的海洋大省。同年,浙江启动"908"专项调查,对全省近岸海域、重要河口港湾水体环境,海岛、海岸带、海域的使用情况和沿海地区社会经济基本情况进行全面调查,到2007年已取得了阶段性成果,为实现"数字海洋"奠定了基础。2006年浙江省政府审议通过《浙江海域使用管理办法》,并于9月1日起正式施行。2008年,开始进行省级、沿海市和重点县(市)三级的无居民海岛保护与利用总体规划编制工作。2011年,国务院批复《浙江海洋经济发展示范区规划》,浙江省海洋经济发展上升为国家战略(张海生,2013)。

7.2.3　浙江省海岸带管理模式

7.2.3.1　海岸带管理法律法规

20世纪80年代初,中国海洋法制建设正式起步,但主要是以部门管理的行业性法律为主。中国涉及海岸带管理的主要法律法规(黄康宁 等,2010)(如表7-3)。

表7-3　中国主要涉及海岸带地区的法律法规

海洋管理	法律法规	颁布时间
海洋权益	邻海与毗邻区法	1992-02
	专属经济区与大陆架法	1998-06
环境保护管理	海洋环境保护法	1982-08
	海洋石油勘探开发环境保护管理条例	1983-12
	防止船舶污染海域管理条例	1983-12
	海洋倾废管理条例	1985-03
	防止拆船污染环境管理条例	1988-05
	环境保护法	1989-12
	防治海岸工程建设项目污染损害海洋环境条例	1990-05(2007-09修订)
	防治陆源污染物损害海洋环境管理条例	1990-05
	自然保护区条例	1994-10
资源管理	渔业法	1986-01(2000-10修订)
	矿产资源法	1986-03(1996-08修订)
	土地管理法	1986-06(1998-08修订)
	渔业法实施条例细则	1987-10
	野生动物保护法	1988-11(2004-08修订)
	水生野生动物保护实施条例	1993-10
	野生植物保护条例	1996-09
海洋交通安全管理	海上交通安全法	1983-09
	航道管理条例	1987-08(2008-12修订)
海域使用管理	海域使用管理法	2001-10通过
海岛保护	海岛保护法	2009-12通过

浙江省制定出台的地方性的与海岸带管理有关的法规和规章包括(张海生,2013):《浙江省海洋环境保护条例》、《浙江省海洋工程建设项目环境影响评价核准管理办法(试行)》、《浙江省海洋工程环保设备验收办法》、《海洋环保听

证管理》、《海洋工程环境影响后评价》、《海洋工程设施弃置拆除管理》、《浙江省海域使用金征收管理办法》、《浙江省海域使用管理办法》（2013年3月1日废止）、《浙江省海域使用管理条例》、《浙江省海域使用权申请审批管理办法》、《浙江省渔业管理条例》、《浙江省水域滩涂养殖证管理办法（试行）》等。

以上法律法规及规范性文件构成了浙江省海岸带管理的基本法律法规体系，为海岸带管理提供了有力的支持和保障。

7.2.3.2　海岸带管理机构

根据国家机构改革工作的统一部署，地方海洋和海岸带管理机构改革工作也已经基本完成。地方海洋和海岸带管理机构设置和管理主要有三种模式（朱坚真 等，2013）：（1）海洋与渔业管理结合模式。在全国15个沿海省（区、市）和计划单列市当中，有10个是属于海洋与渔业合并在一起的管理模式。管理机构名称一般为海洋与渔业厅（局）。（2）国土资源管理机构模式。河北省、天津市、广西壮族自治区三个省（市、区）在机构改革中，遵循中央机构改革模式，将地矿、国土、海洋合并在一起，成立了国土资源厅（或局），其中海洋部门负责海洋综合管理和海上执法工作。（3）专职海洋行政管理。上海市地方海洋管理机构在改革过程中与国家海洋局东海分局合并，这种管理模式在全国尚属首例。

浙江省于2000年将海洋局与省水产厅合并，成立浙江省海洋与渔业局，对海洋和海岸带实施综合管理与行业管理相结合的管理体制。除了浙江省海洋与渔业局，还有至少9个部门直接或者间接对海岸带进行管理，具体如表7-4。

表7-4　浙江省主要涉海机构及职责

机构	主要涉海管理职责
浙江省海洋与渔业局	起草地方海洋与渔业法律、法规，编制海洋规划，海岸带管理等
浙江省国土资源厅	海岸带内矿产资源和土地资源的开发与管理
浙江省交通运输厅	海上交通及船舶的安全与秩序，防止船舶污染海域的行政执法
浙江省农业厅	渔业资源的开发与管理
浙江省环保厅	防止海岸工程和陆源污染损害海岸带环境
浙江省测绘与地理信息局	海洋与海岸带测绘管理
浙江省盐务管理局	海盐业管理
浙江省旅游局	滨海旅游的开发与管理
浙江省水利厅	海岸滩涂、水利工程的开发与管理

7.2.3.3　海岸带执法

海洋和海岸带执法管理是国家行政部门和涉海部门在管辖海域对各类开发利用和治理保护活动实时行使监视、监督检查海洋法律、法规执行情况的行为,它的作用主要有三个方面:①发现海上侵权、违法、违规行为;②对海事案件进行现场调查、取证,为依法处理提供证据;③对事件、事故进行现场调查,制止违法行为继续造成危害,减少破坏和影响(鹿守本,2001)。中国的海洋执法队伍有中国海监、中国港监、中国渔政、边防海警及海上缉私警察5支,分别属于国家海洋局、交通部、农业部、公安部和海关总署。由于缺乏统一的海洋执法队伍,一直以来是影响海岸带管理的因素之一。

2013年,为推进海上统一执法,提高执法效能,《国务院机构改革和职能转变方案》将现国家海洋局及其中国海监、公安部边防海警、农业部中国渔政、海关总署海上缉私警察的队伍和职责整合,重新组建国家海洋局,由国土资源部管理。国家海洋局以中国海警局名义开展海上维权执法,这意味着中国海岸警卫队正式成立。国家海洋局内设海警司(海警司令部、中国海警指挥中心),负责承担统一指挥调度海警队伍开展海上维权执法活动具体工作,国家海洋局北海、东海、南海3个海区分局在沿海省(自治区、直辖市)设置11个海警总队及其支队。中国海警局下设浙江总队,负责浙江省海域的海洋与海岸带执法工作。除中国海警浙江总队外,还有交通运输部直属的浙江省海事局,负责辖区海上安全监督和防止船舶污染等行政执法工作,履行海上交通安全监督管理的工作职能。

7.2.3.4　海岸带规划和区划

据初步统计,浙江省省级海洋规(区)划大致可分为3类(张海生,2013):一是基础行政海洋规划,分别是《浙江省海洋功能区划》、《浙江海洋经济强省建设规划纲要》、《浙江省海洋生态环境保护与建设规划》;二是与海洋和海岸带直接相关的专项规划,分别是《浙江省沿海港口布局规划》、《宁波—舟山港总体规划》、《浙江省滩涂围垦总体规划》、《浙江省沿海标准渔港布局与建设规划》、《浙江省海岛基础设施建设规划》、《浙江省碧海生态建设行动计划》、《浙江省海水利用发展规划》;三是与海洋和海岸带密切相关的其他规划,分别是《浙江省环杭州湾产业带发展规划》、《温台沿海产业带发展规划》、《浙江"十二五"船舶工业发展规划》、《浙江海洋经济发展示范区规划》、《浙江省关于石油和化学工业"十二五"规划》、《浙江渔业发展"十二五"规划》、《浙江省湿地保护规划》。

7.2.4　浙江省海岸带管理存在问题

7.2.4.1　法律法规问题

海岸带立法是其综合管理体系的基础,是相关机构有效地实现对海洋和海岸带的综合管理的依据。法制的统一是人们行动协调和社会稳定、效益充分发挥的前提,因此在当前立法中贯彻法制统一性就显得尤为重要。也只有以此为前提,借助于合理、科学的标准与规范,才能实现综合管理的科学化(朱坚真 等,2013)。浙江省涉及海岸带管理方面专项性的法律众多,缺乏有效的统一,缺乏综合性的法律。颁布专项性的海岸带管理法是必须的,但在颁布海岸带管理法中面临的问题将会很多,除了管辖范围重叠问题之外,还包括海岸带管理法所要调整的内容的界定,资源、矿产等开发利用优先性的选择,以及具体的操作步骤等(黄康宁 等,2010)。

7.2.4.2 机构协调问题

一般而言,在某项政策领域内,部门设置越多,政府职责的分散化和重复工作的可能性就越大(约翰·R.克拉克,2000)。浙江省涉及海岸带管理的部门较多,各行业的管理职能部门和管理机构只是从本部门的利益出发,参与海岸带管理。而且又因为相互合作不足,管理部门分散,便形成了令出多头、政出多门的局面。再加之地方之间、部门之间、部门与地方之间权益纷争,便由此造成了管理上的混乱(朱坚真 等,2013)。实施海岸带综合管理,急需我们解决这种部门间的不协调问题。而建立什么样的协调机制,如何建立这种协调机制(黄康宁等,2010),亟待我们去思考。

7.2.4.3 执法问题

2013年虽然在国家层面上成立了中国海警局,在浙江成立了中国海警局浙江总队,海岸带管理方面有了统一的执法队伍,但是本次机构改革涉及多个涉海部门的职能、编制变动,对海上执法格局产生大范围、深层面的影响,导致海警局履职将面对严峻的挑战。就浙江省海岸带管理的现状而言,统一海岸带执法还存在一些问题(周华伟 等,2013):①海岸带综合执法的法律依据缺位;作为海岸带管理执法依据的法律文件多达30余部,执法主体多元化和执法依据分散化致使部分执法机构的主体资格、职权范围和执法程序都未得到立法明确。②跨部门的智能关系难以协调;目前只是对现有海上执法力量进行部分整合,多部门分散管理的局面仍将延续,这导致海警局仅取得相对集中的执法权,必然会遭遇部门之间关系缺乏协调的困境。③人员和技术装备无法满足执法需要;执法人员的专业技能、执法装备和技术水平是海上执法赖以实现的基础,将成为影响海警局履职的关键因素。

7.2.4.4 公众参与问题

我国海岸带管理的一个缺陷是整个管理过程基本上是一个由上至下的单

向过程,海岸带地区的公众很少有机会参与管理。虽然当地人们的整体素质影响着他们参与管理的能力,但公众参与管理的缺乏阻碍了当地管理人员与当地人们观点的交流,而最终会削弱政府部门的管理能力(石纯,2001)。在海岸带管理中,浙江省虽然在公众参与上做出了一定的努力,但是仍然存在很多问题,比如参与范围窄、形式单一。如何提高公众的参与度,建立一个合理、有效的公众参与机制,是我们需要思考的一个问题。

7.3　基于生态系统方式的浙江省海岸带综合管理模式及运行机制

　　海岸带是海洋、陆地、大气的交汇地带。随着社会经济的迅速发展,沿海地区人口密度不断加大,资源消耗加快,以及海洋运输业、工业和娱乐业带来的巨大压力等,海岸带容易受到威胁和变得极为脆弱。海岸带自然环境和生态系统的破坏日趋严重。近年来,许多沿海地区的政府都提出优先发展海洋经济,保护好海洋和海岸带资源环境的发展战略,以保证在实现经济目标的同时,尽可能实现海岸带的可持续发展。要实现海岸带地区的可持续发展,解决海岸带生态危机必须改进现有的海岸带综合管理模式,引入新的理念——生态系统方式。生态系统方式是对陆地、水域和生物资源进行综合管理,以公平的方式推动环境保护和资源可持续利用的一种战略,这是目前国内外在海岸带综合管理中研究的热点问题(王翠,2009),并且也得到了国际海岸带管理部门和海洋学术界的普遍关注和认可。

7.3.1　基于生态系统方式的海岸带综合管理

7.3.1.1　基于生态系统方式的海岸带综合管理概念

　　美国林务局(1992—1994)认为:生态系统管理是一种基于生态系统知识的管理和评价方法,这种方法将生态系统的结构、功能和过程,社会和经济目标的可持续性融合在一起。美国生态学会生态系统管理特别委员会(1995)对生态系统方式的概念进行了比较全面和系统的阐述:生态系统方式是根据相关政策、协议以及已有的实践活动进行的具有明确目标驱动的管理活动,并在充分了解生态系统之间必要的相互作用及过程的基础上,通过监测和研究手段来进行可适性管理以维护生态系统的结构和功能(秦艳英 等,2009)。Dale 等 (1999)认为:生态系统管理是考虑了组成生态系统的所有生物体及生态过程, 并基于对生态系统的最佳理解的土地利用决策和土地管理实践过程。生态系 统管理以生态学尤其是生态系统生态学理论为原理。尽管关于生态系统管理 概念的讨论直到今天仍在继续,但其核心基本维持不变,主要强调两方面内容: 一方面强调生态系统结构和功能的重要性,健康的生态系统是社会和经济得以 持续发展的基础;另一方面强调人类是生态系统的重要组成部分(魏莱,2009)。

7.3.1.2 基于生态系统方式的海岸带综合管理原则

不同学者对生态系统方式的原则都有不同的认识,结合他们的研究成果, 主要包括以下原则:

(1)以生态系统特征定义管理范围

基于生态系统的海岸带和海洋管理的空间范围不是随意划定的,而必须遵 循以下原则:①打破传统的由行政边界分割形成的管理范围,改变为根据生态 系统分布的空间范围划定管理范围,保证每一个管理单元所包含的都是相对完 整的生态系统;②管理范围本身具有多层次多尺度性。基于生态系统的海岸带 和海洋管理的国家战略包含了国家的、区域的和地方的等不同空间尺度上的策 略(丘君 等,2008)。

(2)管理目标的长远性和全面性

生态系统管理是目标驱动的管理,应制定一个明确、合理的管理目标。管 理目标必须具备长远性,符合可持续发展的原则。目标必须具备全面性,能考 虑到所有相关方的利益所在,包括支撑经济发展、维持生态系统健康、满足社会 需求等等(丘君等,2008)。

(3)适应性管理

人类对海洋的了解还很有限,社会、经济和生态环境又处在发展变化过程 中,有可能导致管理措施实施的结果偏离预定目标的情况,需要通过经常性的 监测、评价、检验管理措施的有效性,及时发现并纠正结果偏离目标的情况。在 管理实施过程中为可能产生的不确定性做好预案(周鲁闽,2006)。

(4)鼓励广泛的合作和参与

生态系统方式的海岸带管理涉及渔业、矿产、交通运输、环保、旅游等行业 和部门,要求涉海部门通力合作,需要运用最可靠的科学知识(社会、经济和生 态)作为决策基础,要求跨学科的科学家积极参与、集思广益。海洋管理涉及不同层次和团体的利益,比如政府、渔民、旅游者、商人等等,鼓励所有利益相关者共同参与,以保证管理结果能最大限度地符合相关者的利益(丘君 等,2008)。

7.3.1.3 基于生态系统方式的海岸带综合管理发展历程

20世纪80年代早期,基于生态系统的方法进行环境资源管理的理念开始萌芽(张利权等,2012)。1992年以来逐渐成为美国、澳大利亚、荷兰、印度尼西亚等国的某些政府机关和非政府机构所采用的自然资源管理模式,这些国家正逐渐走向以生态系统为基础的海洋管理时期(魏莱,2009)。1998年澳大利亚颁布了《澳大利亚海洋政策》,使其成为世界上第一个专门针对海洋环境保护和管理制定国家级综合规划的国家。该政策的核心内容是倡导通过制定《区域海洋规划》实施基于生态系统的海洋管理,于2004年正式颁布实施(Foster E 等,2005)。2002年APEC海洋相关部长会议上,各国部长就生态系统方式在海洋管理中的积极作用达成共识,在会议产生的《首尔宣言》中呼吁用生态系统的方法管理国家和地区的相关海洋事务(张利权 等,2012)。2002年7月加拿大制定的《加拿大海洋战略》强调统筹管理原则,采用生态系统的方法,建立"大尺度海洋管理区"和"沿海管理区"进行综合管理,对于保持海洋生物多样性和生产力具有十分重要的意义(王翠,2009)。2003年3月,美国国家海洋与大气局颁布了2003—2008年战略计划,确定的第一个任务是:用以生态系统为基础的管理方式,保护、恢复和管理好海洋和海洋资源。2004年9月,美国海洋政策委员会提交给总统和国会的国家海洋政策报告——《21世纪海洋蓝图》以及美国政府随后公布的《美国海洋行动计划》都高度重视生态系统管理,基于生态系统的方法被定为21世纪美国海洋管理的基本方法(张利权等,2012)。2005年3月,美国204位著名学术和政策方面的专家又共同发表了题为"Scientific Consensus Statement on Marine Ecosystem Based Management"的声明,指出解决目前美国海洋和海岸带生态系统遇到的各种危机的办法就是用基于生态系统的方法管理海洋(战祥伦,2006)。

7.3.2 基于生态系统方式的浙江省海岸带综合管理模式

7.3.2.1 海岸带生态法体系

浙江省有关海岸带的法律法规均单方面强调对某些特定资源的保护和某些污染的防治,不论是对海岸带生态系统生物成分的单方面保护或是对非生物成分的单方面保护都不全面,更谈不上将它们按海岸带生态系统规律有机地协调起来了。海岸带生态系统是一个巨型复杂的大系统,其内部又可按组成成分划分若干子系统,每个子系统也由若干组成成分构成,又可继续划分子系统(图7-2)。法律主要规范人类开发、利用、保护海岸带生态系统的行为,遵循海岸带生态规律来构建海岸带生态法体系时需要正视海岸带生态系统的层次性特性,考虑子系统之间的相互关系(王淼等,2008)。海岸带生态法体系和海岸带生态系统的层次性相对应,构建三个层次:第一层次是针对海岸带生态系统的海岸带生态法,是整体性、综合性的法律;第二层次由海域生态系统和陆域生态系统的法律部门组成,针对各自范围和下属子系统进行法律保护;第三层次是有选择地针对海岸带生态系统的第二层次子系统及其以下子系统的各种具体生物成分和非生物成分进行立法保护。

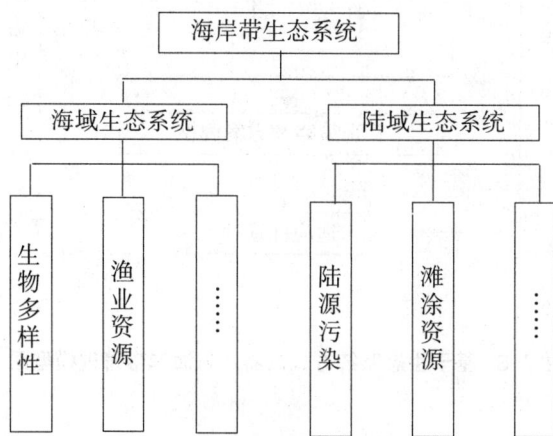

图7-2　海岸带生态系统构成

7.3.2.2 海岸带综合管理评价体系

(1)基于生态系统方式的浙江省海岸带综合管理模型

基于生态系统方式的海岸带综合管理模型,通过构建海岸带生态系统综合评价模型,对浙江省海岸带管理状况进行评价,根据评价结果及时调整管理策略,以有利于海岸带的可持续发展。根据王翠(2009)的研究成果,构建出基于生态系统方式的浙江省海岸带综合管理模型(图7-3)。

```
                    ┌──────────────────────┐
                    │     管理目标设定       │
                    └──────────────────────┘
                               │
                    ┌──────────────────────┐
                    │  海岸带生态系统综合评价  │
                    └──────────────────────┘
         ┌──────────┬──────────┬──────────┬──────────┐
    ┌────────┐ ┌────────┐ ┌────────┐ ┌────────┐
    │海域生态系统│ │陆域生态系统│ │社会经济系统│ │管理调控系统│
    └────────┘ └────────┘ └────────┘ └────────┘
         └──────────┴──────────┴──────────┴──────────┘
                    ┌──────────────────────┐
                    │   管理策略和方案调整    │
                    └──────────────────────┘
                               │
                    ┌──────────────────────┐
                    │      适应性管理        │
                    └──────────────────────┘
```

（左侧竖排：反馈和适应性调整）（右侧竖排：全过程公众参与和信息共享）

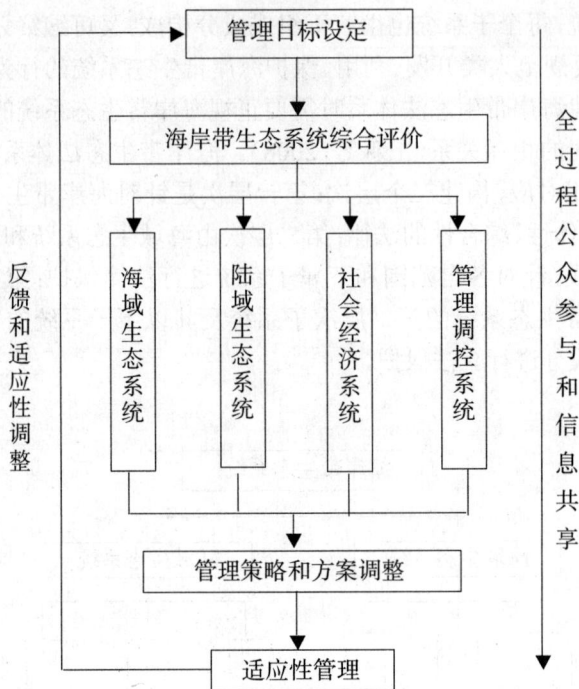

图7-3　基于生态系统方式的浙江省海岸带管理模型图

（2）浙江省海岸带综合管理指标体系

评价的目的是为了检验管理措施是否恰当有效。评价包括了两方面的内容：①为了解系统运行的机制和判断系统发展趋势的目的而进行的数据收集；②为判断管理目标和标准是否达到而进行的关键变量的度量和评价（丘君 等，2008）。建立一套科学可行的海岸带生态系统综合评价指标体系，是海岸带综合管理研究的基础和核心。评价目的是对海岸带生态系统的现状和发展进程作出判断，以便对其进行有效的管理和调控。评价指标的选取应遵循以下基本的原则：科学性、可操作性、简单易行、数据易获取、代表性强等（王翠，2009）。此外，在构建海岸带生态系统综合评价指标体系时必须体现生态系统方法管理目标的对应关系，并兼顾不同时空尺度下生态系统类型及其变化。根据相关文献（王翠，2009；韩春晓，2012）以及浙江省海岸带的实际情况，构建出基于生态系统方式的浙江省海岸带综合管理评价指标体系（表7-5）。

表7-5   基于生态系统方式的浙江省海岸带综合管理指标体系

目标层	准侧层	指标层	单位
海岸带生态系统综合评价	陆域生态系统	人均耕地面积	km²/cap
		景观破碎化指数	−
		生物多样性指数	−
		河流水质达标率	−
	海域生态系统	累计填海面积	km²
		湿地面积变化系数	%
		海域综合水质指数	−
		浮游植物生物量	t/km²
		海洋渔业捕捞量	万t
	社会经济系统	人均GDP	元
		人口密度	cap/km²
		工业废水排放量	万t
		人均公共绿地面积	km²/cap
		恩格尔系数	%
		城市生活污水处理率	%
	管理调控系统	受保护地区占国土面积比例	%
		环保投资比重	%

7.3.2.3 海岸带保护区和生态监测区体系

海岸带生态系统变化的驱动机制极其复杂,并且往往具有许多不确定性。因此,在海岸带生态化管理中应采取适应性管理,即实时对海岸带生态系统管理效果进行检测,并在此基础上调整生态化管理的对策和措施(张利权,2012)。20世纪50年代、80年代、90年代以及21世纪初,我国进行过大面积综合的海岸带和近海调查,这几次调查获得的信息成为研究海岸带生态系统的重要基础资料。但是,需要特别指出的是海岸带调查不能取代海岸带监测,了解海岸带生态系统的动态需要长期的监测(丘君,2008)。海岸带保护区是实施生态系统管理的有效工具,不仅能够完整地保存海岸带资源和自然环境的本来面貌,还能保护、恢复、发展、引种、繁殖物种群落,保存生物物种的多样性,消除和减少人为的不利影响(欧文霞 等,2006)。在监控区主要开展海洋生物、特殊生态系统、入海污染物、排污日、海洋灾害等全方位的监测,并调查生态监控区周边的人类活动和社会经济发展状况(王淼 等,2008)。《浙江省海洋功能区划(2011—2020)》中将海岸基本功能区划分6个海洋保护区,面积14813hm²,占用大陆岸线长27km,占用海岛岸线长40km。包括杭州湾湿地、象山港海岸湿地、西门岛、温州树排沙、洞头列岛东部、南策岛等海洋保护区。目前,浙江在海岸带生态系统综合分析和海岸带综合管理方面还有许多工作要做,必须在海岸带生态监控区各项监测资料的基础上,综合分析各海岸带生态监控区海洋生态系统的变化情况,从海岸带综合管理的角度,加强海岸带生态监控区的管理,真正达到建立海岸带生态监控区的目的(王淼 等,2008)。

7.3.2.4　海岸带生态补偿机制

2004年生态保护和建设的补偿机制与政策国际研讨会上发布了关于《推进中国生态补偿实践与国际合作》倡议书,指出"建立有效的生态补偿机制是促进中国全面、协调、可持续发展的重要举措"(王金南 等,2006)。尽管浙江省在海岸带生态环境保护方面做了大量工作,但其恶化的局面仍然没有得到扭转,其中重要的原因是缺乏合理有效的生态补偿机制。生态补偿基金的来源主要包括:①国家和政府专项拨款;②按照"谁受益,谁补偿"原则,对开发建设项目收取生态补偿费用;③国内外公共机构、企业或个人援助与捐赠基金。主要用于:①开展生态保护区的管理和维护工作;②资助生态保护项目的投入和示范项目建设;③补助敏感生态地区、限制发展地区的居民生活;④资助建立和维护公益型生态服务用地,如植树造林建设(王翠,2009)。浙江省的海岸带生态补偿机制可以从三个方面展开:排污收费、围海造地和湿地围垦以及河道水利工程建设。

(1)排污收费

浙江省海水水质恶化和富营养化的最主要原因是大量陆源污染物的排入。在减少陆源污染物入海方面,不仅要严格执法检测、控制排放总量等,而且还要应用生态补偿的方法,用经济激励机制鼓励减少污染物的排放行为。我国已经建立的排污收费制度由于排污费价格较低,导致激励力度不足,对限制和减少污染物排放的作用有限(吴德星 等,2006)。基于排污对浙江省海岸带的影响,浙江省政府应对"排污收费制度"进行相应的改革,提高收费标准,建立以排污单位为补偿主体,地方政府为代理人充当补偿对象的生态补偿机制(王翠,2009)。

(2)围海造地和湿地围垦

围海造地虽然对浙江省沿海经济发展做出了一定的贡献,但海岸带湿地大面积丧失,不可避免地造成海湾水动力减弱、海洋污染加重、物种生境丧失和海洋生物多样性的降低。海洋生态系统除了经济价值外,还给人类提供气候调节、水质净化、旅游、精神文化等功能。因此,浙江省应该组织对海岸带的生态系统价值进行评估,制定合理的生态系统价值核算体系,对围海造地收取合理的生态补偿费用。在该补偿机制中,用海单位是补偿主体,地方政府是补偿对象,补偿以资金补偿为主,用于对受损的生态系统进行恢复(王翠,2009)。

(3)河道水利工程建设

河道水利工程对浙江省入海河流的淡水资源量造成了影响,使浙江省入海河流河口生态系统和湿地生态系统发生了较大变化,对鱼类也产生了负面影响(王翠,2009)。并且,随着入海流量的减少,会造成海水倒灌,土地盐渍化加重。故此,浙江省应该考虑建立以上游水利工程受益者为补偿主体的补偿机制,用于下游河口地区的生态恢复和土地盐渍化补偿等的补偿机制。

7.3.3　浙江省海岸带综合管理运行机制

结合战详伦(2006)和张利权等(2012)的研究成果,基于生态系统方式的海岸带综合管理模式在浙江沿海地区的有效运行,需要6个过程:计划发起、准备阶段、制定计划、计划实施、监测评估、构建管理平台(图7-4)。上述每一个过程,对于综合管理的成功与否都是至关重要的。

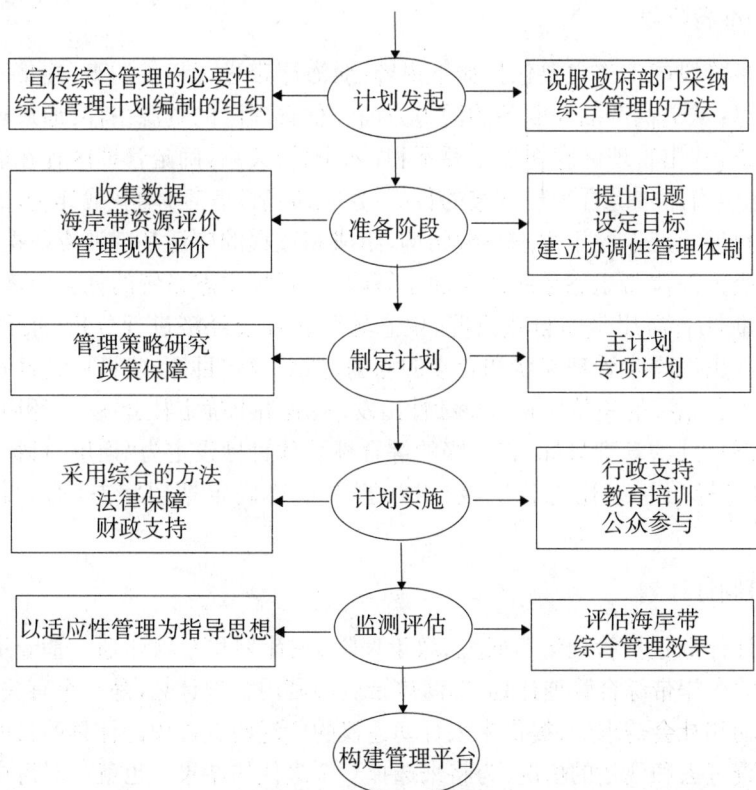

图7-4　基于生态系统方式的海岸带综合管理运行机制图

（1）计划发起

传统的基于部门的海岸带管理方法不能有效地解决海岸带出现的诸多问题。正因为如此,需要在社会和政府中做广泛的宣传,让他们认识到传统的海岸带管理方式向综合管理方式转变的重要性,以便让基于生态系统方式的海岸带综合管理得到一致性认同。这一工作的完成,意味着海岸带综合管理方案的正式启动。在此基础上,政府决策部门意识到综合管理的重要性,决定采纳该方案,并且负责海岸带管理的部门需要组织多学科专家,收集与海岸带综合管理有关的资源和环境信息、社会经济信息,进行综合分析研究,为制定规划提供依据;编写研究性海岸带综合管理规划,提出编制海岸带综合管理规划的建议。组织工作是保证规划操作顺利的重要条件,因此政府负责海岸带综合管理的部门需向政府提出建议,并经政府主管领导批准,组建海岸带综合管理规划编制组织（小组、委员会）,负责海岸带综合管理计划的编制工作（战详伦,2006）。计划发起是一切工作有序进行的起点,计划发起工作的好坏直接影响到后面机制的运行。

（2）准备阶段

准备阶段的工作主要包括如下内容:对海岸带进行初步调查,搜集海岸带相关信息;从提供产品和服务的潜力方面评估管理区的资源条件;通过客观的评价分析,找出管理区存在的主要不和谐（矛盾）关系;确定管理区存在的主要问题;确定海岸带综合管理方案的目标;建立协调性管理体制（战详伦,2006）。在管理尺度上获取关于生态系统结构、组成和过程的广泛基础调查数据,形成对不同类型海岸带生态系统的全面了解,收集目标生态系统的社会经济数据。通过对浙江省海岸带的自然概况、生态环境和社会经济进行分析（张利权 等2012）,找出海岸带管理现状和存在的问题,然后设定目标,建设协调性管理体制。从生态系统的完整性和可持续性出发,从战略上确定社会接受,环境适宜,并且生态持续的管理目标,将最终的综合性总体目标设定为"顶层"目标,再将"顶层"目标层层细化为各次级目标,直至最终确定期望状态（张永民 等,2009）。

（3）制订计划

制订计划包括管理策略研究、政策保障、主计划和专项计划。基于生态系统方式的海岸带综合管理计划,即海岸带资源利用管理计划,是一个有关资源、经济活动和社会需求的、提供未来行动建议的广泛研究过程。计划的目的和任务是审查过去和现在的情况,为将来选择一个最佳的结果。也就是对海岸带和海上地区当前和未来利用的计划或者说是预测和策划,提出长远构想,协调和指导部门之间和部门内部在资源开发管理上达到共同的目标(战详伦,2006)。主计划应该包括以下几个部分:管理区域与管理现状分析、海岸带利用预测、战略研究、海岸带利用分区、重点利用项目环境影响与管理以及海岸带综合管理的宏观运行体系等。专项计划包括:海岸带保护计划、海岸带水资源管理计划、海岸带土地利用计划、海岸带海域使用管理计划、海岸带自然保护区建设和管理计划等。

(4)计划实施

计划编制完成后,接下来的任务就是采取各种有效的工具和手段,保证其在管理区域的顺利实施。主要包括:综合的方法、法律制度、规章制度、网络结构的海岸带管理体系、管理信息系统、生态系统方式的运用、道德和习惯、教育和培训等(战详伦,2006)。其中生态系统方式的运用包括:收集数据和信息,度量生态系统变化;确定生态系统管理的优先问题和目标;监测海岸带生态系统的动态变化;管理和调控海岸带生态系统。

(5)监测评估

通过监测和评估,根据对目标实现程度的评估,结合收集的新信息,提出适应性调整方案,并反馈修正整个管理流程和对策,形成海岸带生态系统管理优化方案(张永民 等,2009)。监测内容包括:预期效果的鉴别,规划实际效果的评估,规划执行情况差异等。由于管理体制、科技水平、环境变化等众多因素的限制,基于生态系统方式的浙江省海岸带管理最终目标的实现需要一个很长的周期,因此必须以适应式为指导思想进行海岸带综合管理(战详伦,2006)。

(6)构建管理平台

基于 ArcGIS 平台,实现各类数据库的集成,构建海岸带生态系统管理平台。该管理平台将针对各级部门用户权限,使用基于桌面窗口应用程序完成各项业务工作和事务。为海岸带利用相关者提供所有的地理信息服务、数据管理服务、专题图查询、统计服务、模拟拟合计算、综合分析决策服务等。各种服务不仅可以为表示层用户提供服务,也可相互调用服务。同时还具备信息浏览查询、信息更新、信息发布、信息分析、信息统计、辅助决策等各种业务功能(张利权 等2012)。

参考文献

[1]罗伯特·凯,杰奎琳. 海岸带规划与管理[M]. 上海:上海财经大学出版社,2010.

[2]董跃,姜茂增.国外海岸带综合管理经验对我国实施"陆海统筹"战略的启示[J].中国海洋大学学报(社会科学版),2012,(4):15-20.

[3]鹿守本,艾万铸.海岸带综合管理——体制和运行机制研究[M].北京:海洋出版社,2001.

[4]约翰·R.克拉克.海岸带管理手册[M].北京:海洋出版社,2000.

[5]黄康宁,黄硕琳.我国海岸带综合管理的探索性研究[J].上海海洋大学学报,2010,19(2):246-251.

[6]周鲁闽,卢昌义.厦门第二轮海岸带综合管理战略行动计划研究[J].台湾海峡,2006,25(2):302-308.

[7]Pogue P,Lee V. Providing public access to the shore:The role of coastal zone management programs[J]. Coastal Management,1999,27(2-3):219-237.

[8]战祥伦.基于生态系统方式的海岸带综合管理研究[D].中国海洋大学,2006.

[9]Ducrotoy J P, Pullen S. Integrated coastal zone management:Commitments and developments from an International, European, and United Kingdom perspective. [J] Ocean & Coastal Management,1999,42(1):1-18.

[10]Cicin-Sain B. Integrated coastal management [J]. Ocean & Coastal Management,1993,21(1-3):377.

[11]陈国强,王颖.海岸带综合管理的若干问题[J].海洋通报,2003,22(3):39-44.

[12]朱坚真,王峰.海岸带经济与管理[M].北京:经济科学出版社,2013.

[13]杨义勇.我国海岸带综合管理问题研究[D].广州:广东海洋大学,2013.

[14]倪国江,鲍洪彤.美、中海岸带开发与综合管理比较研究[J].中国海洋大学学报(社会科学版),2009,(2):13-17.

[15]张灵杰.美国海岸海洋管理的法律体系与实践[J].海洋地质动态,2002,18(3):28-33.

[16]韩克.海岸带管理法的立法对策研究[D].大连:大连海事大学,2006.

[17]刘明,刘容子.法国海洋经济和海洋劳动就业分析[J].海洋开发与管理,2005,22(1):61-64.

[18]张景秋.海岸带可持续发展与综合管理研究[J].人文地理,1998,(3):45-49.

[19]李外庚.中韩海岸带管理制度比较研究[D].青岛:中国海洋大学,2010.

[20]曹文振,闵贞圭.韩国海洋发展战略研究[J].中国海洋大学学报(社会科学版),2014,(3):1-8.

[21]李吉熏,林熏洙,阿东.韩国的海岸带综合管理[J].海洋开发与管理,2002,19(1):53-60.

[22]刘洪滨.韩国海洋产业的发展战略[J].海洋开发与管理,2009,26(10):24-28.

[23]黄康宁,黄硕琳.我国海岸带综合管理法律问题探讨[J].广东农业科学,2010,37(4):350-354.

[24]Eisma R LV, Christie P,Hershman M. Legal issues affecting sustainability of integrated coastal management in the Philippines. [J]Ocean & Coastal Management,2005,48(3-6):336-359.

[25]熊永柱. 海岸带可持续发展研究评述[J]. 海洋地质动态,2010,26(2):13-18.

[26]沈瑞生,冯砚青,牛佳. 中国海岸带环境问题及其可持续发展对策[J]. 地域研究与开发,2005,24(3):124-128.

[27]鹿守本. 海岸带管理模式研究[J]. 海洋开发与管理,2001,18(1):30-37.

[28]许学工,许诺安. 美国海岸带管理和环境评估的框架及启示[J]. 环境科学与技术,2010,33(1):201-204.

[29]任光超,杨德利. 后现代社会发展视野下的海岸带管理[J]. 中国发展,2011,11(3):69-72.

[30]张灵杰. 美国海岸带综合管理及其对我国的借鉴意义[J]. 世界地理研究,2001,10(2):42-48.

[31]梁鹤年. 公众(市民)参与:北美的经验与教训[J]. 城市规划,1999,(5):48-52.

[32]陈祺,黄硕琳. 我国水生生物资源增殖中的公共参与问题[J]. 上海水产大学学报,2007,16(6):586-591.

[33]张海生. 浙江省海洋环境资源基本现状[M]. 北京:海洋出版社,2013.

[34]杨玉山. 浙江省海岸带数据建库研究[D]. 杭州:浙江大学,2005.

[35]浙江省海岸带和滩涂资源综合调查领导小组办公室、报告编写委员. 浙江省海岸带和滩涂资源综合调查报告[M]. 北京:海洋出版社,1988.

[36]李家芳,戴泽蘅. 浙江省海岸带优势资源及其组合特点[J]. 自然资源学报,1996,(1):49-50.

[37]周华伟,张童. 以中国海警局的设立为视角,论完善我国海上统一行政执法制度[J]. 水运管理,2013,(8):25-27.

[38]石纯. 区域实施海岸带综合管理的可能模式[J]. 海洋科学,2001,(8):23-26.

[39]王翠. 基于生态系统的海岸带综合管理模式研究——以胶州湾为例[D].青岛:中国海洋大学,2009.

[40]秦艳英,薛雄志. 基于生态系统管理理念在地方海岸带综合管理中的融合与体现[J]. 海洋开发与管理,2009,(4):21-26.

[41]魏莱. 基于生态系统水平的胶州湾海岸带管理指标体系初步分析[D]. 青岛:中国海洋大学,2009.

[42]丘君,赵景柱,邓红兵,等. 基于生态系统的海洋管理:原则、实践和建议[J]. 海洋环境科学,2008,(1):74-78.

[43]周鲁闽. 区域海洋管理框架模式研究[D]. 厦门:厦门大学,2006.

[44]张利权,袁琳,等. 基于生态系统的海岸带管理——以上海崇明东滩为例[M]. 北京:海洋出版社,2012.

[45]Foster E,Haward M,Coffen-Smout S. Implementing integrated oceans management:Australia's south east regional marine plan(SERMP)and Canada's eastern Scotian shelf integrated management(ESSIM) initiative[J]. Marine Policy,2005,29(5):391-405.

[46]王淼,毕建国,段志霞. 基于生态系统的海洋管理模式初探[J]. 海洋环境科学,2008,(4):378-382.

[47]韩春晓. 河北省海岸带生态系统健康评价研究[D]. 石家庄:河北师范大学,2012.

[48]欧文霞,杨圣云. 试论区域海洋生态系统管理是海洋综合管理的新发展[J]. 海洋开发与管理,2006,(4):91-96.

[49]吴德星,牟林,李强,等. 渤海盐度长期变化特征及可能的主导因素[J]. 自然科学进展,2004,14(2):191-195.

[50]王金南,万军,张惠远. 关于我国生态补偿机制与政策的几点认识[J]. 环境保护,2006,(19):24-28.

[51]张永民,席桂萍. 生态系统管理的概念·框架与建议[J]. 安徽农业科学,2009,(13):6075-6076.

[52]吴志峰,胡伟平. 海岸带与地球系统科学研究[J]. 地理科学进展,1999,18(4):346-351.

索　引

D

地域差异　17,111

G

管理模式　147,180,267,277,283,
　296

功能区划　4,143,217,227,242,
　260,281,291

H

海岸带　23,97,130,142,221,255,
　280,297

海岸线　10,20,104,167,226,254,
　272,280

海岸带开发　3,23,97,219,250,
　267,275,296

海岸带可持续发展　3,23,96,97,
　265,296,297

海岸带规划　216,222,234-236,
　254,284,295

海岸带功能区　4,215,241,243,245,
　250,255-257,261

海岸带资源环境　2,215,255,262,
　277,286

海岸带资源利用　99,100,294

环境效应评价　22,23,97

海洋产业　1,14,15,172,29,233,
　247,256,260,276,296

海洋资源　2,14,219,222,226,229,
　235,244,249,272

海洋区划/规划　223

I

海洋经济　1,27,143,152,224,234,
　239,269

J

经济水平潜力　4,1234,131,134,
　139,159,160

K

开发潜力　11,16,80,114,120,126,
　244,245,259

L

蓝色国土　2,281

LandUSEM模型　34,44,56,67

Q

区域规划 3,223,245,254

S

生态服务价值 3,165,179,187,193,201,208,209,211,213

生态空间 145,146,215

生态敏感性 4,18,123,135,-137,143,149,160,164

生态评价 135,136,190

生态系统 2,23,101,141,165,190,209,265,286,291

T

土地空间分布潜力 4,118,124,127,139,159-161

土地开发利用强度 4,26,36,37,82,86,93,97

土地开发模式 4,99,121,131,137,145,151,163

土地利用 35,64,71,122,147,208,250

土地利用/土地覆被变化 24,75

土地利用结构 7,99,111,112,124,146,150-152

土地利用模式 4,99,141,148,159-161,164

土地利用适宜度 4,25,33,41,63,79,87,93

土地利用适宜性评价 4,25,29-31,38,41,96

土地利用指数 112,113,121,159,160

土地潜力 114-116,130,140,143,159,160

土地资源 4,14,33,46,64,104,270

土地资源发展潜力评价 4,124

土壤质量 4,24,165,182,189,197,209,213,

土壤质量评价 173,174

土壤质量综合评价 4

W

围垦 3,10,28,101,147,153,240,249,284,292

Y

因地制宜 2,142,160,248

Z

自然条件潜力 4,119,124,129,131,159-161

自然营力 1

资源环境承载力 2,3,215,231,234,242,244,245

资源禀赋 4

增长极 6,14,137

综合发展潜力 4,138-140,142,159

综合管理 3,38,74,118,146,168,228,252,281

主体功能区 3,223,233,234,244,247,249,258

图书在版编目(CIP)数据

浙江省海岸带土地资源开发与综合管理研究 / 李加
林等著. —杭州：浙江大学出版社，2014.12
ISBN 978-7-308-13966-3

Ⅰ.①浙… Ⅱ.①李… Ⅲ.①海岸带－土地资源－资
源开发－研究－浙江省②海岸带－土地资源-综合管理－
研究-浙江省 Ⅳ.①F323.211

中国版本图书馆CIP数据核字(2014)第241479号

浙江省海岸带土地资源开发与综合管理研究
李加林 李伟芳 马仁锋 童亿勤 等著

责任编辑	傅百荣　寿勤文
封面设计	刘依群
出版发行	浙江大学出版社
	（杭州市天目山路148号　邮政编码310007）
	（网址:http://www.zjupress.com）
排　　版	杭州尚文盛致文化策划有限公司
印　　刷	杭州日报报业集团盛元印务有限公司
开　　本	710mm×1000mm　1/16
印　　张	19.5
字　　数	382 千
版 印 次	2014年12月第1版　2014年12月第1次印刷
书　　号	ISBN 978-7-308-13966-3
定　　价	49.00 元

版权所有 翻印必究 印装差错 负责调换

浙江大学出版社发行部联系方式：(0571)88925591；http://zjdxcbs.tmall.com